同济大学本科教材出版基金资助

客运交通运营与管理

吴娇蓉 滕 靖 辛飞飞 王宇沁 编著

同济大学出版社
TONGJI UNIVERSITY PRESS
·上海·

图书在版编目(CIP)数据

客运交通运营与管理 / 吴娇蓉等编著. —上海：
同济大学出版社，2023.8
　ISBN 978-7-5765-0905-2

　Ⅰ.①客… Ⅱ.①吴… Ⅲ.①城市运输－旅客运输－
交通运输管理－高等学校－教材 Ⅳ.①U491.1

　中国国家版本馆CIP数据核字(2023)第156486号

客运交通运营与管理
Passenger Transport Operation and Management

吴娇蓉　滕　靖　辛飞飞　王宇沁　编著

责任编辑 李　杰　　**责任校对** 徐逢乔　　**封面设计** AnEditor Studio

出版发行	同济大学出版社　　www.tongjipress.com.cn	
	(地址：上海市四平路1239号　邮编：200092　电话：021-65985622)	
经　　销	全国各地新华书店	
排　　版	南京文脉图文设计制作有限公司	
印　　刷	启东市人民印刷有限公司	
开　　本	787mm×1092mm　1/16	
印　　张	18.25	
字　　数	456 000	
版　　次	2023年8月第1版	
印　　次	2023年8月第1次印刷	
书　　号	ISBN 978-7-5765-0905-2	

定　　价　72.00元

本书若有印装质量问题，请向本社发行部调换　　版权所有　侵权必究

前　言

改革开放四十余年以来,随着新能源、移动互联网、物联网、云计算、大数据、人工智能等新一代技术的应用,与人们生活密切相关的城市客运交通系统给居民出行带来了新变化、新模式,正在逐步引发新一轮的客运交通出行革命。一方面,居民对于出行的便捷化、信息化、人性化、高效化、经济性、安全性要求不断提高;另一方面,传统客运交通和共享交通共存,对交通设施规划、设计、运营、管理均提出了更高要求,特别是资本驱动的共享交通给城市交通治理带来了许多前所未有的挑战。此外,城市空间拓展、经济水平提高带来的居民生活空间扩大,使得自有小汽车、共享型小汽车出行需求居高不下,以出租车、专车、快车、顺风车、分时租赁等为代表的汽车共享模式已被越来越多的消费者认可并使用。共享出行理念的引入打破了小型车所有权与使用权的必然联系,闲置车辆及行驶车辆的闲置座位等既有资源被盘活,可以有效提高使用效率,从而减少道路资源占用并缓解交通拥堵。

目前市面上较常见的是城市客运交通系统规划、设计类教材,但尚无一本契合现阶段我国城市公共交通、共享型小汽车、多种类型非机动车交通发展需求与特征,同时兼顾政府、用户、企业三维主体,系统介绍以上三大类客运交通子系统在客运市场中的发展历程、运营与使用特征、运营模式、成本与收入、运营调度关键技术、治理面临的关键问题、管理机制体制,适用于本科教学的教材。

本教材面对城市交通服务运营新模式与新主体带来的社会主体关系变革与治理问题复杂化,响应国家治理体系和治理能力现代化要求,针对传统客运交通和共享交通共存、客运交通系统处于电动化、共享化、智能化、低碳化的发展阶段,在交通强国战略、人民城市为人民的指导思想下,关注人的移动和出行服务品质。本教材涵盖城市中的传统客运交通和共享交通,具体包括常规公共交通、传统出租车、专车、快车、顺风车、拼车、分时租赁小汽车、自有自行车和电动自行车、互联网租赁自行车和电动自行车等交通工具。本教材充分尊重客运交通系统的社会性、系统性、实践性、综合性强的特点,详细介绍了各种客运交通子系统运营与管理的基本概念、基本理论、基本方法,注重培养学生理解城市发展与客运交通运营服务发展相互促进的关系,以及通过技术、经济、管理的手段提高客运交通运营组织效率的有效路径,为公众提供安全、经济、舒适、方便的交通出行服务的方法,实现城市客运交通运营的可持续发展,同时,注重培养学生解决复杂交通工程问题、践行交通强国战略所必须具备的工程伦理观和职业素养。

本教材分为地面公共交通、共享小型汽车、多种类型非机动车三个篇章,每个篇章均按照发展历程、运营与使用特征、运营模式、成本与收入、运营调度关键技术、治理面临的关键问题、管理机制体制的逻辑来组织,便于学生学习与理解。同时,针对热点问题、运营使用特征、成本及收入构成、运营评价方法进行不同子系统之间的对比分析,便于学生明晰不同城市客运交通子系统的交通服务运营与管理的相通性、差异性,以及互联网＋新服务的政府部门、运营企业和社会公众等主体之间的互动与协作方式的差异。

本教材依据交通运输类专业本科教学质量国家标准中对交通工程、交通运输类专业知识培养要求，面向交通工程、交通运输专业开设的"交通运营"课程教学大纲编写。本教材可作为交通工程、交通运输、土木工程、公路与城市道路工程专业方向学生的选修课教材。

本教材由吴娇蓉教授构建总体框架并担任主编，与滕靖教授、辛飞飞副教授、王宇沁博士共同编著。全书共分三篇17章，编写分工如下：第一章、第二章、第三章由吴娇蓉编写；第四章、第五章由滕靖、吴娇蓉编写；第六章、第七章、第八章由吴娇蓉编写；第九章由吴娇蓉、王宇沁编写；第十章、第十一章由吴娇蓉编写；第十二章、第十三章由吴娇蓉、王宇沁编写；第十四章由辛飞飞、吴娇蓉编写；第十五章由辛飞飞编写；第十六章由吴娇蓉编写；第十七章由辛飞飞编写。

在本教材编写过程中，林清凯、邓泳淇、胡雨辰、刘旭东、王思澄、余淼、林子旸等参与了图表制作、公式录入等工作，在此表示感谢。

由于编著人员水平有限，书中疏漏和不当之处望读者批评指正。

编著者

2023 年 6 月

目 录

前言

第一章 绪论 ··· 1
 第一节 客运市场概述 ··· 1
 第二节 运营管理概述 ··· 5

第一篇 地面公共交通运营与管理

第二章 地面公交系统基本运营要素及线网、线路规划 ··································· 12
 第一节 地面公交系统基本运营要素 ·· 12
 第二节 公交线网、线路规划 ·· 21

第三章 公共汽车客流特征及行车作业计划编制 ·· 31
 第一节 客流特征 ·· 31
 第二节 公共汽(电)车行车作业计划编制方法 ·· 38
 第三节 公共汽(电)车行车作业计划编制案例 ·· 43

第四章 公交系统运营分析 ··· 52
 第一节 公交系统提供的服务度量指标 ·· 52
 第二节 运营有效性、利用率和消耗率指标 ··· 53
 第三节 公交运营要素分析方法 ·· 54

第五章 公共汽(电)车调度 ·· 64
 第一节 公共汽车调度管理模式、任务 ··· 64
 第二节 公交调度形式 ·· 67
 第三节 公共汽车行车调度方法 ·· 69
 第四节 公共汽车动态调度决策 ·· 75

第六章 需求响应式公交运营与调度 ·· 80
 第一节 需求响应式公交概述 ·· 80
 第二节 需求响应式公交线路设计及调度决策 ··· 84

第七章 公交运营成本、收入与补贴制度 ······ 89
第一节 公交票价 ······ 89
第二节 运营收入与成本 ······ 96
第三节 公交补贴制度 ······ 101
第四节 公交运营考核和服务质量考核 ······ 106

第八章 公共交通管理体制 ······ 115
第一节 公共交通管理模式 ······ 115
第二节 特许经营与竞争性招标制度 ······ 120
第三节 公共交通监管体制 ······ 121
第四节 城市公共交通优先发展内涵及制度建设要求 ······ 122
习题 ······ 126

第二篇 共享小型汽车运营与管理

第九章 共享小型汽车现状与发展 ······ 130
第一节 出租汽车概念、内涵及行业特征 ······ 130
第二节 网约车发展及其平台属性 ······ 138
第三节 汽车分时租赁发展 ······ 147

第十章 共享小型汽车运营及使用特征与评价 ······ 155
第一节 巡游出租车、网约车运营及使用特征 ······ 155
第二节 分时租赁电动汽车运营及使用特征 ······ 165
第三节 出租车、分时租赁电动汽车运营评价 ······ 171

第十一章 共享小型汽车智能运营平台设计及关键技术 ······ 176
第一节 网约车智能运营平台设计及关键技术 ······ 176
第二节 汽车分时租赁智能运营平台设计及关键技术 ······ 182

第十二章 共享小型汽车成本与定价 ······ 186
第一节 出租车成本与定价 ······ 186
第二节 网约车成本与定价 ······ 193
第三节 分时租赁电动汽车成本与定价 ······ 201

第十三章 出租车、网约车、分时租赁电动汽车管理 ······ 206
第一节 出租车管理 ······ 206
第二节 网约车管理 ······ 221

第三节　分时租赁电动汽车管理 …………………………………………… 229
习题 ………………………………………………………………………………… 231

第三篇　非机动车交通运行与管理

第十四章　多种类型非机动车发展历程 ……………………………………… 234

第一节　非机动车交通发展历程 …………………………………………… 234
第二节　城市公共自行车发展历程 ………………………………………… 237
第三节　互联网租赁自行车发展历程 ……………………………………… 240

第十五章　多种类型非机动车交通运行特征分析 …………………………… 244

第一节　非机动车交通的基本特征 ………………………………………… 244
第二节　多种类型非机动车使用特征 ……………………………………… 245
第三节　非机动车交通运行特征 …………………………………………… 250

第十六章　互联网租赁自行车运维、成本与收入 …………………………… 255

第一节　互联网租赁自行车运营概念 ……………………………………… 255
第二节　互联网租赁自行车运维体系 ……………………………………… 257
第三节　成本与收入 ………………………………………………………… 259

第十七章　多种类型非机动车交通管理 ……………………………………… 261

第一节　电动自行车管理 …………………………………………………… 261
第二节　互联网租赁自行车管理 …………………………………………… 267
习题 ………………………………………………………………………………… 279

参考文献 ………………………………………………………………………………… 280

第一章 绪 论

第一节 客运市场概述

一、客运市场的含义

客运市场,狭义的概念是指由客运业主和非特定乘客所形成的供求关系。

客运业主是指某一类客运工具的拥有者。他们拥有客运工具不是为了自用,而是为了向社会提供客运服务。

非特定乘客是指这些乘客与客运业主之间除了客运服务的供求关系之外,可能不再有任何其他关系。

由于城市的土地资源是有限的,而且多数城市道路是由政府出资建设供所有人免费使用的,所以这种客运市场并不是一个完整的、可以完全按市场经济规律运行的市场。从这个意义上来说,政府和所有城市道路的使用者都是城市运输市场的参与者。与餐饮市场相比,可以明显看出客运市场的特殊性。餐饮市场需要使用城市的土地、水源、食品、燃料等,这些资源基本可以实现有偿使用,而且相对来说,这些资源的供应程度要宽松得多。所以,在广义的客运市场中,政府一方面是管理者,另一方面也是道路资源的提供者。相对来说,政府在客运市场中比在餐饮市场中承担更多的义务和责任。

在现实生活中,由于政府的干预,客运服务可能是有偿的、部分有偿的或无偿的。客运市场作为市场经济的一部分,总体上要遵从价值规律的要求,以利益为动因,由供求规律、价格规律、竞争规律共同支配客运市场的活动。但其特殊性在于价格并非直接由供求关系决定,例如,城市公共交通票价实行政府定价,面对早晚高峰时段地铁拥挤状况,不能简单通过提高地铁票价来调节供求关系。因此,客运交通服务产品的投入-产出以及成本构成的复杂关系难以遵循一般商品的市场交易规律和模式。同时,客运市场也具有市场机制所共有的缺陷,主要表现在不能确保竞争个体利益与社会总体利益一致,从而可能损害社会总体利益。在市场经济的初级阶段,市场自发调节作用不够完善,可能误导供求双方。市场竞争的优胜劣汰可能形成市场垄断,从而破坏市场的竞争机制。商品的提供过程,常常要占用甚至消耗部分资源,也有可能给社会带来某些损害。而一些关系到国计民生的重要商品,市场自由化造成的供需矛盾和波动可能影响国家或城市的政治经济稳定。2014年开始兴起的互联网+客运服务产品的资本运作风险、市场失灵风险远高于一般商品。鉴于以上原因,政府必须对市场进行宏观调控。调控手段可以是法律的、经济的,也可以是行政的。调控力度往往与市场化的发育程度有关,在市场经济的初期或从计划经济向市场经济转型的时期,往往需要一个从强到弱的渐进过程,盲目地全面关闭或全面开放市场,都难以取得理想的效果。

客运市场是需要政府实行强有力调控的市场,其原因有二:①客运市场的商品即交通服务,是社会生产和社会生活的重要环节,是"第一道工序",其供需矛盾将影响城市的稳定和发展;②客运市场的商品生产即交通服务的过程,除了需要交通工具之外,还要占用城市空间,主要是城市道路,还会造成一定的污染,而城市道路等城市空间对环境污染的承受能力是有限的。

二、客运市场的划分

客运市场可以简单地按运输工具划分,如道路客运市场可划分为公共汽(电)车、网约/巡游出租车、专车、顺风车、定制客运、出租大中客车、无驾驶员的租赁车辆、具有游览性质的人力二轮车和三轮车。客运市场常见的客运交通工具适合的出行距离、速度及运能比较如图1-1所示。

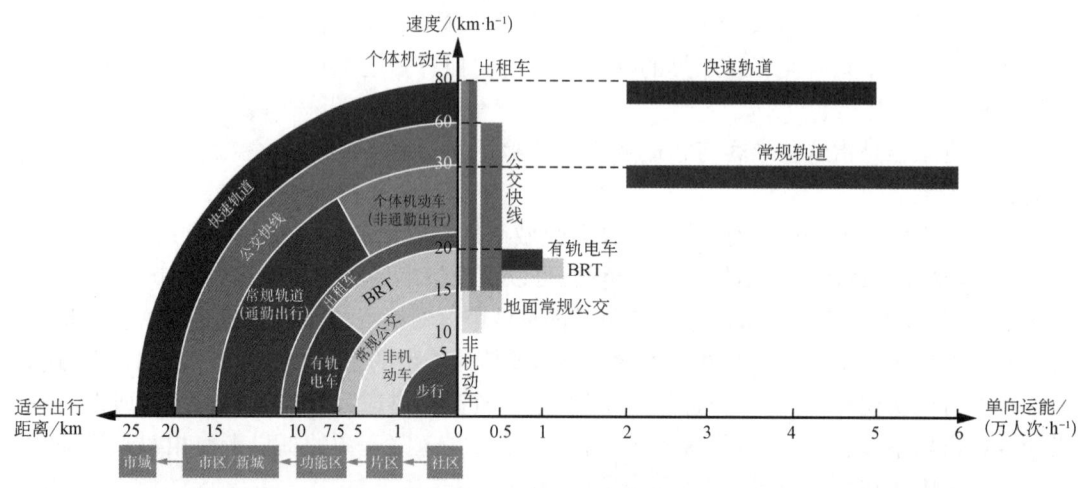

图1-1 客运市场划分示意图

按照运输工具的载客容量和每日承担的客运量规模,通常公共汽(电)车+轨道交通客运在大多数城市客运市场中占有最大的市场,其次为网约/巡游出租车客运市场。定制客运、出租大中客车的客运量与每个城市的营运客车额度密切相关,不同城市承担的客运规模有较大差异。专车、顺风车、无驾驶员的租赁车辆的客运规模同样与各个城市每日活跃车辆数相关。具有游览性质的人力二轮车和三轮车只在部分城市的部分区域承担客运功能。

在城市道路资源有限、运送同样数量乘客的情况下,公共汽(电)车是占用道路资源最少的交通工具,更重要的是,由于占社会人口比例最大的中低收入阶层主要依靠公共汽(电)车出行,其服务质量的优劣将直接影响社会生产和社会生活。为了吸引乘客使用公共汽(电)车,政府对参与公共汽(电)车经营的单位提供各种政策和经济上的扶持,如对公交运营企业提供运营补贴,以降低票价;给予公共汽(电)车优先通行权,以提高其运行速度;等等。公共汽(电)车在客运市场中具有举足轻重的地位,其总体服务水平(包括正点率、运送速度、拥挤程度、车票价格甚至服务态度)会对其他交通方式的市场产生影响。随着经济水平的提高和信息技术的不断发展,市民对出行服务质量的要求不断提高,个性化出行需求不断涌现,客运市场在优化改善传统客运服务的同时,创新客运服务模式也将层出不穷。

三、客运市场的新生力量——共享交通

1. 共享交通的内涵

国内外关于共享交通的定义有很多,国际权威研究机构对共享交通的定义强调将出行作为一种服务,以提升交通工具在时间、空间上的利用率。如表1-1所示。

表1-1　　　　　　　　　国际研究机构对共享交通内涵的界定

研究机构	定 义
U.S. DOT（美国交通部联邦公路管理局）	共享交通是一种创新的交通服务策略,用户能够根据自身需求,获得短期的交通方式使用。
Shared-Use Mobility Center（共享出行研究中心）	共享交通是指不同的用户之间共享出行服务,包括共享单车、分时租赁、合乘等。
ITF at OECD（经济合作与发展组织）	共享交通将可移动性资源以更高的效率进行组织,为出行者提供更灵活、更舒适的出行服务,同时提升交通工具在时间、空间上的利用率。
European Mobility Week（欧盟:欧洲出行周委员会）	共享交通必须借助中间平台(可以是网页或移动应用)以匹配出行服务和用户需求,用户通过该平台进行交通服务的预约及支付。这是共享交通和传统公共交通及租车服务的本质区别。
Swiss Mobility Academy（瑞典可移动性学会）	共享交通强调交通基础设施、交通工具及出行行程的共享,是一种介于个人出行与集约化出行之间的出行服务。

国内研究机构对共享交通的理解可分为两类:一类认为共享交通是对分散、闲置的存量资源的盘活;另一类则认为共享交通"只卖服务不卖产品",是典型的交通工具所有权与使用权分离。如表1-2所示。

表1-2　　　　　　　　　国内研究机构对共享交通内涵的界定

研究机构	定 义
中国城市公共交通协会	共享出行通过中间平台将交通服务与用户联系起来,一方面盘活闲置的存量资源,另一方面通过提供出行服务提升交通工具的使用率。
上海市交通工程学会	共享交通是一种新的消费理念和消费方式,是典型的所有权与使用权分离,用户所购买和所共享的是交通方式的使用权。

不论是存量共享还是增量共享,其核心内涵都是从"拥有"转向"使用",这是一种消费模式和生活方式的变革,旨在通过共享增进生活福祉。共享交通依托新型信息通信技术平台,强调使用权与所有权的分离,从而实现更高的资源配置效率。

本教材所涉及的共享交通(Shared Mobility)是指交通工具、交通服务、交通设施与空间的共用、合用。狭义的共享出行特指基于移动互联网平台的共享交通方式,包括互联网租赁自行车、网络预约出租汽车、专车、顺风车、分时租赁汽车、共享巴士等;广义的共享出行还包括传统公共交通(如地面公交、轨道交通、出租车等)。

2. 各类共享交通的概念

(1) 互联网租赁自行车,简称共享单车,是指在校园、地铁站点、公交站点、居民区等区域提供的自行车共享服务,多采用共享租赁模式。

(2) 网络预约出租车，简称网约车，与传统巡游出租车的最大区别就在于获得顾客的方式是根据顾客在互联网上发布的需求信息进行接单，而不是在街道上巡游。

(3) 专车，是指互联网约车平台为商务出行人群提供专人专车的优质出行服务，有别于传统出租车，其特色在于主打商务用车市场，一般采用中高档汽车，筛选经验丰富的司机，车内配有各类出行用品，同时全程提供标准化商务礼仪服务。

(4) 顺风车，是指出行线路和时间交叠的几个人共同乘坐同一辆车出行，车费由几名乘客共同承担的一种出行模式。

(5) 分时租赁汽车，与传统租赁汽车类似，用户可获得一段时间内汽车的使用权，并为之支付相关费用。

(6) 共享巴士，是指基于大量用户出行数据为用户定制线路的共享出行模式，主要针对一线和二线城市的上班人群。定制公交便是其中的一种形式。

从交通工具/服务的共享水平、资源利用集约化水平两个维度，可将交通出行模式分为四类，如图1-2所示。在资源受限的条件下，集约化交通是首要发展方向，坚持集约化方向，促进私人拥有向共用、合用转变。

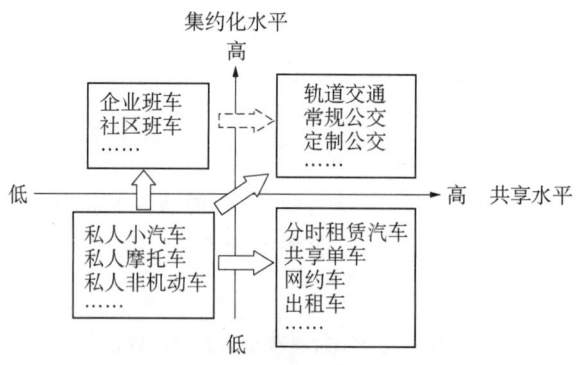

图1-2 四类交通出行模式

3. 运营模式

在运营模式上，共享出行可分为企业对消费者（Business-to-Customer，B2C）和消费者对消费者（Customer-to-Customer，C2C，或Person-to-Person，P2P）两大类。B2C是增量资源从拥有型向分享型的转化，C2C是存量闲置资源的分享利用。B2C模式即产品服务系统，是卖服务而不是卖产品，对于交通工具（尤其是小汽车）保有量仍处于快速增长阶段的中国城市，开展基于B2C的共享出行服务，既是现实需要，又具有跨越式意义——以最小的交通工具保有量，满足最大化的出行需求，例如分时租赁汽车、共享单车、专车等。C2C模式相比B2C模式有更多优势：去中心化、轻资产、低成本、高度灵活、充分实现个性化的供应与满足个性化的需求、容易快速实现规模化。但是其弊端也显而易见，由于供应端在多数情况下是分散的个体，不是共享经济企业的自有资源，因而信任基础薄弱，较难对供应端进行规范与约束。

4. 共享交通与其他交通方式间的竞合关系

由于各类交通方式都有自身技术经济特性（如运送速度、载客能力、空间占用率、费用等），在特定使用场景下（如出行目的、出行距离、出行时间、空间区位等），共享交通与既有交通之间常常表现出竞争、接驳和补充三类关系。例如,共享单车解决短距离出行不便捷问题,与既有有桩公共自行车产生竞争关系,与公共交通为接驳关系。网约车解决中长距离出行不便捷、不舒适问题,与巡游出租车产生竞争关系。分时租赁汽车解决长距离出行费用高、公交服务盲区问题,与私家车产生竞争关系,同时可以弥补公交服务空白。定制公交解决中长距离公交直达性差、速度较慢等问题,弥补中长距离高品质公交服务,与常规公交为合作关系。不同交通方式适宜的出行距离与出行成本的关系如图 1-3 所示。

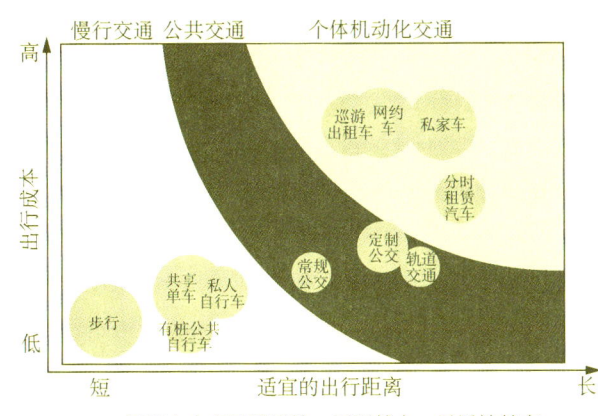

图 1-3　不同交通方式适宜的出行距离与出行成本的关系

共享交通蓬勃发展至今,各个城市均不可避免地遇到了以下问题:

(1) 共享交通与其他交通方式间的竞争、合作关系到底如何?在城市综合交通体系中,共享交通应该承担什么功能,如何定位,服务于什么场景、什么模式的出行需求?

(2) 共享交通是否能够起到替代私家车的作用?为什么能替代或不能替代?如果需要加强共享交通对私家车的替代效应,如何从政策引导、业务模式、经营策略等方面作出相应调整?

(3) 各类政策文件都提到适度发展共享交通,这个度到底多少算合适?比如在城市交通出行结构中占据多大比例,需要多大规模的车辆配置等。如果考虑更多的合乘模式,对其适度的规模会产生什么影响?

(4) 如何评价共享交通与城市公共交通、出租车等出行方式是否协调发展?

(5) 充分考虑信息化发展对交通工具、交通客运组织方式的变革作用,如何研判未来的发展前景,分阶段制定共享交通政策线路?

第二节　运营管理概述

一、运营的概念

运营是对产品从设计、生产到销售或对服务从设计到交付等过程的计划、组织、实施、控制,包含一系列管理制度和流程,目的是对具有重复性的事情进行管控,从而提高效率、提升品质、降低成本。

运营活动是一个投入一定的资源，经过运营系统转换，使其价值增值，最后以某种形式的产出提供给社会的过程(图1-4)。运营活动包括三个基本要素：投入、转换过程、产出。

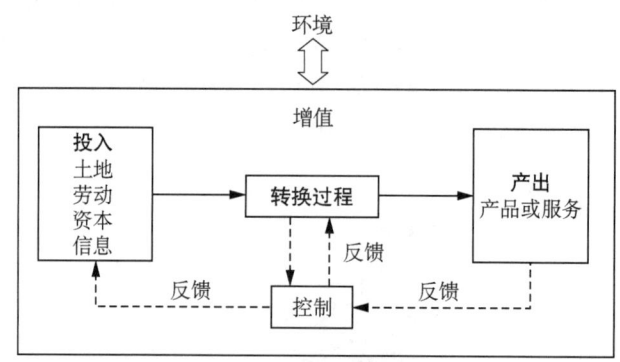

图1-4　运营活动示意图

投入是指运营活动所需要的各种资源，包括人力、资本、设备、物料、技术、信息、土地、能源等。按照它们在运营中所起的作用，可分为劳动力、劳动对象、劳动手段、信息和资金五大类。前三类资源是有形资源，而信息是无形资源，并对有形资源的运用起着组织、操纵、控制的作用。可以说，信息是所有资源要素中最重要的，也是企业提高生产率、增强竞争能力和获利能力的主要资源。例如在高技术含量的产品中，信息资源所创造的价值一般占产品价值的80%。

转换过程是指从事产品制造和服务创造的过程，也是通过人的生产劳动使生产要素价值增值的过程。转换过程在制造业和非制造业中是不同的。在制造业中，转换过程是由生产过程所采用的工艺方法决定的，因而在不同的行业、不同的企业、不同的产品甚至不同的生产规模中，转换过程都各不相同。在非制造业中，转换过程所产出的不是制成品而是服务，它是一个由劳动力、资金、信息、附属设施及其他资源组合而成的作业系统。如公交公司，其投入的资源为人员、公交车辆、能源、配套设施等，而它产出的是各站点之间的位移服务。无论是制造业还是非制造业，转换过程都既是一个使投入要素发生转换的过程(生产过程)，又是一个通过计划、组织、控制等管理职能使上述资源要素得以顺利转换的管理过程。

产出是指运营活动的结果，包括产品和服务，即有形产品和无形产品。在现代生活中，随着社会的进步和消费者消费心理及行为的日益成熟，产品的内涵进一步扩大，它应该包括所有能使消费者感到满意的功能，是产品功能、质量、价格、交货期、售后服务及信誉等的总和。

二、运营管理的概念

运营管理的对象是运营过程和运营系统。运营过程是一个投入、转换、产出的过程，是一个劳动过程或价值增值的过程。运营必须考虑对生产运营活动的计划、组织和控制。运营系统是指上述变换过程得以实现的手段，它的构成与变换过程中的物质转换过程和管理过程相对应，包括一个物质系统和一个管理系统。因此，运营管理的内容包括运营计划、组织实施、运营控制三个主要部分，如图1-5所示。运营管理要控制的主要目标是质量、成本、时间和柔性,这也是企业竞争力的根本源泉。

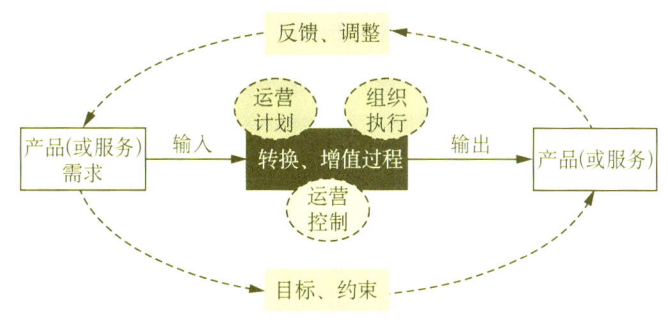

图 1-5 运营管理示意图

运营管理的基本内容可分为运营战略、运营系统设计、运营系统运行、运营系统优化四大部分。运营战略是使运营目标与更大组织的目标协调一致的规划过程的一部分,包括运营系统的设置和主要运营政策的制定;运营系统设计通常包括生产过程组织、设施布置、服务组织与运作等;运营系统运行通常包括日常运行特征分析、需求预测、生产计划、独立需求库存管理、物料需求计划等;运营系统优化通常包括精益生产、制约理论、供应链管理等。

三、服务运营特性

服务系统的运转依赖于系统和参与到服务过程中的顾客间的交互作用。由于顾客通常凭借自己的判断进行消费,而且他们对服务系统有着独特的需求,因此,服务能力与需求之间的良好匹配是一大挑战。需要指出的是,服务的许多特性,如顾客的参与性与服务的易逝性,往往是互相联系的。

1. 顾客的参与性

顾客作为参与者出现在服务过程中,而服务是一种发生在服务设施环境中的经历,如果服务设施的设计符合顾客的要求,就可以提高服务质量。值得重视的一点是,顾客在服务过程中可以发挥积极的作用。以下例子可以说明,顾客的制式、经验、动机乃至诚实都会直接影响服务系统的效果:

(1) 超市和折扣商店的普及表明,顾客在零售过程中愿意扮演主动的角色;

(2) 病人治疗记录的准确性在很大程度上影响医生的诊断和治疗效果;

(3) 教学效果很大程度上取决于学生自身的努力和参与程度。

2. 服务的易逝性

服务的易逝性就是服务的不可存储性。一项服务如不使用,将会永远失去,加之顾客需求的易变性,因此,服务能力的充分利用成为服务运营管理的一大挑战。

顾客对服务的需求在短期内表现出周期性,高峰期和低谷期差别很大。在可能的情况下,企业总是希望能把一部分高峰时间的服务需求移到低谷时间,以便均衡地利用服务能力,可以利用价格杠杆或同时提供附加服务的方式实现。

对于运输业而言,需求呈现季节性波动规律。面对需求的变化和服务能力的易逝性,运营管理有三种基本选择。

(1) 稳定需求。①采取预约式;②采用价格诱导;③对高峰期间反营销(如通过广告提醒人们提早购物,避开节日高峰)。

(2) 调整服务能力。①在高峰期启用临时雇员;②根据需要安排工作班次;③增加顾客自我服务能力。

(3) 让顾客等候。这种方法会对服务过程产生消极作用,有可能使不满意的顾客转向竞争者,但它有助于更充分地利用服务能力。例如航空公司以折扣价把机票卖给排队等候的旅客。

3. 服务的无形性

服务与产品不同,服务往往是不可触摸的。服务与一些物质形态的工具相关联。例如,在航空公司,顾客要买的是旅行服务而不是飞机;在餐厅,顾客要买的是就餐服务而不是桌椅和餐具。另外,服务是观点和概念,产品是物件。因此,服务的创新没有专利。为了从新的服务中获取效益,企业必须加快扩张,并打败其他竞争者。特许经营是保护市场和建立品牌的工具,通过特许经营,不仅可以降低风险,还可以减少投资金额。服务的无形性也给顾客带来了问题。例如,在购买产品时,顾客可以在购买前观察、触摸和测试产品,而对于服务,顾客必须依赖服务企业的声誉。

4. 服务生产与消费的同时性

服务的生产和消费同时进行,造成服务不能存储。服务往往在同一场地生产出来,在同一场地提供给顾客。例如,乘客在飞机上接受旅行服务,就餐者在餐厅接受就餐服务。服务的运作流程在顾客所在的地方完成,这一点也是导致服务的不可触摸性的原因之一。

服务是开放系统,受到传递系统中需求变化的全面影响。在服务运营中,与之对应的是等候或排队问题。服务能力选择、设施使用率及空余时间的利用等都与顾客等候时间有关。服务生产与消费同时进行也减少了许多干预质量控制的机会。产品可以在卖出之前就经过检测,而服务则必须依靠其他指标来保证服务质量。

5. 服务过程中劳动力的密集性

在大多数服务组织中,劳动力是决定组织效益的关键资源。对于这些组织来说,对新设备进行投资并不足以解决技术落后问题,新知识出现后过时的员工技能是造成组织技能落后的主要原因。在服务业,工作活动通常是指向人而不是指向物的。服务业员工的素质和精神风貌至关重要,没有令人满意的员工,就不会为顾客提供满意、周详的服务。

6. 顾客在服务选址中的决定性

要开始一项服务,顾客和提供服务者通常必须亲自见面。可能是顾客前往服务地点(如机场),也可能是服务人员前往顾客所在地(如预约出租车)。当然也有例外,由于信息技术的发展,如通过互联网获得服务,服务系统创新的机会越来越多。

路程、时间和费用在场所选择经济学中得到充分体现,因此必须权衡设施的固定成本和顾客的路程成本。服务设施越昂贵,市场范围就必须越大或人口越密集。

7. 服务产出衡量的困难性与环境的影响性

在衡量服务产出时,仅计算服务数量不能说明所提供服务的独特性。非营利性服务组织也不能使用单一指标(如最大化利润)来评估业绩。服务测评是相当复杂的,在假定服务系统的投入是同质的条件下,可以仅用产出来评价业绩吗?测量从服务投入到服务产出期间每位顾客的变化是否更有效?因此,衡量服务产出是一项难题。

技术进步、政策法规、能源价格等外部因素对服务业的影响很大,这些外部因素往往会改变服务内容、服务提供方式、服务规模和结构。

四、战略性服务观点与服务组织设计概念

战略性服务观点由四个基本因素构成。

(1) 目标市场细分。包括：目标市场细分的共同特点是什么；哪些变量可以用来进行市场细分，是人口统计变量还是心理变量；各细分市场的相对重要性如何，它们各自有哪些需求，这些需求是否已经得到满足，由谁满足。

(2) 服务概念。包括：从为顾客所提供的结果的观点来看，服务最重要的因素是什么；服务的最基本要素是如何在目标细分市场上被识别的；这些要素对服务的设计、提供有什么影响。

(3) 经营战略。包括：经营战略的最基本要素是什么，是经营、融资市场、组织、人力资源还是控制；主要的努力应放在哪方面；投资方向是什么；质量与成本如何控制；服务在竞争中的作用是什么。

(4) 服务提供系统。包括：服务提供系统的特色是什么，人、技术、设备及过程在其中各起什么作用；系统所提供的最大服务能力是多少；服务提供系统在多大程度上为公司创造了差别化竞争优势。

在服务组织设计过程中，必须牢记服务的一个重要特征——服务不能存储。因此，一个重要的设计参数就是"我们应该具备什么样的能力"。太多的能力导致过度的花费，不足的能力致使顾客流失。

服务组织设计包括四个主要因素：第一个因素是确认目标市场，即谁是我们的顾客？第二个因素是服务概念，即怎样才能使我们的服务与众不同？第三个因素是服务策略，即我们的服务包是什么及我们服务运作的着眼点在哪里？第四个因素是服务传递系统，即使用什么样的雇员以及如何实施来完成服务？

五、顾客的分类

顾客就是具有消费能力或消费潜力的人。顾客是服务的使用者或接受者。对顾客的分类有很多标准，包括购买时间、购买代表性、购买目标的选定程度等。

1. 按购买时间进行顾客分类

(1) 过去型顾客。指过去购买过该企业服务或产品的人，他们有的可能只购买过一次，有的可能经常购买，有的可能因为顺路而冲动购买过，有的可能是有计划购买过。只要有过交易记录，即使不再购买，也是该企业的顾客。

(2) 现在型顾客。指正在和某企业进行交易的人。即使是第一次，只要正在进行交易，不论是否成交，都是该企业的顾客。

(3) 未来型顾客。指将来可能购买的人。这个范围十分广泛，任何人都有可能成为企业的顾客。

2. 按购买代表性进行顾客分类

(1) 单个顾客。这些顾客去购买商品或服务是为了满足自己和家庭成员的需要。服务人员应该了解顾客的需求，并提供最合适的产品或服务。

(2) 集体顾客。这些顾客购买服务是为了集体消费。服务品种、服务质量、服务价格是

他们主要考虑的问题。这类顾客的购买规模很大,并且多是专家型购买,因此,对待这类顾客,应该要求服务人员具有高度训练的专业水平,以满足这类顾客的需要。

3. 按购买目标的选定程度进行顾客分类

(1) 全确定型顾客。这类顾客在进入商店前,已有明确的购买目标,包括商品名称、商标、型号、规格、样式、颜色,甚至对价格的幅度等都有明确的要求。这类消费者进入商店后,一般都有目的地选择商品,并主动提出需要购买商品的各项要求,可以毫不犹豫地买下商品,其购买目标在购买行动、语言表达等方面都能鲜明地反映出来,比较容易被服务人员掌握。

(2) 半确定型顾客。这类顾客进入商店后,已有大致的购买目标,但具体要求还不太确定,最后的购买决定是经过比较而完成的。由于服务人员难以明确、清晰地了解顾客对所需商品的各项要求,所以不太容易为顾客提供合适的服务。

(3) 不确定型顾客。这类顾客在进入商店前没有明确的或坚定的购买目标,他们进入商店主要是参观,购买欲望不强烈。

六、运营的分类

与客运市场相关的运营大致分为市场运营、用户运营、内容运营、社区运营和产品运营五大类。

(1) 市场运营,是大部分具有一定规模的企业都会有的内容,这个是以市场营销为运营手段,通过一系列的方式,对企业产品或服务进行相应的宣传、曝光、营销等,从而优化市场份额。

(2) 用户运营,是以产品或服务的对象为重点的一类运营手段,围绕着用户的新增—留存—活跃—传播以及用户之间的价值供给关系建立起一个良性循环,以在合理合法的情况下更贴近用户、团结用户、引导用户。目标是持续提升跟用户有关的各类数据,如用户数、活跃用户数、精英用户数、用户停留时间等。

(3) 内容运营,围绕着内容的生产和消费搭建起一个良性循环,持续提升跟内容相关的各类数据,如内容数量、内容浏览量、内容互动数、内容传播数等。

(4) 社区运营,是面向以社区为单位的消费者的运营方式。社区几乎是所有互联网产品都想涉及的领域。

(5) 产品运营,是通过一系列各式各样的运营手段(如活动策划、内外部资源拓展和对接、产品方案优化、内容组织等),提升某个产品的特定数据,如装机量、注册量、用户访问深度、用户访问频次、用户关系对数量、发帖量等。

第一篇
地面公共交通运营与管理

公共交通是由获得许可的营运单位或个人为公众或特定人群提供的具有确定费率的、定时的、持续的一般性或专门性交通服务,包括公共汽(电)车、城市轨道(含地铁、有轨电车等)、轮渡以及在公共交通机构合约管理下的辅助公共交通,如响应式公交、出租车、网约车等。本篇内容主要聚焦地面公交系统(含需求响应式公交),暂不涉及城市轨道和轮渡等。

第二章　地面公交系统基本运营要素及线网、线路规划

地面公交系统基本运营要素包括线路与线网、公交车辆、客流、发车间隔、线路能力、行程时间、速度与路权等。线网、线路规划应综合考虑各运营要素以及城市发展要求。

第一节　地面公交系统基本运营要素

一、公交线路与线网

公交线路是指在满足固定设施(站点、道路和场站)、技术标准和安全许可的条件下,已获公共交通客运资质的运输企业,按规定时间(时刻表或发车间隔)、线路、站点、票价运行,为公众提供出行服务的公交班线。

公交线网是指一系列有交叉点的公交线路的集合,公交线路彼此相交,协调运营,方便乘客出行,同时提高运营效率。

线路长度是指沿线路布设方向两站点间的距离之和。线网长度是指所有布设公交线路的道路里程之和。线路总长度是指所有线路长度之和。图 2-1 说明了这几个概念之间的区别。假定两相邻站间距为 1 km,则线路长度:$L_{AC}=6$ km, $L_{AD}=5$ km, $L_{EF}=6$ km;线网长度:$L_{AC}+L_{BD}+L_{EF}=14$ km;线路总长度:$L_{AC}+L_{AD}+L_{EF}=17$ km。

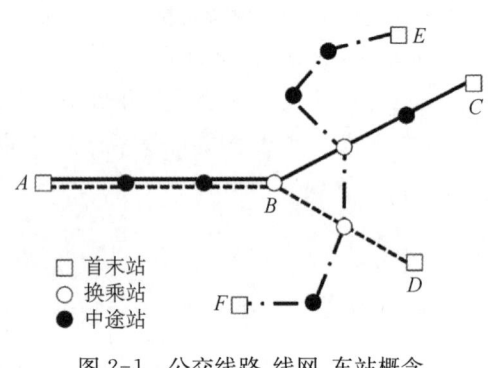

图 2-1　公交线路、线网、车站概念

1. 公交线路分类

公交线路可以按照运营时间、计价方法、车型种类、运营特征等分类标准进行分类,如表 2-1 所示。

表 2-1　公交线路分类

分类标准	类别	主要功能
运营时间	全日线路	是公共交通主要线路类型,承担绝大部分客运任务
	夜宵线路	联系交通枢纽、医院、工厂和住宅区,保证城市昼夜延续的各类活动的正常进行
	高峰线路	主要为职工上下班出行服务,联系大型住宅区、中心商务区、工业区,营业时间在早、晚高峰数小时内

续 表

分类标准	类别	主要功能
计价方法	一票制线路	通常用于在市区行驶的线路,线路长度一般控制在 12 km 以内
	分级计价线路	一般用于长距离或郊区线路中
车型种类	汽车线路	公共汽车可以在任何区域行驶,线路设置灵活、易于调整,可以达到较高的覆盖率,投资造价和运营成本低,设施用地的分布也比较灵活
	电车线路	电车具有良好的启动、加速、过载性能,无排放污染,且操作简单、噪声低、耗能少,适宜在交叉口间距小、红绿灯多的市区繁华地区行驶,但由于电车需要架空线和变电设备,线路开设投资较大,线路走向不容易调整,线路或车辆故障容易引起道路阻塞
运营特征	普通线路	站间距较短(400~800 m),运送车速一般为 12~16 km/h
	快速线路	在专用车道上行驶,采用容量较大、动力性能较好的车辆,站间距较大(>500 m),运送车速可以达到 20 km/h 以上
	短驳线	线路长度小于 6 km,站间距短(<400 m),运送车速一般为 9~13 km/h

2. 线网结构形式

公共汽(电)车线网在形成初期主要受城市形态和路网条件的制约,在发育完善过程中,则取决于客流需求、场站条件、车辆条件以及效率等因素。土地利用和客流需求是公共汽(电)车线网完善的内在动因,道路网是线网发展的前提条件和载体。公共汽(电)车线网通常有以下 5 种形态。

(1) 单中心放射型线网。图 2-2 是有中央车站的单中心放射型线网,是公共汽(电)车线网的早期形式。它仍然适用于小城市和大城市卫星城镇。其特点是乘客可直接往返市中心,换乘少,调度管理方便。

(2) 多中心放射型线网。它主要适用于中小城市,尤其是具有老城和新城两个中心的城市形态。中心成为公交换乘枢纽,且在多个中心之间形成公交客运走廊。多中心放射型线网同样具有单中心放射型线网的特点。

(3) 带有环线或切线状线路的放射型线网。随着城区扩大,单中心放射型线网会逐渐演变为带有环线或切线的放射型线网,如图 2-3 所示。

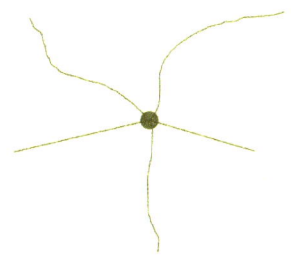

图 2-2 单中心放射型线网

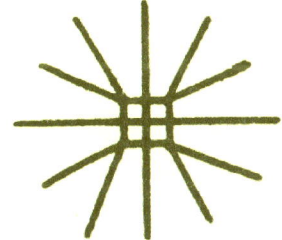

图 2-3 环射型线网

(4) 混合型线网。它是根据城市布局和路网条件灵活布置的线网。

(5) 干线和辅线相结合的主辅型线网(图 2-4)。它适用于公交专用道上有快速公交线路的城市。干线指快速公交线路主线,辅线包括支线、接驳线、共用公交专用道的其他线路。干线和辅线可以通过发车间隔调整达到需要的服务水平。

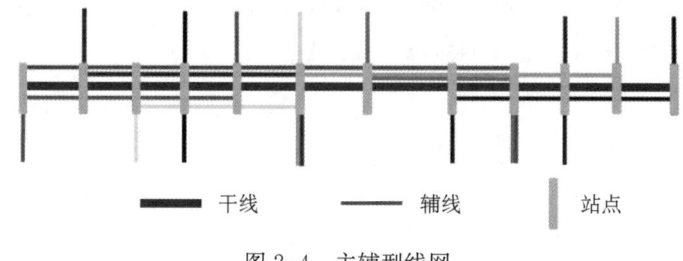

图 2-4　主辅型线网

二、公交车辆

地面公共交通一般采用单车运营的形式,以车队为一个运营整体。车队规模表示某条线路或整个线网上所需的正常运营车辆数(取决于高峰小时的运营车辆数)、备用车辆数及维修车辆数之和,计算公式如下:

$$N_f = N + N_r + N_m \tag{2-1}$$

式中,N_f 为车队规模;N 为正常运营车辆数;N_r 为备用车辆数;N_m 为维修车辆数。

车队利用率 $\emptyset$ 指运营服务车辆所占比例,计算公式如下:

$$\emptyset = \frac{N + N_r}{N_f} \tag{2-2}$$

根据动力推进系统的不同,公交车主要有纯电动公交车、新型混合动力(电动)公交车、超级电容公交车、环保型压缩天然气(Compressed Natural Gas, CNG)公交车、液化天然气(Liquefied Natural Gas, LNG)公交车、柴油公交车、汽油公交车、无轨电车等。公共汽车的车型划分采用国家标准《城市公共交通分类标准》(CJJ/T 114—2007)的分类规定,具体见表2-2。

表 2-2　公共汽车的分类

类型	主要指标及特征		备注
	车长及定员	客运能力(N) 平均运行速度(v)	
小型公共汽车	车长:3.5~7 m 定员:≤40 人	N:≤1 200 人次/h v:15~25 km/h	适用于支路以上等级道路
中型公共汽车	车长:7~10 m 定员:≤80 人	N:≤2 400 人次/h v:15~25 km/h	
大型公共汽车	车长:10~12 m 定员:≤110 人	N:≤3 300 人次/h v:15~25 km/h	适用于次干路以上等级道路

续 表

类型	主要指标及特征		备注
	车长及定员	客运能力(N) 平均运行速度(v)	
特大型(铰接) 公共汽车	车长:13～18 m 定员:135～180 人	N:≤5 400 人次/h v:15～25 km/h	适用于主干路以上等级 道路
双层公共汽车	车长:3.5～12 m 定员:≤120 人	N:≤3 600 人次/h v:15～25 km/h	

注:公共汽车定员包括座位和车厢内有效站立位,公共汽车线路的客运能力取决于车辆定员和发车频率,表中数值是按照最小发车间隔 2 min 测算所得的每小时最大客运量,表中平均运行速度主要指在市区的运行速度而不包括郊区。

三、客流

客流是指需要乘坐公共汽车以实现位置移动而完成出行活动的乘客群。为了分析客流在公共交通线路上的具体分布,通常采用以下指标:

客运量:在单位时间内,乘客乘车总次数。

通过量:在单位时间内,通过某站的单方向的乘客人数。

上客量:在单位时间内,在某站上车的乘客人数。

下客量:在单位时间内,在某站下车的乘客人数。

交替量:在单位时间内,在某站上、下车的乘客总人数。

待运量:在单位时间内,某站(站段)未乘上车而留站等待上车的人数。

客运周转量:在单位时间内,全部公共交通乘客的乘车总行程,单位为"人·km"。也可以采用断面通过量与站距之积求和计算。

平均乘距:所有乘客乘行距离的平均值。

根据公交线路在站点的上、下车人数可以绘制公交线路上、下车乘客量图。图 2-5 所示为某公交线路沿线站点-上车乘客量-时间三维图,x 轴为站点(或单位距离),y 轴为时间,z 轴为单位时间内的上车人数。线路沿线站点的上、下车乘客数和站点之间断面客流通过量如图 2-6 所示。

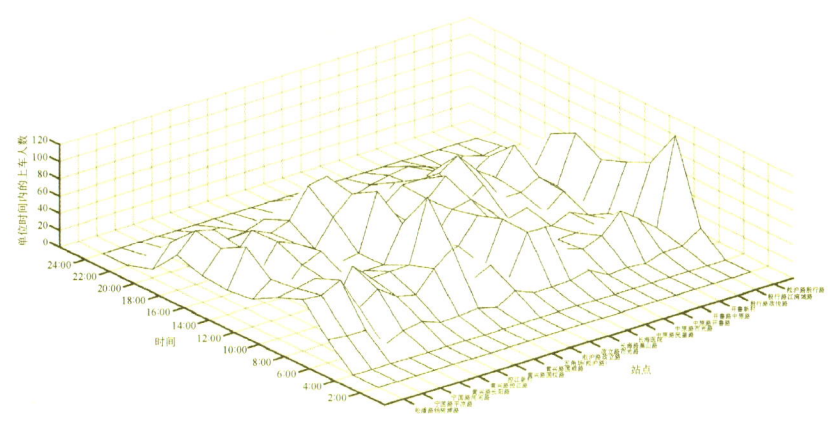

图 2-5 某公交线路沿线站点-上车乘客量-时间三维图

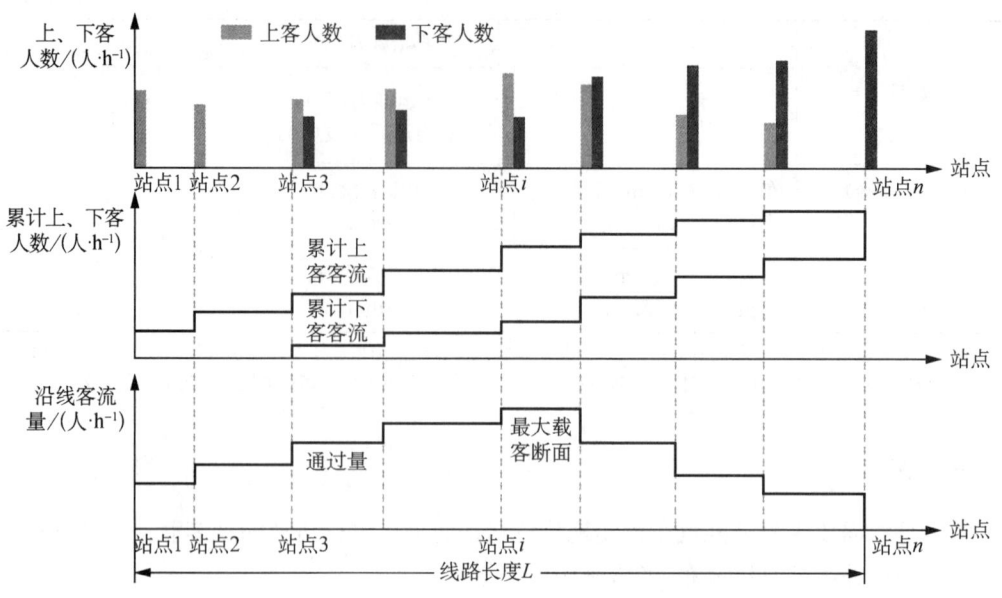

图 2-6　公交线路上、下车乘客数和断面客流通过量

四、发车间隔和发车频率

公交车辆基本的运输过程可以定义为车辆 u 在时间间隔 t 内移动距离 s 的过程。图 2-7 描述了这三个基本运营要素间的关系。在公交运营系统中,最常见的参数是发车间隔、频率、生产能力、工作量、生产率、时间和速度。

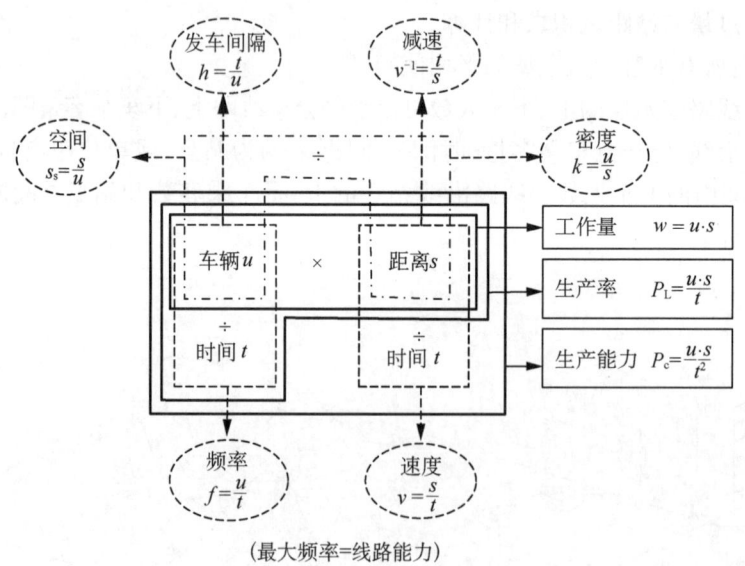

(最大频率=线路能力)

图 2-7　公交系统基本运营要素及其性能指标

发车间隔 h 是某一方向上相邻两辆运行的公交车辆通过某一站点或断面的时间间隔,在公交线路运行图中用分钟表示。间隔和频率描述了公交车辆在公交线路上的运动。乘客

总是希望公交车的发车间隔尽量短,以缩短其等待时间。然而,对于固定的乘客量,采用发车辆数少的大容量公交车的运营成本比发车辆数多的小容量公交车运营成本要低,所以公交公司经常会采用长的发车间隔。发车间隔通常折中了乘客的出行时间、方便性和公交公司的运营费用。

在乘客需求相对稳定的情况下,当公交车辆载客数和时刻表稳定时,采用固定的发车间隔会使得运营效率最高,且最吸引乘客(简单、可靠、等待时间最短);当发车间隔大于 6 min 时,通常采用能被 60 整除的数作为发车间隔,如 7.5、10、12、15、…、60 min 等,称为时钟间隔(周期间隔),这种做法使得车辆在任意车站开行的时间都将为一个小时的同一个时间点,方便乘客记忆。

线路的最长间隔根据该线路可接受的最低服务水平确定,又称为政策间隔 h_p;线路的最小间隔由系统物理实施特征(技术、开行方法、安全性要求)和车站运营指标(乘客乘降率、发车控制等)决定。前者对站点间的线路、最小间隔 $h_{w,min}$ 有影响,后者则决定站点所能承担的最小间隔 $h_{s,min}$。最短间隔取二者的较大值,绝大多数情况下,$h_{s,min} > h_{w,min}$。

$$h_{max} = \max\{h_{w,min}, h_{s,min}\} \tag{2-3}$$

发车频率 f 是指单位时间内通过公交线路某个断面的公交车辆数,频率是间隔的倒数。例如,公交线路发车间隔为 10 min,频率为每小时 6 班车。发车频率提供服务的另一个量化指标,根据线路最大断面客流通过量计算,公式如下:

$$f = \frac{P_{max}}{\alpha C_v} = \frac{60}{h} \tag{2-4}$$

式中,f 为频率,车/h;α 为满载率;C_v 为公交车额定载客量;P_{max} 为最大断面客流通过量,人/h;h 为发车间隔,min。

车站最小发车间隔 h_{min} 计算公式如下:

$$h_{min} = \frac{60\alpha C_v}{P_{max}} \tag{2-5}$$

五、车辆能力和线路能力

对于公交系统来说,车辆能力和线路能力是两个重要的但含义不同的概念。车辆能力,通常用每辆车提供的空间即额定载客能力(座位数加上站立空间)表示,是静态能力;线路能力,通常用每小时提供的空间表示,是动态能力,详见第四章第一节。

能力的利用情况用能力利用率系数表示,是被利用的能力与所提供的能力之比。各种不同能力的概念以及运输作业和生产能力的概念以公式、单位和利用率系数的形式列于表 2-3 中。表中,L 为线路长度;c 为某一线路通过某一点 1 h 内单方向通过的最大车辆数,车辆可以是单个车辆,也可以是车队;n 为车队所含车辆数,单个车辆时,$n=1$;C 为某一线路通过某一点 1 h 内单方向按空间运送的最大乘客数;P 为某一线路通过某一点 1 h 内单方向按空间运送的实际乘客数。

表 2-3　　公交线路运营有关的能力、运输作业和生产能力的概念

种类	定义	计算公式	提供值	实际利用值	利用率系数
静态能力	车辆额定载客能力（座位数或座位数+站立空间）	C_v	C_v	P_v	$\alpha=P_v/C_v$
动态能力	最大频率	f_{max}	$f_{max}/(车 \cdot h^{-1})$	$f/(车 \cdot h^{-1})$	$\delta_f=f/f_{max}$
动态能力	车辆通过能力	$f_{max} \cdot n$	$c/(车 \cdot h^{-1})$	$f \cdot n/(车 \cdot h^{-1})$	$\delta_v=f \cdot n/c$
动态能力	线路能力	$f_{max} \cdot n \cdot C_v$	C	P	$\alpha=P/C$
运输作业	1 h 线路工作量	$f \cdot n \cdot C_v \cdot L$	$W/(人 \cdot km \cdot h^{-1})$	$W_p/(人 \cdot km \cdot h^{-1})$	$\bar{\alpha}=W_p/W$
生产能力	运输能力和速度	$f \cdot n \cdot C_v \cdot v_0$	$P_c/(人 \cdot km \cdot h^{-2})$	—	—

1. 车辆能力（或额定载客能力）

额定载客能力是指营运车辆最大的额定载客人数，取决于车辆自身的结构与性能，包括由座位数确定的乘客人数（不含司机、售票员的座位）和由有效站立面积确定的乘客人数两部分。额定载客能力根据舒适度确定，通常使用 0.20~0.25 m²/人 的站立空间指标，具体指标如表 2-4 所示。国家标准《客车装载质量计算方法》(GB/T 12428—2005)规定，每平方米的有效站立面积的乘客站位数最大限定为 8 人/m²，即额定载客能力根据车辆设置的固定座位数（不含司机、售票员的座位）和有效站立面积(m²)×8 人/m² 来确定。

表 2-4　　乘客舒适度（以人均站立面积表示）

人数密度/(人·m⁻²)	人均站立面积/(m²·人⁻¹)	站立乘客的状态
<1	>1.00	有独立的站立空间，移动方便
2~3	0.50~0.33	与他人有身体接触，移动受到其他人的干扰
4	0.25	大范围的身体接触，移动有困难
5	0.20	站立时受到挤压，移动极其困难
6~7	0.15	超荷负载，被迫移动

车辆满载率 α 是公交车辆实际承载的乘客数 P_v 与额定载客人数 C_v 的比值，不宜大于 1.00，计算公式如下：

$$\alpha = \frac{P_v}{C_v} \tag{2-6}$$

2. 线路运输工作量

线路运输工作量 W 表示线路所提供的产量，单位是车·km 或空间·km，当所有的公交车辆运营在长度为 L 的线路上时，1 h 工作量 W 可以用 $f \cdot n \cdot C_v \cdot L$ 表示。线路上人·km 表示利用的工作量 W_p，可以用式(2-7)表示：

$$W_p = \sum p_i S_i \tag{2-7}$$

式中，p_i 为区间 i 的乘客量；S_i 为区间 i 的长度。

工作利用系数 $\bar{\alpha}$ 表示线路利用的工作量与提供的工作量的比值。该系数表示线路沿线所提供能力的利用状况，或以乘客量为权重的载运系数的平均值。

3. 生产能力

生产能力 P_c 指线路能力及其运营速度的产出值。

六、行程时间

行程时间可分为公交车辆行程时间和乘客行程时间。

1. 公交车辆行程时间

在公交运营中，公交车辆行程时间有几种不同的定义，应加以区分。

停站时间 t_s 指公交车辆在公交站点停车及乘客上下车所用时间。

行驶时间 t_r 指公交车辆在两个站点之间的行驶时间，含红绿灯时间，不含停站时间。

站间行程时间 T_s 指公交车辆行驶时间与停站时间之和。任意区间 i 的站间行程时间计算公式为

$$T_{si}=t_{ri}+t_{si} \tag{2-8}$$

运送时间 T_0 指营运公交车辆在线路上行驶时间与中途站停站时间之和。计算公式为

$$T_0=\sum_i T_{si}=\sum_i (t_{ri}+t_{si}) \tag{2-9}$$

营运时间 T 指营运公交车辆在线路上行驶时间、中途站停站时间及终点站休息时间之和。

终点站休息时间 t_t 预留的目的是保证司乘人员休息和用餐时间、用于车辆调头和驾驶员换岗以及时刻表微调（保持发车间隔的均匀）、抵消运送时间中的延误。由于时刻表的恢复与公交线路长度有关，延误产生的概率和传播随线路长度而增长，因此总的终点站（包括起点站和终点站）停留时间通常用线路总运送时间的百分比 γ 来确定，该百分比通常在 10%～30% 之间变化，一般取值 15%，早晚高峰可适当减少终点站休息时间，以加快车辆周转。对于发车间隔均匀且很长的线路，周转时间通常为发车间隔的整数倍，有时必须使用长的终点站休息时间，导致 $\gamma>30\%$。

车辆周转时间 t_0 指营运公交车辆在线路上往返一圈行程所需的营运时间，计算公式为

$$t_0=\frac{2L}{V_c} \tag{2-10}$$

车辆周转时间 t_0 也可表示上、下行营运时间之和，即

$$t_0=t_{0上行}+t_{0下行} \tag{2-11}$$

式中，$t_{0上行}$ 为上行营运时间；$t_{0下行}$ 为下行营运时间。

2. 乘客行程时间

公交乘客行程时间定义为乘客从起点（O）出发到目的地（D）所花费的时间总和，包括接驳时间、等待时间、换乘时间、在途行程时间。

接驳时间 t_a 指乘客从起点（O）出发到达某一公交车站所需的时间，或者从某一公交车站出发到达目的地（D）所需的时间。

等待时间 t_w 指乘客从到达公交车站后到公交车辆从该站出发的时间。对于发车间隔均匀的公交线路,乘客的平均等待时间为线路发车间隔的一半。当有发车时刻表时,乘客平均等待时间比随机到达的平均等待时间要少一点,如图 2-8 所示。

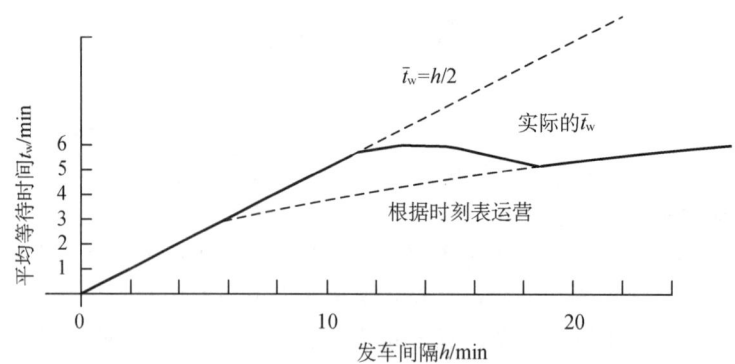

图 2-8　乘客平均等待时间与发车间隔之间的函数关系

换乘时间 t_f 指乘客在不同线路或交通方式之间进行转换所花费的时间。换乘时间通常取决于两条线路站台之间的行走时间、换乘线路的发车间隔、线路之间的时刻表协调。

在途行程时间 t_0 指乘客在公交车辆上的乘行时间。

乘客的 OD 行程时间 T_{od} 指乘客从起点(O)出发到达目的地(D)所花费的时间总和。

$$T_{od}=t_a+t_w+t_0+t_f \qquad (2\text{-}12)$$

七、速度与路权

1. 速度

在公交运营中,公交车辆速度有几种不同的定义,应加以区分。

站间速度 V_{si} 指营运公交车辆在任意区间 i 的行程车速,计算公式为

$$V_{si}=\frac{60S_i}{t_{ri}+t_{si}}=\frac{60S_i}{T_{si}} \qquad (2\text{-}13)$$

式中,S_i 为任意区间 i 的距离;T_{si} 为区间 i 站间行程时间;t_{ri} 为区间 i 站间行驶时间;t_{si} 为区间 i 公交站点停车及乘客上下车所用时间。

运送车速 V_0 指营运公交车辆在线路上载客时,线路长度 L 与运送时间 T_0 的比值,计算公式为

$$V_0=\frac{60\sum_{i=1}^{j}S_i}{\sum_{i=1}^{j}T_{si}}=\frac{60L}{T_0} \qquad (2\text{-}14)$$

营运车速 V_c 指营运公交车辆在线路上载客时,在线路上往返一圈的行程长度与营运时间 T 的比值,计算公式为

$$V_c=\frac{60\times 2L}{T}=\frac{120L}{T} \qquad (2\text{-}15)$$

2. 路权

路权决定了公交运营的速度。路权反映了公交车辆与其他车辆及行人分离的程度,通常有三种路权形式:形式一,公交车辆与其他交通方式混行;形式二,采用公交专用道将公交车辆与其他交通方式分离;形式三,完全享有独立空间,与其他交通方式车辆和行人不存在任何相互交叉和干扰,例如地铁。

公交专用道是指在城市道路路段上通过特定的交通标志、标线或隔离设施等手段,限定路段上的某一条或某几条行车道(或整条道路)只允许公交车辆及部分特殊车辆在规定时段内使用,而禁止其他车辆通行,以此给公交车辆提供道路优先通行权。当一条路段所有车道均为公交专用道时,该路段就成为公交专用路。

根据车道位置、行驶方向、行驶时间及专用程度等,公交专用道有多种类型,具体见表2-5。

表2-5　　　　　　　　　　　公交专用道类型及特征

分类标准	公交专用道类型	特 征
车道位置	路缘式公交专用道	公交车行驶于车道最外侧
	中间式公交专用道	公交车行驶于道路单向的中间车道
	中央式公交专用道	公交车行驶于道路中央,利用中央分隔带设置公交停靠站
	公交专用路	通常设置于城市中心区的街道上,禁止其他车辆通行,专门划出车道供公交车行驶,其余路幅供行人通行
行驶方向	顺向公交专用道	公交车行驶方向与其他车辆行驶方向相同
	逆向公交专用道	公交车行驶方向与其他车辆行驶方向相反
	可变方向公交专用道	配合高峰时间内交通流变换而改变公交专用道行车方向
行驶时间	单高峰时段公交专用道	在上午(或下午)高峰时段实施公交专用道,其他时间允许其他车辆行驶
	双高峰时段公交专用道	在上午和下午两个高峰时段实施公交专用道,其他时间允许其他车辆行驶
	全天候公交专用道	划出一条车道全天候专供公交车行驶
专用程度	绝对公交专用道	仅供公交车行驶,且除救护车、消防车外,禁止其他车辆进入公交专用道
	条件公交专用道	除救护车、消防车外,尚允许满载的小汽车、出租车和大客车等车辆中的一种或几种驶入公交专用道

第二节　公交线网、线路规划

一、线网规划目标与考虑因素

公交线网是公交系统最重要的组成部分,主要由线路和站点构成。公交线网规划往往是对一个已经存在的系统的扩充、调整和优化,因此,针对公交系统面向的乘客、运营商、政府三类不同主体,公交线网规划目标主要有以下三个方面。

(1) 引导城市发展:通过城市优先发展公共交通系统,从而保护城市环境,实现人口高流动率,保障弱势群体出行,合理利用土地,促进可持续发展,提高生活质量,节约能源等。

(2) 实现运输工作量最大化:运输工作量常用人次数或人·km衡量,这就要求公交线网能够提供快速、便捷、安全、经济的服务。

(3) 达到运营效率最大化:在公交系统达到期望的运营水平下,所消耗的系统总费用最少,通常要求公交线路数量或线路总长度应当控制在一定范围内。

提高公共交通系统的整体竞争力已成为一项世界难题。自2012年至今,国内外城市不断探索从"被动调整线路"到"主动塑造需求",构建全新的公交规划模式,对标小汽车出行,提供自由度高的公交服务。新的线网规划理念与传统公交线网规划理念相比,如表2-6所示,转变主要表现在以下五个方面:

(1) 公交发展定位的转变。从简单的"缓解城市交通拥堵",提升为"全面替代小汽车",满足人们日益多样化的高品质出行需求,而不只是服务于固定的通勤出行或低收入群体的保障性出行。

(2) 公交线网形式的转变。从尽可能避讳换乘、提倡出行的"直达性",转变为关注公交线网整体的"可达性",注重换乘环节和发车间隔的设计,使乘客可以快速到达线网内任意目的地,媲美小汽车出行的自由度。

(3) 公交企业运营策略的转变。从"以需求决定供给"的被动模式,转变为"以供给塑造需求"的主动策略,公交线路设计不是为了满足单一群体的个性化需求,而是为了公交系统整体发挥最大效益。

(4) 公交乘客出行感观的转变。将乘客从繁杂的线路、无规律的站点、良莠不齐的手机App中解脱出来,并打破制式间的壁垒,取而代之的是任何人、任何时间、去任何地方都可以选择的"傻瓜式"出行服务。

(5) 公交设施设计的转变。从关注车辆和路网的顺畅运行,转变为保障乘客全出行链行程时间的竞争力,当小汽车完成的出行都能够由公共交通完成以后,公交也就不再需要向小汽车出行者妥协。

只要这些理念转变逐步实现,并打破一些传统观念的局限,就能向可替代小汽车的高品质公交迈进一大步。

表2-6　　　　　　　传统公交线网规划与新公交线网规划理念对比

规划理念	传统公交线网规划	新公交线网规划
公交定位	以缓解交通拥堵为首要目标,重视上下班高峰的固定通勤需求,兼顾为低收入群体提供保障性出行服务	以全面替代小汽车为首要目标,满足全天候、全人群、多样化的出行需求,实现经济发展与小汽车发展脱钩
线网形式	关注公交线路的"直达性",乘客通常沿固定公交线路出行,尽量避免换乘或仅在少数重点枢纽换乘,用线路数量和直达性评判服务质量	关注公交线网整体的"可达性",乘客出行不受固定线路约束,通过诸多便捷的换乘机会可达城市任意目的地,用发车频率和全过程出行时间评判服务质量

续　表

规划理念	传统公交线网规划	新公交线网规划
运营策略	公交企业优先将资源用于开行尽可能多的线路，线路走向和服务水平由企业根据客流自主制定，政府较少干预（"以需求决定供给"）	公交企业优先将资源用于加密班次、丰富线路层次，将换乘节点设计、发车间隔编制和线网简洁性纳入政府线网规划环节统一设计（"以供给塑造需求"）
乘客界面	以企业管理简便为导向，按不同制式、不同车型、不同速度划分线路，乘客需依赖手机App寻路	以乘客乘车简便为导向，按"高频线"和"低频线"划分线路，张贴公交线路图和指引标识，提供"傻瓜式"服务
设施布局	重点保障车辆和路网运行的畅顺，通过深港湾车站、大型换乘枢纽容纳众多公交线路，车站远离路口	重点保障乘客全出行链行程时间的竞争力，公交站台向外凸出、贴近车道，在交叉口换乘，减少车辆绕行和时间损耗

在城市地面公交客流相对稳定的情况下，公交线网规划问题通常是网络优化调整问题。由于公交服务与市民生活息息相关，线路一旦运行并形成相对稳定的客流，一般不宜作出较大变动。线网规划主要考虑因素如下：

（1）交通需求。包括数量、分布和出行路径的选择，它是影响公交线网规划的首要因素。理想的公交线网布局应满足大多数市民的出行需求，应具有服务范围广、非直线系数较小、出行时间短、直达率高、换乘便捷、可达性好等特点。

（2）网络运营有效性。指线网单位投入（如每公里、每班次等）获得的服务效益。反映线路运营有效性的指标有日行驶里程、车均载客人数、每车百公里载客人数、每车百公里营收和每车百公里运营成本效益比等。

（3）道路条件。道路是公共汽（电）车运行的载体，是公交线网规划的外部基础条件和制约条件，不同等级、功能的道路适应不同类型的线路和车型。并非所有的道路都适合公交车辆行驶，要考虑道路几何线形、出入与过街便利、容量限制等因素。

（4）场站条件。公交线路起（终）点的位置可作为公交线网规划的约束条件，也可在线网优化后，根据线路及车辆配置确定起、终点位置及其规模，中途站的设置根据站距和道路条件确定。

（5）车辆条件。影响线网规划的车辆条件包括车辆物理特性、操作性能、额定载客指标、线路配车数等。

（6）政策因素。包括交通管理政策（如公交优先发展政策、小汽车使用管制措施）、社会公平保障政策（如为边缘地带居民提供公交服务）、土地开发与更新政策等。

二、公交线网优化技术框架与主要技术指标

我国城市公共交通系统已逐渐形成包含轨道交通、BRT和地面公共汽（电）车的多模式网络。公交网络规划面临两种具体情况：①在既有的地面公交线网基础上，规划快速公交线网和线路（如BRT），并调整、合并、拆分原有的公交线路；②以城市空间结构发展和土地开发为导向，重新规划快速轨道交通网络，针对轨道交通网络对地面公交的衔接和配合需求，设置新的接驳线路及调整既有公交线网，形成全新的多模式公交网络。因此，通常开展分层网络规划，先进行快速公交网络规划，再根据快速公交通道及枢纽布局调整和配套地面公交

网络。

1. 公交线网优化技术框架

公交线网优化技术框架如图 2-9 所示。公交线网优化主要有两种方法：一是给定公交服务水平，使运营成本最小；二是限制运营成本，使服务水平最高。政府层面的规划以前者为约束条件，企业层面的规划多以后者为目标。公交线网优化通常是多目标规划问题。

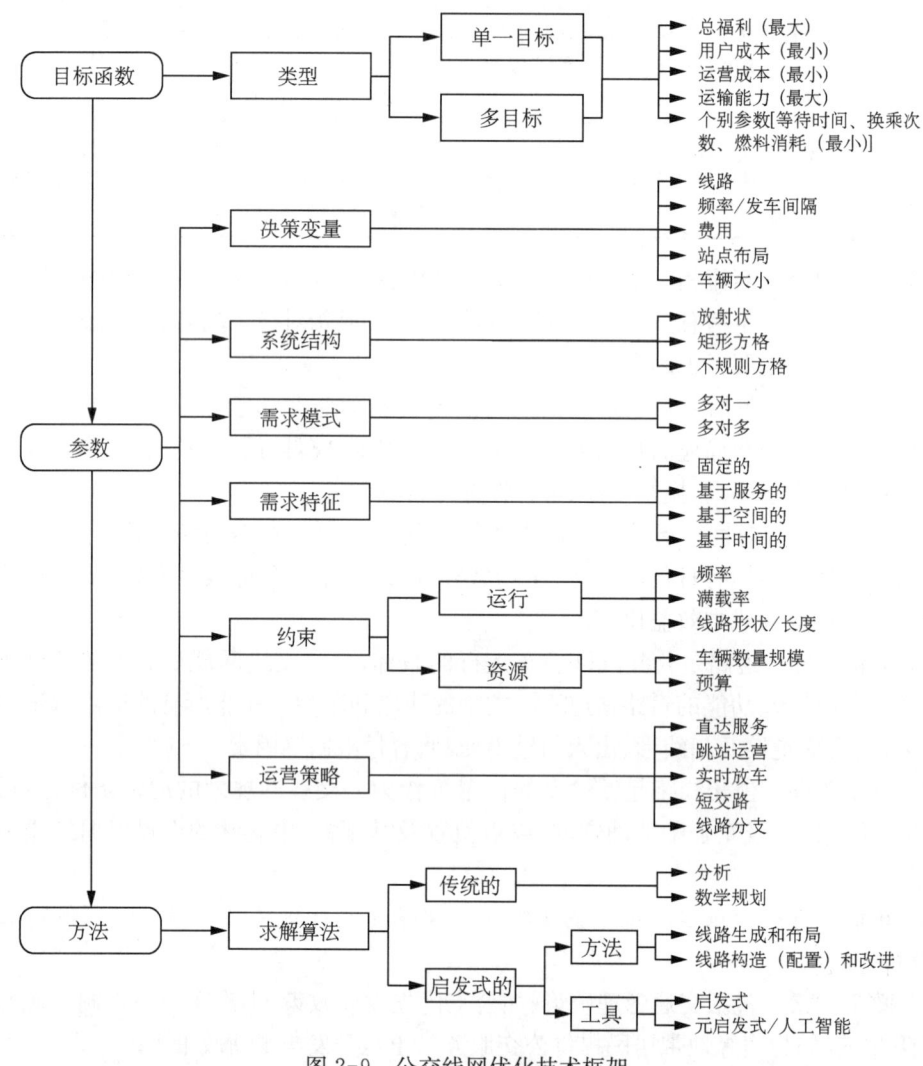

图 2-9　公交线网优化技术框架

2. 公交线网规划的主要技术指标

(1) 线网密度，指布设公交线路的道路里程与有公交服务的城市用地面积的比值，单位为 km/km^2，该指标的大小反映了居民接近公交线路的程度。公交线网密度过低会增加步行到站的时间，降低公交出行"门到门"的速度。适合公交出行的城市建成区路网密度应不低于 $8\ km/km^2$，公交线网密度应不低于 $4\ km/km^2$。在城市边缘地区，公交线网密度应高于 $2\ km/km^2$。

(2) 站点覆盖率，指站点覆盖范围占城市用地面积的比例，该指标是反映城市居民接近公交站点程度的重要指标。以公交车站一定空间直线距离（300 m 和 500 m）为半径形成的圆形区域作为站点的覆盖范围，《城市综合交通体系规划标准》（GB/T 51328—2018）规定，城市公共汽（电）车的车站覆盖率，以半径 300 m 计算，不应小于规划城市建设用地面积的 50%；以半径 500 m 计算，不应小于 90%。为了更加直接地反映公共交通服务的空间覆盖性，规划时应更加关注公共交通对人口和就业岗位的覆盖率。人口和就业岗位的覆盖率是指公共交通站点一定空间范围覆盖的人口和就业岗位占建成区总的人口和就业岗位的比例。

（3）公交线路重复系数，指公交线路总长度与线网长度（即有公交线路经过的道路中心线总长度）的比值，在公共交通发达的城市一般取值 1.25～2.5。对于给定的道路，线重复系数是指通过该道路断面的公交线路条数。

（4）线路非直线系数，指公交线路首末站之间实际路径距离与空间直线距离之比。为保证公共交通的正常运营，提高公共交通服务水平，非直线系数不宜过大，一般不应超过 1.4。为剔除道路条件对公交线路的影响，也可采用线路长度与首末站道路最短路径长度的比值，一般应控制在 1.0～1.3 之间。

（5）乘客平均换乘系数或换乘率，指公交总乘次与公交出行总人次的比值。该指标体现了公交出行的一次通达性。按照出行定义，一次出行如果需要换乘公交线路，就包含 1 个以上的乘次。大城市乘客平均换乘系数不应大于 1.5，中小城市不应大于 1.3。

（6）客流量，包括线路客流量和站点客流量。前者指线路车辆日均载客数应达到的基本水平，后者指站点上、下客流量。

（7）线路运送速度，指一条线路包括停站时间在内的车辆平均车速。

（8）线路饱和度，单向高峰断面客流满载率应在 0.85 以下。

（9）步行到站时间，是反映公交使用便利性的重要指标。城市建成区要求到站时间不超过 5 min，郊区不超过 10 min。

（10）公交出行总时耗，《城市综合交通体系规划标准》（GB/T 51328—2018）建议采用公共交通方式（含轨道交通、快速公交、常规公交）通勤出行的单程出行时间宜符合表 2-7 的规定。

表 2-7　　　采用公共交通方式通勤出行的单程出行时间控制要求

规划人口规模/万人	95%的公交出行者通勤出行时间最大值/min	规划人口规模/万人	95%的公交出行者通勤出行时间最大值/min
≥500	60	50～100	40
300～500	50	20～50	35
100～300	45	<20	30

三、公交线网的换乘

为了吸引乘客并与私人交通竞争，公交系统必须提供覆盖范围广的整合服务。为了实现轨道交通网络、快速公交网络、常规公交网络的良好整合，必须提供便捷有效的跨网络换乘服务。换乘会带来额外的步行、等待和上下车时间，乘客通常对换乘持负面态度。而且，乘客对乘坐同一交通工具有较大认同感，同类线路之间的换乘比不同公交模式之间的换乘更容易和省力，因此，多模式公交线网换乘规划设计的科学化、人性化非常重要。

1. 方便有效的公交换乘服务设计

以换乘为突破口的公交线网设计,若想实现高品质,需具备以下几个特征:①线路覆盖全面、换乘容易、不绕路;②线网简洁、容易上手(例如"棋盘+放射"形结构);③发车频率高。这样的线网形态,与国内城市轨道交通线网十分相似。如图 2-10 所示,在理想的公交系统中,乘客最多只需换乘一次,就可以到达任何地方,出行不受固定时刻表、固定线路、固定制式的限制。理想的公交系统应尽可能提高不开车人群的出行可达性,发挥公共交通相对小汽车的最大竞争力。这种形式通常适用于较小区域范围,如区域面积不超过 100 km²。

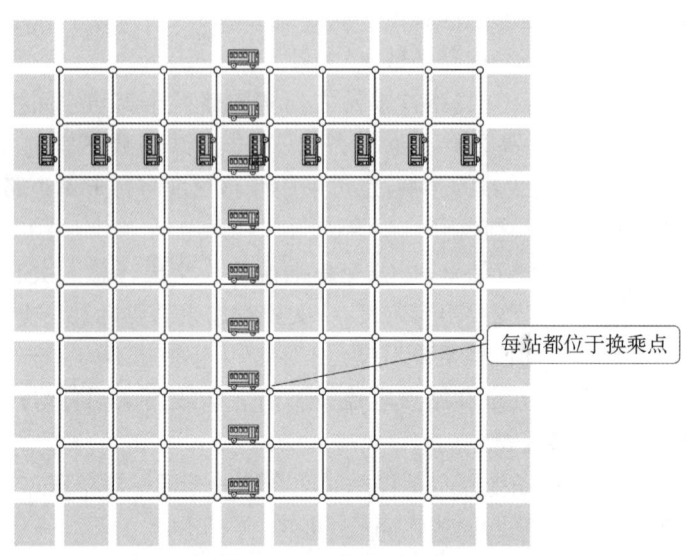

图 2-10 理想的公交换乘网络

西班牙巴塞罗那尝试了网格状换乘公交线网理念。将市区原本的 63 条公交线路合并成了由 8 条横线、17 条纵线、3 条对角线共 28 条线路组成的"棋盘+放射"形骨干公交线网。这种公交系统可提供类似地铁的高品质出行体验——由长达 24 m 的大型低地板双铰接公交车辆承运,以全天候 4~6 min 的高发车频率穿梭在城市中,每条公交线路覆盖一条主要街道,贯穿整个城市,通过位于交叉口的换乘站便捷转换。配以完善的信息指引,尽可能减少乘客对换乘的抗拒,如图 2-11 所示。

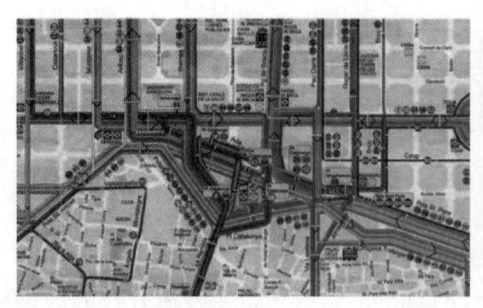 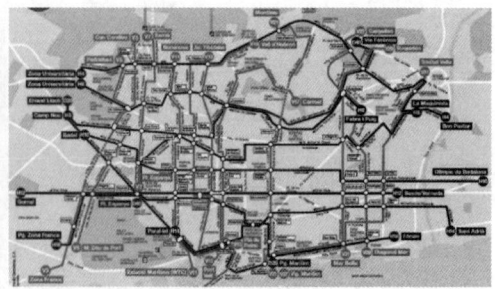

(a) 改造前　　　　　　　　　　　(b) 改造后

图 2-11 巴塞罗那公交线网改造前后对比

(资料来源:Badia H, Argote-Cabanero J, Daganzo C F. *How network structure can boost and shape the demand for bus transit.*)

从效果来看,新公交线网中虽然换乘有所增加,但经过与土地利用充分契合,90%的出行换乘次数可控制在一次以内。预计远期线网整体换乘系数为 1.44 左右,仍处于可接受水平。同时,新公交线网用更低的成本提供了翻倍的发车频率,平均发车间隔从 12.3 min 压缩至 6.18 min,未来将继续压缩至 4 min,大幅缩短候车时间。公交运营所需的配车数从此前的 761 辆减少到 573 辆,节省了运营成本。因为线路更加顺直、发车间隔大幅压缩,配以积极的公交优先措施,即便换乘有所增加,新公交线网中大部分 OD 出行时间显著缩短。

2. 枢纽锚固作用

基于换乘的线网设计通常以实体枢纽锚固公交线网,实现不同模式网络的衔接,完成方向、方式的转换。通过枢纽布局确定各层次运营线路的最佳长度,按照线路设计的运营速度,估计线路网络可达性。在枢纽中实现客流的适度集聚,规划线路数量,进行线路优化。方便有效的公交换乘服务设计核心包括线路功能设计、换乘枢纽最优布局、行车时刻表协调、联运票价制定、信息共享与及时推送等。通过换乘枢纽的布局与科学的设计,控制换乘时间,提供便捷换乘,降低换乘不确定性,为乘客提供最有效的换乘位置;在技术层面和管理层面支持换乘枢纽各种交通方式接驳时间保持协调;设计合理的票价、票制,实现换乘优惠。

如图 2-12 所示,采用一条轻轨线路 LRT 取代以前由大量直达公交线路汇合成的两条主要通道,并提供换乘枢纽时刻表协调服务。例如,上海对轨道交通和常规公交衔接规定,所有轨道交通站点均有公交过境线路与之配套,并至少有一条线路与轨道交通线路首末班次时间衔接。同时要求与轨道交通换乘的公交线路发车班次和发车时间能够与轨道交通离站班次时间协调。

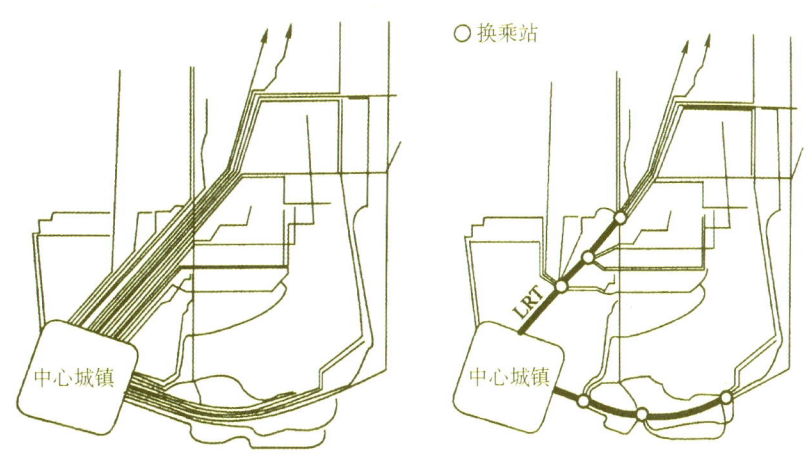

图 2-12 基于换乘的线网优化设计案例

【案例 2-1】 日本名古屋线网换乘

名古屋公交线路总数为 161 条,其中,首、末站设在 8 个主要公交地铁换乘枢纽的公交线路有 106 条,途经这 8 个换乘枢纽的公交线路有 14 条,因此,这 8 个换乘枢纽联系了 120 条公交线路,约占名古屋线路总数的 75%。以这 8 个换乘枢纽为起始点的公交线路均以枢纽命名,如"荣 12""荣 17""金山 18"等。

【案例 2-2】 上海嘉定区线网换乘

与轨道交通站点衔接的公交线路主要有 3 种形式——之字形线、十字形线、丁字形线，如图 2-13 所示。上海嘉定交通发展集团有限公司运营 76 条公交线路，其中有 67 条公交线路与 13 个地铁站接驳，约占线路总数的 88%。67 条接驳线路的轨道换乘客流占总客流的比例为 38%。嘉定区与轨道交通接驳的地面公交线路如图 2-14 所示，围绕轨道交通站点，地面公交线路大多在与轨道线路垂直或斜交方向延伸，为轨道交通客流提供接驳和换乘服务。

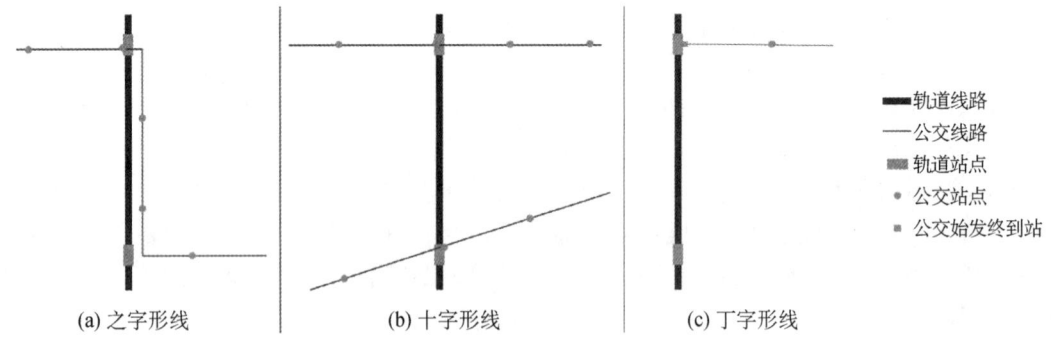

图 2-13 与轨道交通站点衔接的公交线路形式

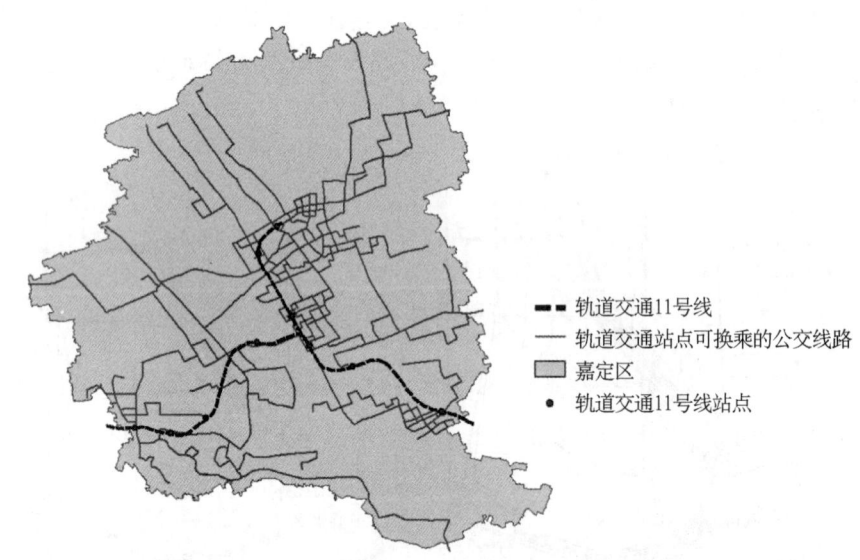

图 2-14 上海嘉定区轨道交通 11 号线与换乘公交线网

四、公交线路设计

公交线路设计需要关注的要素包括客流需求、线路长度、平均站间距、设站位置、道路条件、公交车辆类型、首末站选择、票价等。线路设计应适应城市发展需求，满足客流需求，线路走向与主要客流流向一致。线路走向、设站与道路条件相配合，尽可能减小非直线系数。

1. 线路长度

城市规模和线路类型是影响公交线路长度的主要因素。线路长度与城市面积、平均乘距等有一定的比例关系。规范线路长度有利于运营管理,既便于制定票价,特别是推行一票制(例如国内很多城市规定线路长度在 13 km 以内可以采用一票制),也便于运行调度、控制线路的服务水平。公交线路长度一般为乘客平均乘距的 2.0~2.5 倍。根据居民出行长度控制线路平均长度的目的是避免线路各站间断面客流量变化悬殊,有助于平衡线路运行效益和满载率。由此估算,大城市线路平均长度相当于城市建成区面积的当量半径,小城市线路平均长度相当于城市建成区面积的当量直径。

根据线路营运经济性和管理要求,除短驳线外,一般公共汽(电)车线路长度不小于 5 km,不超过由公交车平均营运车速 V_c 与 95% 的公交出行者通勤出行时间最大值 T_{max} 乘积得出的最大线路长度 L_{max} 值。具体线路长度设计以客流需求为准则,兼顾首末站的位置和设置条件,并考虑换乘的便捷性。一般情况下,市区线路长度为 10~15 km,市区通向郊区的线路长度较长,平均长度会超过 20 km。

2. 线路设站和站间距

线路站间距确定与设站涉及的主要因素如下:

(1) 乘客需要。包括主要的客流集散点,如居民住宅区、商业网点、学校、医院、企业等,以及与其他线路的换乘点。

(2) 运送速度。站间距应与线路运送速度要求相匹配。快速公交线路应保持较大的站间距,而短驳线路则允许较小的站间距。

(3) 服务水平。服务水平的一个重要考察指标为乘客步行到站时间,如果站间距过大,则乘客步行到站时间较长,服务水平较低。《城市综合交通体系规划标准》(GB/T 51328—2018)中指出,公共汽(电)车最具有吸引力的步行到站时间应在 5 min 以内,轨道交通最具有吸引力的步行到站时间应在 10 min 以内。

《城市道路公共交通站、场、厂工程设计规范》(CJJ/T 15—2011)中指出,线路中途站的站间距宜为 500~800 m,市中心的站间距宜选取下限值,城市边缘地区和郊区的站间距宜选取上限值。在客流密集的商业区、城市核心区,站间距可以缩短。如香港有轨电车线路在港岛客流密度大的地区,站间距仅 200 m 左右;上海市区公交线路平均长度约 12 km,站间距在 400 m 左右。

参考《城市道路交叉口规划规范》(GB 50647—2011)、《城市道路公共交通站、场、厂工程设计规范》(CJJ/T 15—2011),线路中途站设置方法如下:

(1) 中途站应设置在公交线路沿途所经过的客流集散点处,并宜与人行过街设施、其他交通方式衔接。

(2) 中途站应沿街布置,站址宜选在能按要求完成运营车辆安全停靠、便捷通行、方便乘车三项主要功能的地方。

(3) 在路段上设置中途站时,同向换乘距离不宜大于 50 m,异向换乘距离不应大于 150 m;对置设站,应在车辆前进方向迎面错开 30 m。

(4) 在道路平面交叉口设置的车站,换乘距离不宜大于 150 m。道路交叉口附近的车站宜设置在交叉口出口道一侧,距交叉口出口缘石转弯半径终点宜为 80~150 m,与出口道进行一体化展宽,且应靠近交叉口人行横道。右转线路的公交站点可布设在交叉口进口道,当进口道有展宽车道时,布设在展宽车道上游,并应与进口道进行一体化展宽;当无展宽车道时,布设在右侧车道最大排队长度上游15~30 m处。对于郊区站点与平面交叉口的距离,一级公路宜设在160 m以外,二级及以下公路宜设在110 m以外。

(5) 几条公交线路重复经过同一路段时,其中途站宜合并设置,站点的通行能力应与各条线路最大发车频率的总和相适应。一个站台的停靠泊位数不宜超过3个,公交站点设置不应造成公交车辆停靠排队溢出,否则应分开设置。中途站共站线路条数不宜超过6条或高峰小时最大通过公交车辆数不宜超过80辆,超过该规模时,宜分设车站。分设车站的距离不宜超过50 m,不应小于25 m。

(6) 停靠站可分为直线式和港湾式,如图2-15所示。直线式公交停靠站是将公交停靠区域直接设置在机动车道上,公交车辆停靠时占用一条机动车道,形成交通瓶颈路段,会对社会车辆的正常行驶和公交车辆的超车产生很大影响,当路段机动车饱和度较大时会造成交通阻塞。港湾式公交停靠站是对道路进行展宽或对人行道进行压缩处理,以形成一个港湾形式的停靠站,减少公交车辆停靠时对交通流的影响。具体设计请查阅相关规范。城市主、次干路和交通量较大的支路上的车站宜采用港湾式。

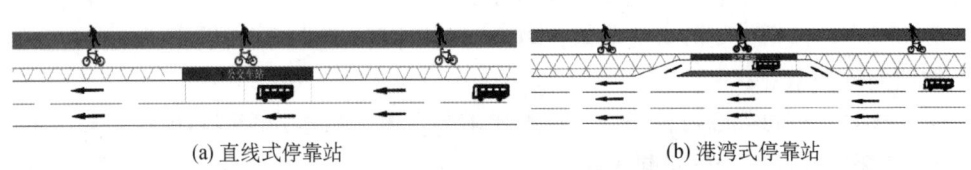

(a) 直线式停靠站　　　　　　　　(b) 港湾式停靠站

图2-15　直线式、港湾式公交停靠站示意图

3. 线路首末站具体设置方法

线路首末站的设置应与城市更新、旧城改造、新区开发、交通枢纽规划相结合,并应与公路长途客运站、火车站、客运码头、航空港以及其他城市公共交通方式相衔接。首末站应紧靠客流集散点和道路客流主要方向的同侧,应临近城市公共客运交通走廊,且应便于与其他客运交通方式换乘;在火车站、客运码头、长途客运站、大型商业区、分区中心、公园、体育馆、剧院等活动集散地多种交通方式的衔接点上,宜设置多条线路共用的首末站;火车站、客运码头、长途客运站主要出入口100 m范围内应设置公交首末站。

当500 m服务半径的人口和就业岗位之和达到表2-8的规定时,宜配建首末站。单个首末站的用地面积不宜小于2 000 m²。在用地紧张地区,首末站可适当简化功能、缩减面积,但不应小于1 000 m²。无轨电车首末站用地面积应乘以系数1.2。

表2-8　　配建首末站的人口与就业岗位要求

指标	规划人口规模 100 万人以下	规划人口规模 100 万人及以上	
		有轨道交通	无轨道交通
500 m半径范围内的人口与就业岗位之和/个	8 000	15 000	12 000

第三章　公共汽车客流特征及行车作业计划编制

行车作业计划是指公交企业在已定线网布局的基础上，根据客流的基本变化规律和运输生产的要求，组织车辆在线路上有序、均衡运行，组织驾乘人员劳动的生产作业计划。行车作业计划是常规公交企业营运计划的具体形式，也是提高乘客服务质量的重要手段，为线路运营管理和调度工作提供依据，其编制的质量直接影响到企业的经济效益和社会效益。

行车作业计划根据客流动态在不同时期的规律性变化，可分为季节、月度、平日（周一至周五）、节日及假日行车作业计划。

第一节　客流特征

公交客流量反映城市居民需要乘坐公交车辆的规模。客流量的大小取决于城市性质、面积、人口密度、经济水平、就业人口、出行距离以及公共交通线网的布设、票价和服务质量等因素。

一、客流的分类

1. 按照出行目的分类

公交乘客都有一定的出行目的，如上下班、上下学、购物、文化娱乐、探亲访友等，由于乘车的目的不同，因而乘车的次数和特点也不相同。按照乘车目的和乘车规律性，可以将客流分为两类。

（1）工作/学习类出行乘客。指因上下班、上下学、参加培训等活动出行的乘客，乘坐公交车辆形成的客流。这种客流每天有固定的乘车次数和一定的乘车时间，比较稳定，有一定的动态规律，是公共交通的基本客流。

（2）文娱生活出行乘客。指为完成购物、文化娱乐、走访亲友、就医、办理业务等活动而出行的乘客。这种客流没有固定的次数，但是数量很大，特别是节假日的数量更大。这类客流的客观影响因素很多，如气候的转变、社会活动的频繁程度、经济水平等都会直接影响乘车次数。所以，这类客流的稳定性很弱，有特殊的规律性，是调度部门较难处理的一部分客流。

2. 按照忠诚度分类

公交乘客对公交的依赖程度和情感偏好程度不同，对公交出行有不同的忠诚度。按照公交忠诚度可以将客流分为两类。

（1）忠诚乘客。指对公交具有较强依赖性、较高满意度的乘客。这种客流的乘车频率较高，具有长期乘坐公交的习惯，不会轻易因客观条件变动而改变出行方式。

(2) 非忠诚乘客。指对公交具有较弱依赖性、较低满意度的乘客。这类乘客通常出行需求少或有使用其他交通工具的习惯,因此,这类客流使用公交的频率较低,乘坐公交多是偶发的、临时的。这类客流对出行的快捷性和舒适度有更高的要求,可通过提高公交服务水平吸引非忠诚乘客增加公交使用频率,从而有可能将非忠诚乘客转化为忠诚乘客。

二、空间分布规律

1. 线网客流量分布规律

线网客流动态是指全市平面上的乘客动态,反映全市公共交通线网上客流量的多少及分布特点。一般城市中心区客流量最密集,逐渐向外围延伸时客流量随之降低。图 3-1 所示为上海市早高峰公共汽(电)车客流分布。线网上客流量动态数值可以用各个断面(路段)的通过量按照时间顺序排成数列,显示出动态数值变化特点。线网上客流量动态变化的方向、数值大小及波动幅度,可以为新辟线路、既有线路走向调整、运营车辆选型等提供参考资料。

图 3-1 上海市早高峰公共汽(电)车客流分布

2. 出行距离分布规律

出行距离分布因城市不同而不同,取决于城市密度、城市类型、公交类型、路网密度、票价结构等。某一种公共交通方式的出行距离分布取决于它发挥的作用、路网结构、提供的服务类型等。

公交车、有轨电车、无轨电车等主要服务中短途乘客,平均出行距离在 $4\sim9$ km 范围内,随着城市空间范围大小变化;快速公交系统主要服务中长距离乘客,平均出行距离在 $6\sim12$ km 范围内;地铁主要服务长距离出行和一部分中距离出行,平均出行距离在 $10\sim20$ km 范围内。图 3-2 所示为上海轨道交通和地面公交累计出行距离频率曲线。

3. 线路方向客流动态

一般公共交通线路都有上行、下行两个方向,这两个方向的客流量在同一时间分组内是不相等的。有的线路双向客流量几乎相等,有的线路则差异很大,一般有以下两种类型。

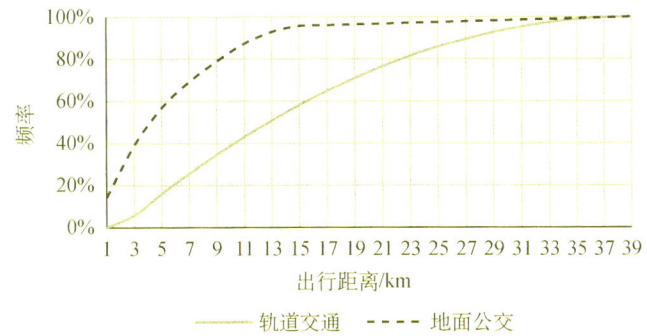

图 3-2 上海轨道交通和地面公交累计出行距离频率曲线

1) 双向型(图 3-3)

双向型线路上行、下行两个方向的运量值接近相等,很多市区线路是双向型的,这种线路在调度上比较容易处理。

2) 单向型(图 3-4)

单向型线路上行、下行两个方向的运量值差异很大,特别是通过郊区或通往工业区的线路,很多是单向型的,这种线路在调度上较为复杂,车辆的利用率较双向型低。

图 3-3 双向型线路示意图　　　　图 3-4 单向型线路示意图

研究线路方向上的客流动态,可以确定相应的调度措施,为合理组织车辆配置提供依据。

4. 断面客流动态

在同一时间段内线路上各站点的上、下车人数一般是不相等的。若把同一时间段内一条线路各断面通过量的数值,按照上行和下行各个断面的前后次序排成一个数列,可以显示出该线路在这个时间段内各断面上的客流动态。分析长时间轴数据可以看出不同时间段内客流在断面上的分布特点与演变规律。断面客流量是指第 j 时间段内线路上某两个公交站点间的客流量,计算公式如下:

$$D_{i+1,j} = D_{ij} + P_{ij} - A_{ij} \tag{3-1}$$

式中,D_{ij} 为第 j 时间段内线路第 i 站与第 $i+1$ 站之间断面的客流量;P_{ij} 为第 j 时间段内线路第 i 站上车的人数;A_{ij} 为第 j 时间段内线路第 i 站的下车人数。

整条线路断面客流大致有以下几种主要动态类型。

1) 凸型(图 3-5)

凸型是指线路各断面的通过量是以中间几个断面的通过量为最高,这些断面上的客流量呈凸出的形状。

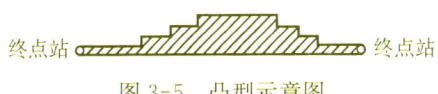

图 3-5 凸型示意图

2) 平型（图 3-6）

平型是指线路各断面的通过量很接近，客流强度近乎在一个水平。有的线路在接近起、终点站前一两个站，断面通过量较低或较高，但是其他断面的通过量很接近，这也属于平型。

3) 斜型（图 3-7）

斜型是指线路上每个断面的通过量，由小到大逐渐递增或由大到小逐渐递减，在断面上呈现梯形分布。

图 3-6　平型示意图　　　　　图 3-7　斜型示意图

4) 凹型（图 3-8）

凹型是指线路中间几个断面的通过量低于两端断面的通过量，全线路断面的通过量分布呈现凹型。

图 3-8　凹型示意图

5) 不规则型

不规则型是指线路上各断面的通过量分布高低不一，不能明显表示某种类型的形状。

断面客流动态分析可以为经济合理地编制行车作业计划及选择调度措施提供重要的依据。

5. 不均衡系数

1) 站点客流不均衡系数

$$\text{站点客流不均衡系数} = \frac{\text{站点客流量}}{\text{线路站点平均客流量}} \tag{3-2}$$

2) 客流断面不均衡系数

客流断面不均衡系数（Section Non-equilibrium Factor of Passenger Flow）为最大断面客流量与同一时间全程其他断面的平均客流量之比。

$$\text{客流断面不均衡系数} = \frac{\text{最大断面客流量}}{\text{断面平均客流量}} \tag{3-3}$$

若路段客流不均匀系数大于 1，则可以视为高峰路段；若路段客流不均匀系数为 1.2～1.4，则属于正常调节范围，不一定开设区间车；若路段客流不均匀系数大于临界值 1.4，则可通过增开区间车、快车来保证公交运力的效率。

3) 客流方向不均衡系数

客流方向不均衡系数（Direction Non-equilibrium Factor of Passenger Flow）为最大单向客流量与双向平均客流量之比。同一线路在上行和下行方向的客流通常是不均衡的，因此，客流方向不均衡系数体现了线路方向上行和下行客流量的不均衡性。

$$\text{客流方向不均衡系数} = \frac{\text{最大单向客流量}}{\text{双向平均客流量}} \tag{3-4}$$

4）高峰小时客流不均衡系数

$$\text{高峰客流不均衡系数} = \frac{\text{高峰最大小时客流量}}{\text{日均小时客流量}} \tag{3-5}$$

6．城市功能区与公交客流特征

城市空间结构会影响居民活动的时空规律，同样，居民活动的时空规律也能反映城市空间结构特征。通过研究公交刷卡数据，获取站点上下客流量在时间和空间上的集聚特征，可以识别城市的居住中心、工作中心、购物娱乐中心等功能区，更好地理解城市的空间结构及不同功能区公交客流特征。

通过统计深圳上下客数据，发现深圳的世界之窗、岗厦站是居住中心，国贸、大剧院、华强路、购物公园、车公庙站是工作中心，老街和华强路是购物和娱乐中心。工作日早高峰呈现以世界之窗和岗厦站为中心的由西向东的单向流特征，晚高峰呈现以华强路和大剧院站为中心的由东向西的单向流特征，钟摆交通量周六＞周日＞工作日。

将伦敦 203 万人 1 122 万条刷卡数据在空间上以 1 500 m 为半径进行聚类分析，可发现人流向多个中心集聚，证明伦敦是多中心结构的大城市。

对新加坡的公交刷卡数据采用空间插值和汇总统计的方法，可分析新加坡空间结构的变化。研究发现，随着公交和地铁系统的完善，出行距离和客流量都在增长，反映了城市的联系强度在加强。增长的公共交通客流量主要集中在副中心所服务的新建社区，证明新加坡正在向多中心城市结构转变。

三、时间分布规律

公交客流会随着时间而变化，在一定程度上、一定幅度内有其规律性，可概括为"多变有规律，集中不平衡"。认识客流时间变化的规律是运营调度工作的一个重要内容。

各条线路的客流不论是在时间上、方向上还是在地段上都在不停地变化着，不变的情况几乎是没有的。如一周内每天的客流各不相同，特别是休息日（周六、周日）前后一天的客流可能会形成显著高峰。一昼夜内每小时的客流在方向上或地段上也不相同，尤其是上下班前后客流更为集中。不仅如此，客流变化的程度和范围也各有不相同，有的越变越高，而有的越变越低，有的变化幅度很大，而有的变化幅度很小，这种客流的变动情况体现了客流的多变性程度。

1．客流的月变

一年中，每月的客流量互有差异，很不均衡。客流是由乘客流动所形成的，乘客流动是由各方面因素所决定，客流形成的众多因素（或条件）有着密切的联系，不论是社会因素还是自然、经济等因素，如天气、集会游行、施工作业等都会直接影响客流变化。客流与各方面普遍联系的特性称为客流的普遍联系性。其中，关系比较密切的有自然气候、月份、乘客的社会经济活动、其他交通工具和服务质量等。例如，冬季客流量较高，夏季则较低；年终市民出行活动增加，城市市区、郊区的客流量都有较大幅度上升；夏季学校放假，农村处于农忙，导致市区、郊区客流量下降；沿海地区在春节前后的返乡返城潮，致使运输枢纽附近的线路客流剧烈变化;等等。

因此,做好客流月变动态分析,可以为制订季节客运生产计划提供主要资料,它也是编制各月行车作业计划的主要依据之一(图 3-9)。

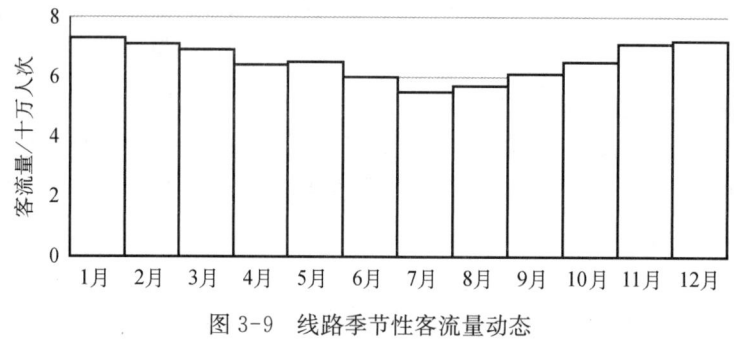

图 3-9 线路季节性客流量动态

2. 客流的周变

在一个星期的 7 天之中,由于受到生产和双休日的影响,每天的客流量是不相等的。如果企事业单位轮休日没有大幅度的变动,则每周的客流量有重复出现的规律。其特点是市区线路工作性客流在每周一至周五之内达到一周的最高峰,双休日由于休假单位多而且集中,所以工作性客流量大幅减少,而生活娱乐性客流有很大增加,如图 3-10、图 3-11 所示。

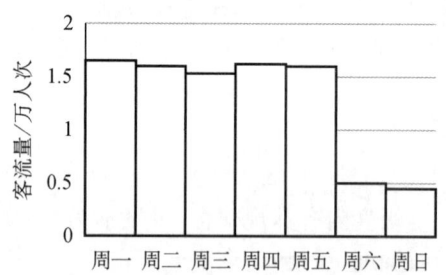 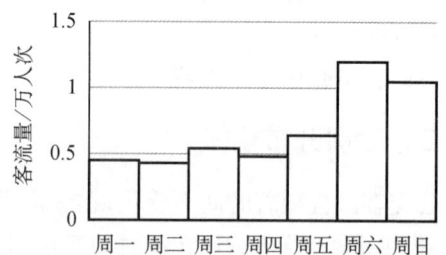

图 3-10 市区线路一周通勤客流量动态　　图 3-11 市区线路一周生活娱乐性客流量动态

3. 客流在昼夜间的变化

在一昼夜内,各个单位时间段的客流动态是不相同的。对于公共交通的基本工作性客流,工作日一般在早晚上下班时间段内会出现两个客运高峰。在工业区运营的线路,因受到三班工作制的影响,还会另外形成中午和夜间两个客运小高峰。郊区线路客流量上午起伏度较小,因郊区的客流量受季节、气候变化的影响较大,一般夏季中午客流量较低、早晚较高,而冬季早晚较低、白天较高。

根据客流量在一昼夜不同时间内的分布,其动态演变可以划分为以下 4 种基本类型。

1) **双峰型**(图 3-12)

这种类型在一昼夜内有两个显著的高峰,在大城市和工业型城市有一定代表性。一般一个高峰发生在上午上班时间,称为早高峰;另一个高峰则出现在下午下班时间,称为晚高峰。

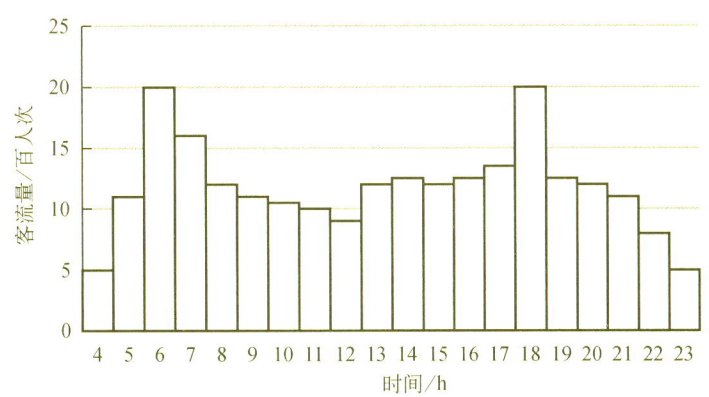

图 3-12 双峰型线路昼夜性客流量动态

2) 三峰型(图 3-13)

这种类型比双峰型多出一个高峰,如果这个高峰出现在中午时间,则称为午高峰;如果出现在夜晚,则称为小夜高峰。一般情况下,这个高峰的峰值比早、晚高峰要小。这种类型常见于市内线路。

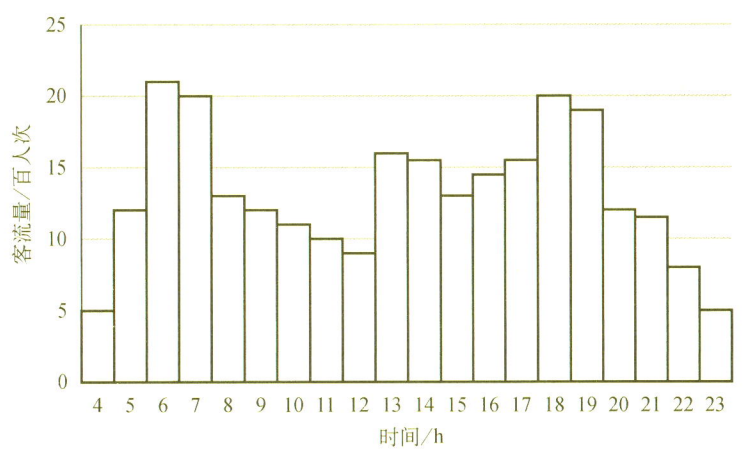

图 3-13 三峰型线路昼夜性客流量动态

3) 四峰型(图 3-14)

这种类型比双峰型多出两个高峰,这两个高峰一般出现在中午和晚上,它们的峰值比早、晚高峰小。这种类型多出现在工业区线路上,其主要乘客是三班制人员,高峰时间较短,但是调度工作必须重视。

4) 平峰型(图 3-15)

这种类型的客流动态在时间分布图上没有明显的高峰,客流量在一个昼夜内虽然有变化,但是变化幅度不大,一般出现在郊区农村线路上。

客流的动态分布与演变都有一定的规律性,这种规律性随着城市布局的改变和城市经济的发展会发生一定的变化。所以,经常深入线路现场,加强客流动态调查,找出其变化规律,是公共交通运营部门需要做好的经常性工作之一。

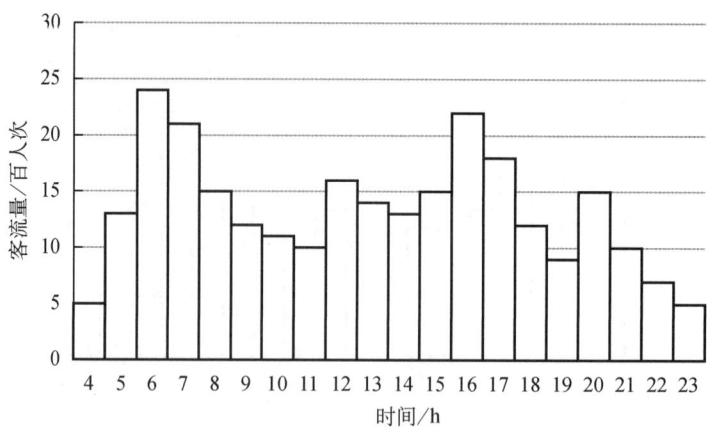

图 3-14 四峰型线路昼夜性客流量动态

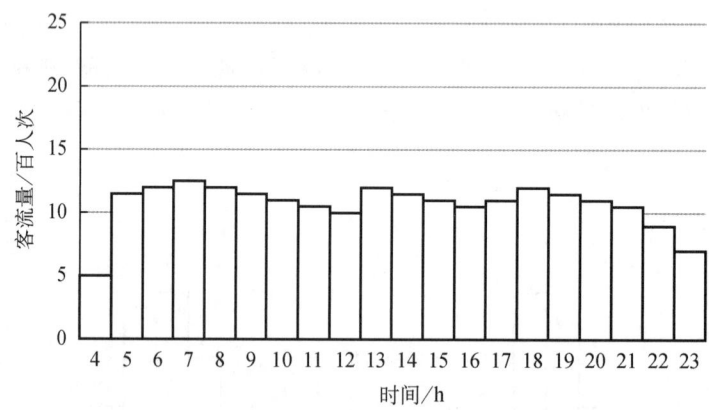

图 3-15 平峰型线路昼夜性客流量动态

第二节　公共汽(电)车行车作业计划编制方法

一、行车作业计划编制的原则

(1) 根据客流动态变化规律,以最大限度的方便和最少的乘行时间与等待时间,安全地将乘客送达目的地。

(2) 合理配置车辆,不同时段的运能要适应运量的需求,提高车辆利用率,加快车辆周转,使线路的主要运行参数符合规范和标准。

(3) 组织车辆在线路上有计划、有节奏地均衡运行,兼顾与其他线路公共汽(电)车的配合、与其他交通方式的衔接。

(4) 根据客流动态变化,机动、灵活、适时地调整行车作业计划,提高劳动生产率。

(5) 在不影响营运服务质量的前提下,合理安排行车人员的值勤时间。

二、行车作业计划编制的一般程序

行车作业计划的编制可分为三个阶段,如图 3-16 所示。

第一阶段：参数输入，即行车时刻表制定所需数据的准备阶段。包括各种线路参数，各种存在交会或换乘点线路的时刻表情况、乘客量、服务标准及其他必须考虑的相关因素，车辆参数，线路的运营指标和实际运营情况、工作规则。这些数据分为静态数据（如线路长度）、必须周期更新的数据（如乘客量）、变化的运营参数和服务标准。

第二阶段：行车作业时刻表制定工作，分为三个主要部分。

（1）时刻表或出行数据准备。这个过程决定了发车间隔、终点站停留时间及其他因素。产出是运营人员和市民所需的图形及数值形式的时刻表。

（2）确定分组计划。这个过程主要将公交车分配到时刻表所有出行线路。产出是分组计划或一天内每一辆公交车的工作计划。

（3）人员排班计划。确定每个司机一天的工作职责。产出是每个司机一天内负责开行班次的职责表（包括连续班、加班、跳班等）。

第三阶段：输出行车作业时刻表。除了直接输出时刻表、分组、车辆班次等，还将产生运营性能数据，如公交车辆数、车辆里程、工作时间等。运营性能数据可用作成本计算、公交运营报告编制、时刻表效率分析。

行车作业时刻表编制的过程是一个不断反馈的过程，如图3-16中的虚线框所示，从最后阶段反馈到第一阶段，从时刻表效率分析反馈到数据输入过程，对输入参数的各种变化进行方案测试，对计划编制过程进行迭代，不断提高初始方案效率。

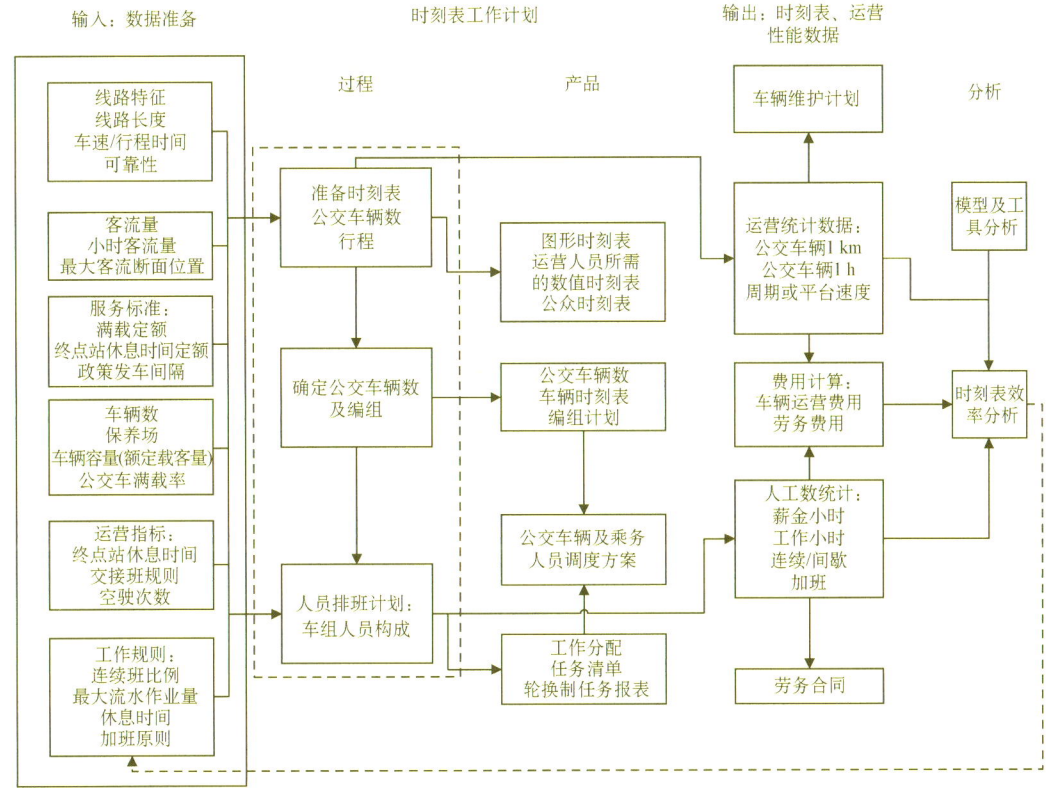

图3-16 行车作业计划编制流程图

每条公交线路的行车作业时刻表必须满足两个要求：一是公交线路必须提供足够的能力来满足乘客需求；二是必须提供一定服务频率（最大可接受等车间隔）的班次来保证服务水平。由于公交线路断面客流量的时变、日变、季节特性，可分别按照时段、日、季节编制多张行车作业时刻表来适应公交线路客流量变化。

三、公交车辆运行定额及主要运行参数的确定

1. 客流资料

公交客流是乘客在营运线路各个站点通过位置的移动而形成的。由于客流在时间、方向、断面上的不同，编制行车作业计划所需的客流资料一定要尽可能全面，主要包括线路营运时间内各站点上下车人数，各断面的通过量（R），特别是高单向、高断面的通过量（$R_{高}$），以及沿线大型企业职工人数、上下班时间、相邻线路的营运情况等。编制计划前要多到线路的一些主要站点驻站调查客流状况，了解相关的营运信息。

2. 定额和标准

车辆运行定额与运行参数是行车作业计划编制的重要依据，是国家（行业）和企业为实现社会服务效果和企业的经济效益而制定的规范、标准，是线路行车组织的规范性数据。

1）满载定额

城市公交管理部门或企业对平均满载程度都有规定。上海市规定线路高单向、高断面的平均满载程度，高峰小时不大于80%，非高峰小时不大于65%。无人售票线路高峰小时不大于70%，非高峰小时不大于60%。车身长7 m（含7 m）的轻型客车按照公安局车辆管理部门核发的行驶证上规定的人数营运。满载率又分为总体满载率、车辆满载率、线路满载率。

总体满载率：客运周转量与客运里程之比。

$$总体满载率 = \frac{客运周转量}{客运里程} \times 100\% \tag{3-6}$$

车辆满载率：车厢内实际乘车人数与车型定员人数之比。

$$车辆满载率 = \frac{断面客流量}{车型定员 \times 载客车次} \times 100\% \tag{3-7}$$

线路满载率：某一条线路上各车辆满载率的里程的加权平均值。

$$线路满载率 = \frac{\sum 车辆满载率 \times 断面长度}{\sum 断面长度} \times 100\% \tag{3-8}$$

2）班工时定额

班工时定额原则上不超过1周40 h（做五天休二天）。在实际运营中，因线路周转时间、客流量变化，班工时的工作方式还有做一天休一天（即一工一休）、做二天休一天（即二工一休）等多种形式（表3-1）。计算方法如下：

$$工时 = \frac{(工作天数 + 休息天数) \times 40 \text{ h}}{工作天数 \times 7} \tag{3-9}$$

表 3-1　　各种值勤模式的工时标准参数值

值勤模式	五工二休	六工一休	五工一休	四工一休	三工一休	二工一休	一工一休	一工二休
平均工时控制值	8 h	6 h 25 min	6 h 40 min	7 h 10 min	7 h 25 min	8 h 35 min	11 h 30 min	17 h

班工时的工作方式在一定程度上体现了劳动者的工作强度,选用时要慎重。如采用一工一休值勤模式,一般适用于营业时间为 6:00—19:00 的线路。

3) 终点站休息(停站)时间定额($T_{停}$)

车辆到终点站的休息时间各地有所不同,一般采用车辆单程运送时间的 15% 左右,早晚高峰时可适当减少停站时间,以加快车辆周转速度,提高营运效率,夏令时可适当放宽至 20%~25%。

4) 班次间隔定额

班次间隔定额是指保证乘客候车时间的最低服务质量标准,通常称为政策性发车间隔。例如,上海规定市区公交线路高峰时段发车间隔不能高于 8 min/班,平峰时段发车间隔不能高于 10 min/班,首班和末班可以放宽至 20 min/班。

3. 营运调度有关的计算指标

1) 车辆周转时间(t_0)

在营运过程中,车辆运行的时间和速度随着客流量大小和道路交通状况的变化而变化。因此,编制行车作业计划时应按不同的时间段和具体情况来确定相应的周转时间。它是企业考虑的经济因素之一。

2) 车辆额定载客量(m)

国家标准《客车装载质量计算方法》(GB/T 12428—2005)规定,每平方米有效站立面积的乘客站位数最高限定为 8 人。

3) 配车数(N)

配车数指线路所需配备的最大车辆数。在编制行车作业计划时的配车数是指在一个往返行程的周转时间内所需的行驶车次数,也称为车辆周转量。计算公式如下:

$$N = \frac{R_{高}}{m\phi} \cdot \frac{t_0}{60 \text{ min}} \tag{3-10}$$

式中,$R_{高}$ 为高单向、高断面客流量,人/h;m 为车辆额定载客量;ϕ 为满载定额;t_0 为车辆周转时间,min。

根据政策性发车间隔计算所需配备的车辆数:

$$N = \frac{2L}{V_c} \cdot \frac{60}{H} \cdot \lambda \tag{3-11}$$

式中,L 为线路长度,km;V_c 为营运车速,km/h;H 为政策发车间隔,min;λ 为备车系数,是车辆实际利用率的倒数。

原则上线路按照高峰高断面客流量计算的配车数不应少于根据政策发车间隔计算所需配备的车辆数。

当有多种车辆调度形式时,线路车辆数 $A_{线}$ 为各种调度形式所有车辆数的总和,即

$$A_{线} = A_{正} + A_{加} + A_{区} \tag{3-12}$$

式中，$A_{正}$ 为正班式车辆数；$A_{加}$ 为加班式车辆数；$A_{区}$ 为区间式车辆数。

4) 发车间隔（$t_{间}$）

发车间隔通常表示在某一周转时间内的平均间距，等于周转时间与车辆总数之比，大部分车辆周转量不能被周转时间整除。行车间距一般以整数（min）表示，计算公式如下：

$$t_{间} = \frac{t_0}{N} = \sum_{i=1}^{n} t_{间i} = (n_1 \times t_{间1}, n_2 \times t_{间2}, \cdots, n_n \times t_{间n}) \tag{3-13}$$

式中，t_0 为周转时间，min；N 为发车间隔数，在周转时间内，车辆周转量等于发车间隔数；$t_{间i}$ 为某种行车间距的时间，min；$n_1, n_2, \cdots, n_n$ 为某种发车间隔数。

例如，某线路周转时间为 78 min，配车数（车辆周转量）为 15 辆，其行车间距安排为

$$t_{间} = 78(\text{min})/15(\text{辆}) = (3 \times 6 \text{ min}, 12 \times 5 \text{ min})$$

即 3 个车间隔为 6 min，12 个车间隔为 5 min。

在全部营业时间内，由于不同时间段投入的车辆数及周转时间不同，因此，发车间隔应分别予以确定。

4. 调度形式

行车调度形式根据客流在线路的时间、方向、断面等方面的动态分布确定。行车调度形式以客流动态和车辆运行方式区分，一般有以下几种类型：正班式和加班式（从时间上区分）、双向式和单向式（从方向上区分）、全程式和区间式（从断面客流动态区分）、全站式和大站式（从站点客流动态区分）。

正班、双向、全程和全站式是全日线运行必备的基本形式，其他的调度形式都是从中派生出来的。此外，根据实际状况还派生出高峰跨线联运车、套路线的定时定点特约班车、机动车等调度形式，以适应不同客流的需求。

调度形式是行车组织设计的前提之一，正确选用调度形式有利于方便乘客出行和提高营运效率。由于公共汽（电）车的营运受客流、道路、人员素质、环境等诸多因素的影响，所以一条线路的调度形式不宜过多，一般以不超过两种为好。

(1) 加班式的确定。当线路客流动态在时间上具有较大的不平衡性时，昼夜性客流变化幅度较大，当按客流量和不同的满载定额标准计算出的高峰配车数（周转量）大于非高峰的配车数（周转量）时，就产生了加班车的调度形式。例如，上海公交线路大部分都采用正班式与加班式相结合的调度形式，只有部分郊区线路采用单一的正班式。

(2) 单向式的确定。当线路客流动态在方向上具有较大的不平衡性，上、下行两个方向的客流量差距很大时，可采用单向式。一般当高单向、高断面通过量大于低单向、高断面通过量 30% 时，可考虑部分车辆采用单向式，例如旅游线路大多采用这种形式。

(3) 区间式的确定。当线路客流动态在断面上具有较大的不平衡性时，某区段断面上的客流量很高，可通过部分车辆开设区间的方式予以解决。

计算区间式的方法是，根据客流资料和道路可供区间调头的条件，划出区间运行区域，然后在区间范围外再找出一个次高断面，作为计算全程车的依据。在计算过程中，全程车的满载程度要考虑低一些，区间车的满载程度考虑高一些。

(4) 大站式的确定。在一定时间段内，站点上呈现较大不平衡的异常状态，较大部分的客流在全程的较少部分站点上集散，例如当超过基本集散量站点数的 1/3 时，为了加快车辆周转速度、提高运营效率，可通过大站停靠、小站不停的方式开设大站车的方式予以解决。

5. 熟悉线路的有关资料

编制线路行车作业计划时，要清楚地掌握线路的长度、走向、设站、途经的主要集散点、首末班车时间、车辆进出场距离和所需的时间、车辆的车型及载客量等有关资料，使行车作业计划更符合实际需求。

第三节　公共汽(电)车行车作业计划编制案例

已知某线路长度，上行由甲站到乙站为 9.5 km，下行由乙站到甲站为 8.5 km，车辆从停车场到甲站为 5 km，出场时行驶 25 min，进场时行驶 20 min；车辆从停车场到乙站为 5.5 km，出场时行驶 27 min，进场时行驶 22 min。双向首末班车时间均为 5:30 和 23:00。车辆进出场的保养时间各为 15 min。行车人员工作方式为一周工作五天、每天 8 h 工作制。如表 3-2 所示。

表 3-2　　　　　　　　　某线路营运时间表

时间分段	时段配车数	甲站→乙站上行 9.5 km			乙站→甲站下行 8.5 km		
		$T_{送}$	$T_{停}$	$T_{营}$	$T_{送}$	$T_{停}$	$T_{营}$
5:30—6:30	17	34	5	39	30	5	35
6:31—8:30	16	36	3	39	32	3	35
8:31—15:30	15	38	6	44	34	5	39
15:31—18:30	15	38	4	42	34	4	38
18:31—20:00	16	36	5	41	32	5	37
20:31—23:00	17	34	5	39	30	5	35

一、编制行车作业时刻表

编制线路行车作业时刻表，首先应写明标题"××路(线)行车作业时刻表"，然后确定使用时间，如"周一至周五使用"，或"周六、周日使用"，或"国庆节使用"等，以及实施日期。

以表 3-2 为例编制行车作业时刻表(表 3-3)。

(1) 先排出标线。

(2) 起排。从车辆周转量最多的高峰时起排班次序号第 4 列(简称第 4 列)开始。时刻表下方的车辆周转量是 17 辆，标线 6:44—7:58 的周转时间为 74 min，根据行车间距计算方式得出车距为 10×5("×"前的数字表示间隔数，"×"后的数字表示分钟，读作"10 个 5 分")，7×4。然后交叉均衡地写出每个发车时刻。同理排出第 5,6 列的发车时刻。

表 3-3　××路（线）行车作业时刻表（周一至周五使用）

班次序号	路牌	报到	出场	1 甲	2 乙	3 甲	4 乙	5 甲	6 乙	7 甲	8 乙	9 甲	10 乙	11 甲	12 乙	13 甲	14 乙	15 甲	16 乙	17 甲	18 乙	19 甲	20 乙	21 甲	22 乙	23 甲	24 乙	25 甲	26 乙	27 甲	28 乙	29 甲	车次	到场	离场
1	448	503			530	605	644	719	758	833	917	956	1040	1119	1203	▲1242	1326	1405	1449	▲1528	1612	1650	1732	1810	1852	1929	2010	2045	2124	2159	2238	2309x	27	2329	2344
2	532	547				612	649	724	803	838	922	1001	1045	1124	1208	▲1247	▲1331	1410	1454	1533	▲1617	1655	1737	1815	1857	1935	2016	2053	2133	2209	2249	2320x	26	2340	2355
3	456	511			538	618	653	729	808	844	928	1007	1051	1130	1214	▲1253	1337	1416	1459	▲1538	1622	1700	1742	1821	1903	1942	2023	2101	2143	2219	2300	2331x	27	2351	2406
4	616	631					658	733	812	849	934	1013	1057	1136	1219	1258	▲1342	1421	1504	1543	1627	1705	1748	1826	1908	1948	2030	2109	2144x					22	2206	2221
5	504	519			546	623		737	817	855	940	1019	1103	1142	1225	▲1304	1348	1427	1508	1547	1631	1709	1754	1831	1914	1947x							21	2007	2022
+1	548	603				628	702	742	821	854x									1513	1552	1636	1714	1753x										4/4	1815	1830
6	512	527			554	632	707	746	826	901	946	1025	1109	1148	1230	▲1309	1353	1432	1518	▲1557	1641	1719	1800	1837	1920	1955	2037	2117	2154	2229			26	2326	2341
7	520	535			602	637	711	750	831	906	952	1035	1115	1154	1236	▲1315	1359	1438	1523	1602	1645	1723	1805	1842	1925	2001	2036x						22	2058	2113
8	602	617				642	715	755	835	912	958	1037	1121	1200	1241	1320	▲1404	1443	1528	1607	1650	1728	1810	1847	1931	2007	2044	2115x					22	2135	2150
+2	642	657			610		720	759	840	917	956x					▲1247								1852	1829x								4/10	1851	1906
9	450	505		530		646	724		845	923	1004	1043	1127	1206	▲1252	1326	1410	1449	1533	1612	1655	1733	1815	1858	1937	2014	▲2050	2125	2205	2239	2314x		27	2336	2351
10	500	515		540	617	651	728	803	849	929	1010	1049	1133	1212	▲1258	1337	1415	1500	1538	1617	1704	1742	1826	1903	1942	2020	▲2057	2133	2216	2249	2324x		27	2346	2401
11	616	631				656	733	808	854	934	1016	1055	1139	1218	1303	1342	▲1426	1505	1548	1627	1709	1747	1831	1908	1948	2026	2104	2141	2217x				23	2239	2254

续 表

班次序号	1	2	3	4	5	6	7	8	9	10	11	12	13	14	15	16	17	18	19	20	21	22	23	24	25	26	27	28	29	车次	到场	离场
12	542	624	700	741	816	859	940	1022	1101	1145	1224	1309	▲1348	1432	1511	1553	1632	1714	1752	1837	1914	1953	2032	2111	2142x					23	2202	2217
	557																															
+3	625		705	746	821	903	938x												1756	1835x										4/4	1857	1912
	640															1557	1636	1718														
13	509	631	710	750	825	908	945	1028	1107	1151	1230	▲1314	▲1314	1437	1516	1602	1641	1723	1801	1842	1919	1959	2038	▲2117	2150	2227	2300	2335x		27	2357	2412
	524																															
14	517	638	714	754	829	913	951	1034	1113	1157	1236	▲1320	▲1320	1443	1522	1607	1646	1728	1806	1847	1924	2004	2035x							22	2055	2110
	532																															
车辆周转量	4	10	15	17	17	17	15	14	14	14	14	15	15	15	15	17	17	17	17	15	15	14	12	11	9	7	7	3				

	路牌	1	2	3	4	5	6	7	8	9	10	11	12	13	14	15	16	17	18	19	20
	报到	2	3																交1	交2	交3	交4
	地点	场	场	场	场	场	场	场	场	场	场	场							642	1242	1331	1309
	落班	448	456	616	504	512	520	602	450	500	616	542	509	517	548	1247	625		+2	1	2	6
交接	接班	1242	1253	1421	1304	1309	1315	1404	1252	1258	1426	1348	1314	1320	914	场	场	958	1528	1617	1557
班时	地点	1528	1538	1421	1304	1557	1315	1404	1252	1258	1426	1348	1314	1320	1513	场	1557	1253	2050	2057	2117
间		乙	甲	甲	甲	甲	甲	乙	乙	乙	乙	甲	乙	乙	场	场	场	3	9	10	13
	落班	2344	2406	2221	2022	2341	2113	2150	2050	2057	2254	2217	2117	2110	1830		1912	1538	2351	2401	2412
	工时	754	757	805	800	747	755	802	802	758	810	806	805	803							
	工时	816	828	800	718	744	758	746	758	759	828	829	803	750	643	619	648	621	547	540	543

线路长度:上行甲站到乙站9.5 km;下行8.5 km
进出场里程:场到乙站5.5 km,场到乙站5 km
进出场时间:场到乙站27 min,进场22 min
场到甲站25 min,进场20 min
周末班时间5:30—23:00
甲站5:30—23:00
进出场例行保养时间各22 min
总工时:267 h 19 min
平均工时:7 h 38 min

(3) 向前倒退编排和调整第 3,2,1 列的发车时刻,分别算出第 1 列车距为 2×9, 2×8;第 2 列为 4×6, 10×5;第 3 列为 14×5, 1×4。由于第 3 列最大车距为 5 min,第 1 列最小车距为 8 min,14 号路牌到 1 号路牌的车距出现较大的落差,而第 2 列车距最大为 6 min,显得前几辆车的车距过小,运能浪费;故重新将车距调整为:第 1 列 1×10, 1×9, 2×8;第 2 列 5×8, 4×7, 1×6;第 3 列 1×7, 1×6, 9×5, 4×4。

在倒退编排时,要注意每一时刻营运时间是否符合合理时间的要求,如按表 3-3 中甲站到乙站 6:30 之前 $t_{送}=34$ min, $t_{停}=5$ min,则 $t_{合}=37$ min。表 3-2 中,如第 3 列中的 6:23 放在 4 号路牌处,那么 6:23 从甲站开到乙站再发车时刻 6:58,运转时间为 35 min,停站时间仅 1 min,显然不合理,那么就将 6:23 填在下一位置的 5 号路牌处,空出的就是 4 号路牌 6:58 出场车辆的位置。有时虽然时间合理,但为总体布局考虑,也有将时间往下移动一格,使其成为出场车的做法。第 1,2 列方法同第 3 列。而第 1 列的关键是确定另一方向的首班车时间,具体做法是,从第 2 列中的时刻中,看减去 39 min 最接近 5:30 的是哪一个时刻。经测算,9 号路牌处的 6:10 最合适,所以甲站的首班车就定在了 9 号路牌处。

(4) 第 7 列车距为 8×6, 7×5,有 2 辆车要抽出,抽车时应注意,被抽车辆后的营运时间应大于 $t_{合}$。在填写发车时刻时,应记住合理时间,并看好相邻第 6 列平行时刻下面的一个时刻,只要符合合理时间,就空一格,将时刻填在下面。空出的位置就是上午加车进场的车辆。如 9:01 从 +1 下移到 6 号位,+1(A_{11})就是进场车,+3(A_{11})和第 8 列的 +2(A_{11}) 同理。

(5) 布局。上午 3 辆加车进场后,按照编排时刻表第三、四点要求,进行总体布局。

从表 3-3 的车辆周转量一行分析:第 12 列处有 1 辆车加入,可放在第 12 列的 +1 或 +2 处的位置上,如放在 +3 处则出车偏晚一些(表 3-3 放在 +2 处)。第 16 列处又有 2 辆车加入。第 20 列处有 2 辆车抽出,那么从第 16 列到第 20 列处,必是 +1 和 +3 下午车辆加入和抽出的位置(从车式规格要求分析,加车取小规格是因为行车人员需 2 次进出场,增加了上下班的路程时间)。第 22 列处有 1 辆车抽出,可考虑作为 2 档或 1 档劳动力的 21 个或 10 个班次的小规格,一般考虑给 1 档(A_{35})为好,因为有进出加例行保养工时各 1 次。第 23,24,25 列都有车抽出,可按 A_{14} 车式的 21~23 个班次安排,第 26 列后均为 A_{15} 车式,计 7 辆。车辆抽出应做到相间安排。经检查,当整个作业表均符合车式要求之后,按照车间距分布分别编排完毕。

(6) 末班车的定位。当第 26 列车距填写完成后,要考虑甲站的 23:00 末班车的位置,具体做法是:将末班车时间 23:00 减去乙站到甲站行驶 35 min 后为 22:25,找出与 22:25 相近的时间,为 13 号路牌的 22:27。所以第 27 列的周转时间是 23:00 减去 21:59 为 61 min。车间距是 6 个,而不是 7 个。同理,定出乙站末班车 23:00 的位置,并编排好车距。

(7) 在时刻表中放 15 min 左右时间,安排行车人员就餐,方法是部分车辆调档吃饭。表 3-3 中安排了行车人员就餐时间。表中时刻上方有"▲"处,就是行车人员就餐的位置。具体车辆调档就餐安排方法,将在第五章第三节"调档法"时举例。

(8) 根据车辆进出场的时间和例行保养 15 min 的要求分别写上相应的时刻。

(9) 根据车辆进出场的规格写上路牌名称。

至此,整个行车时刻表编制结束。

线路若有区间车或大站车等行驶形式的,应分开编排,一般先编全程全站的时刻表,后编区间车或大站车的时刻表,两表合一时,要注意车距之间的镶档要合理。特别是区间车与全程车之间,区间车与其前面全程车的车距可适当大些,后面全程车与前面区间车的车距可小些,以利充分发挥区间车的作用。

一般线路行车时刻不会每一次都完全推翻原来的行车时刻表重新编排,大部分是根据客流动态等变化,在原有线路行车时刻表的基础上,增减车辆或变动车距。

二、确定车辆分段营运时间

按照实际的道路、车流、客流和驾驶员行车水平分别测算出各时间段的车辆营运时间。

三、计算和平衡各周转时间的车辆周转量

1. 周转时间的确定

根据表 3-2 分段营运时间的要求,在甲、乙终点站名下,依次算出第 1 行的车辆发车时间。在表 3-3 中,班次序号第 3 列的"605"(表示 6:05,下同)是根据第 2 列 530(首班车时间)加上乙站开到甲站营运时间 35 min 后得出的。然后依此类推,算出第 1 行所有发车时间,将这一行称为标准线(又称为标线)。在标线中同一站名后与前的运转时刻之差,称为周转时间,如第 4 列减第 2 列为 644－530＝74 min,74 min 就是周转时间。

2. 车辆周转量的计算

周转时间确定后,将周转时间内的客流通过量,通过配车数的计算公式,计算出各周转时间内的车辆周转量(N)。为保证服务质量,在计算车次取整时,要求小数见"1"进位。

由于周转时间区域与客流数据一小时一组的区域是不同的,为确切计算出周转时间内的客流通过量,可将每小时的客流量折算为每分钟的客流量,然后将不同时间分组内涉及多少分钟的客流量相加,即得到周转时间内的客流通过量。

在计算过程中,如车辆进出场或某一时段的客流通过量极低,造成车间距大于国家(行业)或企业规定的最大限度的间隔时,必须以最大限度间隔为准,增加车次,减少乘客候车时间。

3. 车辆周转量的平衡

由于线路在上、下行方向上客流量的不平衡,在上、下行各自周转时间内又受客流数据和满载程度的服务标准影响,计算出的各周转时间内的车辆数必定存在忽多忽少的现象,为此需要进行平衡。平衡的原则是:①一个方向进出场的线路,做到本站与对方站的车辆周转量相等,一般取大的数值。两个方向进出场的线路,要注意相邻上、下行方向的周转量关系,符合车辆加入和退出线路的要求。②车辆周转量的数值要保持一定的连续性,连续程度至少以行车人员值勤半班时间内的车次为基数,使之符合行驶车辆的工作要求。

四、时区划分与时区配车数

公交行业习惯上把每个作业班行车人员工作 8 h 称为一档劳动力,工作 4 h 称为半档劳动力。将线路全日营运服务时间以 4 h 计,可分为 6 个时区,见表 3-4。

表 3-4　　　　　　　　　　　时区划分与时区配车数

时区代号	一	二	三	四	五	六
时间	4:00—8:00	8:00—12:00	12:00—16:00	16:00—20:00	20:00—24:00	0:00—4:00
简称	早高峰	低谷	低谷	夜高峰	小夜高峰	夜宵
时区配车数	17辆	14辆	15辆	17辆	7辆	0辆

车辆周转量分布在各时区内,且总有一个周转量代表时区的特征,这个周转量就是时区配车数。在各时区配车数中,一、四时区:取最大值;二时区:由一时区减去加车数;三时区:二时区加上中午加车数;五时区:四时区配车数减去四时区加车数,再减去二档劳动力配备的正班车数。从表3-3的"车辆周转量"一行中选出具有代表特征的各时区配车数,放入表3-4中,以便清楚地安排各时区的配车数。

五、车式的安排

车辆连续运行所跨越时间区域的状态称为营运车辆的工作形式,简称车式。在行车组织设计过程中,车式的计算方法有表上作业法和图上作业法两种。

(1) 表上作业法,以车辆跨越不同时区的形式来解决车式的数量问题,简明易懂,调整数值方便。根据排列组合,车式有21种,但有意义的约为14种,经常应用的仅5~10种。如果将车式以 A 来表示,则有 A_{11},A_{15},A_{14},A_{34},A_{44},A_{45},A_{35}。其中,A_{11},A_{44} 分别表示车辆在第一和第四时区开始行驶到结束营运,A_{15},A_{14} 表示车辆在第一时区开始行驶,分别在第五和第四时区结束营运,依此类推。

表上作业法最常用的方法是采用长短法的形式来求各车式的数量,见表3-5。

表 3-5　　　　　　　　　　　××线路车辆行驶车式表

时区	一	二	三	四	五
车辆周转量	17辆	14辆	15辆	17辆	7辆
A_{15}	7辆	7辆	7辆	7辆	7辆
A_{14}	7辆	7辆	7辆	7辆	
A_{34}			1辆	1辆	
A_{11}	3辆				
A_{44}				2辆	

以表3-4中的时区配车数为例,在表3-5中可见,先取5个时区中最少车辆的五时区7辆,为 A_{15},然后将二时区的14辆减去7辆后还剩7辆,为 A_{14},其次为 A_{34} 1辆,A_{11} 3辆,A_{44} 2辆。如果行车组织为满足特定需要,可先安排特定的车式,再按长短法来计算,称为配方法,此处不再举例。

(2) 图上作业法,也称横线图,它比较形象,缺点是配车数不宜过多,否则易混淆。如将表3-3中各个路牌从开始到结束的营运时间看成一条条线条,将这些线条通过上下左右的移动来完成车式的要求和表示车辆的行驶情况。

六、车式规格

反映各种车式工作时间的长短称为车式规格(表3-6)。车式规格的基数以劳动力工作时间为基数。表3-6中,规格基数分为5档,分别为0.5～2.5档,对应标准工时为4～20 h。

表3-6　　　　　　　　　　　　车式规格

规格基数	标准/工时	实用规格/车次				
		常用	辅助		特殊	
			大	小	大	小
0.5	4	5	6	4	7	3
1	8	11	12	10	13	9
1.5	12	16	17	15	18	14
2	16	22	23	21	24	20
2.5	20	27	28	26	29	25

一般线路普遍使用的规格称为常用规格。当线路使用常用规格后,与线路车式的总工时或总车次不符时,要考虑使用比常用规格大些或小些的辅助规格。当车辆营运多种车式时,还会产生一些特殊规格,一般较少采用。

车式规格的大小,以行驶车时为量标,行驶车次为计数。制作车式规格表时,一般以行车作业时刻表的"标线"作为参照物。如表3-3,标线处从报到4:48起到班次序号第7列8:33为3 h 45 min,接近4 h,计5班次,即常用规格,比常用规格大或小1个班次就是辅助规格的6或4个班次。依此类推,计算出1～2.5档的常用规格和辅助规格填入表3-6中。特殊规格就是比辅助规格再大或小1个班次。

七、编制行车时刻表的要求

行车时刻表应正确反映每辆车的运行内容:车序号(路牌),行车人员报到、离场及车辆例行保养工作时刻(简称例保),进、出场时刻,各种时刻对应的地点和方向,运转时刻,行车间距等。具体要求如下:

(1) 行车间距要均匀。相邻两个周转时间内车间距不能大起大落,要平滑和顺。在同一周转时间内,市区线路一般控制在1～2 min。在一个周转时间内,行车间距排列顺序原则如下:

① 按由小到大的顺序排列。主要用于客流量逐渐减少的场合,如高峰向平峰或平峰向低峰的过渡时间段。

② 按由大到小的顺序排列。主要用于客流量逐渐增加的场合,如低峰或平峰向高峰的过渡时间段。

③ 按大小相间的顺序排列。主要用于客流量较稳定的时间段,在同一时间段(或周转时间)内,应尽可能使各种发车间隔镶嵌均匀。

(2) 运行时间要合理。在安排车辆运行时刻时,必须保证车辆在始(末)站有一个最低限度的停站休息时间,这个时间称为合理时间($t_合$)。表3-2和表3-3中的终点站停站时间均不少于 3 min。

(3) 车式规格要正确。

(4) 整体布局要协调。尽可能避免多辆车在同一始发站连续加入发车,正班车与加车应按比例相间安排,便于加(抽)车时发车间隔的安排。

八、公交线路运行图及主要运行指标计算

最基本的公交线路运行图时刻表是时间-距离图,其中,纵坐标表示距离,横坐标表示时间,如图 3-17 所示。图中线路按照相同的速度划分区间,每个班次的公交车辆按数字编号在图中进行描绘,包含所有的运营信息,如在每个区间和站点的时间、速度等。横坐标表明连续两班次的发车间隔,即追踪时间(如 $h/2$ 或 h),以及某一班次公交车辆从同一站连续发车的间距,即周转时间 T。

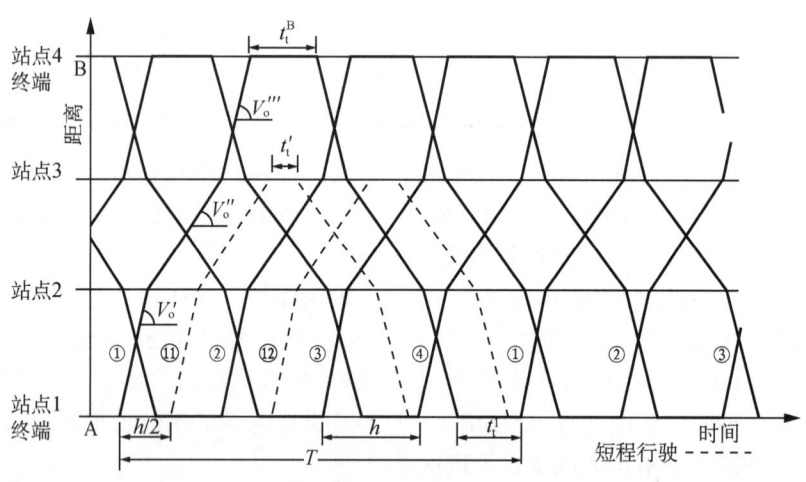

图 3-17 固定和短间隔的公交线路运行图

结合行车作业计划表,需要计算的主要运行指标有配车数、劳动力配备、里程、工时、车速、营运班次等。

(1) 配车数:全日营业时间内的最高出车数。若线路车辆配备有大小多种车型,则应先分列统计,然后合并统计为线路的配车数。

(2) 劳动力配备:配备的基数就是行车时刻表需要值勤的劳动作业班数(俗称劳动力档数)。作业班是指为组织公交线路运行生产活动,由一名驾驶员和若干乘务员组成的最小工作单位。

(3) 里程:区分为行驶总里程、营业里程、非营业里程、班日里程。

行驶总里程:营运车辆在全部工作车日中所行驶里程的总和。

$$行驶总里程 = 营业里程 + 非营业里程 \tag{3-14}$$

营业里程:营运车辆运载乘客营业行驶的里程数。

$$营业里程 = 营运班次(行驶车次) \times 线路长度 \tag{3-15}$$

非营业里程:营运车辆为营运而进出车过程中,不运载乘客的空车行驶里程数,俗称空

驶里程。

$$非营业里程 = 进出场不载客行程长度 \times 相应的进出场空驶的车次数 \quad (3-16)$$

班日里程:平均每个劳动作业班的行驶里程,俗称班日公里。

$$班日里程 = \frac{行驶总里程}{标准班日数} \quad (3-17)$$

(4) 工时:区分为营运总工时、工作车时、营运工时、运送工时、班日工时。

营运总工时:行车人员从报到准备投入运行始,直至运行结束、例保完毕为止的全部值勤时间的总和。

$$营运总工时 = 工作车时 + 例保工时 \quad (3-18)$$

工作车时:营运车辆在一个工作日中所运行工作的时间。

$$工作车时 = 车辆到场或停驶时间 + 出场时间 + 加班车停息时间 \quad (3-19)$$

营运工时:营运车辆在工作车时中运载乘客所需的全部营业时间。

$$营运工时 = 工作车时 - 例保工时 - 进出场空驶工时 \quad (3-20)$$

运送工时:营运车辆运送乘客在线路起讫站之间往返运行实际所需的时间总和。

$$运送工时 = 营运工时 - 车辆在始末站停站时间总和 \quad (3-21)$$

班日工时:每标准班日的营运工时。

$$班日工时 = 营运总工时 \div 标准班日数 \quad (3-22)$$

(5) 车速:区分为营运车速和运送车速。

(6) 营运班次:营运车辆为营业而行驶的车次数。车辆在线路上行驶一个单程,不论线路长短(全程或区间),均作为一个班次统计。车辆在线路中途加入(或进场),若带客出(进)场,则均应作为营运班次(区间)统计;若不带客则不作为营运班次统计。

第四章　公交系统运营分析

本章首先介绍公交系统提供的服务度量指标,公交系统的生产力及完成运输工作量等指标,然后介绍运营有效性、利用率和消耗量指标,最后从七个方面介绍公交运营要素分析方法。

第一节　公交系统提供的服务度量指标

公共交通运输过程从本质上来讲是指在一定的时间内将服务单元或者服务对象运送一定的距离。公交系统可提供的服务通过速度、车辆·km 或者额定载客空间·km 来衡量,而已使用的服务采用运载的乘客人次或者乘客·km 来衡量,如表 4-1 所示。

表 4-1　　　　　　　　交通运输过程的基本计量单位

度量	可提供的服务	已完成的运输
对象	车辆,空间	人(乘客)
流量,频率	车辆/h	人/h
已完成的运输量	车辆·km	人·km
系统生产率	空间·km/h(按额定载客量计)	人·km/h
生产能力	(空间/h)·(km/h)	(人/h)·(km/h)

1. 可提供的服务量

一天或在给定的时间内提供收费服务,以空间·h、车辆·h 表示提供给乘客的服务,例如高峰或者非高峰时间线路提供的空间数量、车辆数量。在提供服务过程中,司乘人员劳动时间、公交车辆的运营距离是构成运营成本的要素,前者比后者对运营成本影响更大。

2. 公交系统使用度量

公交系统使用度量采用单位时间运载的乘客数量指标,反映公交系统使用规模。单位时间运载的乘客数量实际上是指给定时间内的出行数量,时间单位可以是 h,d,a(小时,天,年)。如果一次公共交通出行有换乘,则单位时间运载的乘客数量大于出行数量。

年出行量或者年乘客量表示一年中出行的总量。平均每年每人的公交出行量由年乘客量(或者乘客出行量)除以服务区常住人口得到。

3. 完成的交通运输工作量和公交系统的生产力

可提供的运输服务由空间·km、车辆·km 度量。公交系统完成的运输工作量或者"生产量"由运输的乘客·km 表示,由乘客量乘以平均乘距得到。二者可按年、日、小时统计。公交系统的生产力是任意给定时间段内的公交工作量,通常按小时计算,例如空间·km/h 或者车辆·km/h。

线路的生产能力 P_c 经常用于比较同一线网内不同线路或者不同公交方式之间的生产能力。可提供的生产能力 P_c 计算公式如下:

$$P_c = fC_v V_c = CV_c \qquad (4-1)$$

式中,P_c 为线路生产能力,人·km/h²;f 为频率,车/h;C_v 为额定载客量,人/车;V_c 为营运车速,km/h。

线路上运营的车辆生产力 P_v 通过可提供的空间乘以营运速度计算:

$$P_v = C_v V_c \qquad (4-2)$$

式中,P_v 为线路上运营的车辆生产力,人·km/(车·h);C_v 为每小时每车额定载客量,人/车。

已使用的线路生产力或完成的交通运输工作量,就是线路上每小时运载的乘客·km,P_p 可以通过线路的平均乘客数量 P_{av} 乘以营运速度 V_c 计算:

$$P_p = P_{av} V_c \qquad (4-3)$$

式中,P_p 为已使用的线路生产力,人·km/h²;P_{av} 为每小时载客量,人/h。

图 4-1 所示为公交线路能力、实际载客量关系图。

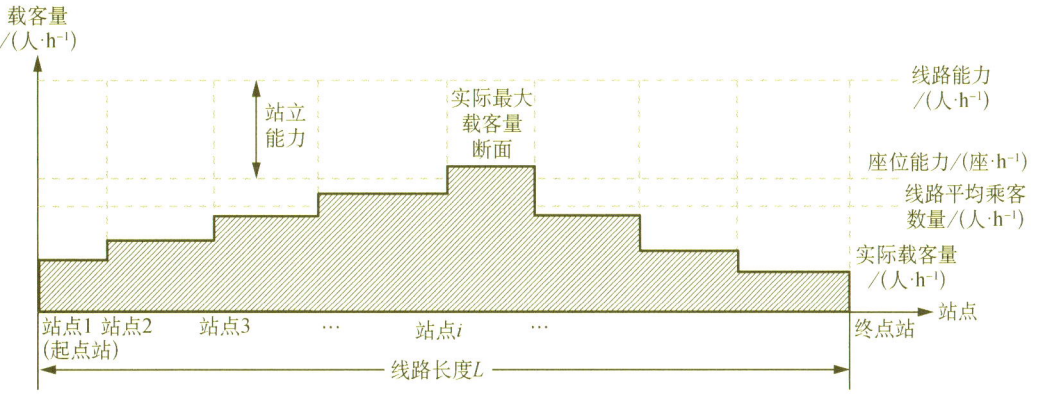

图 4-1 公交线路能力、实际载客量关系图

第二节 运营有效性、利用率和消耗率指标

交通运输系统的效率或者生产率 η 定义为交通运输过程中生产输出量与资源消耗量的比值,计算公式如下:

$$\eta = \frac{生产输出量}{资源消耗量} \qquad (4-4)$$

衡量公交系统所提供的服务和已使用的服务的常用效率指标有:①每天每名员工运营的车辆·km,反映系统的劳动效率;②每车辆·km 运载的乘客·km,表示线网上的出行强度。

劳动力、车辆和投资效率可以用来分析运营、调度和会计核算,例如:①每天每名员工运营的空间·km;②每天每辆车运营的乘客·km;③全体员工每天运载的乘客;④一条新的公交线路上每天每元的投资运载的乘客。

高效率意味着在相同的资源耗费下有更高的产出,或者一定的产出消耗更少的资源。如果效率的提高造成服务质量的下降,负面作用增加,那么提高效率是不可取的。

有效性是指输出和输入的比值,但它是在给定输入情况下得到的结果。因此,它既反映了提供服务的数量,也反映了服务的质量。有效性的常用度量指标有:①车辆的平均故障间隔距离(MDBF)的提高,通过投资、加强员工培训、维修维护、流程重组而实现;②每天每单位投资(或采取新措施)吸引的新增乘客数量。

利用系数或者利用率是单位相同或相似的输出与输入之间的比值,也反映效率。一些经常使用的利用率指标有:①车辆利用率,高峰时刻运营的车辆与拥有的总车辆的百分比;②车辆容量利用率,车上的乘客数除以车辆额定载客量,也称为满载系数;③线路能力利用率,线路上运营的乘客·km 除以提供的空间·km;④劳动力利用率,雇员工作时间除以计工资的时间。

和效率一样,人们通常希望利用率最大。然而,许多情况下存在高利用率与效益相悖的现象,如车辆利用率高意味着维修维护成本高,满载车辆乘客舒适度会下降,劳动力利用率高意味着雇员的社会福利下降。

消耗率表示资源输入与输出的比值,它可以在不同单位之间进行比较。消耗率 σ 是效率的倒数:

$$\sigma = \frac{资源消耗量}{生产输出量} \tag{4-5}$$

公交系统运营中常用的消耗率指标有:①每车辆·km 的能量消耗(kW·h 或者 L);②维修厂维修维护每辆车雇用的工人数量。

在公交系统中,系统目标通常是在给定的输出和产品或服务质量下使消耗率最小化。

大多数成本收入分析使用比值,即收入或者成本与可提供的服务(已经实现的工作)的比值,表示效率或者消耗的度量。成本和收入最常见的指标有:①每车辆·km 或者每空间·km 的运营成本;②每车辆·h 或者每列车·h 的运营成本;③每乘客出行的运营成本;④每座位·km 或者车辆·km 的收入;⑤每车辆·h 的收入。

这些指标用来编排运行计划和分析一天中不同时段的运营效率,比较不同线路、不同公交方式的服务,或者比较具有可比性的城市之间的公交系统。

第三节 公交运营要素分析方法

一、公交营运速度提高的正向效益分析及关键措施

提高现有线路的营运速度可缩短乘客出行时间,减小公司的投资和运营成本,更重要的是,速度的提高能吸引新的公交乘客。因此,运营者应在运营和经济允许的条件下尽力提高公交营运速度。

公交营运速度提高所产生的效益如图 4-2 所示。图中给出了受到影响的三方——乘客、运营方和社会所增加的收益。图中各项有些能精确计算,有些只能定性分析,不能精确预测。

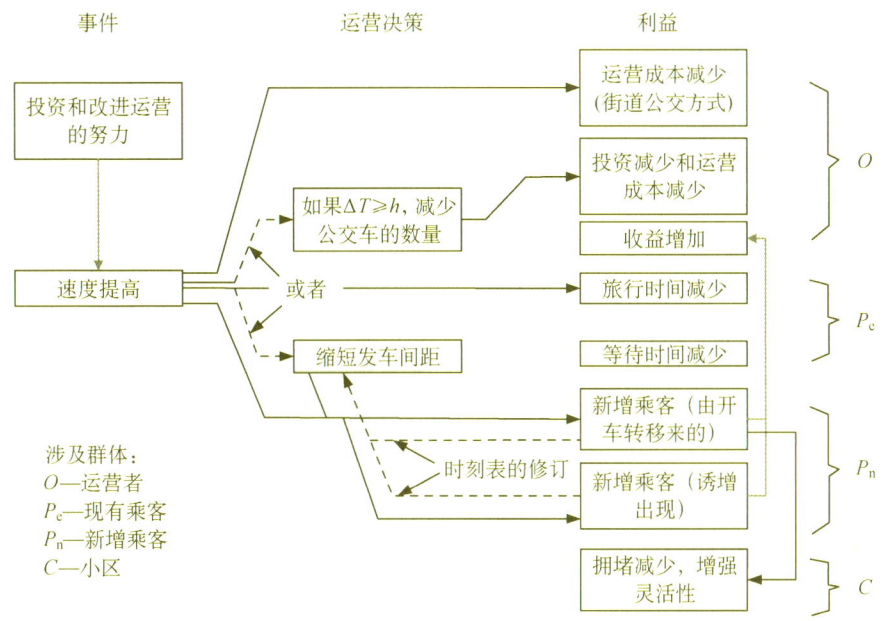

图 4-2　公交营运速度提高的评价

公交线路运营方的成本直接与周转速度相关,周转速度影响车队规模。提高营运速度的关键措施是减少车辆运行时间和最小化终点站时间。

1. 交叉口和车道设计

运输的基本目标是人而不是车辆,不同车辆行驶优先权应根据运送的乘客数量比例来定。因此,一辆运送 20~80 人的公交车应给予比平均运送 1.3~1.5 人的私家车更大的优先权,在有条件的交叉口设置公交专用进口道,在路段设置公交专用道。

2. 车辆设计和性能特征

车辆设计中的一些变化可能导致运送速度的提高。例如,车辆过道宽度和座位设计应良好配合,提高车内流通性,减少车站上下客产生的延迟。需要注意的是,具有低乘客交换量的长线路,公交车辆对最大座位量的需要比保障快速上下车条件更重要。

二、公交线路能力提高分析

公交线路单向能力:单位时间内单向通过一点的车辆能够运送乘客的最大空间数量,是车辆容量 C_v、满载率 α、最大发车频率 $f_{\max}$、一次发车车辆数之积。计算公式为

$$C = C_v \alpha f_{\max} = \frac{60 C_v \alpha}{h_{\min}} \tag{4-6}$$

最小发车间隔 $h_{\min}$ 决定了公交线路上的公交车辆最大发车频率 $f_{\max}$,是影响公交线路能力最复杂的因素之一。对于客运量较小的线路,非高峰时刻线路能力通常由政策发车间隔决定。对于客运量大的线路,线路能力必须大于高峰高断面客流量。

已利用能力：每小时单方向实际运送乘客的最大数量。

满载率：已利用能力与公交线路单向能力的比值。

车站能力：单位时间内车站能停靠的最大车辆数。

公交线路能力不是一个定值，它取决于车辆特性（公交车型、大小、座位量）、车站站型、付费方式等。即使在线路和所有车辆、运营和其他特性给定的情况下，线路能力也会由于其他性能测度（如舒适性、安全性和可靠性）的不同而不同。

如果期望提高线路能力，改变以下三个因素是最有效的方法：

（1）提高车辆容量，可线性提高线路能力，在不改变发车频率的前提下，铰接式公交车辆取代标准型车辆可提高约 50% 的线路能力。

（2）通过措施减少停站时间，缩短周转时间，进而缩短发车间隔 $h_{\min}$。措施包括提高车辆车门的上下客通行能力，改进站台、收费过程、车门监控及车站发车的调度水平。

（3）当使用较小型公交车辆且需提供较高的能力时，公交线路在车站的通过能力提高方式如下：①在行车方向上有两条车道以及额外加长的车站，使车辆交替越行或使车辆在车站相互超越运行。②以快车方式运行，利用其他车道快速通过并避开停在车站的车辆。③公交车辆排队运行。不同线路的车辆在一个特定的集结地点，由 2~5 辆车集结成组，紧密地依秩序运行和停车。

三、最优发车间隔计算

公交线路的最优发车间隔 h^* 由两个参数共同决定：一个是公交部门的运营费用 C_0，取决于该线路运营的公交车辆数；另一个是乘客等待时间的成本 C_p，假设乘客的等待时间为发车间隔的一半。将这两种成本加在一起，对发车间隔求导，令导数为 0，就能够确定最优发车间隔 h^*。

$$\begin{cases} C = C_0 + C_p = Nc_0 + P_L \dfrac{h}{2\times 60} c_p = \dfrac{T}{h} c_0 + \dfrac{P_L h}{120} c_p \\ h^* = \sqrt{\dfrac{120 T c_0}{P_L c_p}} \end{cases} \tag{4-7}$$

式中，C 为总成本；c_0 为单位小时运营成本；c_p 为单位小时乘客成本；P_L 为线路上单位小时的乘客数量。

式(4-7)表明最优的发车间隔随着周转时间 T 的增加而增加，随着乘客需求增加而减少。发车间隔随着车辆运营费用的增加而增加，随着乘客时间价值的增加而减少。

最优发车间隔所需要的车辆数 N，可由式(4-7)转换而得，将 h 替换为 T/N 即可计算出 N：

$$N = \sqrt{\dfrac{P_L T c_p}{120 c_0 L}} \tag{4-8}$$

四、快速公交线路站间距优化分析

快速公交线路为了保证较好的运行效率、营运速度，相较于私人小汽车有一定竞争力，可以从乘客出行时间、覆盖区域、站点建设成本和其他相关因素等方面进行站间距优化分析。

1. 快速公交线路乘客出行时间

乘客在快速公交线路上的出行时间由两部分组成：到达/离开车站时间和在途行驶时间。这两部分时间都受沿线站点数量与位置的影响。

定义站点密度为线路每公里站点数量。增加站点密度，将减小站间距，降低乘客的目的地与站点间的距离和到/离站时间，然而车上的在途行驶时间因为沿途停站次数增多而增加。如图4-3所示，开始时车内在途时间为线性增加（每增加一个站点就增加固定的停站延误时间），当站间距不断减小以至于快速公交无法达到最大运送速度时，增加站点产生的附加延误开始降低，乘客在途出行时间的边际增长变慢。到/离站时间与在途行驶时间之和构成的乘客总出行时间为凹曲线，说明存在最优站点密度或最优站间距。

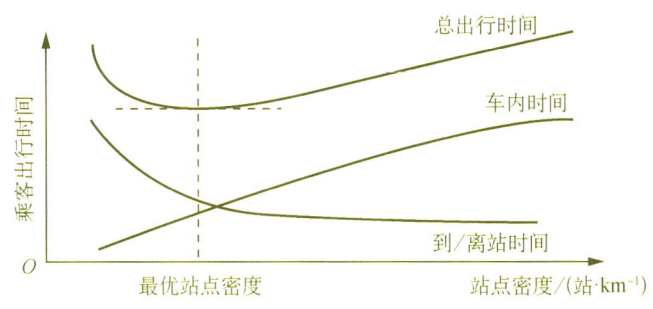

图4-3　乘客总出行时间与站点密度关系

一条快速公交线路上任何站点的设置需求由两组乘客的比例决定：上下车乘客数和途经此处的乘客数。前者希望设站，后者因出行距离远不希望中途设站。通过以下案例来说明快速公交站点设置规划思路。

【案例4-1】　快速公交站点设置规划

基于需求估计得到某条快速公交线路每个拟设站点上、下车乘客数柱状图，如图4-4所示。

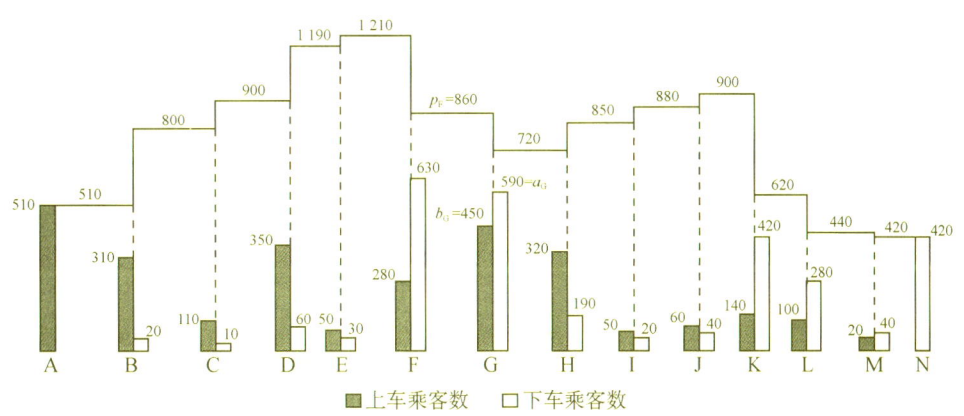

图4-4　快速公交站点拟设站点图示

每个站点的上下车乘客数之和表示这个站点需要考虑的乘客数。车上乘客数减去下车乘客数表示不想在此站延误的乘客数。两组乘客数不能直接比较，因为站点对于需要在此上下车的乘客而言，比因为在此停站产生约1 min延误而不希望设站的乘客更为重要。在

图 4-4 中,站点 C、E、I、M 的上下乘客数较少,如果取消这几个拟设站点,则这几个站点的上下车乘客将被分配到相邻站点,因此应加强相邻站点精确位置的规划。另外,删除哪几个站点还依赖于规划中其他目标和需要考虑的因素。

2. 面积覆盖

快速公交站点密度直接影响其覆盖面积。如果长度为 L 的快速公交线路上只有两个站点,面积覆盖范围限制在以站点为圆心、r_a 为半径的两个圆形区域内,如图 4-5(a) 所示。每增加一个站点,覆盖面积就增加 πr_a^2,直到有区域相交,如图 4-5(b) 所示。当覆盖区域出现重叠后,覆盖区域的增加开始减少,如图 4-5(c)、(d) 所示。理论上,最大的覆盖范围是以线路为轴的面积 $2r_a L$,此时站点是连续的,很明显对于快速公交来说这是不现实的。

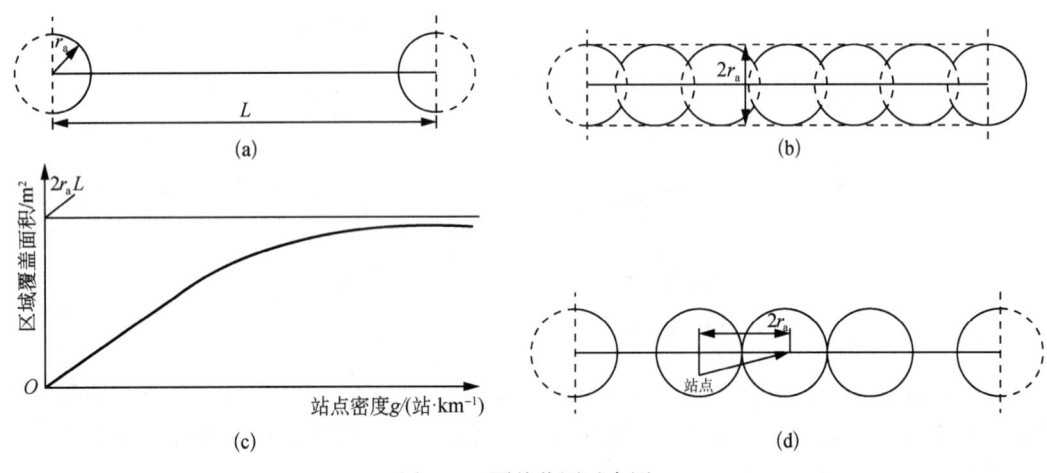

图 4-5 覆盖范围示意图

3. 站点成本

快速公交站点通常采用路中岛式或侧式站台形式,每个站点成本都包括建设成本和站点运维成本。

将上述三个因素通过负效用曲线形式表达为站点密度的函数,图 4-6 所示为各目标对站间距优化的影响。总负效用曲线下凹处,对应的是最优站点密度。

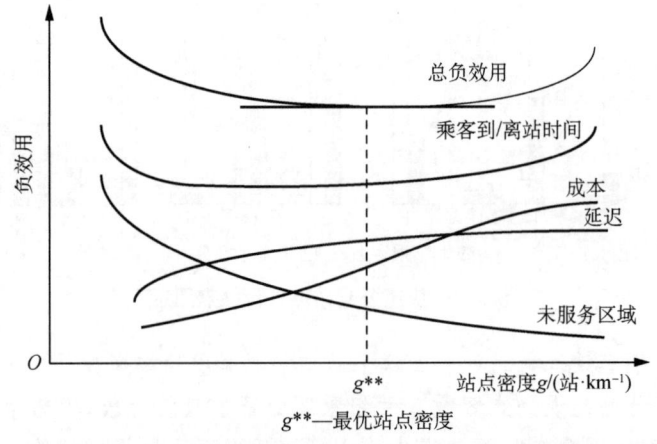

g^{**}—最优站点密度

图 4-6 最优站点密度各目标整合的概念示意图

五、公交车辆容量优化分析

给定一条线路每公里的乘客数量 P_{max},运营者希望用少量的大容量公交车提供所需的运输量,因为大容量公交车单位容量的费用低。但是,乘客希望较短的发车间隔和频率较高的服务,因此倾向于使用数量多而容量小的公交车。为了找出双方利益的最优平衡解,建立一个包括运营费用 C_0(元/h)、乘客费用 C_p(元/h)的模型,由此得到总成本 $C=C_0+C_p$。公交车辆最优容量可以由最小总成本 C 推导出。以下用一条线路的简单模型来说明:某线路给定长度为 L(km),发车间隔为 h(min),运行周期为 T(min),载客率为 α_{max},公交车辆的容量为 C_v(额定载客量/车)。

对模型作如下简化假设:

(1) 线路上单位小时总的运营费用 C_0 等于每辆公交车的运营成本 c_0[元/(车·h)]与公交车数量 N 的乘积,即 $C_0=c_0N$;

(2) 高峰高断面客流量为 P_{max},与整条线路上车乘客总数 P_L 有关,$P_{max}=\eta P_L$,η 为最大断面客流不均衡系数;

(3) 车辆在线路上的周转速度 V_c;

(4) 乘客的平均等待时间为发车间隔的一半,$h/2$,每个乘客的时间平均价值固定不变为 c_p(元/h),则每个乘客等车成本为 $\frac{h}{60\times2}c_p$(元/min)。

公交线路上车辆周转时间 T 和发车间隔 h 的计算公式如下:

$$T=\frac{120L}{V_c},\quad h=\frac{60\alpha_{max}C_v}{P_{max}} \tag{4-9}$$

线路配车数 N:

$$N=\frac{T}{h}=\frac{2LP_{max}}{\alpha_{max}C_vV_c} \tag{4-10}$$

线路车辆运营费用 C_0:

$$C_0=c_0N=\frac{2LP_{max}}{\alpha_{max}C_vV_c}c_0 \tag{4-11}$$

线路上所有乘客的等车时间成本 C_p:

$$C_p=P_L\frac{h}{120}c_p=\frac{P_L\alpha_{max}C_v}{2P_{max}}c_p \tag{4-12}$$

总成本为线路车辆运营成本与乘客等车时间成本之和:

$$C=C_0+C_p=\frac{2LP_{max}}{\alpha_{max}C_vV_c}c_0+\frac{P_L\alpha_{max}C_v}{2P_{max}}c_p \tag{4-13}$$

求车辆容量的最优值,使总成本最少,对式(4-13)中的 C_v 求导并使求导结果等于 0:

$$\frac{\partial C}{\partial C_v}=-\frac{2LP_{max}}{\alpha_{max}V_cC_v^2}c_0+\frac{P_L\alpha_{max}}{2P_{max}}c_p=0 \tag{4-14}$$

可以得出最优车辆容量：

$$C_v^* = \frac{2P_{max}}{\alpha_{max}} \sqrt{\frac{L}{P_L V_c} \cdot \frac{c_0}{c_p}} \tag{4-15}$$

图 4-7 显示了 C_0, C_p 和 C 作为 C_v 的函数，并给出了 C_v^* 的位置。

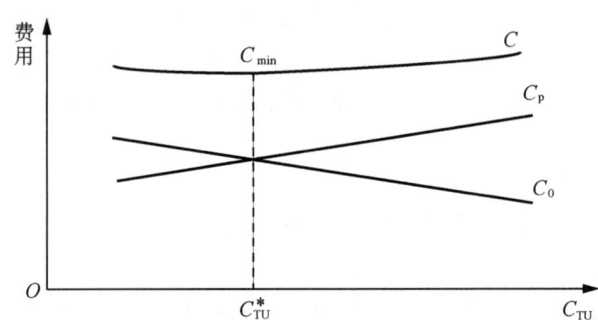

图 4-7 运营成本和乘客成本作为公交单元（TU）容量的函数

从式(4-15)可以看出，优化的公交车容量与 P_{max} 成正比，与线路客流总量 P_L 的开方成反比，如果公交车容量较小，那么发车频率将增加，从而乘客的等车时间将缩短。如果将 $P_{max} = \eta P_L$ 代入式(4-15)，可得式(4-16)，即优化的公交车容量与线路客流总量 P_L 的开方成正比。

$$C_v^* = \frac{2\eta}{\alpha_{max}} \sqrt{\frac{P_L L}{V_c} \cdot \frac{c_0}{c_p}} \tag{4-16}$$

式(4-13)更符合实际，较大公交车容量的经济性与通过缩短发车间隔改变乘客的等待时间相比，前者的影响更大，特别是当发车间隔较小时，例如小于 6 min。因此，可以认为 C_v^* 应随着线路上客流量的增加而增加。另外，因为高峰高断面客流量是变化的，所以公交车容量的最优值在一天的不同时段是不同的。

尽管上述公式仅在假设条件下成立，但模型仍然显示了参数的基本关系。最优公交车容量随着高峰高断面客流量、单位运营成本、线路长度的增加而增加；参数敏感度不同，C_v^* 与 P_L 呈线性关系，与 $\sqrt{L}$ 和 $\sqrt{c_0}$ 呈线性关系。

在实际应用中，通常会遇到选择标准公交车还是选择铰接车辆的问题，应针对高峰小时和非高峰小时分别考虑。

【例 4-1】 已知高峰高断面客流量 P_{max} 为 2 040 人/h，满载率 α 取 0.85；非高峰时刻的断面客流量为 450 人/h，满载率 α 取值 0.65，政策发车间隔为 6 min。公交部门考虑使用两种类型的车辆，一种是额定载客量为 80 人的标准公交车，另一种是容量为 120 人的铰接车辆。如果选择铰接车辆，与标准公交车相比将需要较高的投资和运营资金，但是铰接车辆比标准公交车的单位空间成本要低。为了解决公交车容量优化问题，需要设计和确定不同的运营方案并进行比较。

解：先求出高峰时段、非高峰时段公交车容量需求。

$$C_1 = \frac{P_{\max}}{\alpha} = \frac{2\,040}{0.85} = 2\,400(人/h) \quad (高峰时段)$$

$$C_2 = \frac{450}{0.65} = 692 \approx 700(人/h) \quad (非高峰时段)$$

为了理解不同的方案,绘制图 4-8,表示发车频率与线路能力的关系,$C = fC_v$。为了方便起见,将发车间隔也在图中显示出来,发车间隔是发车频率的倒数:$h = 60/f$。对于各种车辆来说,它们的发车频率与线路能力的相互关系可以表示成一条斜线。代表标准车辆斜线的趋势比铰接车辆更陡,因为在给定能力下所提供标准车的数量比铰接车的数量更多。比如,在高峰时段,线路能力为 2 400 座/h 的条件下,需要铰接车的数量为 20 辆/h(发车间隔为 3 min),而如果用标准车辆来运营则需要 30 辆/h(发车间隔为 2 min)。

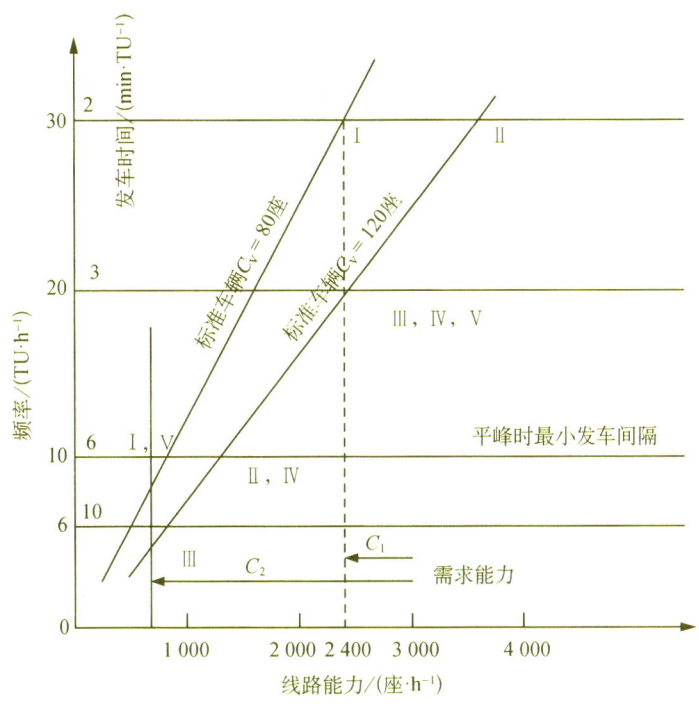

图 4-8 公交车辆容量优化分析

对这两种类型车辆进行系统分析可以得出 5 种不同的方案(表 4-2):方案 Ⅰ 只包含标准车辆,方案 Ⅱ～Ⅳ 是在不同发车间隔和容量的组合下采用铰接车辆,方案 Ⅴ 是标准车辆与铰接车辆的组合。高峰时段的需求容量等于或大于 2 400 座/h,非高峰时段容量为 700 座/h,所需的线路发车频率为 10 辆/h 以上(政策发车间隔为 6 min),但是这种情况不包括在方案 Ⅲ 中。

方案 Ⅰ:仅使用标准车辆。在高峰时段和非高峰时段的运营中,发车间隔分别为 2 min 和 6 min。

方案 Ⅱ:仅使用铰接车辆。发车间隔与方案 Ⅰ 一样。此方案优于要求的舒适度(满载率低于要求值),且由于此方案需要同样多的车辆投入运营,所以相较于方案 Ⅰ,它需要更高的成本。

方案Ⅲ：仅使用铰接车辆，提供需求能力的服务。所有时段均满足需求能力，它的发车间隔比方案Ⅰ要长。因为总的平均空间成本降低，总的成本会降低。发车间隔在高峰时段满足要求，但非高峰时段违反了政策规定的发车间隔，所以此方案不应该被采用。

方案Ⅳ：仅使用铰接车辆满足高峰时段的需求和非高峰时段的政策发车间隔。此方案比方案Ⅱ更具经济性，比方案Ⅲ更能满足需求。与方案Ⅰ相比，此方案在高峰时段的成本较低（因为投入车辆的数量较少），但在非高峰时段的成本较高（投入铰接车辆的数量与标准车辆一样）。整体看来，此方案还是比方案Ⅰ更具经济性，因为高峰时段所节省的成本比非高峰时段增加的成本要多（用发车频率 20 辆/h 代替 30 辆/h 将减少 33% 的车辆使用）。

方案Ⅴ：在高峰时段使用铰接车辆，在非高峰时段使用标准车辆。这是从高峰时段和非高峰时段共同考虑的具有经济合理性的方案，并且此方案满足所有的要求。这种方案在经济上的优势，必须以该方案的最大劣势为背景进行评价。该方案的劣势是在高峰时段和非高峰时段拥有两种不同类型车辆和它们相互转化带来的复杂度。

表 4-2　　高峰和平峰小时可供选择车辆构成

时段	高峰				平峰			
方案	车辆类型	标准	发车间隔/min	容量/(座·h^{-1})	车辆类型	标准	发车间隔/min	容量/(座·h^{-1})
Ⅰ	标准车	能力	2	2 400	标准车	能力	6	800
Ⅱ	铰接车	服务	2	3 600	铰接车	服务	6	1 200
Ⅲ	铰接车	能力	3	2 400	铰接车	能力	10	720
Ⅳ	铰接车	能力	3	2 400	铰接车	服务	6	1 200
Ⅴ	铰接车	能力	3	2 400	标准车	能力	6	800

表 4-2 中列出的方案可供决策者进行比较分析，从而选出最优方案。方案Ⅰ是基础方案，方案Ⅱ比方案Ⅰ提供更舒适的服务，但是所需要的成本也增加。方案Ⅱ没有被采纳，因为这些增加的额外成本是不合理的。方案Ⅲ不被采纳，因为它的发车间隔超出了要求的数值。方案Ⅳ既满足了能力要求，也满足了发车间隔需求，且它的成本比方案Ⅰ要低。最后，方案Ⅴ满足了所有的需求，且它的成本比方案Ⅳ要低，但是此方案存在这两种不同类型的车辆分别在高峰时段和非高峰时段运行的缺陷。

总之，从服务需求状态的角度出发，方案Ⅳ和方案Ⅴ优于其他方案。具体选择方案Ⅳ还是选择方案Ⅴ，要考虑方案Ⅴ中两种类型车辆结合使用的复杂度与方案Ⅳ中减少的成本比较，综合考虑后得出决策结果。

六、公交服务可靠性价值分析

公交服务可靠性对乘客来说是一项很重要的服务特征，可靠性同样影响运营成本，不可靠的服务需要更多的公交车辆和驾驶员来提供额定的服务。图 4-9 的概念流程图展示了提高公交服务可靠性引发的主要结果，此图表明服务可靠性提高带来的所有结果都是有益的。因此，项目可行性的决策标准主要取决于是否能够证明期望的投资可获得合理的收益。

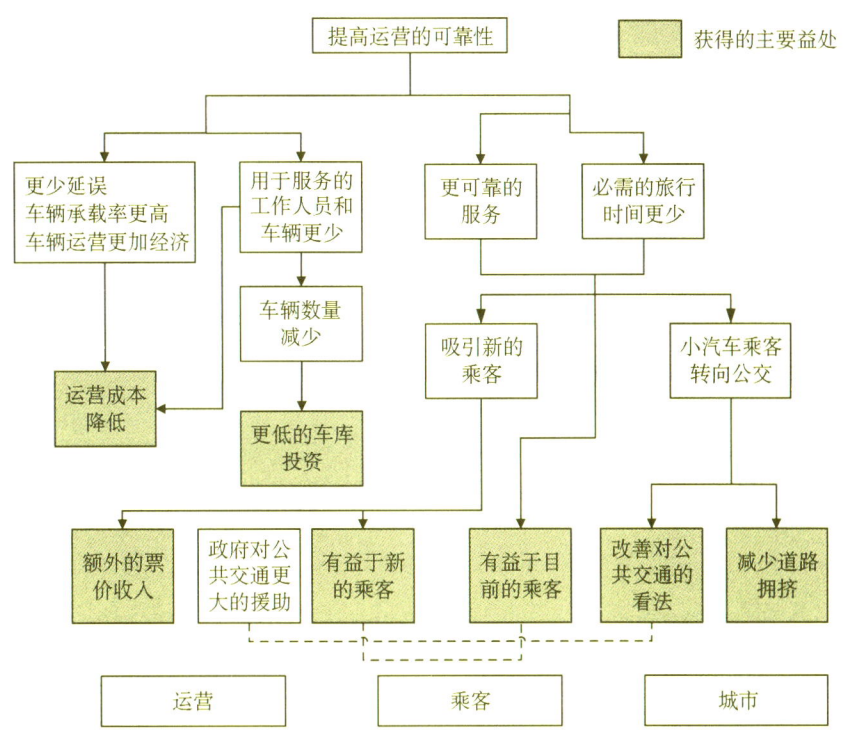

图 4-9 公交服务中可靠性价值提高的评估

七、向合乘车开放公交专用道的分析

在美国许多城市,公交专用车道转换成了合乘车道(High-Occupancy Vehicle Lane,HOV),美国公路部门认为引入这种变化,增加了车道设施的运营车辆·km。但是,这种评价是片面的,它忽略了内部的整合关系。如果从公交服务的角度出发,建立如图 4-10 所示的分析概念图,对不同交通模式和不同类型乘客应用系统分析的方法,可以发现小汽车和合乘车用户是受益者,而只有公交用户会受到损失。公交服务等级会降低,进而导致乘客出行由公交转向小汽车和合乘车,造成公交乘客流失。

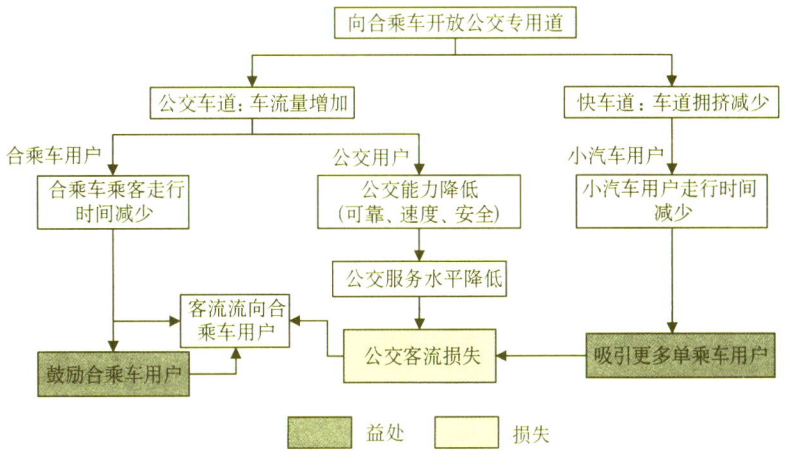

图 4-10 向合乘车开放公交专用道的分析

第五章 公共汽(电)车调度

公共汽(电)车调度是指城市公交企业根据客流的需要和城市公交的特点,通过制订运营车辆的行车作业计划和发布调度命令,协调运营生产各环节、各部门的工作,合理安排、组织、指挥、控制和监督运营车辆的运行和有关人员的工作,为乘客提供安全、方便、迅速、准点和舒适的乘车服务,最大限度地节省乘客的出行时间,同时为完成企业的运营计划和各项经济技术指标而开展生产。

第一节 公共汽车调度管理模式、任务

一、公交调度管理需求与策略

1. 公交调度管理需求

公共交通乘客出行具有复杂的时间、空间分布,具有一定规律性的同时又具有较强的随机性,公交调度管理就需要根据客流的需求、运送时间波动性来调整运力资源配置,在平衡供给与需求的同时节约运行开支。此外,公交运营现场的多变性决定了运营调度、管理人员需要根据道路通行条件、气候变化的影响以及车辆行驶工况的变化及时发布命令,采取措施,确保稳定的运输生产秩序。因此,公交企业需要建立一套完整的管理业务体系,形成"现场运行信息采集—行车状态分析—调度决策与处置"的闭环反馈管理功能。

2. 公交调度管理策略

广义的公交调度管理策略涉及运力资源组织形式优化、运输计划优化、现场运行指挥与应急管理。运力资源组织形式需要适应城市土地特征和路网特征,从整个城市的公交服务需求分布出发,结合公交场站的布局和线路的设置,部署运力资源的归属、划分调度指挥权限。运输计划优化是指在运力资源组织形式确定后,合理指派车辆和司乘人员的工作任务,实现企业运输成本的优化,其中的主要内容行车作业计划编制在第三章第二节已经讲述。现场运行指挥与应急管理是狭义的公交调度管理策略的主要内容,也是本章讨论的重点。

3. 智能公交营运调度系统简介

智能公交营运调度系统以"提高公交服务水平,降低营运成本,实现公交系统信息透明化"为基本目标。通常以全球定位系统(GPS)、客流检测系统、地理信息系统(GIS)、数据库系统作为技术支撑,以客流分析、路况分析以及公交线网布局、车辆配置、站点布置、发车间隔的优化和设计为基础,实现公交车辆的自动调度和指挥,保证车辆的准点运行,使出行者可以通过电子站牌等信息发布终端了解车辆到达信息和换乘信息等,从而降低运行成本和乘客的出行成本。

目前国内对于智能公交调度理论多集中在单线路动态调度,国际发达国家多研究公交

枢纽集成调度、区域多线路协调调度。未来对于智能公交调度的研究将会扩展到城市公交系统协调调度及公交枢纽群协调调度。

智能公交营运调度系统由车载前端部分和中心部分组成，如图 5-1 所示。前端部分包括车载主机、司机显示屏、车载键盘、电子站牌、客流统计仪等。中心部分包括营运调度系统、车辆定位系统、业务报表系统、数据分析系统、网络及信息传输系统、视频监控系统等。其中营运调度系统是企业运营管理的核心系统，是指挥和协调其他系统正常运行的中枢，各系统之间存在着大量的信息交互，信息由数据中心统一管理并同各子系统共享。智能公交营运调度系统主要具备以下几点功能：运用定位技术实现对运营车辆的监视；运用有效策略使晚点车辆恢复正常运营；及时有效地采集车辆与乘客信息，并进行分析处理；运用当前的操作数据及其他数据编制运营管理计划。

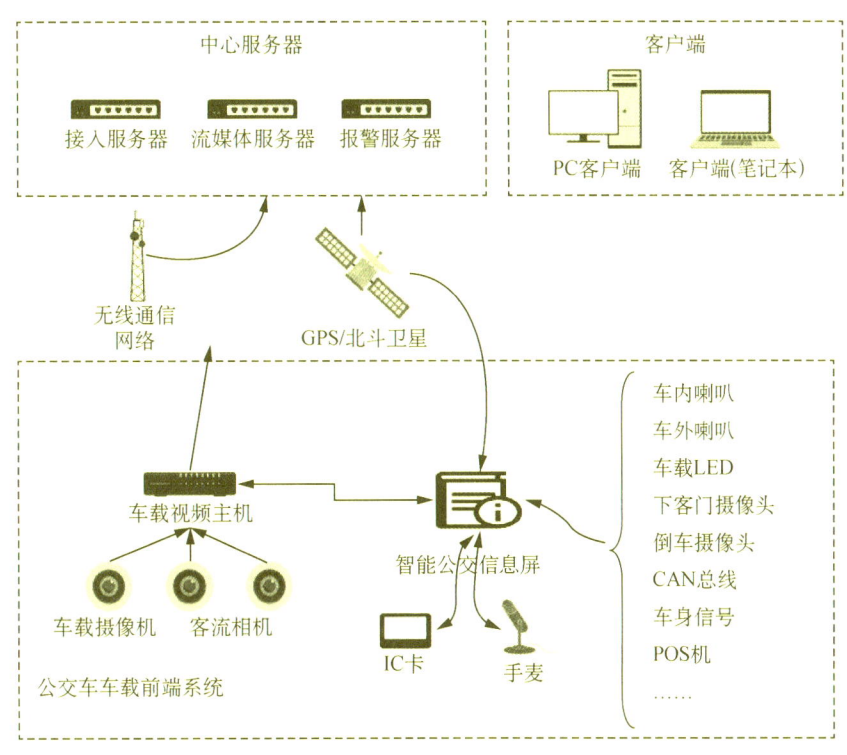

图 5-1　智能公交营运调度系统集成

二、公共汽车调度管理模式

公交调度管理模式涉及运力资源的组织形式和管理层级的划分。线路是公交服务和运营组织的基本单位，车辆和驾驶员等运力资源如何面向线路进行分配和使用，需要制订运力资源管理方式。线路、线路群、线网的运力资源如何进行调度管理和协同运用，需要划分管理层级和指挥权限。

1. 按照运力资源组织形式划分

按照运力资源组织形式划分，公共汽车运行调度可以分为区域调度模式和单线路调度模式。单线路调度模式使用最为广泛，一条线路所辖的车辆和司乘人员专门为该线路所运用。在区域调度模式下,公交运力资源组织的最小单位不再是一条线路,而是线路组,线路组通常服务于某一片区域。属于同一线路组的车辆和司售人员可以在组内线路间跨线运用,各线路的行车作业计划需要统一编制,以实现运力资源使用效率和效益的最优。通常,线路组的车辆需要集中停放、统一指挥,按照停放车场的数量不同可以分为单车场调度和多车场调度。国外的情况显示,单车场的区域调度线路组一般为5~7条线路,100~300辆车。区域调度指挥的线路或车辆规模主要取决于干扰行车秩序事件发生的概率、持续的时间、调度人员的处置经验及智能化调度软件的辅助决策水平等。

2. 按照管理层级划分

城市公交调度机构的设置可以根据城市规模的大小、公交企业的设备状况因地制宜地建立二级或三级调度制,大城市由于公交线路较多,车辆、人员多,一般实行三级调度制,中小城市则实行二级调度制。

(1) 一级调度是公司总调度。一级调度的职责主要有:①负责全市范围内客流调查的组织与调查资料的汇总分析,并进行预测,掌握全市区域性的客流动态及发展趋势,提出新辟、调整营运线路计划,以及改善停靠站服务设施的建议方案。②制订全市性大客流的专用方案,及时组织实施,并有权调度各车场车辆。③协调场际跨线联运业务,制订两场两点出车等调度方案。④审核各车场的行车作业计划和调度措施,并督促执行。

(2) 二级调度是分公司(车场)调度。二级调度的职责主要有:①所辖区域内的客流调查与调查资料的整理分析,掌握区域内客流动态,编制所辖区域内的行车作业计划和调度措施,经上报总调度室审批后下达车队执行。②制订管辖区域内的大客流调度方案和措施,并组织贯彻执行。③调派所辖线路的执勤人员(驾驶员、售票员、线站调度员)和营运车辆,发现问题及时处理,作出临时性的改道、线路延缩和迁站的决定。

(3) 三级调度是车队(线路)调度。三级调度的职责主要有:①所辖营运区域内的客流调查和资料的管理分析与汇总上报,随时了解所辖线路沿线主要单位职工上下班及"三高"动态。②参与编制所辖线路的行车作业计划和调度措施,并切实贯彻执行。③在客流发生变化时,有权机动灵活地增加或减少行车班次,遇行车秩序不正常时,应积极采取措施,及时恢复行车秩序,保证车辆正常运行。

三、公共汽车行车调度任务

行车调度任务是指组织车辆在线路上有序运行,根据客流变化、车辆运行情况,通过对车辆和人员下达调度指令,使行车作业计划在实施过程中发挥其组织、指挥、监督和调节的作用,充分利用车辆的运载能力,适应乘客的服务需求,保证运输生产活动的正常进行。由于各城市的基础设施和社会生活环境等的差异,故行车调度任务内容不尽相同。按一般情况,行车调度任务内容归纳为以下几项。

1. 基础任务

基础任务是指当行车情况基本符合行车组织方案的实施要求时,全线处于正常运行状况下的调度工作,主要包括:①督促行车人员提前上车,按时发布开车指令;②注意车辆到站状况,调节车辆停车时间,准点发车;③安排好行车人员用餐与交接班事宜,关心车辆整洁情况;④调度日志等原始报表,记录及时、正确。

2. 发车间隔的监控与车距调整

发车间隔,也称为行车间距或车距,影响着线路上各站的车辆到站间隔。出于各种原因,车辆在行驶过程中有时会遭到干扰而不能按照行车作业计划规定的车距到站,造成行车秩序不正常。调度人员要对车距进行实时监控,并及时采取措施调节车距,消除与计划车距的偏差。

3. 周转时间的监控与发车调度

线路上的车辆是按规定的周转时间往返行驶的,但是在行车过程中各类因素导致的偏差会累积,导致周转时间有余缺。这时,行车调度就要调整首末站的发车间隔甚至发车顺序,以逐步恢复计划车距。

4. 缺车处置

线路上的车辆是按行车作业计划规定的前后次序运行的,但当车辆发生故障、遇到事故等非常情况,调度人员需要调整车辆运行次序、均衡调节车距并及时投入机动车辆,降低因车辆退出造成的运能供给不足和乘客候车延误的影响。

5. 临时运能增减

调度人员必须随时注意运力的调节,以适应客流量的变化状况。行车作业计划所安排的运力,仅能适应正常客流动态的一般规律。如果客流需求临时变化,部分车站或区间的实际客流量过分高于或低于预计客流量时,现场调度应采取各种措施,增加或减少运力。

6. 行驶线路临时调整

运营线路常会遇到道路受阻等意外情况,车辆无法通过,调度员需要制订临时车辆行驶线路方案,最大程度适应乘客出行需要,维系线路畅行。

7. 应急调度

应急调度是指当行车现场由于某种紧急事件造成全线行车秩序混乱,不具备执行既定行车作业计划的基本条件时的调度工作,如遭遇暴雨内涝。行车异常情况的出现难以预判,其原因常常是错综复杂的,需要采取多种方法综合调度。遭遇重大事件时还需要及时启动应急预案。

第二节　公交调度形式

车辆的调度形式是指依据客流的时间、方向、断面等要素的特征所采用的运输组织形式。在城市公共交通运输中,采用合理的调度形式,有利于改善乘客拥挤,平衡车辆及线路负荷,提高运输生产率及运输服务质量,促进城市公交的发展。

一、按照车辆工作时间与类型划分

(1) 正班车,是指车辆在正常运营时间内连续工作,相当于两个工作班,是每条营运线路必须安排的一种车辆调度形式。因实行双班制、连续工作,所以又称双班车、大班车。

(2) 加班车,是一种辅助调度形式,主要是在客流高峰时上线营运的车辆,并且一天累计工作时间相当于一个工作班,也包括临时性的加车,又称单班车。

(3) 夜班车,是指为满足夜间乘客的需要而开行的班车。一般只在夜间乘客较多的某些干线上营运,班次较疏,定时运行,是衔接正班车的一种辅助调度形式。

二、按照车辆运行与停站方式划分

(1) 全程车,是一种基本调度形式。全程车是车辆从线路起点发车直到终点站为止,必须在沿线各固定停车站点依次停靠,按规定时间到达各站点,全程双向行驶,又称慢车。

(2) 区间车,是一种辅助调度形式。车辆只在某一高客流量的区段行驶。

(3) 快车,是指为了适应沿线长乘距乘车的需要,采取的一种越站快速运行的调度形式,包括大站车和直达车两种。大站车是指车辆仅在沿线乘客集散量较大的站点停靠并在其间直接运行的调度形式。直达车是快车的一种特殊形式,车辆仅在线路的起讫点停靠和运行的调度形式。

(4) 跨线车,是客运高峰时间带有联运性质的一种调度形式。跨线车不受原来行驶线路的限制,根据当时客流集散点的具体情况确定起讫点,以平衡相邻线路之间客流负荷,减少乘客转乘而组织的一种车辆跨线运行的调度形式。

(5) 定班车,是为接送有关单位职工上下班或学生上下学等而组织的一种专线调度形式。车辆按线路定班次、定时间和定站点运行。

三、公交车辆调度形式的选择

公交车辆的各种调度形式,均有其适用的线路、客流等条件的要求。调度形式必须合理选择,才能有效调度车辆和人员,提高公交服务质量。

1. 全程车、正班车的选定方法

所有的营运线路均需以全程车、正班车作为基本调度形式,并根据线路客流分布与客运需求的特殊性辅以其他调度形式。

2. 高峰加班车的选定方法

一昼夜的某段营运时间内出现客流高峰时,采用加班车调度形式。

客流时间不均匀系数是指在营运时间内,某一小时的客流量与每小时平均客流量之比,表示客流在营运时间内各小时分布的不均匀程度,其计算公式为

$$k_{时} = \frac{某单位时间的客流量}{各单位时间的平均客流量} \tag{5-1}$$

通常,当 $k_{时} \geqslant 1.8$ 时,为客流高峰小时;当 $k_{时} < 1$ 时,为客流低峰小时;当 $1 \leqslant k_{时} < 1.8$ 时,为客流平峰小时。当 $k_{时} = 1.8 \sim 2.2$ 时,就有开行加班车的必要。

3. 区间车的选定方法

当线路出现连续的高客流量路段时,可开区间车;不连续时则可开设大站车。

路段客流高峰的判断,可通过路段不均匀系数法或差值法确定。

1) 路段不均匀系数法

路段不均匀系数是指单位时间内,营运线路某路段的客流量与该线路平均客流量之比。其计算公式为

$$k_{路} = \frac{某一路段的客流量}{全路段平均客流量} \tag{5-2}$$

通常,当 $k_{路} > 1$ 时,为客流高峰路段;当 $k_{路} < 1.3$ 时,属于正常调节范围,不一定开设区

间车;当$k_{路}>1.3$时,可采取开行区间车调度措施,改善客流高峰路段的运输服务工作。

2) 差值法

路段客流量差是指单位时间内某路段客流量与各路段平均客流量之差。

当路段客流量差大于2~4倍的车辆额定载客量时,在该路段可以采取开行区间车的方式予以解决。区间车调度形式的采用,还要考虑线路站距、车辆掉头的道路条件等因素。

4. 快车的选定方法

客流沿运输方向的动态分布具有一定的不平衡性,该不平衡性用方向不均匀系数表示。方向不均匀系数是营运线路的两个方向中的高单向客流量与平均单向客流量之比。其计算公式为

$$k_{方向}=\frac{高单向客流量}{平均单向客流量} \tag{5-3}$$

当$k_{方向}$大于界限值(1.4)时,可考虑部分车辆在客流较小的方向开行大站车;若始末站的乘客集散量都很大,全程正班车、加班车、大站车及区间车均不能满足需要,可开行直达车。

由于公交受多因素影响,调度形式的选用除根据线路客流情况进行有关计算外,尚需考虑道路与交通条件、企业自身的组织与技术条件及有关运输服务质量要求等因素。在同一条线路上,调度形式不宜过多,一般不超过两种。

第三节 公共汽车行车调度方法

在公交企业调度管理中,行车调度工作职责和基本处置原则会在规章制度中进行规定。按照管控的要点差异,可以将车辆每日的周转过程划分为若干环节,并确定各环节的管理目标和控制手段。车辆的营运过程是行车调度指挥的关键环节,现状多以调度员命令的形式下达给驾驶员,驾驶员现场执行。

一、环节管控方法

抓住行车环节的管理往往能起到事半功倍的作用。一般线路的重要行车环节有以下四个方面。

1. 出场车管理

车辆准点出场是一天营运秩序好坏的首要环节,必须加强对行车人员上班到岗时间的考核,督促行车人员做好出场车辆的例行保养工作。当人员脱班时要及时派预备人员顶岗或者将后车调档出场,并及时通知调度员,以便及时调整发车间隔,保证正常的行车秩序。

2. 早晚高峰管理

由于市民上下班和学生往返学校学习的时间相对集中,线路在周一至周五的早晚会出现各2 h左右的客流高峰时段,又称早(晚)高峰。例如,根据对上海市区营运的5:00—23:00的全日线公交的统计,线路早晚高峰4 h的乘客人次占全日乘客人次的40%左右。这是经营者提高服务质量和获取经济效益的关键时刻,所以线路的管理人员应在高峰时加强线路高客流断面等重要区段的管理。关心客流动态、道路交通、行车人员工作等情况,从中

寻找规律，及时修正行车作业计划，方便市民出行，确保行车安全。

3. 交接班管理

交接班是一天中的中间管理环节。管理人员要注意接班人员准时到岗的情况，如人员脱班，要及时派预备人员顶岗；如一时无预备人员，下班人员应继续行驶，一般以一圈为限。

交接班最佳地点的位置是在线路 1/3 左右处，这是最充分利用线路劳动力的地方。但如果管理人员管理不力，出现行车人员脱班等，会造成车辆滞站时间过长、乘客意见较大等问题。目前大部分线路选在终点站交接班，有利于调度员监管。

4. 进场车管理

行车人员对营运一天的车辆，要做好例行加油或充电、清洁等维护保养工作，当发现故障、损伤等时，要及时向机务部门报修。机务部门要加强对进场车的检修，确保第二天车辆准时投入营运。

二、行车调度方法

行车调度的基本原则是"按表行车"，即依据行车作业计划表，对线上车辆进行指挥和控制。调度需要实时获取和监控现场车距情况、车厢满载率情况、车站客流变化情况和道路通行状态等，掌握车辆发车偏差、车距偏差，及时发布调度命令，保证运输服务质量和营运计划目标的顺利完成。当全线行车情况基本符合行车作业计划方案，车辆处于正常运行时，调度工作的基础任务在公交企业的岗位职责中均有明确规定，此处不再详述。这里主要介绍客流条件、车辆通行条件、车辆状况、车距状态等行车要素偏离常态时实施的行车组织调整方法。

1. 调距法

调距法是指调整车距的调度方法，又称调频法。它是在一定时间内使用压缩或放宽车距或二者同时使用的调度方法。

例如，某线路单向运送乘客的时间为 25 min，终点站停站时间为 5 min。因客流需求变化，乙站在 7:50—8:05 时客流量较大，要求在不增加车辆的情况下，增加 2 个车次的运能。

首先确定增加 2 个车次的范围，从表 5-1 中可见，7:50—8:05 之间是 6~9 号路牌 4 个车次，考虑将 5 号、10 号路牌调入 7:50—8:05 的范围内，实现该时段内 4 个服务车次增加至 6 个服务车次。6 个服务车次之间是 5 个间隔，故调整后的车距为 15/5＝3 min。表 5-1 中加下划线的自乙站发车时刻为发生变动的发车时刻。由于路牌 5 的 7:46 调整为 7:50，前面车牌的间隔需要调整，向后拉出 4 min；由于路牌 10 的 8:06 调整为 8:05，后续车牌的间隔需要调整，向前提出 1 min。共有 5 个车距从计划 4 min 扩大为 5 min。

表 5-1　　　　　计划发车时刻表和调整后的发车时刻表

路牌	计划发车时刻				调整后的发车时刻			
	乙	甲	乙	甲	乙	甲	乙	甲
1	700	730	800		700	<u>731</u>	800	
2	704	734	804		704	<u>736</u>	804	
3	708	738	808		708	<u>741</u>	808	

续　表

路牌	计划发车时刻				调整后的发车时刻			
	乙	甲	乙	甲	乙	甲	乙	甲
4		712	742	812		712	746	812
5		716	746	816		716	750	816
6		720	750	820		720	753	820
7		724	754	824		724	756	824
8		728	758	828		728	759	828
9		732	802	832		732	802	832
10		736	806	836		736	805	836
11		740	810	840		740	809	840
12		744	814	844		744	814	844
13		748	818	848		748	818	848
14		752	822	852		752	822	852
15	726	756	826	856	726	756	826	856

上述车距的调整以压缩车辆终点站停站时间(5 min)为代价,所以调距的原则是车辆调整的时间不能大于终点站的停站时间。本例是向时段前或后各借一辆车,调入该时段。如果两辆车集中在之前时段或之后时段,就会使部分路牌的车辆出现行驶时间不足 25 min 的情况。如果需要再调入该时段更多车次,调整的时间将大于终点站停车时间,那就需要双向同时调整时间。这种方法比较复杂,一般较少采用。

调距法说明在总体周转时间不变、车辆不增加的情况下,通过车距的调整,可以提高发车密度,适应客流需求变化。

2. 放站法

放站法是指营运车辆在线路上越站停靠的调度方法。需要采用放站法的情况有:在营运现场,车辆到达首末站时刻超出了计划的停站休息时间结束时刻;在一定时间内,线路上有约 1/3 站点的集散量达到或超过线路客流量的 60%;线路较长且客流呈单向性。

车辆放站的方法:如客流主要集散量在起点站,一般应载客越站停靠;如客流主要集散量不在起点站,可留适量车辆在起点站载客,其他车辆空放出站,以平衡乘客候车时间;如客流主要集散量在高单向处,低单向处的部分车辆可越站停靠或空放,以加快车辆周转。由于车辆放站会影响乘客的候车时间,所以放站时,要采用交叉停靠站点的方法,最多不得连续三辆车放过同一站点。

如果线路在高峰时段需大量放站,以解决主要站点的运量,应另外编制大站车的行车时刻表,方便现场调度员调控。

3. 调头法

调头法是指车辆缩短原行驶线路的行程,用以减少周转时间的调度方法。需要采用调头法的情况有:在营运现场,预计车辆到达首末站误点时间超过全程周转时间 1/3 左右;需要增加某一区段的运能,提高营运效率,线路出现较大的发车间隔,需要车辆调头填补空档。

采用调头法能够较快恢复线路的行车秩序,但对到达站超出调头区段范围的乘客而言,会增加其候车时间,所以一般不要两辆车连续调头。车辆填补空档时,要充分考虑道路通行能力,估算好车辆到达空档处的行驶时间。如果车辆需大量调头才能解决线路区段上的客流,应另外编制区间车的行车时刻表,方便现场调度员调控。

线路上有全程与区间营运方式时,调度员要注意二者之间的车距控制。一般区间车与前车(全程车)间隔可适当长一些,区间车与后车(全程车)间隔可短一些,因为需要乘坐到区间段以外的乘客不会乘区间车,而区间车的乘客也可乘坐全程车。现场放调一定要注意。

4. 加车法

加车法是指在原有行驶车辆中增加车辆的调度方法。加车法主要用于线路的客流突然增加,以及线路因故需放宽周转时间,但又要保持原有车距的情况。

现场采用加车法的要点是:车辆加入某间隔内,某间隔的原车距为 n min,前后车距若以 1 min 为单位缩小计,则需缩小的车距间隔有 n 个。为使加入车辆后的车距均匀分布,首先应确定加车数量、加入时间和可能影响的范围,然后对原有的车距进行计算调整。

如某线路 6:30—8:00 原计划双向单程运送时间为 25 min,终点站停站休息时间各为 5 min,配车 12 辆,发车时刻表见表 5-2。因客流波动,需要在乙站的 6 号、7 号路牌之间加入 1 辆加车。

表 5-2　　　　　　　车辆发车计划及调整计划

路牌	计划		调整①	调整②	调整③	调整④	计划	
	甲	乙	乙	乙	乙	乙	甲	乙
1	630	700	700	700	700	700	730	800
2	635	705	705	705	705	705	735	
3	640	710	709	710	710	710	740	
4	645	715	713	715	715	715	745	
5	650	720	717	720	720	720	750	
6	655	725	721	725	724	725	755	
加车			725	730	728	728		
7	700	730	730	734	732	730	800	
8	705	735	735	738	736	735	805	
9	710	740	740	742	740	740	810	
10	715	745	745	746	745	745	815	
11	720	750	750	750	750	750	820	
12	725	755	755	755	755	755	825	

首先确定加入的车辆,按客流需要,车距加密的位置如下:

(1) 若在 6 号路牌前加密车距,见表 5-2 中调整①的下划线数字。

(2) 若在 7 号路牌后加密车距,见表 5-2 中调整②的下划线数字。

(3) 若在 5 号、9 号路牌之间加密车距,见表 5-2 中调整③的下划线数字。

由调整的车距可见,原加入的 6 号、7 号之间的车距是 5 min,调整后,原 5 min 的车距中有 5 组变成了 4 min,从而加密了某一段的行车密度。

(4) 若在 6 号、7 号路牌之间直接将车辆加入,这种做法,除了起点站确实有大客流的需求,或者是郊区线路,因为班次的间隔大而采用外,市区线路采用这种加入车辆的方式是错误的,不能达到增加运能、均衡载客的目的。

5. 抽车法

抽车法是指在原有行驶车辆中减少车辆的调度方法。抽车法适用于线路客流突然下降,线路发生车辆故障、肇事、纠纷,因客流需要而抽车支援其他线路,城市轨道交通发生故障时需要抽车分流等情况。

现场采用抽车法的要点是:某间隔的原车距为 n min,将车辆抽出某间隔,前后车距若以 1 min 为单位扩大计,则需扩大的车距间隔有 n 个。为使抽出车辆后的车距均匀分布,首先应确定抽出车辆数量、抽出时间和可能影响的范围,然后对原有车距进行调整。

如某线路 6:30—8:00 原计划双向单程运送时间为 25 min,终点站停站休息时间为 5 min,配车 15 辆,发车时刻表见表 5-3。因支援地铁故障后大客流疏散需要,在乙站将 6 号路牌的车辆抽停。

根据现场情况和客流需要,首先确定抽出的车辆,影响车距的范围如下:

(1) 若在 7 号路牌之前拉疏车距,见表 5-3 中调整①的下划线数字。
(2) 若在 5 号路牌之后拉疏车距,见表 5-3 中调整②的下划线数字。
(3) 若在 4 号、9 号路牌之间拉疏车距,见表 5-3 中调整③的下划线数字。

从表 5-3 可见,计划车距是 4 min,调整后,有 4 个车距被拉疏成 5 min。

表 5-3　　　　　　　　　　车辆发车计划与调整计划

路牌	计划		调整①	调整②	调整③	计划	
	甲	乙	乙	乙	乙	甲	乙
1	630	700	700	700	700	730	800
2	634	704	704	704	704	734	
3	638	708	709	708	708	738	
4	642	712	714	712	712	742	
5	646	716	719	716	717	746	
6	650	720				750	
7	654	724	724	721	722	754	
8	658	728	728	726	727	758	
9	702	732	732	731	732	802	
10	706	736	736	736	736	806	
11	710	740	740	740	740	810	
12	714	744	744	744	744	814	

续 表

路牌	计划		调整①	调整②	调整③	计划	
	甲	乙	乙	乙	乙	甲	乙
13	718	748	748	748	748	818	
14	722	752	752	752	752	822	
15	726	756	756	756	756	826	

使用抽加车法时需注意的是，如有多辆车加入，应尽量交叉分散加入，否则到加入的车辆抽出时，会造成大间隔的产生。郊区线路发车间隔较大，中途站都发布时刻表，当线路缺车时，调度人员应尽快利用备车顶替发车。

6. 调档法

调档法是指将车辆的车序号临时重新组织调整的一种调度方法，主要用于线路车辆故障抛锚、肇事、纠纷、换班、行车人员用餐时。车辆在出场或首末站发生故障时，如能很快修复行驶，可与后车倒换次序营运。高峰时，因营运需要而将车辆的车序号临时调整时，一般先控制车距，在高峰之后再恢复行车次序。利用车辆调档完成行车人员用餐的方法，是有效利用时间、提高工作效率的较好措施。

如某线路双向运送时间为 25 min，终点站停站时间为 5 min。11:00 起放 15 min，另外结合终点站停站时间 5 min 一并利用，给行车人员用餐。用餐地点在乙站，表 5-4 中下划线数字标明在该时段内用餐。调档前，先放出时间 15 min 备用，甲站 10:00—10:56 放出的时间是逐步增大，11:00—12:10 是逐步减小。

表 5-4　　　　　　　　发车时刻调档前后

路牌	调档前				调档后			
	甲	乙	甲	乙	甲	乙	甲	乙
1	1000	1030	1100	15 1145	1000	1030	1100	15 1145
2	1004　1	1035	1105	14 1149	1004	1035	1105	14 1149
3	1008　2	1040	1110	13　1153	1008	17 1055	1125	1153
4	1012　3	1045	1115	12　1157	1012	1040	1110	17 1157
5	1016　4	1050	1120	11　1201	1016	1045	1115	16 1201
6	1020　5	1055	1125	10　1205	1020	1050	1120	15 1205
7	1024　6	1100	1130	9　1209	1024	16 1110	1140	1209
8	1028　7	1105	1135	8　1213	1028	17 1115	1145	1213

续 表

路牌	调档前				调档后			
	甲	乙	甲	乙	甲	乙	甲	乙
9	1032	8 1110	1140	7 1217	1032	1100	1130	17 <u>1217</u>
10	1036	9 1115	1145	6 1221	1036	1105	1135	16 <u>1221</u>
11	1040	10 1120	1150	5 1225	1040	15 <u>1125</u>	1155	1225
12	1044	11 1125	1155	4 1229	1044	16 <u>1130</u>	1200	1229
13	1048	12 1130	1200	3 1233	1048	17 <u>1135</u>	1205	1233
14	1052	13 1135	1205	21 237	1052	1120	1150	17 <u>1237</u>
15	1056	14 <u>1140</u>	1210	11 241	1056	<u>1140</u>	1210	1241

甲站10:56,11:00,11:05发车,到乙站再发车的时间分别是11:40,11:45,11:49,剔除25 min营运时间,已有19,20,19 min的用餐时间,故不作调整。表中需调档用餐的是3~14号路牌。车辆调档的原理是:车辆从甲站开出的时间加上45 min(其中25 min为运送时间,约20 min为用餐时间)后,到乙站找这个相应的时间,这个时间就是停车用餐后开车的时间,并相应形成一个车组。这个车组的其他车辆调档先开车,在下一圈时再用餐。3~6号,7~10号,11~14号路牌各为一组,调档的原理相同。乙站11:45起各路牌全部恢复正常行驶。调档时应将某路牌甲乙两站发车时刻上下同时调档,如6号路牌的10:55和11:25同时调到3号路牌处,详见表5-4。在行车作业时刻表中安排用餐的方法与上述介绍的基本相同,只要将需安排用餐的时间段抽出重新安排后,再填写在行车作业时刻表中即可。

7. 缩时法

缩时法是指缩短周转时间的调度方法。采用缩时法的情况有:在营运现场,道路交通条件有明显的改善,道路通行能力提高,车速加快;实际客流比计划下降较多,造成车辆中途上下客时间减少,车辆普遍提前到站;交通中断,临时缩短线路行驶;等等。

8. 延时法

延时法是指延长车辆周转时间的调度方法。采用延时法的情况有:在营运现场,车辆运行过程中遇严重的交通堵塞和行车事故;客流增加,乘客上下车时间增多,营运主高峰时,出现乘客滞站现象;遇冰、雪、雾、暴雨等恶劣气候,车辆通行缓慢。

现场调度中,需要调度员根据不同线路的客流特点和现场情况机动灵活地运用调度方法,才能圆满完成营运生产任务。

第四节 公共汽车动态调度决策

随着智能公共交通系统(Advanced Public Transportation System,APTS)的不断发展,

车辆自动定位技术(Automatic Vehicle Location，AVL)逐渐被大量的公共汽车运营企业所引进，基于采集的公交车辆 AVL 运行数据，制订最佳的调度策略，使公共汽车系统运行在最佳状态，成为公交智能化应用趋势。

一、公交动态调度目标

在日常线路运营中，由于受到许多不定因素的影响，如乘客分布的随机性、社会交通的干扰、交通事故及气候因素等，公交行车过程会偏离行车作业计划，表现为公交车辆的聚集以及大间隔等现象，尤其是高峰时段公交线路运行更容易出现此类情况，如图 5-2 所示。公交动态调度的目标在于：第一，对于有中途站时刻表的线路，通常发车间隔大于 10 min 的，提高车辆到达站点的准点率，即减少车辆到达站点的时刻与时刻表的偏差，提高公交运行的可靠度；第二，对于市区高频线路，通常发车间隔小于 5 min 的，均匀行车时间间隔，即尽量使实际运行时间间隔与发车时间间隔一致，从而有效缩短乘客等车时间延误。

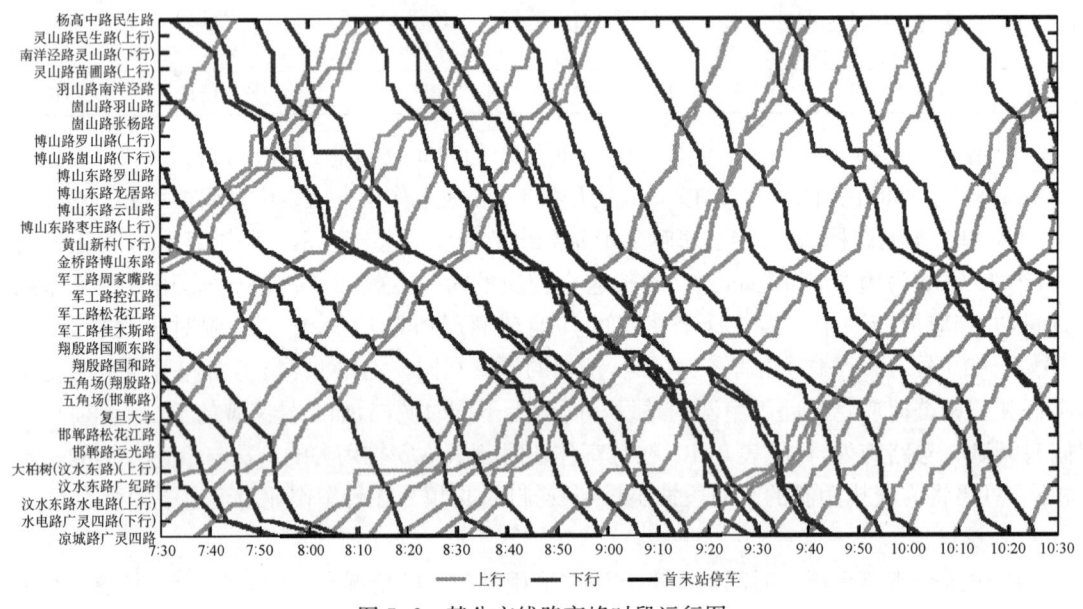

图 5-2　某公交线路高峰时段运行图

二、公交动态调度决策问题

由于公交车辆实际运行环境是一个庞大的、开放的动态系统，通行的道路状况是随时间变化的，而且存在着许多随机和不确定因素，人工调度的行车调整难以及时跟进动态运行环境，于是提出了基于 APTS 条件，全面采集道路、车辆、客流等各种相关信息，及时监测车队实际运行与行车作业计划的偏差，按照前述动态调度目标设计模型，求解最优的调度决策方案并通过车载系统发布调度命令，全面提高公交线路运行质量。

三、公交动态调度模型的基本思想

公交动态调度决策优化模型有多种类型，其中，市区公交线路行车频率高、间隔小，动态调度的基本目标是实现全线车辆离站车头时距的方差最小。Welding(1957)给出了在公交车辆和乘客随机到站条件下,单线路乘客平均候车时间模型。该模型为公交动态调度决策提供了基本优化思路,具体可用式(5-4)表述。

$$E(W)=\frac{1}{2}E(I)\left\{1+\frac{Var(I)}{[E(I)]^2}\right\} \quad (5-4)$$

式中,$E(W)$ 为乘客平均候车时间;$E(I)$ 为公交车辆离站车头时距期望;$Var(I)$ 为公交车辆离站车头时距方差。

$E(I)$ 可认为是行车作业计划规定的公交车辆发车间隔,减小 $Var(I)$ 值就成了公交动态调度决策的根本目标。公交动态调度决策问题可概述为:在 APTS 环境下,基于全线各公交车辆的实时运行状态,通过动态调度公交车辆离站时刻实现全线运行车辆车头时距偏差最小的最优化问题。公交动态调度的功能-数据流程如图 5-3 所示。

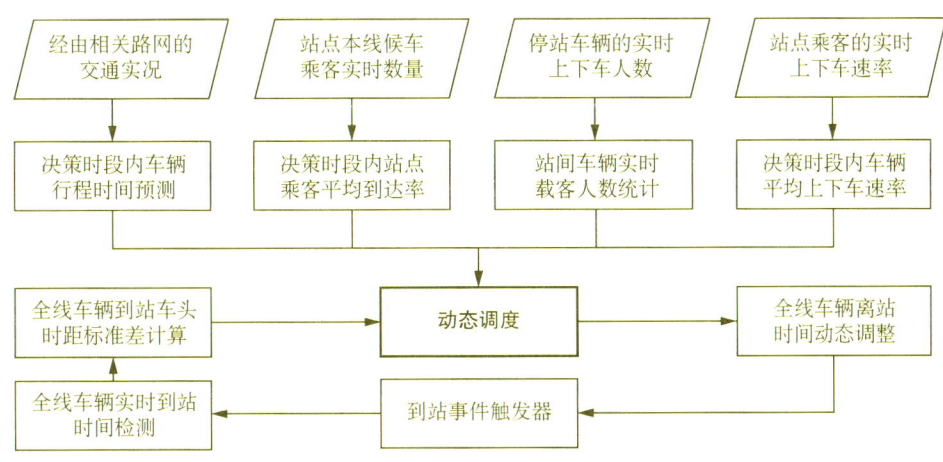

图 5-3 公交动态调度的功能-数据流程图

在实施中,动态调度系统基于采集获取的公交车辆 AVL、APC 数据,以公交车辆准点到站或发车间隔均匀为动态调度目标。在公交车辆到达某一站点时,计算其到达下一站点的最优时间,通过无线设备向司机发出指令,保障车辆准点到站,提高车辆运行的可靠性,减少乘客等待时间。公交动态调度实施逻辑如图 5-4 所示。

四、公交车辆距离紧邻站点行程时间动态预测

在动态调度决策中,预测公交车辆到达下一站点的行程时间是一项关键技术,在此简要说明预测原理。公交车辆距离紧邻站点行程时间预测示意图如图 5-5 所示。

如图 5-5 所示,公交车辆驶离站点 $\dot{S}_i$,公交

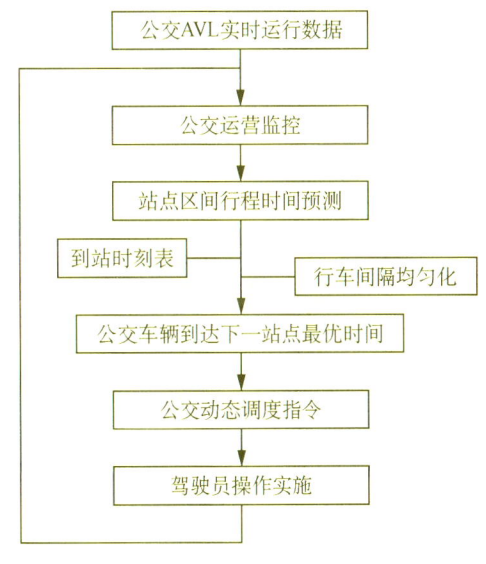

图 5-4 公交动态调度实施逻辑

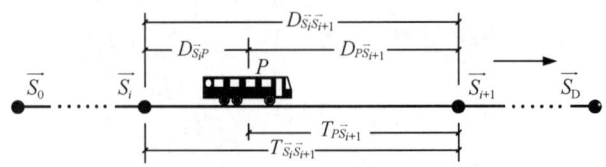

图 5-5　公交车辆距离紧邻站点行程时间预测示意图

车辆当前位置 P 位于站点 $\vec{S}_i$ 和 $\vec{S}_{i+1}$ 构成的区间内，公交车辆到达紧邻下一站点 $\vec{S}_{i+1}$ 的时刻 $A^t_{\vec{S}_{i+1}}$ 的预测方法为

$$A^t_{\vec{S}_{i+1}} = t_P + T^t_{P\vec{S}_{i+1}} \tag{5-5}$$

式中，t_P 为车辆当前处于位置 P 的时刻，可从 AVL 数据中获取；$T^t_{P\vec{S}_{i+1}}$ 为车辆从当前位置运行至站点 $\vec{S}_{i+1}$ 的行程时间。

车辆距离紧邻站点行程时间采用历史数据统计和实时数据修正的方法进行预测。历史数据统计是指通过对历史多日的公交运行数据按照一定规律（同一线路、同一运行方向、同一运行区间、同一时段、相同天气等）进行统计分析，作为站点间行程时间的参考值；同时，结合实时的公交 AVL 运行数据对历史统计运行时间进行实时修正。公交车辆距离紧邻站点行程时间 $T^t_{P\vec{S}_{i+1}}$ 的预测方法为

$$T^t_{P\vec{S}_{i+1}} = \frac{D_{\vec{S}_i\vec{S}_{i+1}} - D_{\vec{S}_iP}}{\alpha \cdot \dfrac{D_{\vec{S}_iP}}{t_P - t_{\vec{S}_i}} + (1-\alpha) \cdot \dfrac{D_{\vec{S}_i\vec{S}_{i+1}}}{T_{\vec{S}_i\vec{S}_{i+1}}}} \tag{5-6}$$

式中，$D_{\vec{S}_i\vec{S}_{i+1}}$ 为站点 $\vec{S}_i$ 和 $\vec{S}_{i+1}$ 之间的距离；$D_{\vec{S}_iP}$ 为车辆离开上一站点 $\vec{S}_i$ 的距离，可以通过 AVL 数据计算得出；t_P 为车辆位于当前位置 P 的时刻；$t_{\vec{S}_i}$ 为车辆离开上一站点 $\vec{S}_i$ 的时刻；$T_{\vec{S}_i\vec{S}_{i+1}}$ 为站点 $\vec{S}_i$ 和 $\vec{S}_{i+1}$ 之间行程时间的统计值；α 为自适应平滑指数，$\alpha = \dfrac{D_{\vec{S}_iP}}{D_{\vec{S}_i\vec{S}_{i+1}}}$，$0<\alpha<1$。

五、公交动态调度决策优化

1. 目标函数

$$\min \Psi(x^{(t)}_{k,i}) = \sum_{j=1}^{n-1} w^{(t)}_j \cdot \frac{\sum_{k=2}^{m}[h^{(t)}_{k,j} - H]^2}{m-1}$$

$$k = 2, \cdots, m; j = 1, \cdots, n-1, i = 2, \cdots, n \tag{5-7}$$

2. 约束条件

$$x_{k,i}^{(t)} \geqslant D_{k,i}^{(t)} \tag{5-8}$$

$$w_j^{(t)} = \frac{\lambda_j^{(t)}}{\sum_{u=1}^{n-1} \lambda_u^{(t)}}, \ j=1,\cdots,n-1 \tag{5-9}$$

以上式中，$x_{k,i}^{(t)}$ 为决策变量，表示 t 时刻计算得到的车辆 k 到达 i 站的优化时刻值；H 为时刻表规定的标准车头时距或发车间隔；$D_{k,i}^{(t)}$ 为车辆 k 在 $i-1$ 站完成上下客后不接受离站控制马上出发，按照 t 时刻预测的区间行程时间行驶到达 i 站的时刻值；$w_j^{(t)}$ 为权重函数，表示 t 时刻 j 站到站客流占全线各站总到站客流的比例。

显然以 $x_{k,i}^{(t)}$ 作为决策变量对目标函数进行优化的结果即可用于对车辆 k 在 $i-1$ 站的离站控制。

第六章　需求响应式公交运营与调度

需求响应式公交具有常规公交集约化出行和出租车高灵活度等特点。作为多模式公共交通系统的重要组成部分，需求响应式公交通过集合个体出行需求，为出行起讫点、出行时间、服务水平需求相似的人群提供高效、便捷、个性化的公共交通服务。在信息化时代背景下，该类型公交运营模式与移动互联网技术紧密结合，大大提升了公交出行需求响应速度和运力资源使用效率，具有较大发展前景。

第一节　需求响应式公交概述

城市公共交通系统按照其服务模式和特点可分为两类：固定式服务系统（Fixed Route Transit，FRT）和需求响应式服务系统（Demand Responsive Transit，DRT）。FRT 系统的车辆提供定线定点公交服务。DRT 系统主要应用于城市客流稀疏地区或郊区，更多的是为特殊人群（如老年人、残疾人等）服务。美国于 1990 年颁布的《残疾人法案》（*Americans with Disabilities Act*，ADA）规定公共交通系统必须为残疾人提供服务，这促进了 DRT 系统的发展。

一、需求响应式公交的概念

美国交通运输研究委员会（Transportation Research Board，TRB）编写的《公共交通通行能力和服务质量手册》（第 2 版）（*Transit Capacity and Quality of Service Manual，2nd Edition*）对需求响应式公交定义如下：需求响应式公交是一种路径可变的公交服务，它可以根据乘客的具体需求进行公交路径的选择，提供乘客合乘的服务（一般是门到门服务、路边到路边服务等），其运营以点对点为基本模式。需求响应式公交服务系统主要服务低密度出行地区，如城市边缘地区（城乡接合部、城市拓展区）、主城区的新建居民区、主城区的小型社区、新建公租房区域以及偏远的农村地区，主要提供中心城区和郊区之间早晚高峰的通勤服务以及偏远地区的运输服务。在这些低出行密度区域，若增加常规公交车辆数和站点覆盖密度，则会造成运力资源的浪费，经营损失很大。

二、需求响应式公交的服务特征

1. 服务对象

需求响应式公交系统可以服务多种类型群体（某些特殊群体、偏远山区或通勤走廊群体），运行设计方案和运营政策导致其具有许多不同的服务特征。例如，美国大城市为残疾人提供的辅助客运服务车辆会长时间地等待和停靠。在我国，近年来地铁、市郊铁路、BRT 等大中运量公共交通系统快速发展，一些大城市推出了需求响应式公交服务系统，主要往返于大中运量公共交通站点和居住地、工作地之间,用于解决大中运量公共交通枢纽、站点的接驳问题,实际应用效果良好。

2. 需求响应类型

需求响应式公交服务根据响应策略的不同分为两种:一种是实时的响应式服务策略,主要服务于出行时间距离当前时间较近或者是在车辆运行过程中产生的请求,运输方案的响应时间短,需求响应的方式包括接受、拒绝以及需求调整等;另一种是预订式服务策略,乘客需要提前通过电话或网络进行预订,调度中心有充分时间制订运输方案。

3. 需求提交途径

需求响应式公交往往依托公交信息化平台和通信系统,早期的预约是通过电话系统完成的,便于老年人和残疾人使用,调度中心根据预约需求生成路径指派车辆接送乘客。现阶段的定制公交系统或者灵活公交系统依托互联网技术获取乘客出行需求,能够更加及时地响应出行者的需求,高效率使用车辆资源。

4. 调度服务流程

图 6-1 给出了基于 GPS 的需求响应式公交服务系统的调度流程示例。

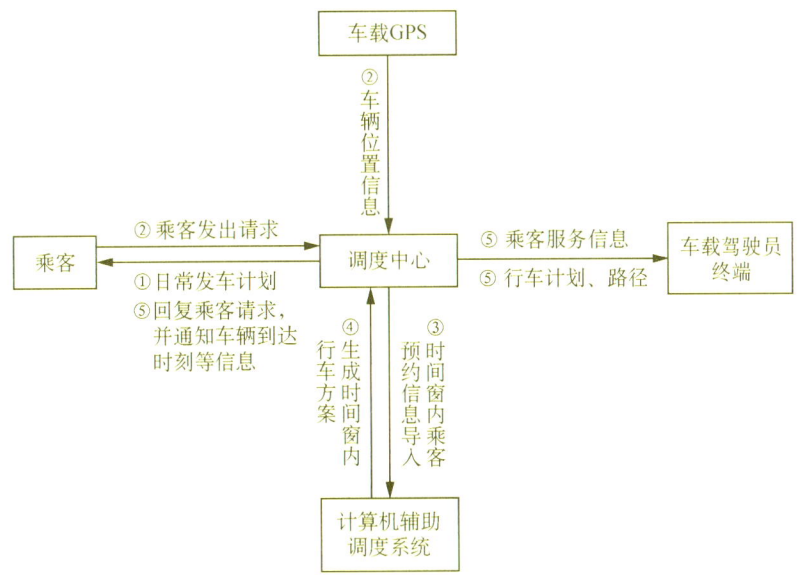

图 6-1 需求响应式公交服务系统调度流程

该运营系统工作流程如下:

(1) 调度中心制订日常发车计划,并通过网站和手机客户端发布给服务区域内的居民。

(2) 居民参考日常发车计划,将自己的乘车需求反馈给调度控制中心,包括自己选择的车辆班次(或者候车时间)、选择乘车的停靠站点等内容。

(3) 调度中心将时间窗内乘客预约信息输入辅助调度系统。

(4) 调度系统生成行车方案,包括车辆路径、发车时刻、停站时刻、接送人员 ID 等。

(5) 将各班次车辆的行车计划通知驾驶员终端,同时通过网站和手机客户端向居民反馈乘车需求是否被接受并将接受的服务信息通知乘客。将空座行程汇总,用于继续接受短期或实时提出的乘客预约需求。

5. 服务车辆类型

与固定式服务的常规公交相比,需求响应式公交车辆类型相对较少,主要有小轿车、出租车、面包车、小型和中型的公交车,如表6-1所示。这是因为需求响应式公交的客运量比常规公交要小,可供选择的运营线路比常规公交的多。目前,国外需求响应式公交倾向于使用小型客车(8~25座),小型客车适合道路条件不好的城市边缘地区与农村地区。

表6-1　　　　　　　　　　需求响应式公交可选择车型

车型	小轿车	出租车	面包车	小型巴士	小型公共汽车
车身长度/m	4~5	4~5	5~6	5~7	7~9
容量/座	4	4	7~11	15~25	40
适用条件	任何区域	任何区域	任何区域	市区客运量小的环线或者接驳线、晚间公交车	客运量小的郊区

三、需求响应式公交的服务能力

相对于常规公交而言,需求响应式公交的服务能力是一个不同并且复杂的概念。需求响应式公交的服务能力不是指这个系统能够容纳多少车辆,而是指对于给定的乘客需求和服务区域,需求响应式公交服务系统能够提供的车辆数量和车辆服务时间。同样,需求响应式公交的服务能力还取决于车辆的大小和运营商的运营策略。

对于大多数类型的需求响应式公交服务系统而言,起点和终点都很分散。所需车辆和车辆服务时间由很多因素决定,包括出行需求、乘客特征、高峰时段需求、服务区域大小和特征(如铁路道口、地形特征、交通拥堵)、服务类型以及服务机制。

1. 出行需求

乘客出行需求的确定应同时以工作日和高峰时段的情况为基础。需求响应式公交的服务客流不一定与传统公交客流波动规律一致,且由于其具有预约性质,客流预测难度很大。乘客需求的波动会对车辆的数量、投入和运行成本产生很大的影响。

2. 乘客特征

乘客特征取决于服务对象是普通乘客还是特殊人群。乘客特征的不同主要对需求响应式公交服务能力计算中所需的等待和停靠时间产生影响。普通乘客的需求响应式公交服务系统提供乘客上下车的时间很短(1~2 min),停靠时间也相对较短。而为残疾人提供服务的需求响应式公交服务系统就需要较长的等待时间(5~10 min),停靠时间也较长。增加等待时间和停靠时间意味着每天服务次数的减少,也导致投入产出比的下降。

3. 高峰时段需求

在高峰时段,固定线路的公交车能够在每个站台容纳额外乘客,直至车内没有任何可站立的空间为止。与固定线路公交车不同的是,需求响应式公交车在高峰时段不能装载比非高峰时段更多的乘客,必须为每个乘客提供一个位置,没有站立位置,所以车辆载客量没有弹性。

4. 服务区域大小和特征

服务区域的大小和特征是确定需求响应式公交服务能力的一个至关重要的因素。如果服务区域较大,居住区域和目的地之间的距离很长,在车辆数量一定的条件下,每辆车的运营次数就会减少,供给不能满足需求。服务区域的交通特征也会对服务能力产生影响,例如服务区域交通拥堵,发生延误的概率大,导致较长的车辆周转时间,车辆使用就会低效。

5. 服务类型

需求响应式公交的需求分布于交通小区之间,可划分为五种工作模式:多对多服务、多对少服务、少对少服务、少对多服务、多对一服务。如果服务类型主体是多对一、多对少或者少对少的情况,那么这个需求响应式公交服务就会拥有更高的工作效率,因为在这种情况下,每一个单独的需求响应式公交车能够运送更多的乘客。与此相反,在出行起点和终点非常分散的情况下,每一辆车只能运送相对较少的乘客数量,故需要更多的车辆。

6. 服务机制

服务机制同样影响着系统服务能力。如服务机制允许车辆在搭乘点等待时间最长至 10 min,以等待延误的客人到达,这将会增加车辆每次服务的时间,并影响后续行程是否能满足新发出请求的需求。

四、我国定制客运发展概述

1. 定制客运概念

2016 年,交通运输部印发了《关于深化改革加快推进道路客运转型升级的指导意见》,明确提出充分发挥移动互联网等信息技术作用,鼓励开展灵活、快速、小批量的道路客运定制服务,该文件首次提出了"道路客运定制服务"的概念。定制客运是道路客运升级的主要抓手,之后北京、江苏、浙江、湖北、云南、甘肃等 30 余个省市制定实施了鼓励道路客运定制服务规范发展的相关政策文件,并开展了道路客运定制服务。2018 年上海市交通委印发的《关于做好本市道路旅客运输定制客运(市内)备案的通知》,2020 年 3 月四川省新修订的《四川省道路旅客运输管理办法》均指出,定制客运是依托互联网技术,通过网站、手机 App、微信等在线服务方式,将道路旅客运输行业中具备一定资质的企业、车辆、驾驶员等信息进行整合,为乘客提供满足其个性化、集约化出行要求的定制客运服务。

此外,国内部分城市提出了定制公交概念,如 2014 年北京市人民政府发布的《北京市人民政府关于加快公共交通发展提高服务和管理水平的意见》提出,优化地面公交线网设计,明确公交快线、市区普线、微循环线、市郊连接线、郊区线、定制公交线等六大类地面公交线路的功能定位,制定分类服务规范。福州市《关于加快福州市公交行业发展的若干意见》提出,在常规公交网络的基础上,开通小区公交、学生爱心公交、定制公交、特约公交、商务巴士、旅游线路等特色公交服务。目前国内主要的定制客运线路以定点、定线、定时形式居多。用户根据定制客运的流程提交出行需求后,获得推荐的线路,用户即可直接提前预订一人一座的票,提前 5 min 到达上车点并出示电子车票上车;如果没有合适的线路,用户的需求将被存储在平台的需求申请数据库中。当满足一定潜在用户数量后,运营方会发布新线路,并通知相关用户进行预订。

2. 交通运输部对开展定制客运服务的规范要求

第一,在运力选择上,可使用 7 座及以上的运营客车,使用 7 座车可以方便地提供门到门出行服务,同时在行驶速度、凌晨 2:00—5:00 通行限制上都有一些放开。

第二,作为从事定制客运的主体,提供道路客运预约定制服务的客运企业应当具备道路旅客运输经营资格,客运驾驶员应当取得相应从业资格。

第三,在运输组织方式上,道路客运企业在确保运输安全的前提下,可自主确定道路客运班线途经站点,报原许可部门备案,并提前向社会公布,方便乘客上下车。

第四,在互联网服务方式上,以旅客便捷出行为导向,全面推进"互联网＋道路客运"服务,同时要求互联网平台运营商不得组织非营运车辆和未取得相应从业资格的驾驶员从事旅客运输。

第五,在定价上,具备竞争条件的道路客运班线(农村客运除外),票价由道路客运企业依据运营成本、与其他运输方式的比价关系、市场供求状况和服务品质等因素依法自主确定。完善旅游客运企业与旅行社的价格协商制度,遏制道路旅游客运不正当竞争行为。上海市提出按照差异化原则,定制线路可参照相关旅游包车产品的定价方式确定基本票价。

3. 定制客运的两种主导模式

定制客运属于使用者付费服务,具有高排他性和低竞争性两个特征,属于混合型公共服务。其一,高排他性,即只有付一定票价的乘客才能够乘坐定制客运,体现出经济属性。经济属性意味着可以通过市场化的方式来生产服务。其二,低竞争性,即只要付费后均可以乘坐定制客运服务,很少存在相互竞争抢购座位的情况,体现出社会属性。社会属性意味着定制客运服务要体现其社会效益,例如满足乘客日常通勤需求、降低交通拥堵等。在国内,目前定制客运主要有两种主导模式。

1) 市场主导模式

定制客运主要由道路客运企业或互联网公司与道路客运企业合作提供服务,采用市场机制定价,通常自负盈亏,政府不给予补贴,如上海就属于这种类型。市场主导模式下,运营主体存在亏本风险,存在持续发展方面的困境,需要各方投入更多精力进行关注。

2) 政府主导模式

由国有公交公司来规划、运营和管理,明确将定制公交作为公共交通的重要组成部分,如北京、杭州等属于这种类型。政府主导模式更多地考虑定制公交服务的社会效益,由地方政府给予公交企业一定补贴,增强其抗风险能力。

国内部分城市如深圳、大连等的定制客运是以上两种主导模式并存。政府在资金、政策、组织管理、运营服务等方面的政策干预如何维持市场公平性成为必须解决的难题。

第二节 需求响应式公交线路设计及调度决策

需求响应式公交服务系统很早就被提出,但由于其规划、设计与运营相较于固定式公交服务系统都更为复杂,同时需要考虑公交运营企业与两类乘客(固定车站乘客和需求响应乘客)之间利益的平衡,其线路设计与优化存在较高技术难度。

一、需求响应式公交运营模式设计

需求响应式公交线路运行模式如表6-2所示,常见的有4种模式。根据其运营形式、服务区域可分三个基本类别:①走廊服务,为主线,在固定走廊上运行,但可以有一些局部线路变更;②区域服务,在一个有边界的区域内运行,提供自由服务和需求响应式服务;③广域服务,在一个大的区域内完全自由地运行,其服务和出租车运输相似。

表 6-2　　　　　　　　　　　需求响应式公交线路运行模式

模式	示意图	特点
模式一		是最接近传统公共交通方式的一种模式，由完全固定的线路和时间表构成，例如定制公交
模式二		具备需求响应站点的能力，不论固定站点是否有乘客，定制公交都要途经固定站点。当响应站点有乘客预订时，经过响应站点
模式三		提供预定站点服务，线路上的站点根据乘客出行需求而定。预定站点是一个区域内需求的集散点。该服务模式的发车次数不定
模式四		高级别的需求响应服务模式，线路和站点机动多变，全部根据实时响应情况生成，类似于出租车服务

注：●固定站点；■需求响应站点；▲预定站点。

二、需求响应式公交固定站点设置

需求响应式公交固定站点不能设置得太密，因为要响应预约乘客的出行需求。为了保证车辆有足够的松弛时间以便于接送预约的乘客，需求响应式公交固定站点间的站间距一般设置得较大。目前，需求响应式公交还没有针对不同地区给出公认的站间距。在北美城市，中心区需求响应式公交车站的站间距选取 500~700 m，城市边缘地区需求响应式公交车站的站间距选取 600~900 m，农村偏远地区需求响应式公交车站的站间距选取 800~1 200 m。

以半固定式走廊服务模式为例，这种模式通常是从常规公交线路改造转换来的。一般考虑保留原来常规公交乘客数较多的站点为固定站点，去掉某些上下车乘客数较少的站点。可通过以下方式判断保留或者去掉某些固定站点，具体判别方法如下：

$$Index = \frac{R_D \cdot TT_{OOD}}{R_{OOD}} \tag{6-1}$$

式中，R_D 为该固定站点平均每天乘坐公共交通的乘客数，人；TT_{OOD} 为在该站点服务区域内车辆响应预约乘客所造成的额外出行时间，h；R_{OOD} 为整条线路响应需求乘客数，人。

研究表明：

当 $Index < 5$ 时，去掉固定站点，转变为需求响应式站点。

当 $5 \leqslant Index \leqslant 15$ 时，结合各方面因素，如道路情况、周边设施、运营成本、运营收益等，综合考虑是否去掉该固定站点。

当 $Index > 15$ 时，由于该站点上下车乘客数较多，建议保留固定站点。

另外，除了根据上述公式判断是否可将固定站点转变为需求响应式站点外，还需要在换乘站、学校、商场、医院等地方保留固定站点，以体现公共交通服务群众的理念。

三、松弛时间

需求响应式公交在发车的时间安排上不仅要充分考虑固定车站的时间约束，还必须预留出适宜的时间使车辆偏移固定的线路去接送预约服务的乘客。因此,与常规公交相比,需求响应式公交的一个关键技术参数就是松弛时间。

松弛时间是指在需求响应式公交服务系统中按照线路偏移式运营模式运行时,为了在规定时间范围内到达固定站点,而事先设定的能够让车辆偏离原有线路行驶并返回到原有线路的时间,且还需要保证车辆偏移线路行驶时,车辆必须在约束时间内前往下一个固定站点。

已有研究表明,对需求响应式公交分配适当的松弛时间是至关重要的,为系统分配更多的松弛时间并不一定会带来更多的客流量。若时间过长,将导致固定站点的乘客需要等待较长的时间;若时间较短,将无法响应预约乘客的服务需求。

需求响应式公交服务的松弛时间主要与服务区域内预约点的数量、预约点到固定线路的垂直距离、车辆的技术速度以及预约乘客的数量有关。

针对单个预约点而言,松弛时间与预约点到固定线路的垂直距离成正比,即在预约点固定的情况下,预约点到固定线路的垂直距离越短,松弛时间越短。针对整个服务系统而言,松弛时间与车辆的技术速度成反比,即在乘客位置确定的情况下,车辆的技术速度越高,松弛时间越短。同时,在需求响应式服务系统中,当其他条件固定时,预约乘客数量越多,乘客上下车时间越长,松弛时间就越长。

需求响应式公交的松弛时间表示如下:

$$T = \sum_{i=1}^{n} T_i = \sum_{i=1}^{n} \sum_{j=1}^{m} \left(\frac{2W_{ij}}{v} + t_{\mathrm{pd}j} \right) \tag{6-2}$$

式中,T 为整个服务区域内松弛时间总和,h;i 为原常规公交站点编号,取值范围为 $1 \sim n$;j 为路段内的预约站点数,取值范围为 $1 \sim m$;T_i 为 i 区间的松弛时间,h;W 为预约点到基准线路的垂直距离,km;v 为车辆技术速度,km/h;t_{pd} 为预约乘客上下车所需耗费的时间,一般取值为 1 min。

四、服务区域

服务区域,顾名思义就是需求响应式公交能够提供服务的范围。运用插入式启发算法对不同形状服务区域的运量进行大量的仿真分析,结果表明,需求响应式公交在狭长形服务区域内运行效果较好。因此,目前几乎所有对该系统的研究都采用矩形区域,可以采用式(6-3)计算服务区域。

$$A = \frac{3vTL}{2m_{\mathrm{t}}+1} \cdot (N-1) \tag{6-3}$$

式中,A 为基准线一边的服务区域宽度,km;v 为车辆技术速度,km;T 为整个服务区域内松弛时间总和,h;L 为运营线路起点至终点里程,km;m_{t} 为需求响应式公交在整条线路中响应需求的平均乘客人数,人;N 为整条线路需求响应式公交固定站点个数,个。

由式(6-3)可见,需求响应式公交服务区域主要受车辆技术速度、松弛时间、线路长度、站点数量以及响应乘客数量的影响。服务区域与车辆技术速度、松弛时间、站点长度、站点数量等成正比,与预约乘客数量成反比。

多数城市对需求响应式公交车辆运行的偏移量都有上限规定,分别为 0.4~2.4 km 不等。表 6-3 所示为美国需求响应式公交线路可偏移量。

表 6-3　　　　　　　　　美国需求响应式公交线路可偏移量

可偏移固定式线路距离 （1 英里≈1.61 km）	公共交通名称
0.25 英里（约 0.4 km）	MTS (San Diego, CA)
0.5 英里（约 0.8 km）	Akron transit (Akron, OH)，Minnesota Transit (Bumsvile, MN)
0.75 英里（约 1.2 km）	PRTC (Woodbridge, VA)，GRTC (Richmond, VA)
1.50 英里（约 2.4 km）	Tillamook Transportation (Tillamook, OR)
服务区域内	Ride Solutions (Palatka, FL)
城市范围内	Napa Transit (Napa, CA)，St. Joseph Transit (St. Joseph, MO)

五、需求响应式公交调度决策

根据需求分布是否已知，需求响应式公交服务系统的线路优化与调度问题可分为静态问题和动态问题两类。静态问题主要面向固定预约计划服务，动态问题主要面向非固定预约计划服务。固定预约计划服务指在进行线路优化与调度之前，所有的乘客出行需求均通过预约而获悉，如乘客至少提前一天就对其出行服务进行了预约，在线路优化完成后，服务运营过程中不再产生新的出行需求。非固定预约计划服务指在静态优化完成基础之上，在满足乘客最低服务要求和运能限制条件下，在车辆的实际运行过程中根据动态需求实时优化更新运行线路。两种类型的需求响应式公交调度决策方法都是智能公交领域研究的热点问题。需求响应式公交调度决策中需重点关注发车频率和路径生成逻辑。

1. 发车频率

发车频率是指单位时间内（一般为 1 h）通过公交线路某个断面的公交车辆数，实际上，发车频率是发车间隔的倒数。在固定式常规公交线路中，车辆数目、运行周期、发车间隔有以下关系：

$$H_f = \frac{T_c}{N_c} \tag{6-4}$$

式中，H_f 为固定式公交发车间隔，h/辆；T_c 为车辆往返运行一周所需的时间，h；N_c 为运行需要的车辆数，辆。

而需求响应式公交由于加入了松弛时间，必然会导致车辆运行一周所需的时间加长，同时，需求响应式公交由于减少了固定站点的数量，那么相应地节省了固定站点的上下车时间和停靠时间，关系式如下：

$$H_d = \frac{T_c + 2T - 2nT_p}{N_c} \tag{6-5}$$

式中，H_d 为响应式公交发车间隔，h/辆；T_c 为车辆往返运行一周所需的时间，h；T 为服务区域内单方向松弛时间总和，h；n 为常规公交转变为需求响应式公交去掉的固定站点数，个;N_c为运行需要的车辆数,辆;T_p为固定站点的平均停站时间,h。

由式(6-5)可知,当公式中加入松弛时间后,发车间隔将会加大(发车频率将会降低),如果要保持发车间隔不变(发车频率不变),则必须增加运行所需要的车辆数。

2. 路径生成逻辑

调度中心将时间窗内乘客预约信息录入辅助调度软件系统,软件系统会生成车辆的行车路径方案。基本逻辑如图6-2所示。

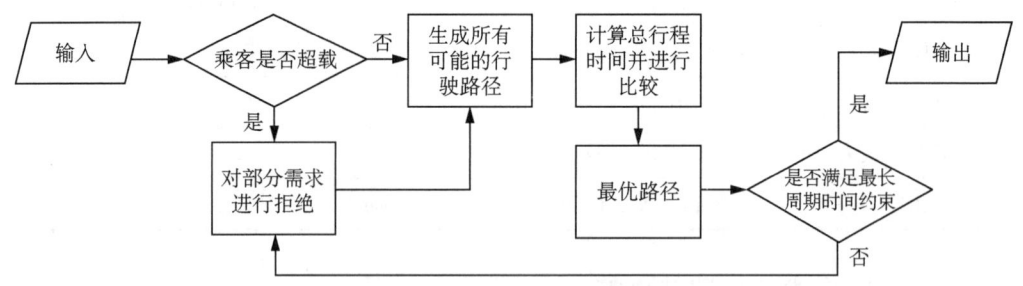

图6-2 需求响应式公交系统车辆的行车路径方案生成逻辑

基本流程如下:

步骤1:初始化,对各参数进行标定,输入时间窗内预约乘车需求。

步骤2:判断乘客人数是否超标。若超标,按照停靠站点对需求进行分组,对部分需求进行拒绝。

步骤3:生成行驶路径的所有可行解。

步骤4:计算所有路径可行解的总行程时间,通过比较找出最优路径。

步骤5:判断最优路径是否符合条件,若行驶时间超标,则调整客流分组方案,并返回步骤2。

步骤6:若最优路径满足最长周转时间约束,则输出最后结果,包括行驶路径、停站方案、服务时间等。

第七章 公交运营成本、收入与补贴制度

本章介绍公交票价与票制、公交运营收入与成本构成、公交补贴制度、公交运营考核和服务质量考核方法与标准。

第一节 公 交 票 价

公交票价是吸引乘客的一个主要因素,同时作为公交系统运营的一个基础要素,它也影响着公交机构的财务状况。公交票价和与之相关所提供的服务质量以及缴费的方便性都极大地影响了人们乘坐公交系统的意愿与行为。票价的种类及其收取方式会影响运营效率。车票收入也会影响城市公交运营资金筹集的方法。从长远看,公交票价总会对中心城市、周边区域以及近郊的形态和发展产生较大的影响。因此,科学合理的公共交通票价是保障企业正常运营、调节不同交通方式客流需求、促进公共交通行业可持续发展和城市健康发展的重要条件。

一、公交票价制定的原则及影响因素

公交票价制定的原则是考虑成本、税费及合理利润,并随市场适时调整,即以成本为运价的基础,使成本得到有效的补偿,适时放宽运价管制,按社会物价的一定比例调整票价,鼓励竞争,对亏损的公益性交通服务给予合理补偿。

票价的制定要体现公共交通的公共服务性,兼顾政府、企业和乘客三方面的利益。公交票价直接关系到公交的吸引力和公交事业的发展,必须合理定价。政府财政负担、企业效益及乘客接受度是影响公交票价最重要的三大因素。

(1) 政府财政负担。实行公交优先政策,政府应该在财政及交通政策上向公交倾斜,优先发展公共交通,提高公交的服务质量,以低于或等于运输成本的票价,向乘客提供主要以社会效益为目标的客运服务。

(2) 企业效益。公共交通成本可分为运营成本和政策性成本。以运营成本作为定价成本,符合我国经济发展现状和乘客的支付能力。在给定的成本水平上,提供尽可能优质、充足的产品和服务,或在满足居民基本需要的基础上,使公共交通的经营成本尽可能低,使居民的整体福利水平尽可能得到满足。

(3) 乘客接受度。乘客在选择是否采用公交出行及采用何种公交方式出行一般考虑收入水平、服务质量及比价是否合理。在制定价格和安排比价时,要兼顾居民收入水平,保证居民出行的基本要求。

票价要体现运输服务的质量,不同的公交方式、不同的车型配置,所提供的服务档次不同;公交的可达性、换乘便利性、车厢的拥挤程度与舒适度都是乘客关心的对象。

城市公共交通内部合理的比价主要是指质量比价和乘距比价。质量比价主要是指空调车与非空调车、高档车与普通车之间的比价,它体现了交通工具服务质量之间的比较关系;乘距比价则体现了公共交通需求与提供的服务数量之间的比较关系。比价合理,在乘客可接受的范围内,乘客按自己的需求及承受能力进行选择。

城市公交票价的制定与调整必须从城市交通政策和城市环境的宏观利益角度考虑,从绝大多数中低收入者的利益出发,保持适度的票价水平。同时,逐步以法律、法规的形式建立公共交通价格的调整机制,逐步形成依据成本、市场物价变化递进式调整票价的流程。

二、公交票价制定的目标

公交系统制定票价时要求仔细考虑以下五方面:
(1) 设定票价的目的、要求和约束条件;
(2) 票价收取模式,包括实体机构方面以及车票类型;
(3) 票制(或票价结构),代表与出行距离相关的费用;
(4) 针对不同种类的使用者和用途以及针对一天中不同时刻而设定的专项价格;
(5) 价格水平或绝对数量(不考虑价格结构)以及它们对运量和车票收入的影响。

制定公交系统票价应达到如下三个基础目标:

目标1:吸引最大数量的乘客。

目标2:公交机构收入最大化。

目标3:达到特定的目标,如增强工作人群、学生或老年人的出行意愿,提高一定区域的可达性,促进更有效的公交方式的使用。

设定费用时必须考虑以下约束条件:

约束1:需求弹性对票价水平和结构选择的限制。在一定的票价水平上,服务质量以及与之竞争的出行方式的价格会影响乘客选择公交出行的意愿。

约束2:不同乘客群体得到的服务价值(出行距离、慢车或是快车、舒适度、安全保障等)与付出的费用之比的公平性,对于个人以及大众人群来说,这种公平性也是一个重要因素。

约束3:社会及政治方面,不同人群的服务需要及支付能力通常也起到重要作用。

约束4:票价的合理性和支付的方便性。

约束5:票价类型必须允许相应机构实现简易、低成本的收款与控制。

很明显,由于目标之间存在相互冲突,所有这些目标不可能全部达到最优。对目标1和目标2尤其明显:最大化吸引乘客量的大多数情况要求提供中低票价或者从理论上来说,提供免费服务,而低票价将造成比高票价情况下更少的收入。因此必须在乘客吸引量最大化和收入最大化之间寻找平衡。其他目标之间也存在类似的妥协与权衡。制定票价时要求对上述目标和约束条件进行权衡分析。

在将这些目标转化成现实情况时,在主要目标间进行权衡通常是政治决策考虑的问题。对大多数城市而言,比起收入最大化或运营收支平衡这样的目标,最大限度地吸引客流以增加人口流动性、增加就业机会、提高学生到校的可达性、减少交通拥堵,使城市更适宜居住是更为重要的。大多数城市公交机构获得的公共资金包括设施投资和部分运营成本。因而多数城市已不再仅仅以收入最大化为目标,往往涉及与之相关的其他目标,并考虑在公共投资条件下公交收回成本的问题。

【案例7-1】 关于仅关注票价收入单目标或完全不考虑票收目标的讨论

当车票收入足以涵盖整个或部分运营开支时,管理机构会对所有目标给予适当的考虑。而当公司或公共机构遭遇经济紧张,没有其他收入来源时,票价收入将决定公司是否能继续生存。公交运营者将被迫仅仅关注单目标——运营收入。收入最大化要求较大的费用增幅,这将引起一连串事件反应,车票定价的双重恶性循环如图7-1所示。如果票价上涨导致乘客由公共交通方式向机动车大规模转移,便会出现两种结果。第一,城市道路交通拥堵愈发严重,使公交车辆运行速度降低,增加运营成本(图中虚线所示)。第二,客流量减少导致服务频率降低,进而导致乘客吸引量减少,引起进一步乘客流失(表中实线所示)。成本的增加和收入的减少二者将使额外的费用增加,进而导致恶性循环。正是上述现象的存在,使得公共机构需要将运输服务维持在一定水平上,而不是允许其继续恶化甚至最终导致较小城市公交停止运营。

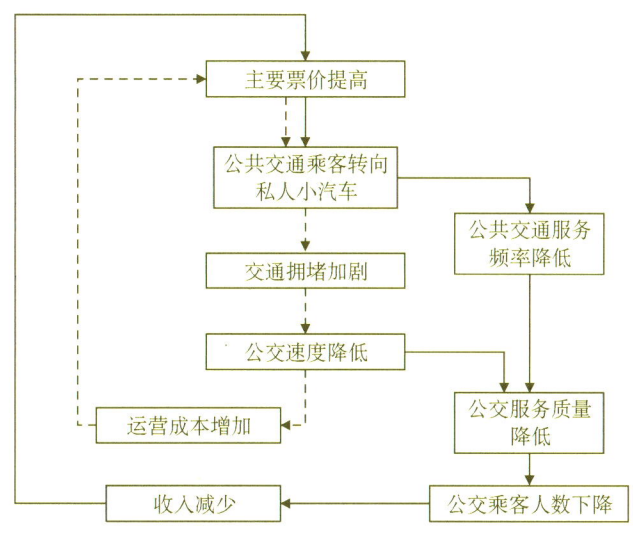

图7-1 票价提高导致的双重恶性循环

公交公司为求生存被迫追求收入最大化的问题在许多城市尤其是中小城市很常见。20世纪80年代,英国和其他一些国家放松了公共交通管制,就发生了类似的事件,结果出现了类似的两种情况:车票收入提高和财务状况改善,但这是以最终乘客总运量大量减少和公共交通在城市交通中作用的减弱为代价的。

当完全不考虑收入目标时会走向另一个极端。假设公交机构认为它拥有足够的政府补贴,以至于车票收入不再显得那么重要,那么该公交机构就倾向于变得运输效率低下而且极度依赖政策支持。从长远看,这种态度常常导致服务质量的退化及财务危机。

在大多数拥有合理运输政策以及积极的公交措施的城市,吸引乘客的目标(目标1)要远远高于车票收入的最大化。而车票收入也是不可忽略的,在不引起客运量大量流失的情况下,尽可能高的票价水平是必要的。

三、公交票制

1. 票制的内涵

票制是票价制式的简称,是票价水平和比价关系的表现形式和调节手段,是票价整体结构的安排。票制应当与城市空间形态和规模、城市市民的消费水平、出行方式及城乡客运一体化发展水平相适应。

针对城市的特定状况,了解不同类型票价的共同特征以及各种运输服务的特点以选择最有效的票价类型(包括票价整体结构、价格水平以及收取方式),是十分重要的。

2. 票制的分类

票制通常基于公交收费额与出行距离之间的关系而划分,目前国内外实行的公交票制基本上是单一票价制和多级票价制。

(1) 单一票价制。无论乘车距离远近,乘客都支付相同的票价。单一票价制具有票价单一、操作简单、所需要的人工及设备少等优点,因而被广泛使用,但对短途乘客缺乏吸引力。过低的单一票价,对长途乘客的收费又低于其相应的成本,带来的收益损失已超过所节省的设备费用及管理费用。

(2) 多级票价制。在单一票价中,短距离出行者实际上补贴了长距离出行者,且公交公司无法从后者收取额外的费用。多级票价可以分为区域票价和分段票价两个基本类型。

区域票价:根据乘客出行距离成比例收取多级票价最简单的方法是把城市或者城区划分成多票价区域,乘客在各区内出行支付基础票价,乘客出行跨越两个费用区域时需支付票价增加值。与单一票价相比,区域票价具有针对较长出行距离增加收费的优势,这样使得票价收取更加公平,而且较易被乘客接受。

分段票价:又称计程票价,包括按实际乘距收费和按计费区(乘坐车站数)收费两种形式。计程票价制有效地弥补了单一票价制的不足,基本上能够兼顾长、短途乘客的需求,但通常采用人工收费方式,增加了人力成本。

不同公交票价单位出行距离的费用(费率)与距离的关系如图7-2所示。单一票价下的费率对于短距离出行来说很高,而对于长距离出行来说则较低;两种多级票价的费率相对更平坦,费率随着距离增加呈现下降的趋势;对于中长距离出行,多级票价的费率高于单一票价的费率;区域票价和分段票价费率的下降根据费用区段的长度和增量的大小决定。

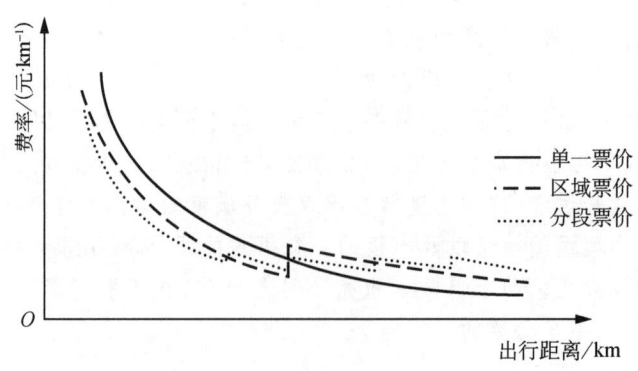

图7-2 不同公交票价下费率与出行距离的关系

三种票价类型以及最佳应用间的比较如表7-1所示。区域票价和分段票价的选择主要根据城市的特点,特别是城区的大小、形式以及公交网络特征。

表 7-1　　　　　　　　　票价类型以及最佳应用间的比较

票价类型		单一票价	区域票价	分段票价
特征	公平性	差	好	很好
	乘客吸引力	好	很好	很好
	收入款项	可变	好	很好
	收取的简易性	极好	较好	差
	控制的简易性	极好	一般	差
	对乘客的简易性	极好	极好	差
适用情形	线路长度	短	中等	长
	网络类型	普遍存在的	区域可分	长线路
	出行距离	短	可变	可变

3. 特殊票价

除上述基本票价分类外，还可以有许多变化形式，即特殊票价，用来达到以下一个或者多个目标：

(1) 吸引额外的乘客以提高居民的出行水平和便捷性；

(2) 刺激交通设施的使用，增加收入，特别是在公共交通系统利用率低的时段；

(3) 对某些潜在的特殊的公交使用人群提供优惠，比如旅行者或购物者；

(4) 达到指定的社会目标或者经济目标，例如给学生、老人或一些家庭提供最低水平出行的便捷性；

(5) 增大公交出行在城市客运交通方式结构中的比例。

常见的特殊票价包括：①对上下班乘客提供打折的周票或月票；②学生票；③老年人优惠票；④对非高峰期规则出行的乘客提供打折的非高峰期票；等等。

从近期及长远来看，使用各种不同票价类型能产生积极的效果，即吸引新乘客，增加更多收入。但是当票价种类过多，甚至出现一个公交系统中有 20~30 种不同票价的情况时，过于复杂反倒起到相反的作用，公交企业服务人员必须有能力处理多种费用，乘客也必须熟悉这些票价种类。值得注意的是，简明和清晰的服务同样是吸引乘客尤其是潜在乘客的最重要特征之一。因此必须根据实际情况，在不同票价类型的收益、处理的简便性之间作出折中与权衡。

四、票价水平

票价水平是指不论采用何种票价类型，乘坐公共交通所花费的费用总额。因为票价水平对公共交通的使用频率和公交在城市中的作用影响很大，所以政府通常对票价水平进行管制，票价水平的变动是非常重要的公共管理事件。

1. 影响因素

影响票价水平的主要因素如下：①政府的城市交通政策；②公共交通融资方法，主要依赖车票收入或其他资金来源；③公共交通服务的方式和质量；④公共交通服务成本；⑤竞争性运输服务的数量和质量，尤其是私人小汽车、共享型小汽车对其需求弹性的影响；⑥服务区域居民的生活习惯和方式。

2. 不同票价水平的影响

票价水平对公共交通乘坐人次和收入的影响曲线图如图 7-3 所示。图中显示,票价相当低的时候潜在的公共交通使用水平最高,车票收入也随着票价成比例增高;零费用处所示的虚线跳跃,反映了当免费时会产生额外的公共交通使用这一现象。在一个特定水平下,继续提高票价会导致公共交通乘坐人次的明显减少,最终达到基本由没有其他出行方式可供选择的被"俘获"的乘客组成的客流低限。票价收入的增长随着公交乘坐人次减少而越来越小,达到一个最大值然后下降。

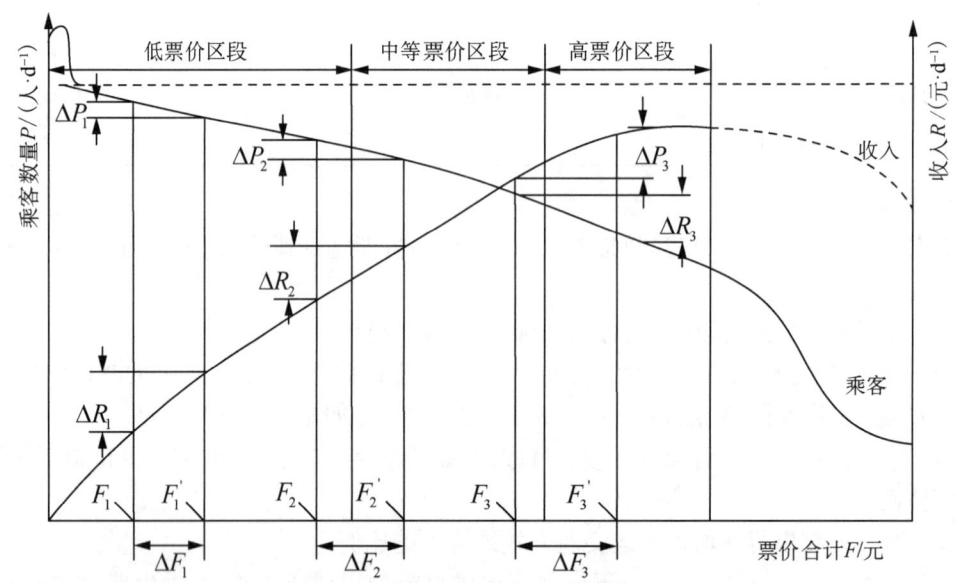

图 7-3 不同票价水平下费用增长对乘客人数和票价收入的影响概念图

以图 7-3 为基础,可以定义如下几个票价水平:

(1) 零票价(或免费交通):交通服务免费,公共交通使用人数最多,但是没有票价收入。

(2) 低票价,是指费用增长导致对公共交通乘坐人数减少很小的阶段;收入增长与票价增长基本呈线性关系。

(3) 中等票价,是指费用增长导致公共交通乘坐人次适度减少,但收入增长随着票价增长而递减。

(4) 高票价,是指公共交通乘坐人次大幅减少,公交车票收入的增加也随着票价的升高而逐渐减少。

(5) 最高票价,是指公交车票收入最大时,票价进一步提高会大幅降低公共交通乘坐人次,从而降低运营总收入。

既然在最高票价之上再增加票价会明显产生反作用,票价的实际范围就是从零到最高票价之间。

在不同票价水平下,票价增长影响了公共交通乘坐人次和收入两条曲线。图 7-3 中情况 1 是低票价区段,费用从 F_1 增加到 F_1' 只导致了公共交通乘坐人次减少 ΔP_1,但是带来了

显著的收入增加 ΔR_1；情况 2 是票价增长发生在低票价到中等票价之间，公共交通乘坐人数的减少要比第一种情况有所增加，收入增长也小了一些；情况 3 是票价增长发生在中等票价到高票价之间，公共交通乘坐人数的减少非常大，收入增加则很小。当然，这只是一个简化模型，它假定提供的服务、出行需求、市场营销等其他条件相同，两种变量间的相互关系是定性的而不是定量的。

另一个概念是收支平衡点价格，即使得车票收入和运营支出金额相等的价格。例如在香港，收支平衡点的价格可能在低票价或者中等票价区段。在私家车使用率高且公交有补贴的城市，收支平衡点价格可能并不存在，因为即使是最高票价带来的车票收入也远低于运营成本。

3. 公交需求价格弹性系数

公交需求价格弹性系数定义为需求变化百分比除以价格变化的百分比。这个无量纲的值表示每一元价格变化值引起的单位需求变化值。价格的提高会引起需求的减少，因而弹性系数通常是一个负值，弹性系数的绝对值越大，表明需求对价格越敏感。

关于公共交通需求价格弹性系数有三点值得注意：首先，该值是一个负值，表明与通常的需求价格曲线关系一样，乘客数量和票价朝相反方向变化，票价的增长会导致乘客数量的减少。其次，该弹性系数的绝对值通常小于1，表明需求是缺乏弹性的。即乘客数量减少的百分值比引起其变化的票价变化百分值要小。最后，票价弹性系数取决于众多因素，如公共交通服务水平、停车费用、收入水平、公众对环境和城市的整体态度等，各城市有一定差异。通常短途交通比长途交通的公交需求价格弹性系数大，非高峰时段交通比高峰时段交通的公交需求价格弹性系数大，通勤、通学比购物、娱乐出行的公交需求价格弹性系数小。

4. 中国城市公交票价水平控制原则

(1) 城市公交票价要体现公益性。城市公交票价的制定不能以盈利为导向，而要以城市出行的基本保障为出发点。公交是城市政府提供的基本公共服务，要以适度的优惠价格提供城市出行的最基本保障，吸引市民选择公共交通方式出行，增加城市的流动性和活力。

(2) 城市公交票价要体现调节性。在票价制定上要体现一定的运营成本，票价的增长应该与物价水平保持一致，并且反映出与之竞争的出行方式的定价。这样既能起到出行结构的调节作用，即鼓励人们（特别是吸引小汽车出行者）多使用公共交通，同时又不至于过低，给政府造成过重的财政负担。有规律的中小幅度的票价提升要优于突然的大幅度票价提升。

(3) 城市公交票制及票价要体现多样性和一体化。公交服务在面向的对象和服务品质上应具有多层次性和多样性，因此，票价也应具备相应的多层次性和多样性，促进城市公交服务多层次化发展。同时，票制要逐步一体化，实现城市对外交通与城市内部公交、城乡公交的一体化服务，成为提高公交服务水平的一项关键措施。

(4) 建立多元化的城市公交票价补贴机制。通过公共交通与城市开发一体化的发展模式实现城市开发经营收益反哺运营、城市保障性住房在公共交通站点就近布置聚集公交客源、对低收入人群和其他特殊人群进行财政直接补贴等多种模式，转变目前的票价补贴往往是直接补给公交运营企业的单一局面。多元化的票价补贴是确保公交票价的社会基本保障功能，同时兼顾市场机制的重要前提。

第二节 运营收入与成本

一、运营收入构成

公交企业的运营收入构成可分为以下几个方面：

(1) 车票的收入，它主要由乘客直接支付，由票箱收入、周票和月票的收入组成。

(2) 其他收入，包括各种来源的收入，如班车/校车合同、包租和特别事务服务、广告、出租和租赁、利息等。

(3) 财政补贴，来自政府(国家、市、行政区、县等)的补贴。

运营比率是公交机构财务盈利的基本指标。它是票价和其他收入与运营成本的比值。运营比率大于 1.00，表明公交机构是盈利的。然而大多数情况下，公交机构的运营比率是小于 1.00 的，由政府财政补贴来直接弥补收入的不足。

各城市公交票价的定价机制会造成票价收入占公交运营成本的比例有较大差距，如表 7-2 所示。

表 7-2　　各城市票价与运营成本的关系

城市	运作方式	票价政策	固定资产支出	票价收入占经营支出比例	政府补贴资金来源	定价主体
纽约	非市场化	低票价	政府占 100%	票价收入约占 50%，其余由政府补贴	税、费(燃料费等)	政府对公交企业有更大的定价权
巴黎	非市场化	低票价	国家和当地政府各占 40%，企业自筹 20%	票价收入约占 40%，其余由政府补贴	税、费(特别交通税等)	
东京	非市场化	低票价	企业占 100%	票价收入约占 85%，其余由政府补贴	税、费	
深圳	非市场化	低票价	政府占 100%	2021 年票价收入约占 30%，其余由政府补贴	中央和地方财政	
香港	市场化	合理票价	企业占 100%	票价保证经营成本与合理利润，政府不补贴	无	企业有定价权，方案需与政府协商后实施

二、运营成本构成

公交运营成本指公交为完成旅客运输所消耗的以货币形式表现的所有费用支出。一定时期的运营支出就是这个时期的运营总成本，单位运输产品所分摊的运营支出即单位运营成本。公交企业运营成本常见的划分方式有三种。

方式一：公交运营成本由直接营运成本、期间费用、营业税金及附加、其他营运成本等构成。

(1) 直接营运成本,指公交企业在实际营运过程中发生的与营运生产直接相关的成本和费用,包括人工费用(含社会保障费、工资附加、职工福利费、工会经费、职工教育经费)、能耗费、车辆折旧费、保养修理费(含轮胎消耗费)、行车事故损失费(含车辆保险费、事故损失费)、车队经费及其他直接营运经费(含电车线网维护费)。人工费用通常在运营成本中占比最大。

(2) 期间费用,指公交企业为组织和管理车辆营运所发生的管理费用和财务费用等。

(3) 营业税金及附加,指公交企业在营运过程中负担的税金及附加,包括营业税、城建税及教育费附加等。

(4) 其他营运成本,指公交企业在实际营运过程中发生的与营运生产相关的成本和费用,包括营业外支出(营运车辆提前报废支出)、其他业务成本等。

方式二:公交运营成本由营运成本、管理费用、财务费用和营业外支出构成。营运成本、管理费用和财务费用构成营业支出,营业支出和营业外支出构成运营总支出。公交运营成本构成体系如图7-4所示。

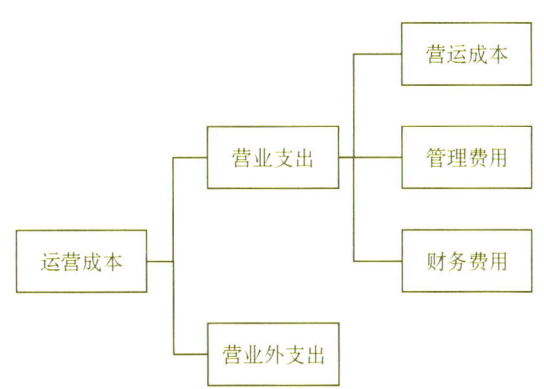

图7-4 城市公交运营成本构成体系

在公交运营成本构成体系中,营运成本是公交企业在实际营运生产过程中发生的与营运生产直接有关的各项支出,主要包括:

(1) 直接从事营运生产活动的人员工资、奖金、津贴、补贴、福利费。

(2) 燃料和动力费。

(3) 维修维护费,运营过程中运营设备(含车辆)使用、修理、养护的材料费用。

(4) 固定资产折旧费。

(5) 保险、伤害、运营过程中所发生的季节性以及修理期间的停工损失和事故性损失。

(6) 管理费,包括公交运营企业行政管理部门为管理、组织运营所发生的各项费用及其他有关管理性质的费用支出。主要内容包括:①公交运营企业的管理人员工资、奖金、津贴和补贴。②机关办公差旅费、劳动保护费、折旧费、修理费、物资材料消耗、低值易耗品摊销及其他费用。③按规定计提的职工福利费、工会经费、职工待业保险金、劳动保险费、印花税等相关税金以及技术开发费、咨询费、广告费、展览费、土地使用费、土地损失补偿费等。④无形资产的摊销、各种坏账损失、存货盘亏减去盘盈、毁损和报废。

(7) 财务费用,指公交企业为筹集资金所发生的各项费用。主要包括公交运营企业运营期间发生的利息净支出减利息总收入、汇兑净损失减汇兑收益、金融机构手续费以及筹集生产经营资金发生的其他费用。

(8) 营业外支出,指与公交运输生产经营活动无直接关系的各项支出。主要包括:①固定资产盘亏、报废、毁损和处置净损失。②非常损失,指由客观原因造成的损失,在扣除保险公司赔偿后应计入营业外支出的净损失,包括自然灾害损失、非季节性和非修理期间发生的停工损失。③公益救济性捐赠、赔偿金、违约金等其他支出。④按照会计制度规定统计的固定资产、无形资产和在建工程的减值准备。

方式三:公交运营成本由固定成本和变动成本构成,见表7-3。其中,固定成本包括车辆折旧费、保险费、管理费、场地费、税金等,变动成本包括职工工资及福利、燃料费、修理费等。

表 7-3　　　　　　　　　　固定成本和变动成本构成

成本分类	构成	计算方法
固定成本	车辆折旧费	一般按 8 年折旧
	保险费	每月或每年按照每辆车计算
	管理费	不定
	场地费	不定
	税金	按收入的规定税率计算
变动成本	职工工资及福利	每月按照司机、售票员人数计算
	燃料费	按照百公里油耗、电能消耗计算
	修理费	按照百公里费用计算

公交运营成本主要受公交车辆数及车辆运营百公里能耗的影响。其中,职工工资及福利、保险费、养路费均按照车辆数计算,所需车辆数又与车运班距、车辆周转时间及运量需求有关,车辆周转时间和车辆百公里能耗受公交营运速度影响。

公交运营成本受多种因素的影响,除了最基本的人力成本、油价、维修费用等因素之外,主要受运营工作量、运营服务水平、相关发展政策的影响。深圳三家国有公交集团2018年公交运营年收入和成本构成测算如表7-4所示。

表 7-4　　　　　公交运营年收入和成本构成测算结果　　　　　(单位:亿元/年)

序号	项目	公交集团1	公交集团2	公交集团3	合计
一	运营收入	13.09	11.17	9.38	33.64
二	运营总成本	40.57	35.17	32.29	108.03
1	人工费用	25.05	20.03	19.48	64.56
2	折旧费	5.00	4.98	4.00	13.98
3	燃料费	4.01	3.85	3.46	11.32

续表

序号	项目	公交集团1	公交集团2	公交集团3	合计
4	维修费	0.60	0.58	0.53	1.71
5	轮胎消耗费	0.13	0.12	0.11	0.35
6	其他直接运营费	3.88	3.75	3.22	10.85
7	管理费用	0.59	0.57	0.49	1.66
8	财务费用	1.24	1.29	0.99	3.52
9	税金及附加	0.06	0.01	0.00	0.08
三	运营利润	0.63	0.54	0.46	1.63
四	公交运营补贴额度	28.11	24.55	23.37	76.02

计算表7-4中各项费用占比，得出：

（1）司乘人员的直接工资、福利、各种经费、奖金以及保险费等所占比重最大，各家公交公司人工费用占整个运营成本的比例略有不同，在57%～62%之间。

（2）公交车的燃料费占整个运营成本的10%～11%。

（3）维修费用占整个运营成本的1%～2%。

（4）管理费主要包括办公费、职工培训费、差旅费、业务招待费以及其他费用，占整个运营成本的1%～2%。

三、公交运营收入与成本平衡

从世界范围来看，平衡公交运营成本大致可分为两种类型：以新加坡、日本等为代表的亚洲高密度人口国家和地区，通过公交票款支付运营成本并实现盈利；以美国、法国、德国等为代表的欧美低密度人口国家和地区，依靠公交补贴平衡成本。不同国家或地区部分城市公交运营成本的平衡情况如图7-5所示。国内城市也是在车票收入基础上，依靠公交补贴平衡公交运营成本。

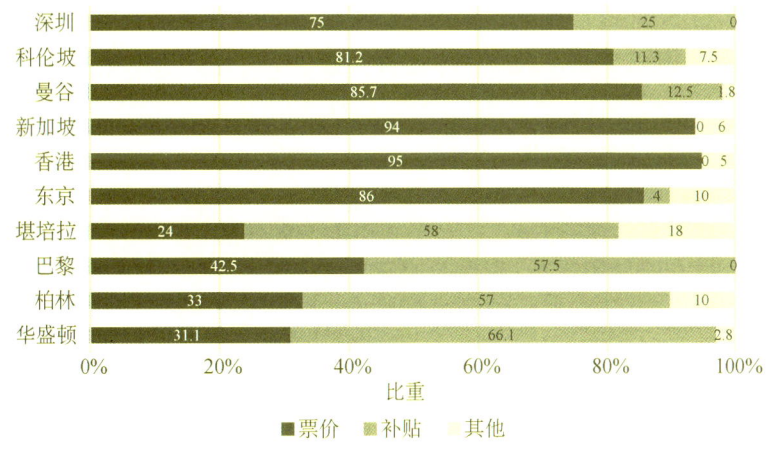

图7-5 不同国家或地区部分城市公交运营成本的平衡情况

公交车票收入是公交系统收入的重要组成部分，提高公交吸引力的关键还是要提高公交服务质量，而不能仅仅依靠低票价。随着居民收入水平提高，相应对公交票价的承受能力也提高。在出行需求快速增长阶段，居民更关注出行需求能否得到满足。只要能提供高服务质量，在居民收入水平可承受范围内（通常认为居民交通出行费用占收入比重应在6%以内）适度提高票价，居民是认可和接受的。从深圳公交乘客意愿问卷调查结果来看，居民对公交服务质量的关注程度要远远高于公交票价，如图7-6所示。

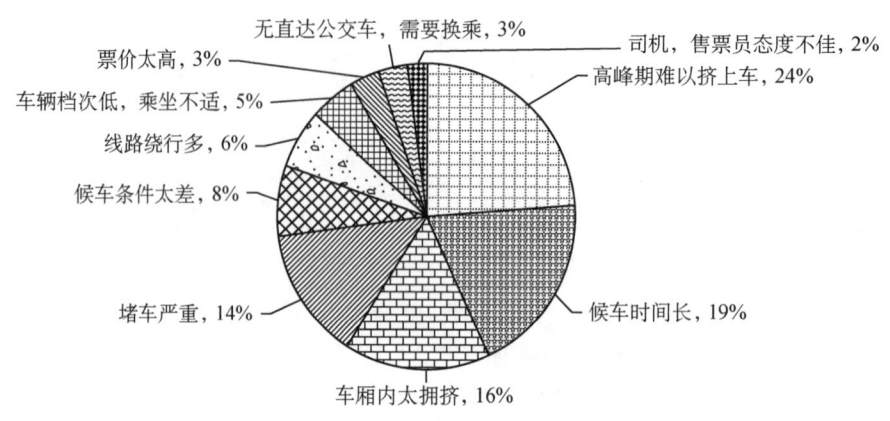

图7-6　深圳公交乘客意愿问卷调查结果统计

公交定价应充分考虑居民经济承受能力，保障居民基本出行需求，体现公交公益性。尽管公交票价的制定牵涉面广，影响因素多，包括居民出行支付能力、企业运营成本、政府财政支持及提供的公交服务水平等方面，但是公交定价应以居民的经济承受能力为根本依据，确保不同阶层居民基本的乘车出行需求。同时，公交定价体现公益性并不代表采用不计成本的"低票价"，在居民承受能力范围内，公交票价的制定应综合考虑公交经营成本和政府的财政支出能力，平衡各方需求，寻求合理的票价水平。

针对多层次公交服务（如基本服务和品质化服务）实行差异化公交定价。建立多层次公交服务以满足不同社会群体多样化的出行需求，扩大公交适用人群范围，提高公交竞争力。不同层次公交服务的质量不同，运营成本不同。不同人群应根据其得到的不同层次公交服务质量支付相应的公交票价。在保障公交基本服务的同时，鼓励公交优质优价。

保持公交相对于其他交通方式的价格竞争优势。票价过低会造成企业严重亏损，票价过高则会失去市场。一方面，长期以来形成的低票价制度已将公交完全变成了一种福利，不利于公交的发展；另一方面，与其他公用事业不同，公共交通在城市中并不具有完全垄断性，居民对出行方式的选择具有多样性和完全的自主性，票价必须保持相对于其他方式明显的竞争优势：加强交通需求管理，如通过征收小汽车相关税费，实施拥挤收费、提高停车费等措施，提高小汽车交通方式使用成本，确保公交相对于其他个体交通方式的明显价格竞争优势，充分发挥价格杠杆的作用，提高公交系统的吸引力和竞争力；推行换乘优惠制度，吸引更多的乘客换乘，降低乘客出行成本。

第三节　公交补贴制度

城市公共交通作为城市生产的社会共享资源之一,其经营活动既具有生产性质又具有公益性质。理顺政府与公交企业的责任边界,政策性亏损由政府承担,经营性亏损由公交企业自行承担。政策性亏损主要指公交企业执行低票价公交运营政策所产生的政策性运营成本亏损,执行政府规定减免票价优惠政策所产生的政策性票价减收亏损,使用新能源车辆因超高购车成本所产生的政策性高成本经营亏损,其他因执行政府指令性任务所产生的减收性经营亏损或新开战略性功能型公交线路在市场培育初期产生的经营亏损。

政府对公共交通提供政策性亏损补贴是为了适当降低票价吸引乘客乘坐公共交通,以取得整体社会效益和经济效益最大化的一种经营策略,这种策略诱导个体交通转换为公共交通。补贴的多少与票制票价和成本有关,为此要建立公共交通票价与企业运营成本和社会物价水平的联动机制,根据城市经济发展状况、社会物价水平和劳动工资水平,及时调整公共交通票价和补贴额度,真正实现政策性补贴带来的社会效益和经济效益最大化。

补贴的对象通常分为服务供给方和服务需求方两类。前者主要是对公共交通服务提供商的补贴,包括基础设施建设、公交车辆购置、维护资金和日常运营补贴,这种方式由于操作简单而被普遍使用,但补贴效率低。后者是对部分出行群体(低收入群体、老年群体、残疾人等)的直接补贴,政策指向性较强,但实施成本较高,难点在于如何锁定最终的受益对象。

一、城市公共交通补贴政策

城市公共交通补贴政策和制度是实施公共交通补贴的参考依据,我国各级政府非常重视城市公共交通补贴制度的建立和财政扶持政策的出台。《国务院办公厅转发建设部等部门关于优先发展城市公共交通意见的通知》(国办发〔2005〕46号)等相关文件,明确提出了规范城市公共交通补贴制度。随后中央政府出台了一系列文件,针对城市公共交通补贴机制及补贴额度测算,提出要建立低票价的补贴机制、落实燃油补助及其他各项补贴和规范专项经济补偿。中国大部分城市给予的专项补助包括以下四种情形:①公交燃油价格上涨补贴;②购买环保、新能源车补贴;③低票价补贴,含特殊群体乘车补贴、票价换乘优惠补贴;④政府应急调度、指令性任务补贴。

1. 低票价的补贴机制

城市公共交通实行低票价政策,以最大限度吸引客流,提高城市公共交通工具的利用效率。城市人民政府应当按照《价格法》等有关法律、法规的规定,建立健全城市公共交通票价管理机制,要在兼顾城市公共交通企业的社会效益和经济效益的同时,充分考虑城市公共交通企业经营成本和居民承受能力,科学核定城市公共交通票价。2018年上海市十三届人大常委会第十八次会议审议《上海市公共汽车和电车客运管理条例修正案(草案)》,明确公交换乘优惠等公交补贴或将纳入公共财政预算。

公共交通的低票价由城市人民政府根据城市财力以及居民出行需要确定,导致城市公共交通企业因低票价而亏损。为了维持公共交通企业的可持续生产,城市人民政府对公共交通企业实施低票价补贴,如深圳市采用成本规制的补贴方法。但在这一机制下,由于在企业的收入和成本中,难以分清经营性与政策性业务,要核定低票价造成的企业亏损额,就面临着难以界定经营性亏损与政策性亏损的问题,这一问题,也正是目前公共交通补贴机制中的一个世界性难题。

2. 燃油补助及其他各项补贴

根据《国务院办公厅关于转发发展改革委等部门完善石油价格形成机制综合配套改革方案和有关意见的通知》(国发〔2006〕16号)和财政部有关文件的规定,成品油价格调整影响城市公共交通增加的支出由中央财政予以补贴。各级人民政府应加强对补贴资金的监管,确保补贴资金及时足额到位。同时,要建立规范的成本费用评价制度和政策性亏损评估和补贴制度,要按照《国务院办公厅转发建设部等部门关于优先发展城市公共交通意见的通知》(国办发〔2005〕46号)的精神,定期对城市公共交通企业的成本和费用进行年度审计与评价,在审核确定城市公共交通定价成本的前提下,合理界定和计算政策性亏损并给予相应的补贴。其他补贴还可以包括购车补贴、低碳交通补贴等。

3. 规范专项经济补偿

城市人民政府应严格按照国家法律、法规的相关条款和有关文件的规定,合理准确地界定社会公益性服务项目。城市公共交通企业有责任承担政府指令性公益任务,企业因承担此类任务而增加的支出,经城市人民政府主管部门审定核实后定期进行专项经济补偿,不得拖欠和挪用。

二、城市公共交通补贴方式

城市公共交通补贴方式的选择直接影响补贴的金额和补贴的效果。在实际操作过程中,对于采用何种方式进行公共交通补贴,各个地区或城市应当根据当地特点选择适应的方式。下面分别对公共汽(电)车和轨道交通补贴方式进行说明。

我国城市公共汽(电)车补贴内容主要包括低票价补贴、特殊人群减免票补贴、油价补贴、冷僻线路补贴、政府指令性任务所增加支出的补贴。对公共交通的补贴类型主要包括规范型的补贴、预算约束型的补贴、谈判型的补贴。

规范型的补贴,主要有三种方式:一是招投标方式,对取得线路经营权的运营企业进行补贴;二是通过地方政府的规范性文件,规定公共交通补贴方式;三是专项性补贴,如燃油补贴、车辆更新补贴等。

预算约束型的补贴,指地方政府采取基数包干法,公共交通补贴额几年不变,或者根据城市财政收入确定补贴额度。

谈判型的补贴,指公共交通企业每年根据实际发生的亏损额,与地方政府财政部门进行协商后,确定公共交通补贴额度。

补贴资金的来源主要由地方政府负责解决。政府在安排预算时,主要通过"企业政策性亏损"科目来核算。中央财政对于公共交通补贴未纳入中央财政预算的科目,目前仅分配了部分燃油补贴。

【案例7-2】 国外政府对公交的补贴方式

美国:美国国会于1964年通过《城市公共交通法》,明文规定为公交系统固定资产提供资助。1998年6月通过的《交通公平法》使用于资助公交的拨款大幅度增加。美国政府对公交补贴有两种形式:一是财政拨款;二是由依法专为公交设立的资金提供补贴,如0.5美分的销售税和1美分的汽油税。公交基础设施建设由政府予以资助,在公交运营成本分摊中,40%来自票款收入,21%来自当地政府,16%来自非政府及税费,州和联邦政府分别占20%和3%。

澳大利亚:澳大利亚政府将公交企业视作社会公共福利事业,公交实行低票价,公交企业亏损由政府予以补贴。公交场站建设及车辆购置均由政府投资,甚至某些城市专设一条免费线路以显示其福利特征。

法国:法国政府对公交企业补贴的方法是,在10万人口以上的城市中,凡拥有10名雇员以上的企业均需缴纳交通费;国家财政拨款补贴;地方当局补贴或其他收入补贴。

巴西:巴西库里蒂巴市参与公交运营的10家公交公司均为私营,各公交公司运营政府指定线路,收入不与票款收入挂钩。政府对公交经营活动进行管理,即负责线路规划、调整、基础设施建设和组织购买车辆,并委托"公众管理公司"严格按该市规定的公交条例分配各公司收入,政府予以财政支持。

德国:德国的公交补贴方式为减免公交企业税收,包括销售税减半、免去公交车辆税和减收公交燃油税。通过政府立法,确保公交补贴资金的稳定来源。同时,将一部分资金用于建设和发展公共交通。

三、公共交通补贴制度建设

1. 建立规范的补贴制度

城市公共交通发展要纳入公共财政体系,建立健全城市公共交通投入、补贴机制。对由于实行低票价以及月票、老年人、残疾人、伤残军人免费乘车等减免票政策形成的城市公共交通企业政策性亏损,城市人民政府应在定期对城市公共交通企业成本费用进行年度审计与评价的基础上,合理给予补贴。大中城市可按年度实行运营公里补贴,小城市可按年度实行定额补贴,并将上一年度政策性亏损补贴列入政府下一年度财政预算,按年度足额落实到位。对公共交通企业因承担社会公益性服务所增加的支出按月或季度给予专项经济补贴。补贴经费在政府年度预算中列支,统筹安排,重点扶持。

2. 规范的成本费用评价制度

按照国家相关文件的精神,对城市公共交通企业实行严格、规范的成本费用审计与评价制度,各城市公共交通行业管理机构、发改委、财政局、物价局、劳动保障局定期组织对城市公共交通企业的成本和经费收支情况进行年度审计与评价,在审核确定城市公共交通定价成本的前提下,合理界定并报地方政府给予政策性亏损补贴。城市公共交通企业运营成本必须通过新闻媒体和网络等多种形式向社会公开。

公交成本规制是指合理界定公交行业各项运营成本范围,科学建立公交单位运输成本标准,并以此测算财政补贴和科学定价调价的政策。公交企业规制成本由规制直接运营成本、规制期间费用、规制税金及附加共计三大类成本费用构成。

(1) 直接运营成本构成:公交企业在执行公交年度运营服务计划所发生的与运营服务直接相关的成本费用,包括人工费、燃料电力能耗费、固定资产折旧费、轮胎消耗费、车辆修理费、保险与事故损失费、安全费和其他直接运营费等8项相关费用。规制直接运营成本是用规制方法计算确定的8项直接运营成本费用的总和。

（2）期间费用构成：公交企业为组织和管理运营生产活动而发生的费用，包括管理费和财务费用。规制期间费用按规制管理费用与规制财务费用计算确定。

（3）税金及附加构成：公交企业在运营生产活动中应由运营业务承担的税金及附加，主要包括增值税、城市维护建设税、资源税、土地增值税和教育费附加。规制营业税金及附加按税法规定计提和缴纳，据实列支。

公交企业规制收入由公交运营实际票价收入、执行政府减免票价优惠政策应收而未收的票价收入、利用公交资源开展公交运营业务以外的其他经营性收益组成。

【案例 7-3】 成都市结合公交运营成本的地方政府财政定额补贴标准测算方法

根据最近一年公交企业公交运营规制总成本、规制总收入以及公交运营总里程，计算得出单车公里规制成本与规制收入的差额，作为今后年度公交运营成本财政定额补贴标准。

（1）财政定额补贴标准＝最近一年（规制成本－规制收入）÷年公交运营总里程

（2）规制成本＝规制直接运营成本＋规制期间费用＋规制税金及附加

（3）规制直接运营成本＝规制人工费＋规制燃料电力能耗费＋规制固定资产折旧＋规制轮胎消耗费＋规制车辆维修费＋规制保险与事故损失费＋规制安全费＋规制其他直接运营费

（4）规制期间费用＝规制管理费用＋规制财务费用

（5）规制收入＝公交运营实际票价收入＋乘客刷卡享受政府减免优惠理论票价收入＋其他经营性收益＋政府财政扶持资金收入

国内各城市政府在规划新辟、调整公交线路时，政府对车辆购置提供一定补贴，各条公交线路的车辆班次相对固定，车辆数和车辆营运里程基本确定，可以车辆数和车公里数为基础，建立一系列成本核算指标和标准，如表 7-5 和表 7-6 所示。成本考核时，通常采用人车比和单车运营成本作为成本考核的主体。人车比反映公共交通企业的竞争力、技术水平及管理效率，人车比降低可节约企业人工成本。对单车运营成本考核时可核定单车各项成本费用消费系数，超出定额消耗部分由企业自负。在非垄断公交市场条件下，合理成本费用以当地公交运行前三年的平均数据作为标准值。

表 7-5　　　　　　　　　　　成本规制指标

序号	项目名称	单位	序号	项目名称	单位
一	直接运营成本		1.3.2	职工工资规制比例	
1	人工费		1.4	人员工资性支出规制比例	
1.1	车辆配置		1.4.1	基本养老金	
1.1.1	单车年运营公里数	万 km	1.4.2	医疗保险金（含大病保险）	
1.1.2	运营车辆数	辆	1.4.3	失业保险金	
1.2	人员数配比		1.4.4	工伤保险金	
1.2.1	职工人车比		1.4.5	生育保险金	
1.2.2	驾驶员人车比		1.4.6	住房公积金	
1.3	人员工资		1.4.7	职工福利	
1.3.1	驾驶员工资规制比例		1.4.8	工会经费	

续 表

序号	项目名称	单位	序号	项目名称	单位
1.4.9	职工教育		3.5	维修设备折旧年限	年
二	期间费用		3.6	办公设备折旧年限	年
2	燃料电力能耗		4	轮胎消耗费	元/百公里
2.1	天然气消耗	m^3/百公里	5	车辆修理费	元/百公里
2.2	电能消耗	$kW \cdot h$/百公里	6	保险费	万元
3	规制固定资产折旧		7	事故损失费	万元
3.1	运营车辆折旧年限	年	8	安全费	%
3.2	辅助生产车辆折旧年限	年	9	其他直接营运费率	元/百公里
3.3	车辆残值率	%	10	管理费用	%
3.4	房屋建筑物折旧年限	年	11	财务费用	万元

表 7-6　　　　　　　　　　　成本规制主要指标标准取值

指标名称	指标标准取值
人车比	分不同车型分别确定标准值,标准可取当地公交企业前三年平均人车比
人均工资	由当地当年公布的在岗职工平均工资水平调整得到
人均四项经费标准	以员工工资核定额为基础,按一定比例计提
车辆百公里轮胎费	分不同车型分别确定标准值,标准可取当地公交企业前三年平均车辆百公里轮胎费
车辆百公里修理费	分不同车型分别确定标准值,标准可取当地公交企业前三年平均车辆百公里修理费
固定资产折旧年限	参照地区或行业设备标准
管理费率	可取当地公交企业前三年平均管理费率
百公里其他运营费率	分不同车型分别确定标准值,标准可取当地公交企业前三年平均百公里其他运营费率

3. 政策性亏损评估制度

根据政策性亏损补贴范围,建立一系列考核指标,严格界定政策性亏损额度,可将其视为公共交通企业合理的亏损额,由政府予以财政补贴。如果公共交通企业实际亏损额超过合理亏损额,超额部分属于经营性亏损,政府不予补贴;如果公共交通企业实际亏损额低于合理亏损额,说明其管理富有效率,经济效益及社会效益较高,应对其进行适当奖励。

政策性亏损考核指标的内容除了合理成本的考核外,还包括服务质量考核。对服务质量的考核可采用客位公里、人公里等指标。采用客位公里可反映公共交通车辆实际运行状况,采用人公里可反映车辆运营及满载率情况。

上述指标将人和车结合起来实际构成了对公共交通企业社会效益和经济效益进行考核的指标体系。

第四节 公交运营考核和服务质量考核

公交运营考核和服务质量考核是公交企业执行年度公交运营计划任务,获得财政补贴的重要考核依据,适用于公交企业承担公交运营计划任务的绩效考核工作。

一、公交运营考核

公交运营考核指标主要包括:①安全生产指标(重大、较大安全生产事故,责任事故死亡率,运营车辆中途故障率和违章率,驾驶员人数与运营车辆配比);②运营业绩指标(年运营里程、年客运量、单车公里载客人次);③运营质量指标(线路月发车班次、线路首末班车服务时间、高峰时段正点发车率、高峰时段车辆乘客满载率、最大发车间隔保障率);④运营效率指标(车公里运营成本、单车年运营总里程、企业人数与运营车辆配比)。这四大类若干项具体考核指标,各个城市略有不同。

采取"逆向激励"方式,将公交运营指标考核成绩与财政补贴资金挂钩,即对运营指标考核成绩未达到规定要求的,扣减一定比例财政补贴运营指标考核资金。

【案例7-4】 伦敦公交巴士运营绩效考核和评估

伦敦公共汽(电)车公司统一管理伦敦的公共汽(电)车运行,其职责包括运营线路设计、公交巴士服务监管及公交巴士站点管理等。公共汽(电)车公司通过招标委托私营企业负责公交巴士线路的运营并签订合同,私营企业必须按合同要求提供一定水平的公共交通服务。伦敦交通局定期对公交巴士线路运营商的运营绩效进行考核和评估,每个季度的评估与前两年同一季度数据进行对比。评估内容包括计划运营里程与实际运营里程对比、发车频率、夜宵线准点率、乘客满意评比。除了每个季度的考核,每年也有一次对所有线路和所有运营商的综合评估,每年淘汰一部分不合格的公共交通运营商,重新进行招标。

【案例7-5】 成都市公交运营绩效考核计算方法

成都市财政每年在市公交集团年度财政补贴预算总额安排中提取 n 亿元补贴资金作为年度运营指标考核绩效挂钩资金。公交运营考核设安全生产、运营业绩、运营质量、运营效率四大类考核指标,考核总分为100分,四类指标权重均为25%。

(1) 考核成绩达到90分及以上的,考核绩效扣减补贴资金为零。核定实得运营指标考核财政补贴资金=n 亿元;

(2) 考核成绩低于90分,但高于70分(含70分)的,考核绩效补贴资金计算公式如下:

$$考核扣减补贴资金=[(90-考核成绩)/100]\times n \text{ 亿元}$$

$$核定实得运营指标考核财政补贴资金=n \text{ 亿元}-考核扣减补贴资金$$

(3) 考核成绩低于70分,但高于50分(含50分)的,考核绩效补贴资金计算公式如下:

$$考核扣减补贴资金=[(90-考核成绩)/100]\times n \text{ 亿元}\times 2$$

核定实得运营指标考核财政补贴资金＝n 亿元－考核扣减补贴资金

(4) 考核成绩低于 50 分的,考核扣减补贴资金为 n 亿元。

成都市中心城区"5＋1"区域公交运营指标考核评分标准及计分方法如表 7-7 所示。

$$年度运营指标考核成绩＝(安全生产指标得分＋经营业绩指标得分＋\\运营质量指标得分＋经营效率指标得分)×25\%$$

二、公交服务质量考核

公交服务质量考核是为了实现公交服务的监督与管理,提高公交服务质量水平,提升乘客体验满意度,促进公交健康持续发展。公交运营服务质量考核采用日常考核、年度考核和第三方乘客满意度评价考核相结合的方式。其中,日常考核每年考核 4 次(每季度 1 次);年度考核每年考核 1 次;第三方乘客满意度评价考核每年考核 4 次(每季度 1 次)。

【案例 7-6】 成都公交服务质量考核机制

成都市交通运输局面向乘客体验,科学合理地设定公交运营服务质量考核指标体系,2019—2020 年市财政每年在市公交集团年度财政补贴预算总额中安排提取 m 亿元作为公交运营服务质量考核绩效挂钩资金。公交运营服务质量考核设季度日常考核、年度考核和第三方乘客满意度评价三大类服务质量考核指标,综合考核总分为 100 分,季度日常考核、年度考核、第三方评价成绩的权重分别为 40%,40%,20%。

绩效挂钩计算方法:

(1) 考核综合成绩达到 90 分及以上的,考核绩效扣减补贴资金为零。核定实得服务质量财政补贴资金＝m 亿元;

(2) 考核综合成绩低于 90 分,但高于 70 分(含 70 分)的,考核绩效补贴资金计算公式如下:

$$考核绩效扣减资金＝[(90－综合成绩)/100]×m 亿元$$
$$核定实得服务质量财政补贴资金＝m 亿元－考核绩效扣减资金$$

(3) 考核综合成绩低于 70 分,但高于 50 分(含 50 分)的,考核绩效补贴资金计算公式如下:

$$考核绩效扣减资金＝[(90－综合成绩)/100]×m 亿元×2$$
$$核定实得服务质量补贴资金＝m 亿元－考核绩效扣减资金$$

(4) 考核综合成绩低于 50 分的,考核绩效扣减资金为 m 亿元资金。核定实得服务质量财政补贴资金为零。

成都市中心城区"5＋1"区域公交服务质量日常考核评分标准及计分方法如表 7-8 所示,公交服务质量年度考核评分标准及计分方法如表 7-9 所示,公交第三方乘客满意度评价问卷及评分办法,如表 7-10 所示。

表 7-7 成都市中心城区"5+1"区域公交运营指标考核评分标准及计分方法

考核内容	指标名称	考核标准	评分依据来源	评分标准	指标得分
安全生产指标（100分）	重大、较大安全生产事故	杜绝发生重大、较大安全生产事故	市公安局安全事故统计信息	一票否决。若为重大、较大安全生产责任事故，本次安全指标（共100分）得分为0；无责不扣分；发生一次较大生产事故扣30分	
	责任事故死亡率（30分）	年责任事故死亡率不高于0.03人/百万公里	市公安局责任事故统计信息，市交通运输局运营统计数据，公交运营调度系统	年责任事故死亡率不高于0.03人/百万公里得30分，超过该死亡率时每增加死亡人数1人扣减5分，扣完为止	
	运营车辆中途故障率和违章率（50分）	运营车辆每百万公里发生的中途不能正常运营的故障频率不高于10次（20分）	市公交管局违章统计信息，市交通运输局运营统计数据，公交运营调度系统	运营车辆每百万公里平均故障次数低于10次得20分，高于10次的每百年月平均1次扣5分，扣完为止；运营车辆百年月平均交通违章率低于0.8次的得15分，高于0.8次的每违章1次扣1分，扣完为止；运营车辆百年月平均营运违规率低于0.2次的得15分，高于0.2次的每违规1次扣2分，扣完为止	
		运营车辆月平均交通违章率不高于0.8次/百辆（15分）			
		运营车辆月平均营运违章率不高于0.2次/百辆（15分）			
	驾驶员人数与运营车辆配比（20分）	一线驾驶员人数与运营车辆数配置比例不得低于1.4	市公交集团报表、公交运营监管系统	一线驾驶员人数与公交企业运营车辆数配置比高于1.4的得20分	
运营业绩指标（100分）	年运营里程（30分）	达到公交企业年度公交线路运营里程考核指标的95%以上	市交通运输局下达的年度公交运营计划、公交运营监管系统	实际运营里程达到年度考核指标95%的，95%以上得30分，未达到95%的，每低于1个百分点扣5分，扣完为止	
	年客运量（40分）	达到公交企业年度客运量考核指标的95%以上	市交通运输局下达的年度公交运营计划，市公交集团报表、公交运营监管系统	实际客运量达到年度客运量考核指标的95%以上得40分，未达到95%的，每低于1个百分点扣5分，扣完为止	

续 表

考核内容	指标名称	考核标准	评分依据来源	评分标准	指标得分
运营业绩指标（100分）	单车公里载客人次（30分）	达到公交运营单车公里载客指标的95%以上	市交通运输局下达的年度公交运营计划、市公交集团报表、公交运营监管系统	实际运营单车公里载客人数达到考核指标的95%以上，得30分。未达到95%的，每低于1个百分点扣5分，扣完为止	
	线路月发车班次（20分）	线路车辆每月实际开行次数与年度运营计划月核定月发车总班次的比例达到95%以上	市交通运输局下达的年度线路运营计划、公交运营监管系统	线路月发出车率达到95%以上得20分，低于1个百分点扣5分，扣完为止	
	线路首末班车服务时间（20分）	公交企业全年线路首末班车服务时间达到核定标准时间的比率达到95%以上	公交运营监管系统	线路首末班车服务时间达到95%以上得20分，扣完为止。线路首班车服务时间不晚于核定首班车时间2 min，线路末班车时间不得早于核定末班发车时间2 min或晚5 min	
运营质量指标（100分）	高峰时段正点发车率（20分）	高峰时段各线路实际发车正点车次与其计划发车次之和的比率达到95%以上	公交运营监管系统	高峰时段正点发车率达到95%以上得20分，低于1个百分点扣5分，扣完为止	
	高峰时段车辆乘客满载率（20分）	高峰时段各车次实际载客量之和与额定载客量之和的比率不大于80%	第三方测评	高峰时段车辆乘满载率小于80%得20分，每超1个百分点扣5分，扣完为止	
	最大发车间隔保障率（20分）	最大发车间隔（7:00—21:00）：快线9 min、干线12 min、支线15 min、社区巴士15 min。公布时刻车一律视为达标	公交运营监管系统	分析线路在工作日7:00—21:00之间所有班次的发车间隔，若该线路有2个反以上的发车间隔大于最大发车间隔要求，视为该线路不达标。此外，公布时刻表的公交线路视为达标。达标线路占该运行的公交线路的比例达到95%以上得20分，每低1个百分点扣5分，扣完为止	

续表

考核内容	指标名称	考核标准	评分依据来源	评分标准	指标得分
运营效率指标（100分）	车公里运营成本（30分）	公交企业实际车公里运营成本不高于11.47元/车公里	年度成本监审结果	实际车公里运营成本不高于11.47元/车公里得30分，每超过0.1元/车公里，扣3分，扣完为止	
	单车年运营里程（40分）	单车年运营里程不低于4.5万公里（成本规制约束值）的车辆占运营车辆总数的95%以上	公交运营监管系统	单车年运营超过4.5万公里（成本规制约束值）的车辆数量占运营车辆总数的95%以上得30分，每低于1个百分点扣3分，扣完为止	
	企业人数与运营车辆配比（30分）	企业职工总数与公交运营车辆数的配比不大于2.6（成本规制约束值）	市公交集团报表、公交运营监管系统	公交职工总数与公交运营车辆数的配比不大于2.6（成本规制约束值）得30分，配比值每超过0.1分，扣3分，扣完为止	

表7-8 成都市中心城区"5+1"区域公交服务质量日常考核评分标准及计分方法

考核内容	指标名称	考核标准	评分依据来源	评分标准	指标得分
日常考核指标（满分100分）	服务设施完备率（52分）	车门开关灵活（2分），没有防止夹伤乘客的胶条或缓冲装置（1分），车窗玻璃无缺损、闭合严密、不漏水（2分），地板、内侧维护板完好（2分），顶窗完好、不漏水（2分），座椅完好（2分），扶手杆、扶手柱、吊环齐全完好（2分），头灯、尾灯、厢灯齐全完好（2分），投币机（2分），读卡机（2分），报站器（2分），视频监控器（2分），LED显示屏（2分），空调完好有效（2分）；企业名称、车辆编号、线路编号及线路票价（二维码）、线路走向图、乘坐规则、服务监督电话（二维码）等信息完整、准确（2分），儿童免费和"老幼病残孕"专座信息标识（1分），缺少禁止携带易燃易爆物品上车标志不全醒目（1分），"上车门、下车门、无人售票、自备零钞、不设找兑"等提示语标识清晰（1分），按规定使用语音报站器双语播报到站（1分）	车门开关失控的扣2分，未设置缓冲装置的扣1分，车窗玻璃发现损坏的扣2分，地板、盖板等各类盖板出现缺失和严重破损的扣2分，顶窗出现损坏或者漏水的扣2分，座椅靠背不全、松动的扣2分，扶手立柱、吊环不全的扣2分，头灯、尾灯、厢灯出现故障的扣2分，最高扣15分；投币机、读卡机、报站器、视频监控器、LED屏、空调不能正常使用的每处扣2分，最高扣12分；缺少企业名称、车辆编号、线路编号的扣1分，线路走向图、乘坐规则、二维码、监督电话、二维码缺失或信息不完整的扣2分，缺少儿童免费和"老幼病残孕"专座标识的扣1分，缺少禁烟、禁止携带易燃易爆物品上车标志的扣1分，"上车门、下车门、无人售票、自备零钞、不设找兑"等提示语的扣1分，无语音报站器双语播报到站站名不设站的扣1分，最高扣7分	

续 表

考核内容	指标名称	考核标准	评分标准	指标得分
日常考核指标（满分100分）	服务设施完备率（52分）	安全锤、灭火器齐全有效（2分）	缺少安全锤、灭火器的扣2分	
		车辆外观整洁，无大面积破损（2分），车身样式、涂色符合规定（2分），外观涂色清洁，无明显变色（2分），车身无广告（2分）	车辆外观有大面积破损扣2分，车身样式、涂色不合平规定的扣2分，外观涂色明显变色扣2分，除既有广告外车身有广告的扣2分，最高扣8分	
		站牌完好，无破损（2分）	公交站牌有破损扣2分	
		开放式场站标识齐全、设施完好（4分），开放式场站内厕所符合革命要求（2分）	开放式公交场站标识导示不规范扣2分，缺失损坏扣2分，开放式场站内厕所不符合厕所革命要求的扣2分，最高扣6分	
		持证上岗，着装统一，仪表整洁（2分），文明用语，解答询问（2分），主动照顾老幼病残孕等特殊人群（2分）	司乘人员未持证上岗，着装不规范的扣2分，用语不文明，对乘客询问不解答的扣2分，未提醒照顾老幼病残孕等特殊人群的扣2分，最高扣6分	
		按照规定开启空调（2分），按照规定线路和站点运营，无擅自改道行驶，越站甩客以及无左转需求不频繁变道（5分），车辆进站停靠规范（2分）	未按规定开启空调的扣2分，用语不文明，未按照规定线路和站点运营，出现自改道行驶，越站甩客和频繁变道的每处扣2分，最高扣5分，未按照进站停车规范，出现抢道、翘头车尾，双排并列的现象扣2分。最高扣9分	
	运营服务合格率（33分）	出站关车门起步无骤停骤启现象（3分），驾驶员工作时无吸烟、使用手机、聊天等现象（3分），车辆行驶无超速，抢道行为（3分）	出现未关车门起步，骤停骤启的扣3分，驾驶员工作时发生吸烟、使用手机、聊天中的一项扣3分，车辆行驶中出现超速、违规超车、抢道行为的扣3分，最高扣9分	
		站牌上有明确的线路编号，首末班车时间、本站站名、沿途站名，行驶方向，票价等服务信息（2分），站牌上有警示标志（1分）	站牌上缺少线路编号，首末班车时间，本站站名，沿途站名，行驶方向，票价等服务信息的扣2分，站牌无警示标志的扣1分	
		场站内秩序井然，乘客有序候车（2分），运营车辆进出站有序，在规定位置上下客（2分），站内乘客入口处应设置首发发线路引导信息表（2分）	场站内秩序混乱，乘客无序每次扣1分，运营车辆进出站无序，不在规定位置上下客每次扣1分，沿站口处未设置首发发线路引导信息表每处扣1分，最高扣6分	

续表

考核内容	指标名称	考核标准	评分标准	指标得分
日常考核指标（满分100分）	车辆和服务设施整洁合格率（15分）	车身外表整洁，无污迹，无积水，无杂物，配备垃圾桶，座椅、扶手无尘土，无污水，无杂物（2分），车窗清洁明亮、车厢内壁无污垢（2分），车内广告发布不规范，无乱张贴乱涂画，设施车面整洁（2分）	车身外表有污迹的每处扣1分，车厢内发现垃圾、积水、尘土和水等情况的每处扣1分，座椅、扶手有污垢的每处扣1分，广告发布不规范，车厢内壁有污垢、涂画的每处扣1分，广告发布不规范，画面松脱破损有乱张贴乱涂画的每处扣2分，最高扣10分	
		站牌信息显示清晰、整洁无污渍，无"牛皮癣"等乱张贴现象（3分）	站牌信息不清晰、不整洁有污渍，无保洁人员的扣1分，有"牛皮癣"等乱张贴现象的每处扣1分，最高扣3分	
		开放式场站地面整洁无垃圾（1分），牌整洁无污渍，无"牛皮癣"等乱张贴现象（1分）	开放式场站地面不整洁有垃圾，无保洁人员的扣1分，有污渍，开放式场站站内站牌信息不清晰的扣1分，有"牛皮癣"等乱张贴现象的扣1分，最高扣2分	

注：日常考核指标成绩＝∑（日常考核指标成绩/调查车辆总数；全年平均日常考核指标成绩＝∑日常考核质量标成绩/4。

日常考核指标成绩：＿＿＿分；全年平均日常考核指标成绩：＿＿＿分

表7-9　成都市中心城区"5+1"区域公交服务质量年度考核评分标准及计分方法

考核内容	指标名称	考核标准	得分标准	考核实际得分
年度考核指标（满分100）	公共交通信息服务实时预报率（20分）	建立乘客出行信息服务平台，通过电子信息服务屏、移动终端等多种方式，为乘客提供动态、多样化的公共交通出行信息服务（5分）；电子站牌正常使用率达到95%（10分）；移动终端正常使用率（巴士公交等）达到95%（5分）	未建立乘客出行信息服务平台的扣5分；电子站牌正常使用率达到95%得10分，低于95%的每低1个百分点扣2分，扣完为止；移动终端网络（巴士公交等）正常使用率95%一个百分点扣1分，扣完为止	
	车载智能终端使用率（15分）	车载智能终端公交车辆安装率达到100%的车载智能终端运营完好率达到100%（5分）	车载智能终端安装率每低于100%一个百分点扣2分，扣完为止；运营公交车每低于100%一个百分点扣2分，扣完为止。对考核过程中车载终端未正常使用的公交车辆在下一次日常考核中再次考核，如出现仍不能正常使用情况的，此项指标不得分	

续 表

考核内容	指标名称	考核标准	得分标准	考核实际得分
年度考核指标（满分100）	投诉率（20分）	考核年内公交企业乘客投诉次数与客运量之比低于7次/百万人次（20分）	投诉次数与运营客流比率低于7件/百万人次的得20分，每高0.1件/百万人次扣2分，扣完为止	
	投诉处理完结率（20分）	公共交通投诉案件处理完结率达到100%（20分）	投诉案件处理完结率100%的得20分，每低于100%一个百分点扣3分，扣完为止	
	企业基础管理工作（10分）	建立健全公交企业车辆、运营、安全、管理、培训、服务投诉相关企业制度、台账和档案等（10分）	缺少一类制度或台账的扣2分，每类制度或台账不完善的扣1分，扣完为止	
	责令整改次数（15分）	经营者由于违反相关法律法规及行业规定等相关文件要求，未执行政府公开下达的行业管理及发展政策等，被市交通运输主管部门书面责令整改的次数（15分）	经营者每被责令整改一次，扣3分，直至本项分数扣完为止	
年度考核指标成绩：		分		

表 7-10 成都市中心城区"5+1"区域公交第三方乘客满意度评价问卷及评分办法

序号	考核内容	权重/%	满意度				问卷成绩	考核成绩
			优秀（10分）	良好（8~9分）	合格（5~7分）	不合格（0~4分）		
1	候乘时间长度	20						
2	换乘便捷度	20						
3	服务信息预报	15						
4	乘车舒适度	10						
5	车内卫生环境	10						
6	候车环境	10						
7	司乘人员服务态度	15						
其他意见和建议：						考核成绩		
乘客经常乘坐的线路编号			调查日期		天气	调查人		
备注						请用打"√"的形式，填写表格		

说明：1. 乘客满意度各项考核内容的问卷成绩取每项考核内容评分标准分值区间的最高值，考核成绩为各项考核内容问卷成绩与权重的乘积之和。

2. 当乘客满意度考核结果达到80%及以上时，乘客满意度考核成绩为100分；每低于80%一个百分点，乘客满意度考核得分减1分，以此类推。

3. 第三方乘客满意度考核成绩取每季度4次考核成绩的平均值。

第八章 公共交通管理体制

本章介绍公共交通管理模式、特许经营与竞争性招标制度、公共交通监管体制、城市公共交通优先发展内涵及制度建设要求。

第一节 公共交通管理模式

一、公共交通系统属性

（1）公用性。公共交通的公用性一开始就由城市特性所决定。公共交通主要依靠它的公用性而获得政府的支持，并逐步取得它在城市客运中的主导地位。公共交通的公用性表现在两个方面：一方面表现在它是为全体居民提供的，具有廉价、方便的特点。公共交通为全体居民特别是收入相对较低的居民提供了代步工具，使广大居民从中获得便利，公交办得好，政府在百姓心中形象高，使得公交行业成为民心产业。另一方面表现在政府可以从发展城市经济的总效益中实现公共交通的社会效益，包括公共交通在城市文明建设中的窗口地位等。

（2）公益性。公共交通从时间和空间上为居民的工作和生活提供便利，进而为社会的政治、经济、文化活动的稳定有序提供外部保证。公共交通的公益性具体表现在：一是在营运时间的确定上，以公众需要为主；二是在营运空间的确定上，以公众的便利为主；三是在营运设施的配置上，不断满足公众日益增长的需要；四是在车辆外观设置上，要不断满足城市日趋美化的需要；五是在服务质量上，要满足公众日益增长的心理需求。

（3）生产性。公共交通具有一般企业特性，承担着繁重的运送乘客的生产性任务。它是社会生产的第一道工序，间接地创造着社会生产的价值，它所创造的社会生产价值已融入社会各行各业创造的生产价值中。

（4）服务性。公共交通是服务性较强的工作，公共交通司乘人员每天与乘客打交道。司乘人员的报站、解答乘客询问等服务性工作，不仅反映一个城市公交司乘人员的服务态度和服务水平，而且是反映一个城市精神文明的窗口，是城市文明开放程度的具体体现。

（5）安全性。公共交通是一个安全性要求较高的行业，安全运营是企业服务之本。在对司乘人员的考核过程中，安全是一项重要指标，应制定安全责任制，层层落实，对司乘从业人员进行安全教育与培训，建立健全各项规章制度，对车辆和设施进行安全检查，排除各种隐患。

（6）价格监管性。公共交通的服务对象始终是低收入人群及弱势群体等。因此，公共交通的票价制定是偏低的，且受政府控制，一般是3~5年调整一次。

二、常见的公共交通管理模式

公共交通管理通常以政府为主体,有序开放公共交通市场资源,通过政策的制定者与经营者相分离,明确责权利关系。政府应强化宏观控制,由公交运营企业通过服务培育市场,吸引顾客,扩大市场份额,政府调控与市场运作有机结合。市场激励机制是公共交通发展的内在动力,应通过市场运作充分发挥市场激励机制作用,合理配置资源,最大程度激发公交企业作为市场经营主体的积极性,激励企业提高效益、降低成本,避免对财政补贴的过度依赖,更有效地利用政府财政补贴资金,实现可持续经营。

国内外城市常见的公共交通管理模式有三类:①市场竞争模式,即公交运作市场化,政府负责行业监管并可能拥有基础设施的所有权和定价权,如香港、首尔、伦敦等;②政府拥有场站、线路、车辆等公交资产,公交运营企业通过竞标方式获取线路运营权,如新加坡;③公共垄断模式,全市只有一家公交运营总公司,由政府机构主导公交运营服务,采用集约化管理模式,总公司下辖的分公司之间存在适度的市场竞争,如纽约、罗马、北京、广州等。

1. 市场竞争模式

香港和首尔都是由私营公交企业负责提供公交服务,完全采取市场竞争机制,由政府主管部门(香港运输署、首尔公交管理局)直接管理私营公交企业[图 8-1(a),(b)]。不同的是,香港是特许经营模式,由私营公司承担运营的收入、成本等方面的主要风险,政府不直接介入但能对私营企业的服务质量、票价进行有效监督;而首尔的公交收入归政府,风险也由政府承担。

伦敦也是由私营公交企业负责提供公交服务,与香港和首尔不同的是,伦敦不是由政府部门直接管理私营企业的公交运营,而是成立伦敦公共汽电车公司负责运营线路的设计、公交巴士服务监管以及公交巴士站点的管理工作,并由运输署对招标委托的私营企业进行考核评估[图 8-1(c)]。

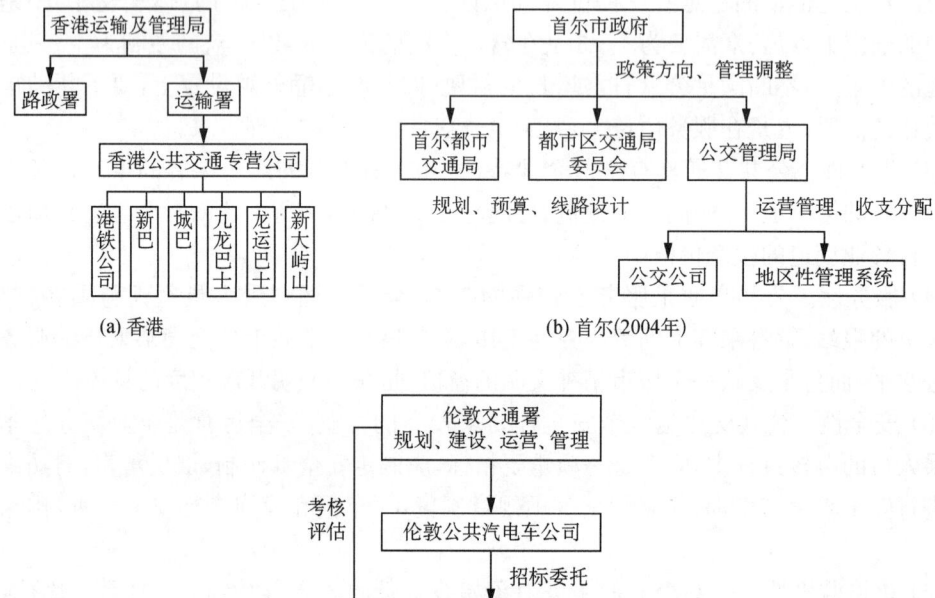

图 8-1 市场竞争模式的公交管理框架

2. 政府拥有公交资产、竞争招标模式

新加坡公交发展可以分为市场化经营、方式专营、区域专营和线路专营(国有私营)四个阶段。2016年起,新加坡实施巴士服务外包改革,由企业自负盈亏向国有私营转变。

市场化经营(1970年以前):自1905年有轨电车开始运营起,一直采用纯市场化运营,公交企业众多,政府基本没有监管。公交运营存在基本运载能力不足,服务质量落后的问题。

方式专营(1971—1995年):政府开始干预公交发展事务,1971年将11家小型公交公司重组为3家大公司,1973年再进一步成立了新加坡巴士公司(SBS)。1987年,第一条MRT线路建成使用,由新成立的轨道交通公司(SMRT)运营。

区域专营(1996—2014年):为确保轨道和常规公交能够最大限度相互配合,SMRT和SBS分区域运营常规公交,并同时经营轨道交通,来往专营区之间的常规公交服务则由双方共同提供,保持一定竞争,见图8-2。新加坡经历了数十年的公共交通运输服务市场化运作后,随着公共交通服务的公益作用日益突出,从2012年起,借鉴伦敦经验,2014年开始对部分亏损严重的线路实施小范围的"政府主导的合同承包模式"(合约制)试点。

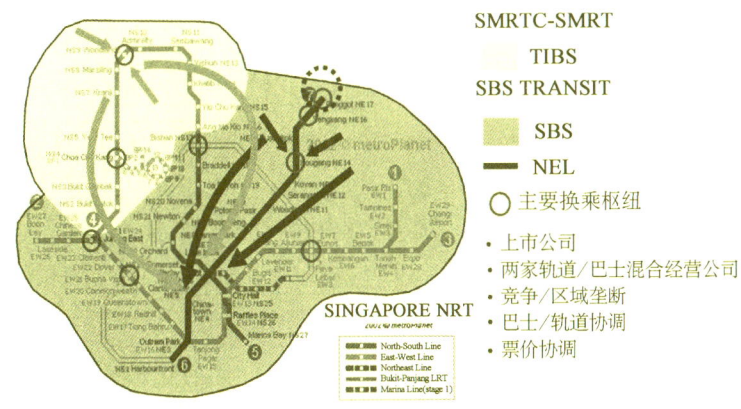

图8-2 新加坡两家公司区域专营示意图

线路专营(国有私营)(2016年至今):将"政府主导的合同承包模式"作为2016—2030年公共交通领域的重大政策创新,循序渐进谨慎推进。新加坡的公共交通资源归政府所有,票价和服务标准由政府制定,票收归政府所有,政府提供车辆、场站、规划设计的公交线路,通过区域/线路招投标的方式确定提供公交服务的运营商。企业根据政府制定的服务标准,进行线路专营。政府实行严格的服务考核,对于达标的运营商奖励其年度服务费的10%作为绩效费,对于未达标的最高扣除其年度服务费的10%。

3. 公共垄断模式

纽约、巴黎和罗马均采用公交运营公共垄断模式,由政府部门设立管理部门和运营机构。例如,纽约在大都会运输署之下设置纽约大都会公共交通公司,下设纽约市捷运局和7家私营公共交通企业,见图8-3(a)。

北京和广州也是采用国有资产的公共垄断模式,设立负责城市公交服务运营主体的总公司。例如,北京公共交通控股(集团)有限公司承担着北京地面公交的主体任务、经营地面公交客运业务,由市交委监管,总公司下辖的分公司负责具体的公交运营,见图8-3(b)。不同的是,2017年改革后,广州市公交总公司还拥有已规划场站的建设管理权,见图8-3(c)。

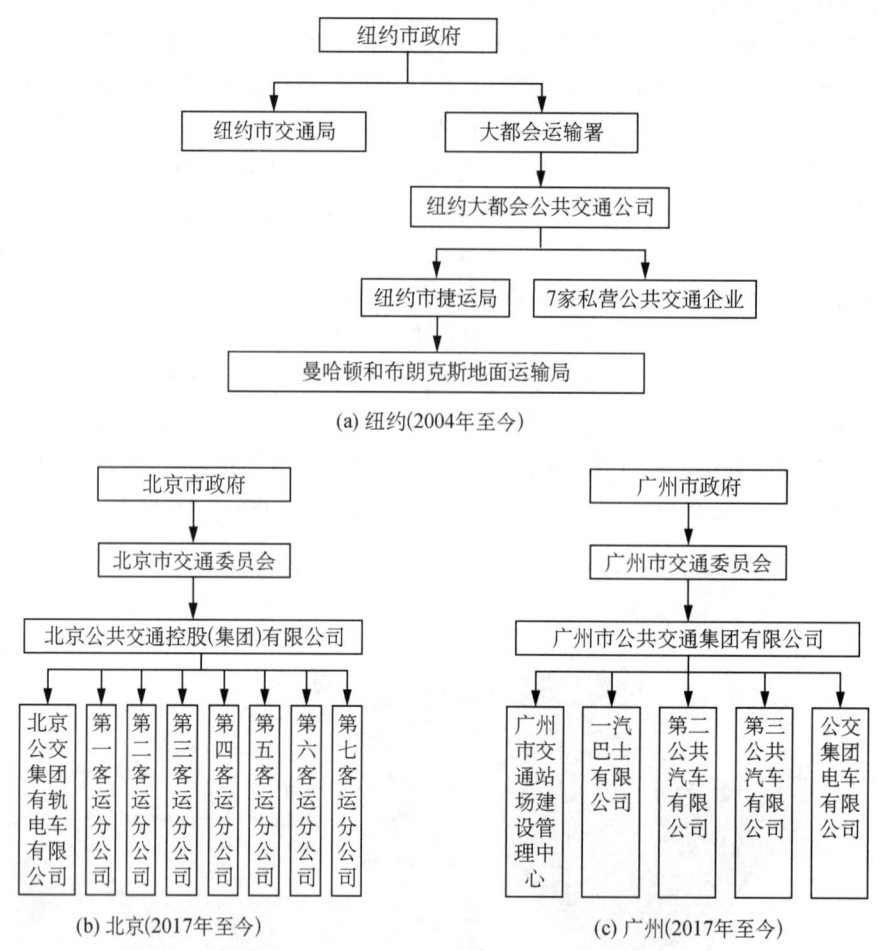

图 8-3 公共垄断模式的公交管理框架

三、我国公交的国有化改革

2005 年国务院提出"国有主导、多方参与、规模经营、有序竞争"的公共交通行业改革指导意见。在随后各地政府推行的公交改革中,着重强调公益性而弱化市场机制作用,公交行业呈现"国进民退,专营垄断"的发展趋势,目前国内城市公共汽(电)车主要采取国有主导、规模经营的管理模式。例如,北京巴士股份退出,由北京公共交通控股(集团)有限公司垄断经营;广州公交民营企业被政府收购,成立广州市公共交通集团有限公司;上海巴士股份上市公司剥离公交资产由政府承接,整合成立上海久事公共交通集团有限公司,实行分区专营。北京、广州的管理框架如图 8-3(b)、(c)所示,上海的管理框架如图 8-4 所示。北京公共交通控股(集团)有限公司、广州市公共交通集团有限公司、上海久事公共交通集团有限公司均为国有企业。促成上述发展趋势的原因主要包括以下两个方面:一是近年来私家车拥有量持续增长、大城市轨道交通建设对地面公交走廊的分流、燃油价格上涨、人工成本增加等,使得公交企业成本不断上升,公交行业回报率不断下降,部分民营社会资本主动退出公交行业;二是随着城市轨道建设、城市化发展和城市空间结构整合,需要对城市公交网络、设施进行系统整合,实现公交一体化发展。为此,许多城市开始由政府主导收购、整合公交企业,逐步形成国有公交垄断的局面。

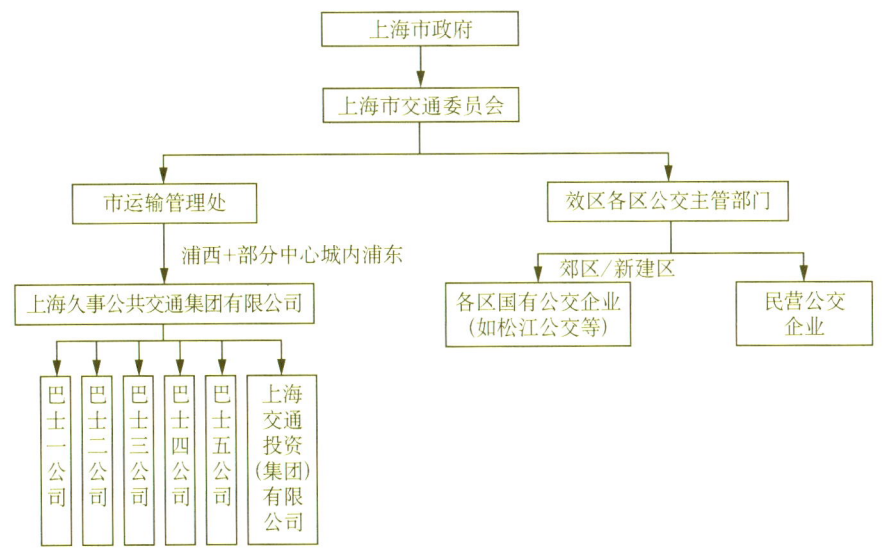

图 8-4　上海市中心城和郊区公交管理体制(2018 年至今)

从实践结果看,新一轮公交国有化改革加大了政府投入力度,提高了公交服务公益性,改变了一些地区"弱、小、散、乱"恶性竞争的局面,取得了一定实效,但带来的弊端也日益显现,不容忽视。由于公交市场运营的高度集中化,缺乏有序竞争的市场环境;企业经营缺乏积极主动性,过度依赖财政补贴,而经营成本不断上升,补贴资金快速增长,政府财政负担日趋沉重,发展不可持续。为建立市场激励竞争机制,实现规模经营、有序竞争,中央政府提出进一步落实公交特许经营、竞争性招标制度,重点包括以下两个方面。

(1) 保持国有主导地位的同时,必须重视多方参与,积极利用社会资本促进市场的良性竞争。在现阶段我国政府对公交行业监管手段有限,管治水平相对不高、法治环境不完善的情况下,实行公交国有主导,是实现政府对公交行业的控制、保障公共利益的一种有效途径。但同时应清楚地认识到,目前存在的民营公交社会公益性缺失问题的关键在于政府责任的缺失。即使是公交国有经营,在保持国有资产保值增值的考核要求下,若政府补贴不到位,同样会出现经营问题,最终也必然导致公益性缺失。利用民营、社会资本参与投资,避免公交发展单一依靠政府投资,可减轻政府公共财政压力。

(2) 对公交服务提供引入市场机制,实行竞争性招标和合约化管理,避免完全依靠政府行政手段进行干预。目前各城市公交行业重组形成了单一公交集团或若干专营企业,公交经营权被垄断,竞争性招标在实际操作中已经形式化。按照现代企业制度要求,建立数量有限的市场运作的公交企业,实现规模经营和有序竞争。公交经营权和公交服务提供应进行竞争性公开招标,实行合约化管理,避免目前基本依靠政府行政手段干预的方式。公交经营权应由政府进行统一管理,通过引入适量的经营者,建立可竞争市场环境,避免经营权垄断。

第二节　特许经营与竞争性招标制度

一、基本概念

经营权指线路经营者通过招标、申请审批和委托的方式获得的一定期限内线路经营的权利。

专营权指线路经营者依照法定程序获得的、在一定期限内按规定独家经营一条线路的权利。

专营权是在经营权的基础上，授予企业独家经营权，保证其他线路不与其复线（指一条线路覆盖另一条线路70%以上或覆盖其主要客流站点）。通常采用招标方式将专营权出让给经营者。国内专营权大多数采用有偿出让的办法。

目前，公共交通的专营形式主要有区域专营和线路专营两种。区域专营是在指定区域内由一家或几家政府认定有资格的企业在一定期限内承担已有线路和新辟线路的营运。

二、具体做法

我国《城市公共汽车和电车客运管理规定》（交通运输部令2017年第5号）指出，城市公共汽（电）车客运按照国家相关规定实行特许经营，城市公共交通主管部门应当根据规模经营、适度竞争的原则，综合考虑运力配置、社会公众需求、社会公众安全等因素，通过招投标的方式选择运营企业，并授予城市公共汽（电）车线路运营权；不符合招投标条件的，由城市公共交通主管部门择优选择取得线路运营权的运营企业。城市公共交通主管部门应当与取得线路运营权的运营企业签订线路特许经营协议。城市公共汽（电）车线路运营权实行无偿授予，城市公共交通主管部门不得拍卖城市公共汽（电）车线路运营权。运营企业不得转让、出租或者变相转让、出租城市公共汽（电）车线路运营权。

申请城市公共汽（电）车线路运营权应当符合下列条件：①具有企业法人营业执照；②具有符合运营线路要求的运营车辆或者提供保证符合国家有关标准和规定车辆的承诺书；③具有合理可行、符合安全运营要求的线路运营方案；④具有健全的经营服务管理制度、安全生产管理制度和服务质量保障制度；⑤具有相应的管理人员和与运营业务相适应的从业人员；⑥符合有关法律、法规规定的其他条件。

城市公共汽（电）车线路运营权实行期限制，同一城市公共汽（电）车线路运营权实行统一的期限。

城市公共汽（电）车线路特许经营协议应当明确以下内容：①运营线路、站点设置、配置车辆数及车型、首末班次时间、运营间隔、线路运营权期限等；②运营服务标准；③安全保障制度、措施和责任；④执行的票制、票价；⑤线路运营权的变更、延续、暂停、终止的条件和方式；⑥履约担保；⑦运营期限内的风险分担；⑧应急预案和临时接管预案；⑨运营企业相关运营数据上报要求；⑩违约责任；⑪争议调解方式；⑫双方的其他权利和义务；⑬双方认为应当约定的其他事项。

在线路特许经营协议有效期限内，确需变更协议内容的，协议双方应当在共同协商的基础上签订补充协议。

获得城市公共汽(电)车线路运营权的运营企业,应当按照线路特许经营协议要求提供连续服务,不得擅自停止运营。运营企业需要暂停城市公共汽(电)车线路运营的,应当提前3个月向城市公共交通主管部门提出报告。运营企业应当按照城市公共交通主管部门的要求,自拟暂停之日7日前向社会公告。城市公共交通主管部门应当根据需要,采取临时指定运营企业、调配车辆等应对措施,保障社会公众出行需求。

第三节 公共交通监管体制

公共交通管理监管是指城市公共交通行政管理机构依据国家城市公共交通相关法律法规,将准入、票价、服务等方面纳入监管范围,并对公共交通市场行为进行监控。实施有效监管的前提,一是明确政府职责,设立独立于政府的第三方监管机构,并建立公众参与机制;二是应基于透明的、明确的公共交通服务合约进行行业监管,合约应当包含责任主体义务、服务期限、服务标准、票价调整、补贴与奖惩等内容。城市公共交通监管体制如图8-5所示。

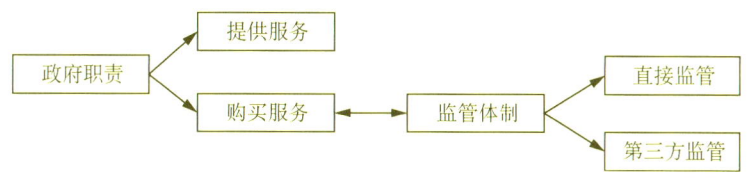

图8-5 城市公共交通监管体制

公共交通监管体制中常见的准入、价格、质量、辅助公交服务监管内容如下。

1. 准入监管

城市公共交通在政府未参与时,整个市场呈现的是一家独大的垄断现象,所以在政府进入并协同管理公共交通市场后,首先便要对进入市场的新企业进行审核,避免出现恶性竞争的现象,然后帮助新进入企业解决原有企业为其设置的一些阻碍,将其带入公共交通市场,随后培养并提高新进入企业的市场竞争能力,平衡整个公共交通市场出现的垄断现象。对于新进入企业来说,在运行的早期就是一张白纸,没有足够的起步资金,没有自己的产业链,没有相应的管理经验,甚至没有属于自己的客户。而市场内的旧企业,在多年的经营下,有自己固定的管理和经营模式,有稳定的产业链和客源,甚至在多年经营下建立了一个牢不可破的服务网络,长时间的经验积累和多种因素的叠加使原有企业有足够垄断市场的资本。新进入企业由于刚进入公共交通市场,多方面因素的欠缺和不足,在管理模式和经营模式上,必然要先模仿原有企业,而这种方式显然会导致新入企业如深陷泥沼般越陷越深,进入市场越发地艰难。在公共交通市场出现这种不对称竞争时必然需要政府的参与和调控,给新进入企业更多的优惠政策和便利,通过为其提供良好生长环境的方式使其慢慢成长,并增强自身的市场竞争力以平衡公共交通市场。但政府也不会长久为其大开方便之门,经过一段时间的发展后,新进入企业具有一定的竞争力,政府应逐步取消这种非对称性控制,以达到公平竞争。

2. 价格监管

自然垄断是公用事业具有的普遍性质，公共交通行业也不例外。由于早期进入市场的几家企业在多年的经营中已占据了绝大部分市场甚至可以垄断整个公共交通市场，在没有外界环境给予的多种约束下，已成为市场主导者的这些企业便可以在公共交通票价这一方面拥有绝对的话语权，这就要求政府实施管制，适当限制城市公共交通票价，以提高社会分配效率。在政府对公共交通市场实行监管和改革过程中，政府为了防止一些企业通过垄断地位来谋取利润，在票价方面便会实行统一监督管理。政府在价格监管的过程中将企业未来的持续发展、增强企业生产能力、提高社会分配效率纳入整个管制价格这一政策的范畴。在对价格进行控制时首先要考虑不能干预到企业自身的早期积累和未来扩大规模和投资；其次便是对价格的管制，为保障消费者合法权益并提高资源配置的效率，适当限制价格的大幅度攀高；最后，激发企业自身的一些优势，促使企业不断迎合市场需要和消费者需求。

3. 质量监管

在早期的公共交通市场中，当一定地区内存在的相关企业过少时，易形成市场垄断，消费者在消费时没有不同的企业可进行对比，消费者被动接受企业的产品和服务质量。所以在对价格监管的同时也要加强对公共交通服务质量的管理，尽管价格在一定条件下能反映服务质量的好坏，但也应由服务质量决定价格。在未对公共交通行业进行服务质量监管时，便有可能出现一些企业降低服务质量从而赚取票价间差价的情况。在对市场进行民营化改革后，政府的强制管理更显得至关重要，强制性要求企业重视对消费者的服务质量，不仅仅是票价，还有发车频率、公交线路等与消费者切实相关的质量指标，维护消费者的合法权益。

4. 辅助公交服务监管

只要存在没有常规公交服务的片区，就会有小型巴士提供补充服务。小型巴士有特定的市场需求，是构建大城市无缝公共交通服务体系的重要载体和组成部分，政府应当为其提供良好的市场运营环境和政策条件，并通过服务合约形式加以引导和管控。对小型巴士企业的管制问题并不是如何压制它，而是如何为其创造一个良好的商业环境，通过合约的形式为其确立一个合适的位置。在这方面，中国香港的非专营公交、泰国曼谷和菲律宾马尼拉的长途通勤公交以及加拿大的社区公交都是小型巴士运营的典范。

第四节 城市公共交通优先发展内涵及制度建设要求

一、城市公共交通优先发展的概念

城市公共交通优先发展是指，在城市行政区域里，通过优先配置资源，构建适应市场机制和政府调控监管、符合当地经济社会发展阶段、由多种类型企业等经营机构提供均等和高效的公共服务的公共交通体系，引导出行者优先选择，引导城市集约利用土地和节约能源、保护和改善人居环境。这是一种以服务人的需求并组织城市高效运行为目的的城市与交通协调、可持续发展模式。

(1) 城市行政区域——由公共服务属性和财政体制所决定。虽然自新中国成立以来，公共交通在城市交通中的地位、规模、角色、运载工具、服务模式等都在不断地发生着变化，但是其"社会公益性"的定位多年来从未面临过质疑和挑战（表 8-1）。因此，公共交通典型的社会公益性特征"保障中低收入阶层的日常基本出行,使用者可以以低于成本或者与成本持平的价格接受服务,该项类由政府购买并实施监督管理"一直是各级人民政府在逐步推进城市与交通协调发展过程当中秉承的基本原则。作为国家对集中的预算收入有计划地分配和使用而安排的资金,地方性一般预算支出涵盖的 29 个项目内容当中明确包括基本建设支出、政策性补贴支出、债务支出等内容,与公共交通系统规划投资建设运营管理,以及确保企业收支平衡、维持重复再生产和扩大再生产所需公共资金来源休戚相关。因此,城市公共交通优先发展也必然是在城市行政区域及财政体制框架下的城市发展模式。

表 8-1　　　　　　　　　　　　公共交通定位的演变

文　件	定　位
1985 年《国务院批转城乡建设环境保护部关于改革城市公共交通工作的报告》(国发〔1985〕59 号)	从人力、物力、财力上给予必要的支持
1987 年《国务院关于当前产业政策要点的决定》(国发〔1989〕29 号)	重点支持基本建设的产业、产品是社会公共设施中的大中城市生产和群众生活必需的供排水、污染治理、公共交通
1987 年国务院发布《关于加强城市建设工作的通知》(国发〔1987〕47 号)	城市公共交通是城市生产、生活必不可少的物质基础,要作为城市建设的重点
1990 年《城市公共交通当前产业政策实施办法》(1990 年 12 月 17 日建设部〔1990〕建设字第 700 号文发布)	城市公共交通是社会生产的第一道工序; 城市公共交通是我国综合运输体系的重要组成部分,是我国综合运输网中的枢纽和节点; 城市公共交通体系是城市客运交通系统的主体,是城市建设和发展的基础,是城市生产和人民生活必不可少的社会公共设施,是城市投资环境和社会化生产的基本物质条件
1993 年《全民所有制城市公共交通企业转换经营机制实施办法》(建城字〔1993〕第 671 号)	城市公共交通是对国民经济发展具有全局性、先导性影响的基础行业; 城市公共交通是与城市经济密切相关的公共设施
2004 年《建设部关于优先发展城市公共交通的意见》(建城〔2004〕38 号)	城市公共交通是社会公益性事业,其发展要纳入公共财政体系,统筹安排,重点扶持
2012 年《国务院关于城市优先发展公共交通的指导意见》(国发〔2012〕64 号)	突出城市公共交通的公益属性

(2) 优先配置资源——在政策、规划、建设、运营、管理等方面优先配置资源。2006 年底北京市发布《关于优先发展公共交通的意见》,确定了优先发展公共交通"两定四优先"的总体思路,旨在从规划、投资、建设、运营和服务各环节为公共交通的发展提供优先条件,其中"四优先"分别为公共交通设施用地优先、投资安排优先、路权分配优先、财税扶持优先,为北京市的公交优先发展指明了路径。尽管如此,这一基本原则仍未脱离行业管理的思路,存在一定的局限,应继续拓展为将城市空间资源、财政资源以及政策资源的配置向公共交通出行链相关设施倾斜。除了公共交通运营所必要的场站、段用地和专用路权以外,作为公共交通出行链不可或缺的步行、自行车环节也应受到足够重视,指标需体现对"设计适宜步行的街道和人行尺度的街区""自行车网络优先""提高道路网密度""混合使用街区"等更为宽泛要

素的指向性。

(3) 适应市场机制——市场机制是配置公共资源的基础。资源的配置必须符合市场机制，城市公共交通也应如此，包括公共交通相关基础设施投融资、土地溢价分配等相关制度建设有利于公共交通的可持续发展；行业管理模式、票价机制有利于调动企业积极性，有利于引导服务优化；价格生态建设有利于发挥市场在资源（如空间资源）配置中的主导作用（非集约化出行成本，如小汽车保有、使用成本）。

(4) 政府调控监管——政府的调控手段是规划调控、财政调控，应当实行特许经营管理。

(5) 符合当地经济社会发展阶段——要适应经济发展水平、财政收入和社会承受能力，要适应社会主义市场经济改革的阶段，要适应城市定位和规模。政策、措施的制定和执行，要有利于缓解具有地方特色的交通发展中的突出矛盾，有利于支持地方产业的发展和保持地方经济的平稳增长，有利于避免交通基础设施投资造成的财政"挤出效应"和发展的"过度超前"。

(6) 由多种类型企业等经营机构提供——由经营企业和机构提供公共汽（电）车、轨道交通、出租车、轮渡、租赁自行车等。

(7) 均等——任何人都有平等的使用权。首先是公民权利的均等，即在城市行政区、都市圈范围内从事生产活动和生活的公民在公共交通服务方面享有均等的权利。对于多样化的公共交通服务产品而言，这一公平性则更为强调所有公民在乘车机会方面的均等化，以及票制、票价与服务成本、服务水平的适配及对等问题（优质优价），绝非价格机制的单一化或扁平化。其次是公共服务设施布局的均等化。亚里士多德曾说过："人们来到城市，是为了生活；人们居住在城市，是为了生活得更好。"这其中所提及的"生活"就是人的基本需求，除了就业和居住以外，医疗、教育、生活基本采购是构成"生活"的最基本要素，因此，公共设施的交通可达性，特别是采用绿色出行方式（公共交通、步行、自行车）的可达性，是"公共交通优先发展"理论下"均等"应有的内涵，同时也是广义交通需求管理的重要策略。再次，在现行的交通设施与运载工具技术背景下，不同交通出行方式占用、消费的城市空间（如道路空间、停车空间等）、能源、各类资源（如水资源、环境资源等），以及增加的外部社会成本（如尾气排放、交通拥堵等）应当体现均等化。最后，提供公共交通服务（含多样化的公共汽车服务、承担都市圈通勤出行的轨道交通服务等）的运营企业在"资源优先分配"方面应当体现均等化。例如，特许经营机会和管理办法的均等化、运营服务监管与评价考核奖惩制度的共享、财政补贴机制的共享、优先路权使用的均等化等。

(8) 高效——出行成本低、时间短。首先，从出行者的角度出发，集约化、节能环保的出行链（而非单一的交通方式）相对于非集约化、非节能环保出行链而言，需要有一定的竞争力，如"通过调节停车和道路使用来增加机动性"；其次，从社会管理的角度而言，包括财政、城市空间、设施设备、人力等社会公共资源在配置上要体现高效，避免在追求高效的同时不计代价，耗费过高的内、外部成本。

(9) 体系——包括多种交通工具类型和相互间形成的高效组织方式。

(10) 引导出行者优先选择——基本要求。

(11) 引导城市集约利用土地和节约能源、保护和改善人居环境——战略要求。城市公共交通优先发展的核心是提高公共交通的竞争力，引导出行者优先选择；它的目标是保障均等机会出行,引导城市集约利用土地和节约能源、保护和改善人居环境,建设可持续发展城市;它的性质是提供均等和高效的公共服务,满足公众的多样化需求;它的手段是以市场配置资源为主,发挥政府的调控监管作用。

二、认识上的误区以及概念比较

尽管"城市公共交通优先发展"这一国家城市发展战略已经在社会各界达成广泛共识,近几年在国家和各级政府的政策支持下,公共交通发展也取得了显著成效,但中国城镇化发展与百姓需求相比仍有差距。究其原因,根本在于公共交通在国家和城市发展中的地位尚未明确,对"优先"的认识存在误区,具体体现在:①注重公共交通方式自身的优先,忽视公共交通对城市发展的引导;②注重公共交通的规模扩张,忽视效益提升;③优先发展路径选择趋同,忽视城市间的差异;④注重轨道交通优先,忽视既有公汽(电)车的完善;⑤未能统筹与小汽车、步行及自行车等交通方式的竞争和协作关系。

总体上来看,"优先发展公共交通"认识的误区,主要源于这一理念仅仅是将公共交通发展放在城市交通发展的首要位置,其战略意义停留在转变城市交通发展模式(而非引导城市发展模式的转型升级)上,重点仍在城市交通运行组织层面,对城市公共交通某类工具在资源分配以及运行方面优先保障。为进一步揭示"城市公共交通优先发展"的内涵,将其与传统概念上的"优先发展公共交通"从发展地位、发展动因、发展模式、经营管理、系统运行和服务品质等6个方面进行了比较(表8-2)。可以看出,"城市公共交通优先发展"是解决国家新型城镇化、土地、能源、环境、民生等问题的重要途径和必然选择。

表8-2 "城市公共交通优先发展"与传统概念"优先发展公共交通"的比较

比较项目	传统概念上的优先发展公共交通	城市公共交通优先发展
发展地位	定位为城市公共事业,是城市交通系统的重要组成部分	定位为国家的城市发展战略,是提高城镇化质量,实现城市可持续发展的重要一环
发展动因	解决交通出行不便、交通出行不畅等问题,主要替代非机动化交通方式	保障群众享有均等出行机会,促进出行方式转变,主要替代个体交通方式,引导城市可持续发展
发展模式	以追随式满足城市交通需求为主,作为城市道路的附属,通常滞后于城市发展,与城市土地、环境、能源等方面的发展相关性较弱	以引导式组织城市交通需求为主,强调综合开发,通常超前于城市发展,与城市土地集约、低碳环保、节能减排等息息相关
经营管理	政企不分或职责不清,监管补贴机制不健全,往往因过分关注交通工具的移动和经济效益而忽略人的移动和社会效益	政企分开且职责清晰,监管补贴机制较完善,更加注重人的移动,实现社会效益和经济效益的平衡
系统运行	区域发展不均衡,整体运行效率不高,资源浪费情况较突出	区域发展较均衡,整体运行效率较高,资源得到有效利用
服务品质	服务方式相对单一,服务水平普遍较低,与私人交通方式难以形成竞争优势,缺乏吸引力,出行者往往被动选择,实际服务对象以中低收入者和外来人员为主	服务方式多样,服务水平普遍较高,与私人交通方式具备一定竞争优势,吸引力较强,出行者乐于主动选择,实际服务对象为全体社会成员

与传统概念上的"优先发展公共交通"相比,"城市公共交通优先发展"具有以下几个方面的战略突破:①构建了多层次、高品质、高效率的城市公共交通服务系统及强有力的保障

机制,实现了城市公共交通的健康发展;②对私人交通方式形成竞争优势,确立了公共交通在城市交通中的主体地位;③从滞后的"追随需求"发展转变为超前的"引导需求"发展,变被动为主动;④更加注重人的移动,引导城市交通发展从传统的"先路—再车—后人"的路网导向型模式向可持续的"先人—再车—后路"的公交导向型模式转变;⑤充分体现了公共交通服务的公益性、公平性,保障了全民均等出行机会。

总结国际城市对公共交通优先发展目标和内涵的探索实践,主要呈现以下发展趋势:一是研究和治理对象不再局限于公共交通自身,将步行、自行车等主动交通方式纳入考虑,既是城市交通融合一体化发展的客观需要,也是健康、活力等全新价值观指导下的策略转变。此外,与小汽车需求管理的协同联动也有利于形成政策合力,共同引导居民绿色出行。二是发展目标以出行体验为导向,面向居民全过程出行品质提出目标和指标体系,作为新时期改善公共交通服务品质、切实提升出行吸引力的关键抓手。三是对指标体系进行微观空间和人群属性的细化分解,更加关注不同空间区域、不同社会属性群体的公交可达性和舒适性,其背后是对于空间公平、社会包容等人本价值的更高追求。

三、优先发展公共交通的制度建设要求

交通运输部 2020 年 10 月发布的《关于推进交通运输治理体系和治理能力现代化若干问题的意见》在完善公众基本出行保障制度、推进出行服务一体化便捷化、完善交通运输新业态发展制度中均有关于优先发展公共交通的制度建设要求,摘录如下。

(1) 完善公众基本出行保障制度。推动城市公共交通、农村客运、渡运、邮政普遍服务等公共服务落地。完善优先发展城市公共交通的政策和制度体系,完善绿色出行服务体系。推进城市综合交通体系建设,推动建立城市交通拥堵协同治理机制,打造高效通勤交通网络。

(2) 推进出行服务一体化便捷化。完善城乡客运一体化发展机制,提升城乡出行服务均等化水平。完善旅客联程运输机制,建立健全跨区域、跨方式客运协同组织和管理机制。建立健全城市群交通运输一体化发展机制,提高城市群、都市圈交通承载能力,推进出行服务快速化、便捷化、智能化。

(3) 完善交通运输新业态发展制度。依托交通运输新业态协同监管部际联席会议制度,完善鼓励和规范网络预约出租汽车、分时租赁、互联网租赁自行车、道路客运定制服务、智能快件箱寄递服务等交通运输新业态发展的制度机制,建立定制公交等需求响应式出行服务体系,建立健全自动驾驶等新技术应用相关制度。

习题

[8-1] 结合公交 IC 卡数据,分析一条公交线路沿线站点全天上下客量、高断面日客流量、高断面高峰小时客流量。

[8-2] 简述公交运营的利用率指标。

[8-3] 某城市全面升级公交付费服务方式,实现公交车辆移动支付全覆盖。乘客可以使用支付宝、云闪付、公交 IC 卡等多种支付方式。请使用公交运营要素分析方法进行效益分析。

[8-4] 某有轨电车线路,共2节编组,每辆车容量为164人。车头时距为3 min,运营周期为48 min,最大载客系数为0.88。现客运量有所增长,断面运输能力必须至少提升25%。决策者考虑以下备选对策:①采购车辆,编组从2节变为3节;②改善信号系统,车头时距由3 min调整为2 min;③优化运输组织过程,减少运营周期时间,由48 min压缩到42 min。

请判断上述策略是否可以满足运能增加的需求,并讨论运能增加对策对建设费用、运营费用的影响。

[8-5] 分析城市内一条公交线路客流特点、车辆周转时间、终点站停站时间、公交车辆进出停保场及保养时间,计算配车数并编制该线路工作日的行车时刻表。

[8-6] 简述公交行车调度的任务以及典型的行车调度方法。

[8-7] 某公交线路(甲站—乙站)单向运送乘客的时间为40 min,含终点站停站时间。周日因客流需求变化,乙站在8:00—8:30时客流量较大,要求在不增加车辆的情况下,增加2个车次的运能。请编写调整后的甲、乙站发车时刻表。

计划发车时刻表(周日)

路牌	计划发车时刻				调整后的发车时刻			
	乙	甲	乙	甲	乙	甲	乙	甲
1		6:20	7:00	7:40				
2		7:00	7:40	8:20				
3		7:06	7:46	8:26				
4		7:12	7:52	8:32				
5		7:18	7:58	8:38				
6		7:24	8:04	8:44				
7	6:50	7:30	8:10	8:50				
8		7:36	8:16	8:56				
9		7:42	8:22	9:02				
10		7:48	8:28	9:08				
11		7:54	8:34	9:14				
12		8:00	8:40	9:20				
13		8:06	8:46	9:26				
14		8:12	8:52	9:32				
15		8:18	8:58	9:38				

[8-8] 请查阅有关资料,谈谈公交智能化调度方法的发展趋势。

[8-9] 简述需求响应式公交服务能力的影响因素。

[8-10] 简述实时响应式公交服务策略和预订式公交服务策略的差异。

[8-11] 请查阅有关资料,讨论不同场景下需求响应式公交调度决策模型及求解方法。

[8-12] 结合所在城市的空间形态和规模、城市居民的消费水平、出行方式竞争情况,分析公共交通票价水平的合理性。

[8-13] 结合所在城市,梳理自1979年改革开放以来公共交通管理体制变革,分析每一次变革主要解决的问题。

第二篇
共享小型汽车运营与管理

城市中共享小型汽车主要包括巡游出租车、网络预约出租车、专车、拼车、分时租赁电动车。本篇主要介绍这五类小型汽车运营及使用特征、成本与定价、管理规制。

第九章　共享小型汽车现状与发展

本章介绍出租汽车概念、内涵、发展历程及行业特征;网络预约出租车(简称网约车)概念、网约车平台属性,专车、快车、拼车服务模式及发展历程;汽车分时租赁发展历程、运营模式、行业构成等。

第一节　出租汽车概念、内涵及行业特征

一、出租汽车的定义

出租汽车是指满足乘客和用户意愿而被雇佣的营业汽车。出租汽车根据服务类型可分为客运服务和车辆租赁服务两大类。《出租汽车运营服务规范》(GB/T 22485—2013)规定,客运服务是指以小型营运客车(七座及以下)和驾驶劳务为乘客提供出行服务,并按乘客意愿行驶,根据行驶里程或者行驶时间计费的运输经营活动。车辆租赁服务是指向用户出租不配备驾驶员的客运车辆,并且按照时间收费的出租汽车的经营活动。

二、出租汽车的发展历程

1. 出租汽车及规制模式起源

伦敦出租车的发展史是全球出租车发展史的缩影。出租车的鼻祖是历史上用于出租的马车,1654年,驾驶出租马车成为需要许可的职业,200名出租马车司机获得许可,出租业首次使用(驾驶员准入)市场规制。1831年,伦敦出台《出租马车法案》(Hackney Carriage Act),这是第一个对出租马车业进行规制的法规。

从1833年开始,因伦敦市道路设施的显著改善,原有的数量管制条件"出租马车的自由运营导致交通拥堵"的问题已不存在,所以从该年起伦敦市就解除了对出租马车的数量限制。

1907年,纽约首次出现内燃机驱动的出租车,出租车不仅是城市交通的重要组成部分,也是纽约历史、文化和个性的一个写照。1912年,纽约黄色出租车公司成立,几经合并,1924年成为纽约最大的出租车公司(1 704辆)。为了与其竞争,很多小企业将出租车喷成类似颜色,并设立电话预约服务,预约服务开始出现。1937年,《哈斯法案》(Haas Act)通过,纽约出租车业开始实施严格的数量管制,并持续至今。该法案首次提出了出租车经营权的概念,并成为至今出租车规制的关键环节。

2. 我国城市出租汽车发展历程

1)计划调配时期(20世纪90年代以前)

1903年,出租车进入中国,哈尔滨成为中国最早有出租车的城市。新中国成立之前,中

国一些城市的出租车公司虽然渐多,但是每家公司旗下的车辆很少,主要原因在于当时小轿车需要整车进口,购置费用太高。

新中国成立后,出租车行业有所衰落,公交车和自行车逐渐增多。1956年,全国的出租车全行业实行公私合营。之后很长一段时期,出租车行业是大一统的"计划调配时代",以北京为例,仅有1952年由周恩来总理亲自命名的首都汽车出租公司等为数甚少的两三家公司经营着数千辆出租车,当时是"叫车靠电话、街上出租少"。以广州为例,当年出租车专门负责接待来访的外国元首、政府首脑与高级官员、参加交易会的外商、海外华侨、港澳同胞等,被誉为广州市的"国宾车队",需要外汇券才能乘坐,普通市民是无法经常消费的。1985年以后,北京市兴办了一批国有、集体出租车公司,最高峰时全市有259家出租公司、1万多辆出租汽车,车型多为皇冠、尼桑等进口车,被称为"洋车出租时代"。虽然兴办了出租车公司,但是北京市出租车行业为国有和集体企业所垄断,服务对象主要为外宾和外省市旅客。出租车行业的准入极为严格,投资主体限于国有、集体单位,禁止私人投资开办出租车企业。

2)快速发展阶段(20世纪90年代初)

20世纪90年代初期,特别是1992年邓小平南方谈话之后,随着新一轮改革开放的推进,各地出台了一系列鼓励出租车行业发展的政策,并普遍放松了对出租车行业的进入限制,各种社会资本特别是私人资本迅速进入,使出租车行业进入了"井喷式"的发展阶段。在1~2年的时间内,出租汽车数量和种类迅速增加。以北京为例,1992年,北京采取了开放出租车市场的政策,提出"符合条件就批,将企业推向市场,优胜劣汰"的发展方针,并向出租车企业提供优惠政策,鼓励各种经济形式自筹资金开办出租车企业,出租车行业进入迅猛发展阶段,形成了工农商全民办出租的热潮。1992年、1993年增加了近5万辆低档次(黄面的)、低租价的出租汽车,增加了1 000余家中小企业和1 157家个体出租车工商户,企业数和运营车辆数分别迅速增加到1 498家和6.3万辆。但是,随着公共汽(电)车的大发展,行业出现了供大于求、空驶率高的现象。为此,1993年北京市委、市政府决定对出租车行业实行总量控制,停止审批出租车公司和增加运力投放。

从1993年起,各地开始将出租汽车作为城市公共资源按照特许经营方式进行管理,陆续采取了准入数量管制、经营权有偿使用和公司化运营等管理办法。在此期间,一方面,许多公司以有偿或无偿方式取得出租车经营权后,在承包给司机实际运营的过程中,收取包括车款和经营权费用在内的高额承包租赁费和风险抵押金;另一方面,一些公司在申请经营权时,采取了由司机实际出资、经营权名义归公司的做法。这两种情况都是运营司机实际出资并承担经营风险,这是导致后来全国不少城市出现公司与司机之间的产权纠纷和出租车行业群体性事件发生的重要原因之一。与此同时,在出租车行业管理和发展中,非法营运、政府部门乱收费、经营权出让不规范等问题也日益突出。

3)大规模行业整顿阶段(20世纪90年代末至21世纪初)

从1999年起,国家相关部门陆续出台了一系列清理整顿和专项治理城市出租汽车的意见和办法。2004年,国务院办公厅发布了《关于进一步规范出租汽车行业管理有关问题的通知》(81号文),明确提出严禁盲目投入运力,所有城市一律不得新出台出租汽车经营权有偿出让政策;逐步推广采用以服务质量为主要竞标条件的经营权招标投标方式;各地要根据实际情况制定合理的出租汽车承包费标准,合理调整出租汽车企业与司机的收益分配关系;要坚决制止企业利用出租汽车经营权向司机转嫁投资和经营风险,牟取暴利;要采取有效措施,依法理顺出租汽车企业与司机的劳动用工关系,切实保障司机的合法权益;严格规范各项收费,开展专项整治行动,严厉打击非法营运等。2004年以来,各地按照81号文的要求开始进行治理和规范,出租汽车行业的发展总体上进入清理整顿和规范发展的阶段。突出表现在两点:一是前一时期盲目投放运力的情况得到有效控制;二是各地根据81号文的要求,对以前的一些不规范的做法和现象进行清理、整顿和规范。

4) 互联网时代出租车行业的革命性变革(2010年后)

2010年以来,一些城市中出现的打车难、拒载、司机罢工等现象,让中国出租车行业长期积累的矛盾与问题渐渐凸显,与此同时,互联网带来全新出行模式也深刻改变着传统出租车行业的生态。

手机叫车软件的出现,专车、快车、顺风车等新型模式的出现,使传统出租车市场受到极大的冲击。在市场迎来"革命性"变化的同时,传统出租车行业如何改革、新兴业态如何规范备受社会关注,出租车行业的改革再度到达一个历史关口。

2016年7月28日,国务院办公厅印发了《关于深化改革推进出租汽车行业健康发展的指导意见》。交通运输部会同工信部、公安部、商务部、工商总局、质检总局和国家网信办等部门发布《网络预约出租汽车经营服务管理暂行办法》,互联网时代,中国出租车行业新一轮的改革方案面世。根据方案,专车等新业态也被纳入出租汽车管理范畴,将出租汽车分为巡游出租汽车和预约出租汽车新老业态共存的多样化服务体系,实行分类管理、错位发展和差异化经营。此外,方案还提出了包括出租车规模总量调控动态调整,经营权无偿使用且有期限,份子钱应协商确定并公开,网约车经营者、车辆和驾驶员实行许可管理,私家车不得介入网约车平台,拼车不能以盈利为目的等一系列措施。

三、出租汽车产品的内涵

1. 时间内涵

出租车产品的时间内涵由等待时间和乘坐时间两部分构成,其中,等待时间是指乘客在准备乘车到实际乘车之间的时间区;乘坐时间是指乘客的实际乘坐时间。等待时间长和乘坐时间长都会降低出租车产品的服务质量,消费者也因此会选择其他的运输方式。时间情况与出租车的产品质量以及质量的维护都有密切的关系。一般来讲,出租车产品在时间上是连续的,乘客可以在整个无缝隙的过程中实现一站式的位移,不像集体运输一样必须进行乘客资源的整合。

2. 空间内涵

一般来说,出租车产品提供的是门到门的服务。出租车产品的要求是用尽可能有效的路径完成产品服务,产品的提供也是根据消费者的个体需求而产生的。有效路径是在出租车驾驶员和消费者的双方协商过程中确定的。

3. 服务内涵

在使用过程中,消费者可有多种服务选择的权利:按使用方式分,可分为一次性租车,半日、全日连续用车或按日包车;按使用排他性分,乘客可以选择排他性地使用这一产品,也可选择和别人共享,如特定情况下几名乘客可以合租一辆车;按购买服务方式分,可分为提前预约租车、电话预订租车、在停靠站点租车或街头扬招租车。

由此,得出出租车产品定义:出租车产品是由消费者指定时间、起讫点(包括路径)以及服务方式的位移服务。

四、出租汽车服务模式

出租车市场现阶段主要存在四种服务模式:扬招服务模式、停靠站模式、电调服务模式和网络约租模式。

(1) 扬招服务模式,指出租车在一定范围内随意行车,遇到乘客就搭载,并根据乘客要求在目的地附近下客。这种方式充分发挥了出租车交通门到门服务的优势,对乘客选用十分方便。但是,扬招服务模式会导致乘客需求、出租车和道路资源三者之间相互分离,出租车无法及时获知乘客出行需求及城市交通的实时状况,无法对出租车进行实时管理调度。已有研究显示,该模式比较适合人口密度在 1 万人/km^2 以上的区域。

(2) 停靠站服务模式,是一种出租车在固定站点候客,乘客在固定站点叫车的模式,常称为定点扬招,类似于常规公交定点上下客的服务模式。在大型交通枢纽、中央商务区以及一些大型的小区通常都设置出租车候客站,采用停靠站服务模式,候客站按可停车泊位的数量分级。已有研究显示,该模式比较适合人口密度在 0.5 万人/km^2 左右的区域。

(3) 电调(或电召)服务模式,指乘客采用电话、短信、网络、手机等形式预约出租车,经过调度中心调派出租车满足用车需求的服务模式。国内城市采用的电调服务模式是一种建立于ITS智能调度系统基础上的出租车运营方式,集无线通信、定位技术、电子显示技术、网络及调度管理软件等技术为一体,将有线、无线、数据库资源管理等有机地结合起来,从而完成电话等多种形式接单、车辆智能调度、专业约车/派车管理等功能。传统电调方式中,人工调度不可或缺。当客户打电话给调度中心,工作人员会找到与其最近的司机并通过电话下单,电调平台确认订单所需要的平均时间为 10 min。由于电调模式缺乏有效的信用互评奖惩机制,因此,该模式未达到预期的效果,订单成功率不到六成。例如上海,电调高峰一般出现在雨天或出租车扬招非常难获得的时候,而这时出租车司机并没有太高的积极性响应电调。

(4) 网络约租模式,指乘客通过智能手机使用打车软件预约出租车或专车的服务模式。打车软件是基于位置的服务(Location Based Services,LBS)的智能手机应用,乘客可以通过在平台上发布自己的用车需求,通过软件平台的自动配对识别,找到附近的出租车司机,从而促成交易行为的发生。打车软件这一互联网平台的平均响应时间为 27 s,效率远高于电调服务模式。

【案例 9-1】 上海市出租车服务方式沿革

自 1932 年至今,上海市出租车服务方式经历了电召主导、巡游主导、多方式融合的变化,如表 9-1 所示。1908 年,地处公共租界的美商环球供应公司百货商场开设了汽车出租部,由此揭开上海出租车发展史。1919—1949 年为民族资本主导,在 1950 年代形成统一经营、电话约车业务模式。1980—2010 年形成巡游主导、电召辅助的服务模式,提出"扬手即停,上客问路;电话订车,约时不误;电脑计费,公道合理;车辆整洁,礼貌待客"的 32 字服务举措,力图提高服务质量,出租车被打造为展现城市形象的窗口性行业,赢得了社会各界的良好口碑。自 2012 年兴起网络预约出租车、专车服务后,网络预约叫车服务得到快速发展,巡游出租车规模开始减小。网约服务逐步兴起,传统巡游出租车亦在积极探索数字化转型。

2020年，由政府主导推出了全市巡游出租车统一预约服务平台"申城出行"，打通线上线下互联互通的叫车模式。2021年，为方便老年人叫车，推出了申城出行"一键叫车"社区服务终端设备，通过刷脸识别信息体验"无感叫车"，同时为社区60岁以上的老年用户提供长者关怀服务，建立倾斜派单机制，对老年人打车需求优先响应（图9-1）。考虑到早晚高峰部分点位停车不便，且老年人行动较慢，部分有条件的小区设置了专用停车位，方便等候老年人。

表 9-1　　　　　　　　　　上海市出租车服务方式沿革

年份	服务方式	备　注
1932	电召	祥生出租一家独大
1956	电召	全市出租汽车统一经营
1986	巡游主导 电召辅助	"乱收费、服务差、要车难"等问题严重，引发行业大整顿
1995—2010	巡游主导 电召辅助	额度总量控制和公司化发展，逐步形成了锦江、大众、巴士、强生四大品牌，行业初步达到供求平衡
2012—2016	巡游为主 网约兴起 电召保留	强生、大众、海博、锦江四大品牌；传统巡游出租车的网约服务探索，2015年实现车辆运营状态转变（顶灯转换）
2016至今	巡游占比逐年减少并趋于稳定，网约快速增长，电召保留，巡游出租车数字化转型	强生、大众、海博、锦江四大品牌，2020年传统巡游出租车推出"申城出行"统一平台，2021年针对老年人推出"一键叫车"社区服务终端等

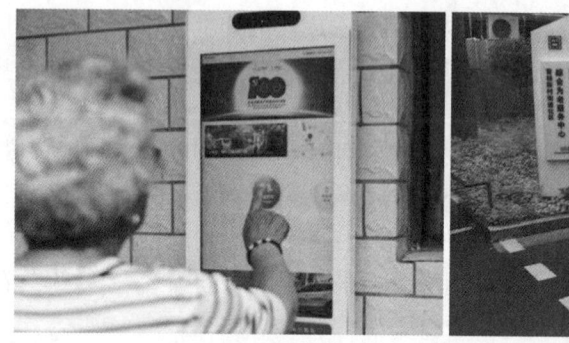

图 9-1　上海申城出行"一键叫车"社区服务终端设备及社区专用车位

五、出租汽车的行业特征分析

1. 出租汽车行业信息不对称及传递问题

1) 信息不对称

信息不对称是指双方对同一事物的认知程度不相同、不对称。出租车产品信息不对称的特征主要体现在三方面：

（1）乘客对所搭乘的出租车车况信息不对称。通常乘客很难知道出租车的安全状况、运行状况、车龄以及保养状况。如果出租车的安全状况不佳，乘客就要承受比较大的危险因素,对乘客而言是信息不对称下对自身利益的一种侵犯。

(2) 乘客对所搭乘出租车驾驶员的状况信息不对称。驾驶员身体健康状况、驾驶技术、违章情况、遵纪守法情况都决定了整个产品服务的质量及服务全过程,而乘客通常不掌握这些信息。

(3) 乘客对服务选择的路径信息不对称。通常在驾驶员和乘客双方对路径达成一致后,正式进入服务过程。在双方商定路径选择的过程中:乘客对到达目的地的有效路径的信息可能无法充分获取;乘客对有效路径在不同时段的路况信息可能无法充分获取;乘客对司机介绍的路径情况真伪可能无法辨识。因此,在指定路径的过程中,通常由出租车司机对路径进行主导,乘客在这一过程中谈判能力或影响力非常小。

2) 信息传递

出租车行业是服务行业,产品的质量信息属于事后信息,服务行业的特点是只有在服务完成之后才能整体地评价服务质量的好坏,而一般产品具有可以通过外观分辨判断好坏的事前信息。事前信息可以在一定程度上实现单次博弈下保障消费者的利益。事后信息在实现向下一期交易的有效传递时才能具备价值,使得消费者能够根据上期交易行为作出选择。事后信息能够产生作用需要两个条件:①当期信息可以向后传递;②在后期的博弈选择中,前期的选项仍然存在。对于第①个条件,乘客乘坐一辆出租车,在服务完成之后要能够对提供服务的车和驾驶员进行判别,比如车牌号、驾驶员姓名、整个服务过程信息等。如果消费者不知道是谁向他提供的服务,若服务质量不好,申辩及控诉将无法实现。对于第②个条件,就是当期乘坐的出租车,在今后还会遇到的机会,如果当期乘坐的出租车服务质量不好,在今后也不会再遇到这辆车,那么当期的服务质量信息就没有任何价值。换个角度,即使当期服务非常好,但在下一期乘客碰不到这辆车,当期良好服务也不能换来更优的回报,在事后信息情况下,前一期信息能够发挥作用是竞争开展的必要条件。

2. 出租汽车行业信息不对称非重复博弈特征

博弈论是研究相互依赖、相互影响的决策主体的理性决策行为以及这些决策的均衡结果的理论。本节所关注的是博弈策略是否具有重复性,"同一辆出租车仅搭乘一次"就是非重复博弈的情况,而"能够多次地乘坐同一辆出租车"就是重复博弈的情况。两种情况下乘客和驾驶员的相对策略可以用表9-2所示的博弈矩阵来解释。很难搭乘同一辆出租车的情况,很容易诱发道德风险。

表9-2　　　　　　　　　乘客和驾驶员的博弈矩阵

乘客与驾驶员		驾驶员	
		道德风险发生	道德风险不发生
乘客	非重复搭乘	驾驶员 $A+a$,乘客 $A-a$	驾驶员 A,乘客 A
	重复搭乘	驾驶员 0,乘客 A	驾驶员 A,乘客 A

出租车服务的道德风险包括很多种,比如故意绕远、计价器做手脚等价格欺诈,或者驾驶员及出租车状况不好,存在着严重的安全隐患,这些对乘客来说都是一种利益的侵犯。简单地假定乘客的乘车成本是 A,其获得的效用也是 A,那么在正常服务情况下,乘客和驾驶员获得的效用分别是 (A,A),当发生不道德情况时,乘客和驾驶员获得的效用分别是 $(A-$

a,$A+a$)。当发生不道德行为后,乘客受到利益的侵害,乘客所能做的只能是继续选择这个驾驶员的服务,因为相比而言其他的维权成本可能过高,即乘客选择的可行的惩罚方式对驾驶员来说惩罚成本非常小。因为乘客与驾驶员之间存在着信息不对称,在这种非重复博弈情况下,显然均衡结果应该是发生道德风险。

在重复博弈情况下,出租车驾驶员忌惮于如果这次发生了不道德行为,那么下一次就会收到乘客的惩罚(例如乘客会放弃今后多次乘车的选择),也就是说"此时的合作行为是对以牙还牙策略的理性反应"。从表9-1可以看出,当发生不道德行为后,驾驶员将遭受惩罚,双方获得的效用分别是(0,A),显然在重复博弈情况下,均衡的结果应该是道德风险不发生。

3. 出租汽车产品需求价格弹性小

当很难再次乘坐同一辆出租车时,就会出现需求价格弹性的问题。从乘客的角度看,如果乘客被索要了高额的价格,而此时乘客急于出行,或者出租车很少、等待时间很长,都会降低乘客的谈判能力,导致单笔业务中,乘客的需求价格弹性很低,乘客利益被侵犯的概率高。从驾驶员的角度看,单独一辆出租车降低价格,很难使其获得额外的需求量,反之,某辆出租车提高价格,也不会降低需求量。这样,单一驾驶员所面临的需求价格弹性也很低。

传统出租车(扬招型)本身蕴含着信息不对称性、非重复博弈及需求价格弹性小三大特征,是导致出租车行业出现质量隐患或道德风险的主要根源。乘客针对出租车产品"不了解、没法选、没得选","择"的成本过高,乘客选择所形成的竞争效果无法刺激到生产者,出现了有效竞争缺失的现象,使得行业出现各种不合理现象。因此,实现乘客自由选择权,让乘客对出租车产品做到"质量可辨、产品可选、自由抉择",真正降低"择"的成本,才能构建出租车产品的有效竞争,促进行业的进步。

4. 城市视角的出租汽车行业特征

1)单车流动作业

出租车实行单车作业,一人一车,独立地为乘客提供不定线路、不定点、门到门的服务。驾驶员不但要驾驶车辆运载乘客,还要承接业务、结算租费。因此,从一定程度上讲,每一个出租车驾驶员都是一个独立的生产经营者。出租车服务质量的优劣和营运效益的高低,主要取决于驾驶员职业道德水平和生产积极性的高低。这就要求驾驶员首先要具备一定的职业道德水准,也要具备熟练的驾驶技术和排除车辆故障的能力,还要熟悉城市街道、文娱场所和名胜古迹,掌握市场信息和客流变化规律,具备独立的经营能力。

2)巡游服务市场提供过程服务,供需信息不对称

由于大部分行业的生产者提供商品或服务的场所是固定的,消费者有时间比较不同生产者的商品或服务的质量,从而可以在市场中形成有效竞争,并通过议价来达成最佳交易。而巡游出租车服务供需信息不对称,乘客和驾驶员之间无法相互选择。巡游服务市场提供的是过程服务,具有时空不同步的特性,乘客无法在固定地点购买出租车服务,没有机会比较不同出租车的服务质量、价格水平等。

3)多种经济成分并存,多家经营

与城市公用事业的其他行业相比,出租车行业具有多家经营、多种经济成分并存的特点。我国改革开放以来,出租车企业既有国有独资企业、集体所有制企业,也有股份有限公司、股份合作公司和个体经营户。由于多家经营,形成了激烈的竞争局面,有利于服务质量的提高和行业的发展与进步。

4) 出租汽车行业是一个服务面广、影响大的窗口行业

出租车在营运服务中,接触社会各个阶层,服务对象广泛,它要求驾驶员和其他从业人员必须具备多方面的服务知识以及良好的职业道德风尚,如果在服务过程中发生问题,会影响一个城市甚至国家的声誉,经营者责任重大。

5) 出租汽车行业是一个敏感性很强的行业

国家政策的调整、城市经济的发展规模和速度的变化,以及涉外活动和旅游业务的繁荣程度、出租车提价等,都会影响出租汽车的供求关系。因此,出租车经营者应具备一定的应变能力,使自己在竞争中能够生存并发展。

6) 不断提升的服务要求

在出租车服务大众过程中,乘客对出租车的服务要求越来越高。乘客对出租车服务不仅要不绕道、合理收费、安全行车,还要根据乘客意愿有车厢文化、车厢环境、车厢品位,更要有有声服务、温馨服务等。因此,出租车未来的服务要求将是全方位、高品位的。

六、出租汽车行业运营模式的选择

出租车行业的运营模式决定了其市场竞争模式,而这种市场竞争模式又会影响到企业的组织结构,特别是在政府管制的情况下,运营模式能够影响竞争的有效性,有效的运营方式才能促进自由选择权的实现,这是促进企业改进服务的必要动力。

1. 扬招型运营模式下主要产生范围竞争和数量竞争

在扬招运营模式下,出租车随机运行,乘客选择搭乘某辆出租车呈现均匀分布的概率特征。对于出租车驾驶员而言,其经营策略集中在区域竞争而不是质量竞争,选择在某一熟悉的、客流量经验值较大的区域进行扬招是追求利润最大化的有效方式。

对出租车公司而言,扬招模式下品牌建设成本收益不高。例如,某乘客想要乘坐某特定品牌公司的出租车,其成功搭乘该公司出租车的条件是在他等候的过程中,要么不出现其他公司的出租车,要么出现其他公司的出租车而不搭乘。第一种情况下,部分取决于该公司运营车辆的数量和分布的情况。第二种情况下,要考虑机会成本的大小,包括旅行时间价值和特定公司车辆到来的时间,极少有哪个乘客会在扬招情况下等候特定公司的出租车。换句话说,在扬招模式下,乘客的品牌忠诚度不高,主要是乘客的选择权无法落实,这也是对企业进行品牌建设的一种打击。品牌竞争并不是公司的最优选择,在扬招模式下,扩大服务范围内产品提供者的数量才是更好的选择,因此,企业侧重于开展范围竞争和数量竞争。

2. 电调服务模式、停靠站服务模式、网络约租模式能够产生品牌竞争

这三种模式使得出租车产品信息更加对称。乘客可以获得对几家公司或几辆在站台等候的出租车挑选的权利,并且能够有效应用前期的信息,特别是在电调和网络约租模式下,信息作用的实现成本低,消费者完全有权利对出租车产品的好坏进行评价和奖惩,能够有效发挥市场经济的作用,解决非重复博弈问题。通过这三种模式,可以促使出租车企业开展品牌竞争,集合各种竞争要素,为了占领市场追求利润而提高自己的服务。一是因为这三种模式下,本身能够赋予乘客足够的选择权,能够对品牌包含的价值有所追求;二是企业在品牌建设上的投入也会得到比较好的产出效果。

出租车行业走向以市场机制为主导、以企业自由经营与竞争为主的发展道路是行业发展的最理想模式。出租车行业运营模式选择框架如图9-2所示。

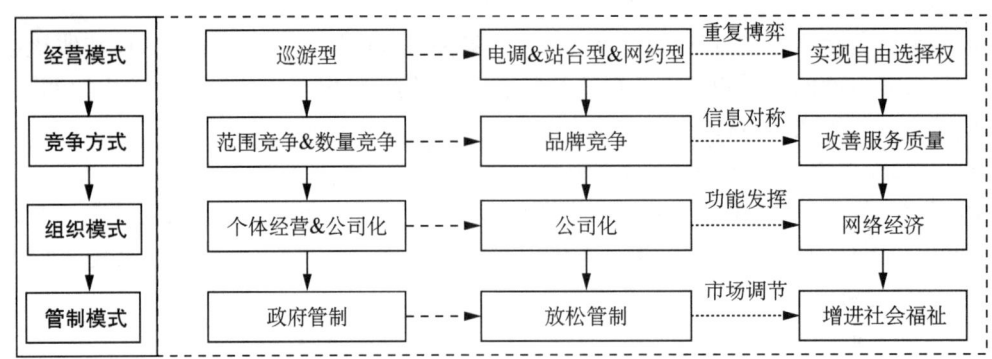

图 9-2 出租车行业运营模式选择框架

第二节 网约车发展及其平台属性

一、网约车及其平台概念

交通运输部《网络预约出租汽车经营服务管理暂行办法》(2019 年修正)对网络预约出租汽车(下文简称网约车)经营服务的定义为：依托互联网技术构建平台,整合供需信息,使用符合条件的车辆和驾驶员,提供非巡游的预约出租汽车、专车、拼车服务的经营活动。网约车平台是指构建网络服务平台,从事网约车经营服务的企业法人。网约车平台最早出现于 2009 年美国旧金山的 Uber 公司,随后便在全球范围内推广。美国相关立法中称 Uber 为交通网络公司,指通过数字网络手段在乘车人和驾驶员之间建立联系,从而提供运输服务的公司、合伙企业、独资企业或其他组织。

网约车平台提供的是运输服务,而非信息中介,主要表现在以下五个方面,因此,平台必须承担承运人的权利和责任。

(1) 平台提供的车辆、司机均是由其招募和组织的,平台实质是资源的组织者,而非仅提供交易平台。

(2) 平台以统一的服务品牌对外提供服务,经过各种营销活动,社会对其提供运输服务已形成广泛认知。

(3) 在服务过程中,平台将乘客需求与车辆进行匹配,并直接指派具体车辆提供服务,乘客可以有服务偏好选择,但乘客与司机不能自主双向选择,抢单也仍是一种调度形式,本质上是平台行使运输调度组织功能,而非信息中介功能。

(4) 乘客全部车资交付于平台,平台并未向消费者明示符合其法律形式的费用结构,如包括租车费、代驾费和信息中介费,反而以运输服务的通常法律形式明示费用结构,如时间、里程等。法律形式与费用结构不一致,平台实际已在从事运输经营活动。后续平台按约定与司机结算,这仅是平台与司机之间的利益分配问题,平台获得利润的多少并不影响对其从事运输经营活动的定性。

(5) 服务销售价格及价格机制由平台制定,与信息中介的概念存在本质区别,这是极为关键的一点。

网络预约出租车与传统巡游出租车的最大区别就在于获得顾客的方式是对顾客在互联网上发布的需求信息进行接单,而不是在街道上巡游,通常使用打车App,接单方将由传统出租车公司变更为网约车平台企业。网约车交易的电子化(包括信息搜索、交易撮合等)使得交易外部性减弱,交易供求双方信息不对称明显弱化,服务可选择性增加(如乘客可根据价格、服务品质选择企业,并提出个人偏好)。但网约车作为个体交通工具,对交通与环境的负面影响仍然存在。网约车交易具有时间约束(服务时间弹性越大,供给竞争越充分,越有利于消费者)特性。不同于传统电话约车以预约为主,移动互联网技术大大提升了约车效率,但预约不再是其主要特征,即时服务占了主导,并模糊了与巡游出租车的即时服务特征边界,但这种模糊并未改变网约车客运安全强敏感性特征。也就是说,网约车对传统交易特征有改变,但新的交易特征未完全消解原监管制度追求的监管目标。

网约车平台提供的出行服务具体可以分为快车、专车、顺风车等方式,此外还包括传统出租车与平台的结合,如表9-3所示。快车即网约出租车,提供高效经济的类出租车服务,最接近传统巡游出租车,平台根据乘客发出的乘车需求,将其与附近的司机及车辆进行实时匹配。专车致力于高品质出行服务,本质上其服务模式与快车相近,因其服务定位、运营成本及定价高于快车,大部分专车平台依托"租赁汽车+代驾司机"模式进行运营。顺风车由私家车车主通过平台发布行程,平台对相同出行线路需求的乘客进行实时匹配。值得注意的是,快车中的拼车与顺风车本质上是不一样的,拼车本质上是乘客间的拼单,由网约车司机提供服务,顺风车本质上是拼行程,司机及车辆均不具备营运资质。传统出租车与平台结合的网络出租车,即网约车平台为巡游出租车派单,提供的服务不变。

表9-3　　　　　　　　网约车平台下的出行方式特点对比

类型	实现形式	目标客户	突出特点	平台
网络出租车	出租车公司利用网络平台实现出租车信息的实时发布,平台将乘客与出租车进行实时匹配	日常出行的乘客	传统出租车行业与移动互联网的结合	滴滴
专车	乘客通过平台选择偏好的服务,平台对其与附近的司机及车辆进行实时匹配	要求个性化且服务质量有保证的高端用户	以移动互联网为媒介,提供高质量的个性化服务,并对司机及车辆有较高要求	神州专车、滴滴专车、Uber
快车	乘客通过平台选择偏好的服务,平台对其与附近的司机及车辆进行实时匹配	要求个性化出行服务的经济型用户	以移动互联网为媒介,提供高质量的个性化服务,并对司机及车辆要求相对较低	滴滴快车、人民优步
拼车	私家车车主通过网络发布信息,平台向有相同出行线路需求的乘客进行实时匹配	需要平摊出行成本的乘客和司机	以移动互联网为媒介的社会资源共享,能够降低出行成本	滴滴出行、拼车、Uber

二、网约车平台经济特性

1. 网约车平台的双边市场

平台是一种交易空间或场所,可以是现实的,也可以是虚拟的。平台通过开放端口以及实施相应的价格(包含免费、补贴等手段)策略吸引参与者加入到其所形成的双边市场中,为双边用户群体提供产品与服务交换的桥梁,并制定统一的标准与动态定价机制来保证和促进双边用户的交易,最终追求收益最大化。随着大数据和信息技术的发展,平台按照"产品平台—平台企业—平台生态系统"模式演化。

网约车平台是一种虚拟的交易场所,同时服务供、需两类客户,也是经济学家所谓的"双边市场"。学界常采用双边市场理论、网络外部性理论、博弈论来研究平台经济现象,例如平台企业的定价与竞争、消费者行为、平台行为以及价格弹性、网络外部性影响因素分析等问题。

当平台向需求双方索取的价格总水平 $P=P_B+P_S$ 不变时(P_B 为用户 B 的价格,P_S 为用户 S 的价格),任何用户方价格的变化都会对平台的总需求和交易量产生直接的影响,这个平台市场被称为双边市场。或表述为:如果通过提高向一边的收费,同时同等程度地降低向另一边的收费,平台可以改变交易量,则称这一市场是双边市场。

2. 网络效应及垄断性

同一双边市场内的双方具有相互依赖性,经济学家也将这种现象称为"网络效应"。网络效应经济理论是随着信息通信技术革命而产生的一种重要的经济思想。它所关注的是信息通信技术(Information and Communication Technology,ICT)产品不同于其他产品的特征,即网络效应对 ICT 产业的市场结构、企业行为与绩效的影响。网络效应是指 ICT 产品所表现出的一种需求方规模经济现象:使用一种产品的人数越多,该产品的价值越大,从而吸引更多的人购买和使用它。经济学家把这一类产品价值与用户人数之间存在的这种正反馈关系称为"(正)网络效应"。罗尔夫斯(1976)在研究电话网络时发现"一个用户从通信服务所获得的效用随着加入这一系统的人数而增加",并认为,"这是消费外部经济的典型例子,对通信产业的经济分析有基础性的重要作用"。研究表明,网络效应本质是自增强机制,具有多态均衡、临界启动、路径依赖和市场锁定等特征。这就使得成功的网络效应天然具备"一边倒"的特征,即一个网络(寡头)垄断市场。例如,在正网络效应的作用下,任何一边用户群体的价值,在很大程度上取决于网络另一边用户的数量。如专车乘客支付的价格取决于另一边足够大数量的司机带来的服务体验的改善,否则乘客就会转移消费。因为网络效应的影响,成功的平台享有递增的规模效益,用户愿意优先选择,甚至愿意为规模更大的网络支付更高的价格,因此,用户基数越高,平台的远期预期利润率也越高。

由于网络效应下收益递增的存在,双边市场行业集中度很高。居领先地位的平台会利用高利润率和资金优势,加大投入或者降低服务价格,进一步蚕食剩余市场份额,最后出现赢家通吃的局面,形成自然垄断或寡头垄断。这个也是 Uber 和 Lyft 大肆扩充司机规模、大打价格战的经济学解释。我国网约车平台企业从 2015 年的一家独大逐渐呈现多样化。以上海为例,2017 年网约车车辆约 91% 在滴滴出行平台上运营,2019 年这个比例降到 55%,此外,首汽平台占 25%,美团平台占 17%,享道占 2%,其他平台占比较低。

我国目前在预防和制止平台经济领域垄断行为方面的主要行动有:2021 年 2 月 7 日,国务院反垄断委员会制定发布《国务院反垄断委员会关于平台经济领域的反垄断指南》(以下简称《指南》),强调《反垄断法》及配套法规规章适用于所有行业,对各类市场主体一视同仁、公平公正对待,旨在预防和制止平台经济领域垄断行为,促进平台经济规范、有序、创新、健康发展。2021年4月10日,国家市场监督管理总局向阿里巴巴集团下达行政处罚决定书。事由是滥用市场支配地位行为。2021年4月13日,市场监管总局会同中央网信办、税务总局召开了互联网平台企业行政指导会,会议针对平台经济领域存在的强迫实施"二选一"等突出问题,提出"五个严防""五个确保",明确要求各互联网平台企业在一个月内全面自检自查,逐项彻底整改。

继《指南》发布后,2021年4月先后有三批互联网平台企业向社会公开《依法合规经营承诺》,具体如下:

第一批名单:百度、京东、美团、奇虎360、微店、新浪微博、字节跳动、叮咚买菜、拼多多、小红书、苏宁易购、唯品会(12家)。

第二批名单:滴滴、快手、每日优鲜、哔哩哔哩、国美在线、盒马鲜生、携程、蘑菇街、网易严选、云集、腾讯(11家)。

第三批名单:爱奇艺、贝壳找房、当当网、多点、去哪儿网、搜狗、58同城、饿了么、阅文、阿里巴巴、贝贝网(11家)。

3. 平台定价

网络效应的简化解释:使用者从用户网络中获得的额外福利变化。原则上,消费者得到的价值可以分为两部分:一是自身价值,即使没有其他使用者,消费者也可以从消费产品或服务中得到的价值;二是网络的价值,即消费者从与其他使用者交往中得到的价值。后者是网络效应的本质所在。

外部性是指一个人的活动对其他人的外部影响,具有非市场性和强制性。当市场参与者不能把网络效应内在化(Internalize),即网络效应不能通过价格机制进入收益或成本函数时,网络效应才可以被称为网络外部性。

从网络外部性角度定义双边市场:两组参与者需要通过中间平台进行交易,并且一方的收益决定着另一方参与者的数量。一个双边市场通常包含两个主要方面:一是市场中有两个不同类型的用户,它们通过一个中介机构或平台发生作用或进行交易;二是一边用户的决策会影响另一边用户的结果。如中国银联,两个用户分别指消费者和商户,如果没有消费者使用银行卡,商户就不愿意受理它,而如果商户不受理银行卡,消费者自然也不愿意持有它。

与传统单边市场一样,平台定价成了双边市场的一个核心问题。双边市场的这一基本结论具有重要的含义:在一个市场中,产品的价格一般随着需求弹性的增加而下降,如果这个市场恰好是一个双边市场,则这个价格可能下降得更多。

双边市场理论取得的一个主要共识是,平台对一边用户的定价不仅取决于用户需求及其边际成本,也取决于这边用户给另一边用户所带来的外部收益,也就是交叉(间接)网络外部性的大小。

双边市场定价的三个特征:

(1)交叉网络外部性。一方的用户数量将影响另一方用户的数量和交易量。交叉网络外部性是双边市场形成的一个前提条件,也是判断该市场是否为双边市场的一个重要指标。比如消费者对Windows操作系统的需求取决于与该系统相配合的软件数量。

(2) 价格的非对称性。总价格水平需在双边市场的用户之间进行合理分配,而不是按照价格等于边际成本的原则确定。因此,在价格水平上会呈现出一定的倾向性,从而保障企业的利润水平及社会福利水平。

(3) 相互依赖性和互补性。只有双边用户同时对平台企业提供的产品和服务产生需求时,平台企业的产品和服务才具有价值,否则只有一方有需求或双方均无需求,那么平台企业的产品和服务将不具有价值。

4. 平台与网络效应

同边网络效应:一侧用户数量的增加对这个网络的同一侧用户的价值增加或降低。例如,用 Play-station 游戏机的用户越多,新用户越容易找到搭档打联机游戏。

跨边网络效应:一侧用户的增加导致对另一侧用户的价值增加或降低,目的就是创造足够的跨边网络效应。

平台作为拥有双边定价权的平台提供者,需要决定应该在多大程度上通过补贴手段促使一侧用户数量的增加,并且弄清另一侧用户为了获得接触这个群体的机会而愿意支付多高的溢价。

除了跨边网络正效应,平台提供者还得考虑出现同边网络负效应的可能性,这种负效应有时会非常强。网约车平台正是具有极强同边网络负效应的特质,即供给方不断增加到另一个平衡点后,供给方的收入会明显下降,而供给的同质性与消费的随机性使得供给方难以实现自然淘汰或退出。此外,对于从事专车、快车的司机还有威廉姆森等制度经济学家所称的"套住效应",即"专用性"资本(耐用性实物资本或人力资本)投入某一特定的交易关系从而被锁定的程度。一旦要打破既有关系或调整制度规则,专用性资产将需付出较大的转置和退出成本,产生"套住效应"。这种效应表现为投资方由于退出交易过程与契约关系的困难使其对合约的另一方——平台产生依赖,使得网约车平台模式下有可能产生专用性资产的"准租金",网约车司机将处于不利的位置。网约车司机并不真正是平台所称的合伙人,而是权力结构极度不平等的主从关系。

三、网约车及其平台对传统出租车行业的渗透发展

1. 渗透发展的四个阶段

依托移动互联网技术的网约车及其平台对我国出租车行业的渗透发展经历了四个阶段:

第一阶段是 2013—2014 年,滴滴和快的两大平台通过持续市场推广,滴滴打车、易到用车、Uber、神州专车等打车软件开始出现在我国大中城市,在北上广深等大城市快速发展,并基本实现对传统顶灯出租车市场的全覆盖,在性质上属于对传统出租服务的互联网改造,并未对出租车时长产生巨大的冲击。通过信息技术的广泛应用,在一定程度上克服了传统出租车行业司机和乘客信息精准匹配难的问题。

第二阶段是 2014 年下半年开始的专车服务。专车服务首先在租赁车市场开始推广,提供比传统出租车更好的车型和服务,价格也相对较高,进一步凸显了既有出租车在运营管理和服务水平上的差异,为软件叫车的发展寻找到盈利点。随着专车服务的深入推广,由于运营车额度优先,大量社会私家车类非营运车辆通过挂靠第三方平台加入专车服务,大量租车服务平台也纷纷推出专车服务业务。

第三阶段是2015年开始兴起的拼车服务。随着易到、嘀嗒、滴滴顺风车等拼车平台的出现,拼车业务也呈现爆发式的发展。由于国内对于合乘车没有明确的法律界定,而拼车和营运行为本身又很难监管界定,对于不具备营运资格的车主向乘客收取乘车费的行为,地方运营、交通部门普遍将其定性为非法营运,属于严厉打击的范围。

第四阶段是2017年至今,网约车行业目前仍处于快速发展阶段,促销策略的推广已影响和改变了大量出行者的出行方式选择,网约车业务规模正在逐步逼近甚至反超传统巡游出租车。2017年,神州、首汽、易到、曹操、美团相继在网约车领域发动大规模补贴营销攻势,2017年至今,巡游出租车萎缩态势明显,表现为出租车日均载客车次下降,驾驶员不断流失。车辆规模下降。交通运输部发布的《2021年交通运输行业发展统计公报》数据显示,2009—2016年,全国城市出租车辆规模保持逐年增长,之后,出现下降趋势,2021年全国巡游出租车辆规模139.13万辆,相当于2015年水平(图9-3)。根据交通运输部下属全国网约车监管信息交互平台统计,截至2021年9月30日,全国共有248家网约车平台公司取得网约车平台经营许可,较2020年底增长34家。截至2021年9月,各地共发放网约车驾驶员证359.5万本、车辆运输证141.8万本,我国网约车用户规模达3.97亿人,较2020年增长3 123万人。以上海为例,2017—2020年,巡游出租车保有量从4.64万辆下降至3.73万辆,日均客运量由208万人下降至100万人;同时期网约车日活跃数量从2.9万辆上升至6.6万辆,日均客运量由54万人上升至112万人,自2019年起,网约车日均客运量反超巡游出租车,见表9-4。从市场细分来看,目前网约车与巡游出租车仍处于同质竞争状态,提供的服务差异较小,未来迫切需要促进网约车与传统巡游出租车业务的融合发展,逐步明确网约车和巡游出租车的差异化服务定位。

图9-3 2010—2021年中国巡游出租车保有量及增长情况

表9-4 上海巡游、网络预约出租车指标比较(2017—2020年)

指标名称	巡游出租车				网络预约出租车			
	2017年	2018年	2019年	2020年	2017年	2018年	2019年	2020年
车辆数/万辆	4.64	4.19	4.00	3.73	2.9	6.3	7.7	6.6
日均客运量/(万乘次·d^{-1})	208	175	154	100	54	110	129	112

2. 网约车与传统出租车服务的发展关系

"互联网+传统行业"是一条统筹各方利益、彼此兼容并进的新型发展道路。滴滴出行被"诟病"的关键原因就是通过多轮融资，凭借雄厚的资金实力，在初期以低于出租车营运成本和服务价格，并在营运资格等方面打破既有法规体系的途径抢占个体机动化出行市场，给传统出租车行业带来了极大冲击。然而，网约车的出现并非阻碍传统出租车行业发展的决定性因素，根本原因在于出租车行业自身运营机制僵化。主要表现在以下方面：

（1）行业定价机制僵化，出租车运价机制固定，调整程序复杂，价格体系单一，难以适应经济水平变化和成本变化，形成行业经营机制僵化。

（2）出租车以数量管控体现运力供给，缺少与需求对应的动态调整能力。在快速城市化发展背景下，牌照额度管控带来需求与供给的逐渐背离。

（3）在运营过程中，缺少临时停放点、休息点等辅助设施，从业人员劳动强度大，从业吸引力进一步下降。

（4）网约车的出现提供了更多样化服务，特别是在巨额资本助力下迅速被司机和乘客广泛接受，竞争带来行业经营进一步困难。

传统出租车行业改革在不断推进中，需充分立足资产归属与规模营运优势、服务经验积淀和品牌优势、企业-车辆-员工约束力优势，建立统一的出租车服务和监管平台，以改善乘客需求响应度和服务可靠性为切入点，构建更稳定、更公正、更多元的叫车渠道，为各个出租车公司以服务改善效益搭建平台，为出租车与网约车形成良性可竞争的局面提供技术支撑。

四、专车服务模式

1. 专车运营模式及服务特征

网约专车目标服务人群定位于要求个性化、品质化出行服务的中高端客户，主打中高端商务用车服务市场，承担较高比例的商务出行。根据车辆及司机与网约车平台的关系，互联网专车存在多种模式，不同模式下的合同关系和法律责任不同，例如神州专车采用"自有车辆+自有司机"的运营模式。通常网约专车运营车辆多以平台自有车辆或大型租赁公司正规租赁车辆为主，如神州和首汽均为自有租赁或合作租赁公司车辆，曹操为自有吉利新能源车辆。不同于快车模式，专车司机与平台通常具有更为稳定的合作关系，但不一定存在劳务关系，不同平台操作模式存在差异。一类以神州、首汽等为代表，以全职司机为主，或与专业驾驶员服务公司合作，司机有福利保障。神州专车的自有司机不但有五险一金，还提供专车司机→车队长→运营主管→运营经理→分公司经理晋升发展通道。另一类以曹操、滴滴为代表的平台专车司机以合作司机为主，经过严格的筛选、审核、培训，统一着装，提供标准化商务礼仪服务。以滴滴平台为例，司机通常需要从快车做起，当完成一定订单量并且车型满足专车的要求，就可以升级成为专车，如图9-4所示。

网约专车区别于快车的另一特征是与企业合作较为密切。由于专车提供的服务较为规范且服务品质有保障，可实现定制化出行，例如专门为企业出差员工、商务客户等打造专属机场、火车站出行方案。企业与网约车平台合作，可实现近似"外包"的方式解决企业商务出行需求，无需过多储备自有车辆承担此类出行，财务成本及管理成本得以控制。此外，酒店与网约车平台的合作有利于完善酒店的代叫服务，实现旅游产品中吃住行的全流程服务，例如滴滴与万达酒店和度假村于2019年达成合作协议，用户可在万达酒店微信公众号内使用

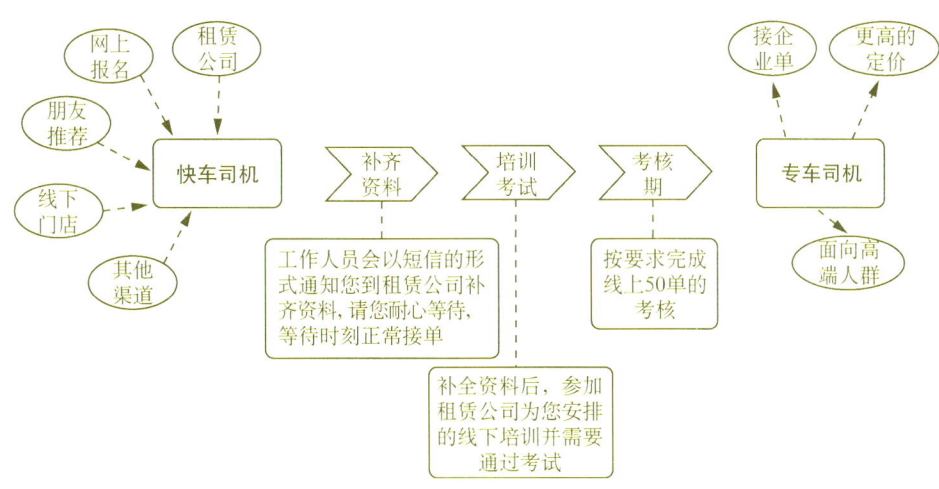

图 9-4　滴滴平台快车司机升级为专车司机流程

滴滴叫车,双方将逐步提供"酒店住房＋专车/豪华车用车"打包套餐,未来可通过万达酒店微信公众号、小程序、官方网站或 OTA 平台在线购买。除了公众号可实现叫车外,万达酒店旗下的礼宾部也将植入一键代叫服务,并设置滴滴车站。然而,专车交易量仍远低于快车,2019 年快车与专车交易量比例约为 4∶1。因此一些平台专车司机在接单量较低的时段可以接快车出行单。

2. 专车发展面临的问题

专车的早期雏形为商务车,是放松汽车租赁管制的产物。国内较早出现商务车并得到较好发展的代表城市为苏州。20 世纪初,苏州外资企业增多,中外商务客户机场接送(主要为上海虹桥机场与浦东机场)业务量较大,由于企业自有车辆承担该类事务的财务成本与管理成本高,苏州市汽车租赁公司通过整合汽车租赁与代驾服务,形成了商务车产品。2004 年《行政许可法》实施后,原有苏州市政府规章对汽车租赁学科没有了上位法依据,苏州市运管处于 2006 年宣布不再对汽车租赁业实施行政许可,开放了汽车租赁市场,汽车租赁公司开展的商务车业务完全进入市场竞争,推动了这一业态的发展。因此,有商务车历史的城市与地区往往对网络时代的商务车升级版——网约专车持较为开明的态度,这实际上是行政许可法放松管制精神在汽车租赁市场上的反映,体现了地方政府的法治定力。

网约专车出现初期,由于营运车辆及司机大多没有客运经营资质,常被各界定性为变相"黑车"。2015 年 1 月,交通运输部有关部门表示,当前各类专车软件将租赁汽车通过网络平台整合起来,并根据乘客意愿通过第三方劳务公司提供驾驶员服务,是新时期跨越出租车与汽车租赁传统界限的创新服务模式,对满足运输市场高品质、多样化、差异性需求具有积极作用。专车服务应根据城市发展定位和实际需求,与公共交通、出租车等传统客运行业错位服务,开拓细分市场,实施差异化经营。交通运输部肯定了专车模式的创新,专车的市场推广有持续之势,与此同时,传统租车企业大举挺进专车市场。尽管这一市场的发展尚未成熟,但围绕商业模式的探索已与市场推广并行展开。

2015 年 10 月 8 日,上海市交通委表示已向滴滴、快的发放《上海市出租汽车经营资格证书》,核准经营范围为网约租车网络平台,这标志着上海市对网约租车行业发展开始实施准入管理,这也是国内首张发放给互联网专车平台的牌照。

专车安全问题一直受到社会各界重视,滴滴表示,对于专车司机,公司有一系列监管措施,会查看司机的犯罪记录,并实施10%的末位淘汰。2018年,网约车频繁发生恶性社会事件,2018年9月8日至9月15日在中国大陆地区暂停提供深夜23:00—5:00时间段的专车服务。2018年9月8日起,在加密保存数据、保障司乘隐私的前提下,在网约车业务中(快车、优享、专车等)试运营全程录音功能;2018年9月14日,滴滴发布公告称,9月15日起将恢复深夜出行服务,但专车司机须满足注册超半年、安全服务超1 000单才能在深夜接单。

五、拼车服务模式

1. 拼车的发展历程

拼车,即本来利用个体交通工具出行的两个出行者或两个出行群体,使用同一个个体交通工具共同出行。广义的拼车认为超过一人使用同一交通工具就视为拼车,即传统公共交通亦可视为乘客间的拼车。

拼车的发展历程是由能源需求驱动逐步转向技术革新驱动的发展史。1942—1945年间,"二战"期间为节约资源以投入战争,兴起了小汽车合乘俱乐部,这样的拼车是自发组织的,由合乘发起者在工作单位的黑板上注明合乘信息,然后由有意者联系发起者实现拼车。1970年代,因石油危机,北美发起了政府主导的合乘示范性工程,以HOV车道的兴盛为标志,拼车的形式以临时小汽车合乘(Carpool)和厢式合乘(Vanpool)为主。1980—1997年,出现了基于电话的拼车,这一阶段的合乘策划以缓解交通拥挤和空气污染为旗号,拼车的驱动力亦在逐步倾向于技术革新。1999—2004年,网络开始迅速普及起来,基于网络的拼车平台开始普及,出行者通过网络录入拼车的需求信息,在此之前,合乘网站只是一个提供拼车平台联系方式的简单页面。2004年至今,因技术的不断变革,拼车发展到了第五阶段,整合了新出现的网络技术、手机技术和社交网络技术,实现了动态、即时的拼车。

国内的拼车发展,较早出现于出租车拼车。北京、南京、哈尔滨等城市为减轻交通压力,发布了出租车拼车规定。2003年11月1日起施行的《南京市城市公共汽车出租汽车客运管理条例》规定,合乘路段车费按7折算,并试行安装合乘计价器。值得注意的是,出租车拼车不等于强行拼客,应征得乘客同意,同时明确收费标准。2012年3月,北京出台相关政策鼓励合乘出租车,并对合乘的分摊费用及发票作出了规定。特别是在早晚高峰时段,拼车双方各付共同路段车费的60%,并可打印多份发票。限制出租车拼车发展主要有三大问题,即发票问题、乘客出行时间难一致问题、计费标准问题。2014年1月,为保护各方权益,区别合乘与非法营运,北京市交通委发布《北京市交通委员会关于北京市小客车合乘出行的意见》,鼓励合理的小客车拼车行为,小客车合乘应当遵循公益合乘优先、民间互助自愿、维护合法权益、规范合乘行为、严禁非法营运的基本原则,提倡合乘各方通过签订合乘协议的方式明确出行线路、乘车地点、安全责任、费用分摊等各自权利与义务,并在合乘前进行信息核实,确保行车规范和安全。尽管如此,但实际可操作性较低。

2015年10月,交通运输部发布了《网络预约出租汽车经营服务管理暂行办法(征求意见稿)》,积极推广网约拼车概念。2016年7月,交通运输部发布了《网络预约出租汽车经营服务管理暂行办法》,将网约车合法化,符合要求且获得相关营运资格证件的车辆及司机,可以申请兼职营运。2017年2月,嘀嗒拼车获得政府支持和认知,在政府获得备案,成为合法合乘拼车平台。

2. 拼车的类型及服务模式

根据交通工具、拼车平台、拼车频率、配对规则、司机与乘客的关系等要素的差异，拼车存在多种类型（图9-5）。

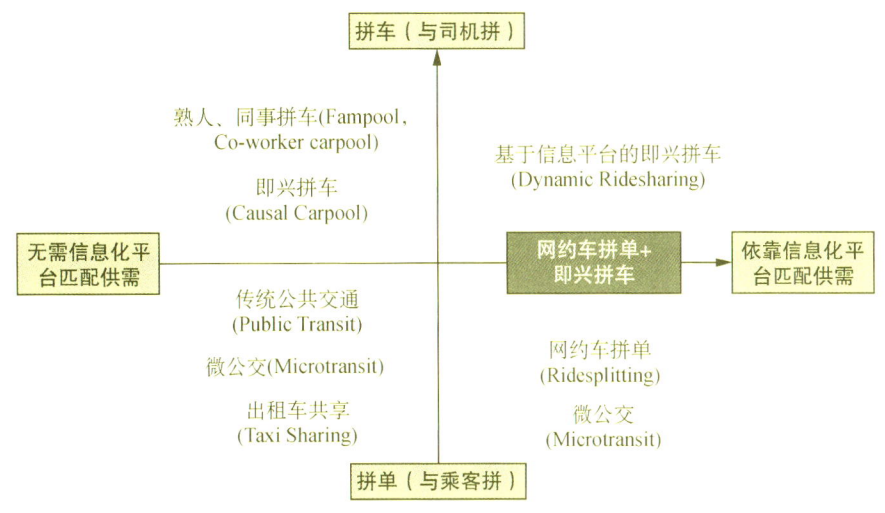

图9-5 拼车类型

按拼车频率及执行周期，可分为静态合乘模式和动态合乘模式。拼车起初应用场景多为通勤出行，由私家车车主自发拼车出行。通勤出行为长期稳定有规律的出行，一次用户匹配可长期合乘，是一种静态合乘模式。随着网络发展，网约车平台实现了多方信息的整合及实时发布、配对，在驾驶员和乘客快要出发之前作出的一次性出行匹配，即动态合乘模式。拼车出行的起讫点和时间都具有临时性，灵活性更高，通常需要依托网络平台及后台算法支撑即时匹配。

网约车平台的拼车，根据拼车对象可分为两种形式。一种为快车拼车，在选择快车出行模式时，可勾选"接受拼车"，此类拼车实际为出行拼单（Ridesplitting），是乘客之间的拼车行为，由快车司机提供出行服务。乘客可提前发布出行信息，包括起终点及出行时间，如系统匹配到顺路拼友，即可享受较低折扣，且为这一拼单派车，如未拼成则不派车。另一种为顺风车，拼车对象为私家车车主，私家车车主为降低出行成本，可发布行程接受其他乘客的拼车服务，双方实现行程共享（Ridesharing）。

第三节 汽车分时租赁发展

在2017年交通运输部和住建部起草的《关于促进汽车租赁业健康发展的指导意见（征求意见稿）》中指出，汽车分时租赁，也称为汽车共享，是以分钟或小时等为计价单位，使用9座及以下小型客车，利用移动互联网、全球定位等信息技术构建网络服务平台，为用户提供自助式车辆预订、车辆取还、费用结算的汽车租赁服务。

分时租赁车辆是租车行业新兴的一种租车模式，提供汽车的随取即用租赁服务。汽车分时租赁概念的提出可以追溯到1950年，一些注重环境保护的欧洲企业开始推行汽车分享的理念,认为没有必要人人拥有汽车,否则对环境将是一个巨大的灾难。为了提高汽车的使用效率,他们倡导由若干个消费者共同使用一辆汽车。因此,汽车分时租赁尝试以一种"使用权和所有权"分离的模式,给用户提供灵活、高效、可持续的交通出行服务。但其商业模式直到 20 世纪 80 年代才获得成功。经过多年的发展,分时租赁汽车现已逐渐在一些国家和城市兴起,如美国波士顿的 Zipcar、瑞士的 Mobility Car Sharing、比利时的 Cambio、德国的 Bundersverband Carsharing 及中国上海的 EVCARD。

一、分时租赁的发展

1. 分时租赁在国内外发展概述

汽车共享(Car-sharing)在国外起步较早,1948 年瑞士出现汽车共享合作社,通过钥匙交接,满足买不起车的人的用车需求。1997 年,NTUC-INCOME 以新加坡为试点,在亚洲率先启动汽车共享。1999 年,美国 Zipcar 成立,这是全球第一家按小时计费的汽车共享公司。2008 年,德国戴姆勒集团创办 Car2go,在欧洲扩张,采用创新的随取随用、即租即还、按分钟计费的运营模式。2011 年,Autolib 在法国巴黎上线,全部采用纯电动汽车。我国"从无到有"的线上租车平台探索期为 2006—2012 年,以长租和短租业务为主的互联网租车平台成立,传统租车行业开始注入互联网基因,以连锁门店形式快速跑马圈地。消费者租车方式由原来的线下直接采购或电话预定、线下取车,转变为线上预定、线下取车模式,租车更为便利和智能。2011 年,我国汽车共享分时租赁的第一个项目"车纷享"出现在杭州。分时租赁作为一种汽车共享方式,在国内虽然起步较晚,但发展速度很快。图 9-6 所示为分时租赁与传统租车模式的区别。

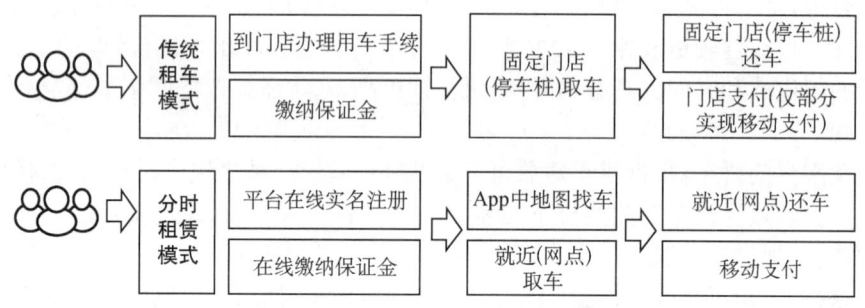

图 9-6 分时租赁与传统租车模式的区别

2013—2016 年,我国进入"从有到新"的共享租车增长爆发期。以私家燃油车为主的 P2P 共享租车平台由爆发增长到洗牌、转型,在政府对新能源汽车的大力扶持下,以新能源汽车为主的汽车分时租赁平台大量涌现。2013 年中国(上海)电动汽车国际示范区提出"分时租赁"的概念,开始 EVCARD 示范运营项目,租车模式转变为自助租车,全程"无人化"。2016 年中国用于共享的新能源汽车数量达到世界首位。

2017 年至今,我国进入"从新到精"的行业优胜劣汰整合期。随着征信系统发展,芝麻信用免押金租车模式成为趋势,汽车分时租赁企业加速洗牌,为了提高车辆使用率,扩大业务范围,头部企业竞相布局长租、短租、分时租等多元业务。2010—2019 年,中国分时租赁新注册公司数量逐步提升,截至 2019 年 2 月,中国已注册的共享汽车企业及单位超过1 600家,投入运营的汽车数量约为13万辆。2020—2022年,萎缩较为明显。例如,2018年EVCARD在超过80个城市运营汽车共享,注册用户近800万人,车辆数超过8万辆,已经迅速发展为全球最大电动汽车分时租赁服务提供商。但由于重资产模式、网点数量制约等问题,截至2022年1月,EVCARD服务城市缩减至28个,服务车辆数3万多辆。

2. 服务模式

按照取还车地点,一般从两个角度对分时租赁的服务模式进行划分。

(1)"双向"和"单向"的分时租赁系统,如图9-7所示。"双向"分时租赁系统一般是指分时租赁汽车从哪里借就归还到同一地方,即原地取还车;而"单向"分时租赁系统则是指异地取还车。

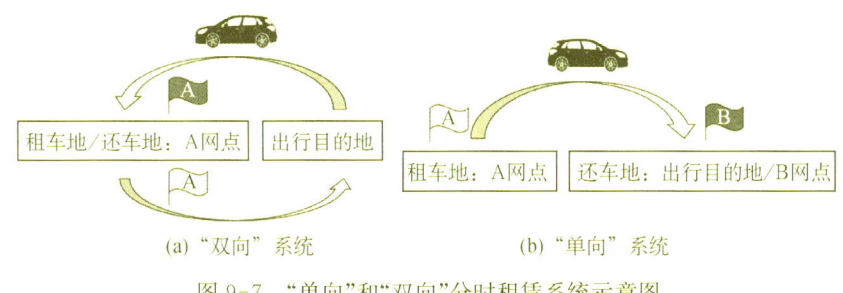

图9-7 "单向"和"双向"分时租赁系统示意图

(2)"非区域浮动"和"区域浮动"的分时租赁系统。"非区域浮动"分时租赁系统是指用户取车和还车的地点为指定的停车位、停车点;而"区域浮动"系统用户则可以在特定区域内的任意停车位取车或还车。

基于上述两个角度,分时租赁的服务类型可以划分为以下四类:同地取还车模式、异地取还车模式、半自由流动模式和自由流动模式,见表9-5。

表9-5 服务模式分类属性表

类型	非区域浮动	半区域浮动	区域浮动
双向	同地取还车模式		
单向	异地取还车模式	半自由流动模式	自由流动模式

(1)同地取还车模式。同地取还车模式基于"双向"分时租赁系统,是最原始的分时租赁模式。其特点是分时租赁车辆分布在固定的网点,用户需要提前在特定网点进行车辆预约和取车,结束行程后需要将车辆归还至原网点,这是绝大多数分时租赁公司最初采用的模式。分时租赁车辆停放在分时租赁网点内,网点的分布基于人口居住密度、商业用地程度、空间利用率、公司战略等方面进行规划,目标用户距离网点的步行距离要合适,用户在某一网点租车后必须在约定时间内返回该网点还车。

(2)异地取还车模式。该模式停车的区域是固定的网点,用户可以在不同的固定网点之间取还车。虽然自主性和灵活性不如自由流动模式高,但是相对于同地取还车模式还是提高了不少。但与此同时,对网点车辆的调度和运营提出了更高的挑战。

(3)半自由流动模式。该模式是从固定网点到区域流动之间的一种过渡模式,既可以是从固定网点取车,然后在指定区域内还车,也可以是在指定区域内取车,然后在固定网点还车。

(4) 自由流动模式。传统的固定网点被扩展至一个区域,整个区域内的分时租赁汽车都可以被任意使用或者停放,而一旦车辆开到区域外则需要开回该区域,或者开到其他规定的分时租赁区域停放,这大大提高了分时租赁的灵活性和自主性。但是,自由流动模式在增加用户便利性的同时也会大大增加运维成本。

同地取还模式和异地取还模式均为基于站点的运营模式,其灵活性相对于自由取还模式较小,其系统构成要素一般包括:①静态设施,如站点、停车位和充电桩等;②载运工具,即车辆;③用户;④服务管理系统。其中,站点是用户需求与系统供给产生连接与交互的空间场所;停车位和充电桩是分时租赁系统的设施供给;车辆是分时租赁服务与用户出行活动的载体。

3. 分时租赁行业发展预期

(1) 用户的认可度在提升。由于租车无须办理保险、无须年检维修,用户可以把买车、养车的负担转移给汽车租赁公司,并且车型可以随时更新,减少了用户购买车辆所带来的无形损耗。同时用户可以将租车节约下来的资金用于其他用途或投资,充分提高了资金利用率。再加之不用考虑限购限号、打车难等诸多问题,越来越多的用户被汽车租赁服务所吸引,用户对分时租赁的认可度在提升。

(2) 热度与期待持续,规模化速度低于预期。分时租赁对发展新能源汽车产业、传统车企转型、自动驾驶场景落地具有重要作用,同时对于社会交通问题、环境问题具有积极影响力,社会关注度较高,行业期待不减。对于企业用户而言,通过长租可以降低可征税前利润,从而降低赋税。分时租赁的发展节奏缓慢,行业破产风波不断,行业增速远远低于预期。

二、分时租赁行业的构成

随着汽车智能网联技术的发展,分时租赁产品的便捷性和整体体验得到了较大的提升。分时租赁行业发展的同时带动了其他相关产业的发展和技术进步。图9-8所示为分时租赁产业链构成和联系。在分时租赁产业链中有六大参与方,分别为车辆制造商、车辆中间商、分时租赁运营商、软硬件技术提供商、充电设施运营及车位资源商和第三方服务商。

1. 车辆制造商

汽车分时租赁成为汽车制造商及分时租赁运营商关注的收入增长点。在国内主要的新能源汽车整车生产商中,北汽集团、上汽集团、首汽集团等大型国有汽车制造商已推出新能源汽车的分时租赁业务。

2. 车辆中间商

车辆中间商是指从事车辆销售、提供汽车融资租赁业务的相关企业。通过传统汽车经销商购买分时租赁运营车辆,需要强大的资金实力作为支撑,对创业初期的企业而言,现金流压力大;通过融资租赁模式,分期付款购买车辆,可以缓解运营商的现金流压力。分时租赁运营商应根据自身定位及资源优势,选取适合的分时租赁车辆获取模式,以进一步降低成本,减少现金流压力。

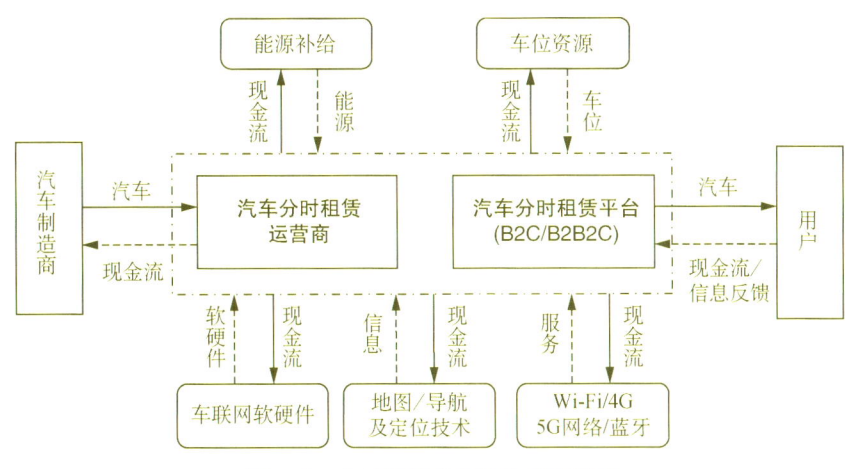

图 9-8 分时租赁产业链构成和联系

3. 分时租赁运营商

分时租赁运营商是指从事分时租赁垂直运营或平台运营的企业,是分时租赁产业链最核心的环节。分时租赁涉及车、桩、位以及线下运营等诸多环节,对运营商而言,理清商业模式、扩大用户规模、降低运营成本是持续发展的关键。根据背景和资质不同,分时租赁运营商可分为三类:①独立的市场参与者,包括创业公司和主机厂商注资成立的租赁公司;②新引入分时租赁业务的传统汽车租赁公司;③主机厂运营商。

4. 软硬件技术提供商

软硬件技术提供商是指为分时租赁业务提供软硬件支持的相关企业,包括车联网软硬件提供商、智能锁提供商、地图与导航服务商和定位服务提供商等。软硬件技术是分时租赁业务便捷化、智能化的技术支撑,可助力运营商提高效率、降低成本。

5. 充电设施运营及车位资源商

充电设施运营及车位资源企业是指提供车辆充电设施及停车位资源的相关企业,包括充电设施运营商、加油设施运营商及车位资源商。当前我国车桩比不匹配、充电设施发展不完善、市场空间大,资源整合能力和商业模式创新能力成为行业核心竞争力。我国停车位资源缺口大,获得地方政府支持、同车位资源商开拓新型合作模式成为各汽车分时租赁运营商的重要发力点。

6. 第三方服务商

第三方服务商是指为分时租赁业务提供其他类型服务(包括保险服务、网络通信、征信平台、支付渠道等)的企业。我国个人征信体系不完善,没有形成统一的量化标准,分时租赁过程中存在车辆丢失、车辆被故意破坏等行为。应用技术手段对车辆进行监控,加强同征信平台合作以减少意外损失成为分时租赁企业降低成本的重要途径。当前分时租赁行业与保险服务合作模式较为简单,探索同保险服务业的多元化合作模式、提高风险控制能力是降低运营成本的重要环节。

对于保险公司而言,分时租赁较高的驾驶频次以及随用随还的使用特性,使其运营风险远高于其他机动车。2017 年 6 月 1 日,交通运输部下发的《关于促进汽车租赁业健康发展的指导意见(征求意见稿)》中提出"规范经营管理,鼓励分时租赁"。在这项针对分时租赁的新政出来后,分时租赁险也随之应运而生,分时租赁险正在为车险行业打开新篇章。

三、分时租赁的运营模式

1. 以拥有车、桩、位等为主的重资产模式

分时租赁是一个重资产投资性行业,大部分资金用来购置车辆和缴纳保险。不仅如此,车位的租赁、充电桩的配置也是投入的一部分,所以重资产模式前期的投入巨大。重资产模式的特点可以概括如下:①所有运营车辆均为企业自有,且为用户提供配套的充电/加油服务、预约服务等;②在运营方面,人力成本较低;③灵活性不足,扩张速度较为缓慢。

2. 以车辆、平台为主的轻资产模式

基于重资产模式的难点,避免对企业造成资金压力,不少分时租赁企业采取了和网约车类似的"轻资产、重运营"模式。这种模式打破了以往传统概念里自建桩、自买车、自租位的重资产模式,以平台为切入点,打通全产业链条,整合主机厂、能源企业、车位资源企业三大领域,打造利于出行的全生态化平台。轻资产模式的特点可以概括如下:①企业提供车辆的来源以租赁为主,运营方面主要采用集中调配、统一补电/加油的模式;②不用承担重资产折旧分摊、贬值的风险;③在车辆运营方面要耗费大量的人工、充电/加油等成本。

按照分时租赁车辆的私有属性,轻资产模式还可以细分为两类:采用租赁车辆的模式和采用私家车的模式。

采用租赁车辆的轻资产模式:分时租赁的车辆来自汽车租赁公司,或者与车企达成合作,结合新能源汽车、车联网、远程智能控制、云计算等技术,实现用车全程自动化和结算智能化。分时租赁公司需提供服务平台。

采用私家车的轻资产模式:分时租赁的车辆完全采用私家车,分时租赁公司仅仅提供服务平台,也就是私家车分时租赁。私家车分时租赁也可以称为面向个人(P2P)的分时租赁。P2P模式的分时租赁结构如图9-9所示,与现在的滴滴、优步运营模式类似,其运营商并不需要购买和维护车辆。用于P2P分时租赁的车辆是由私家车车主提供的,私家车车主既可以将自己的车租赁给别人,也可以去租别人的私家车。运营商只需要遵循"共享经济"的原则,为用户和车主提供管理和协调交易的平台以及统一的保障措施即可。其他诸如价格、目的地、取还车地、加油(电)等交易细节都通过P2P网络进行。P2P模式号称是分时租赁的未来,但是具体落地和发展还有很长的路要走。

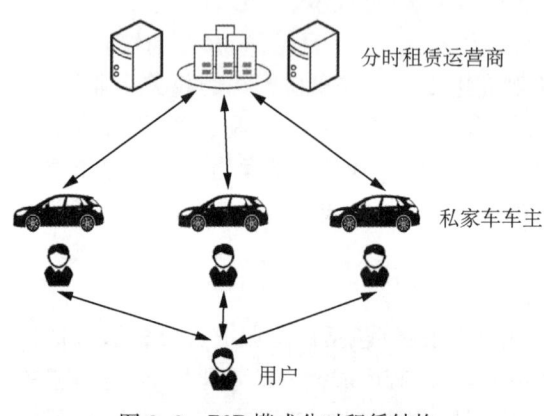

图9-9 P2P模式分时租赁结构

四、电动汽车分时租赁与传统租车对比

从资产运营方式、服务标准化、风险管理、车辆调度、市场定位等五个方面对电动汽车分时租赁和传统租车的运行模式进行对比,进而为提高电动汽车分时租赁系统的运行效率寻找方向。

1. 资产运营方式

在资产运营方式方面,电动汽车分时租赁相较于传统租车而言更为灵活,但其扩张速度对资金的依赖程度仍然较大。

传统租车企业提供汽车租赁服务一般需要通过自行购置车辆、建立实体门店,而且达到一定的规模才会吸引用户从而实现收益,这种模式是典型的重资产模式。这种模式对资金的依赖大,导致门店扩张速度较慢,要想发展可能需要较强的融资能力和一定的贷款比例,所以资产负债率较高。

电动汽车分时租赁的资产运营模式更为灵活。目前很多电动汽车分时租赁企业与传统租车企业一样,采用自行购买电动汽车建立站点的方式来完成分时租赁服务,但是由于目前电动汽车享受一定的政府补贴,初期投入相对传统租车来说较少。目前已有一部分电动汽车分时租赁企业开始探索轻资产模式,即通过整合市场上租车企业的闲置车辆放到分时租赁站点进行租赁的方式,极大地缓解对资金的依赖,加快站点网络扩张。

2. 租赁服务的标准化

租车企业如果采用自行购置车辆的方式,对资产的管控力强,由于门店和车辆都是自有的,在车辆性能、磨损、清洁程度等方面的服务品质更有保证,可以为租客提供更标准化的服务。

分时租赁与传统的汽车租赁在服务流程、对象上的区别,具体表现为以下几点:

(1) 分时租赁一般以小时、分钟等时长单位计费,而传统汽车租赁一般按天计费,显然分时租赁能够满足更多的短时、临时用车需求,相比传统汽车租赁更加灵活。

(2) 传统汽车租赁一般有线下租车门店,并且租车手续较为繁琐,在租车过程中一般需要有工作人员参与。而分时租赁一般只需要提前成为该租赁平台的注册会员,之后便可以自助地使用移动互联网工具进行车辆租还,更为方便。

(3) 传统汽车租赁网点较少,但每个网点车辆多。而分时租赁一般有较多的网点,方便用户取车,但单一站点车辆较少。

(4) 分时租赁的使用者以本地居民或长期居住者为主,而传统汽车租赁的使用者则既包括外来人员也包括本地居民。

3. 风险管理

汽车租赁行业的风险性较高,其主要风险有两点:一是租赁车辆交通违法的风险;二是租赁车辆被骗的风险,这也是最难控制的风险。

针对这一点,传统租车行业已经有了比较完善的管理方法。首先,传统租车企业一般采用线下人工办理租车业务,办理业务前工作人员会仔细核对用户的身份信息,并通过接触对用户有一个基本的了解,对于认为存在骗租风险的用户可采用婉言拒绝的方式避免损失。其次,通过线下签订租赁合同,对有关交通违法等风险进行明确规定,有些租赁企业还会对汽车进行实时监控,以降低汽车损坏或被盗的风险。最后,每次办理租赁业务前都会要求用户交纳一定的押金,以防交通违法、事故等带来的损失。这些措施会在很大程度上保证传统租车企业的租赁风险控制在合理范围内。

电动汽车分时租赁企业也已经探索了一些风险管理方法,通常采用与信用管理系统(比如公安系统)对接的方式判断是否存在租赁风险,或者通过车辆监控来了解用户的行为,进而判断用户是否存在盗车的风险。由于系统平台建设不完善、信用管理系统对接不全面及监控技术存在不足等原因,分时租赁风险管理相较于传统租车企业而言,还有很大的差距。

4. 车辆调度

传统租车企业由于是同一站点还车,如果在设置门店前能对该区域的租车需求做一个详细的调查,根据对需求的了解设置门店的规模,那么运行中需要对不同门店间车辆进行调度的情况就会少很多。

电动汽车分时租赁通常为了满足短租市场的需求,需要采用异地还车的方式,这样就会导致车辆在不同站点之间流动,由于不同时间、不同地点的需求不同,可能需要分时租赁系统实时结合租赁系统内站点的停车位、车辆数量及周围用户需求情况对车辆随时调度。

相较于传统租车系统,电动汽车分时租赁系统在运行中对车辆调度能力的要求极高,这就需要运营商不仅有完善的系统平台对站点车辆、停车位、车辆能源情况、周围潜在用户量等进行实时监控,同时也要随时根据情况采取相应的方式对车辆进行调度,以保证租赁系统的良好运行。

5. 市场定位

传统租车多采用传统燃油车以线下门店的方式提供汽车租赁服务,其所面对的用户市场主要是1天及以上的中长租市场。

电动汽车分时租赁多采用电动汽车以网络分布式布局的方式提供汽车租赁服务,由于电动汽车里程的限制及网络分布式布局的特点,目前电动汽车分时租赁的用户市场主要是时租等短租市场。

从表面上看,传统租车与电动汽车分时租赁各自有自己的市场定位,二者的竞争关系不明显。但是随着电动汽车分时租赁的不断发展,其短租市场的优势会逐渐显现,同时电动汽车分时租赁在市场扩张的同时,也应吸取传统租车企业的一些经验。

五、分时租赁电动汽车发展面临的问题

电动汽车分时租赁未来市场潜力巨大,但在运行过程中,面临发展初期高投入、低收益的困局,同时面临风险管理、车辆调度及服务标准化方面的难题。分时租赁发展面临的问题主要来源于三个方面:

(1) 政府方面,由于小汽车出行的本质,对分时租赁采取规范适度的发展态度。

(2) 企业方面,在布局规划上,分时租赁网点需兼顾中心区域和城市边缘,网点分布的数量、合理性、停车成本等是平台效率和用户体验的核心要素。车辆在部分一、二线城市受牌照、车辆限行等政策影响。在系统运营管理上,需求在时空域的随机性和复杂性对于车辆动态供给调整提出高要求,需要综合考虑系统运营效益、用户满意度和资源利用率。头部企业呈现城市运营由泛化到精耕,结构优化由高转低、自内向外的特点。

(3) 用户方面,用户从传统的用车习惯转移到分时租赁需要时间。用户的驾驶水平、素质及行为规范参差不齐,导致车辆洁净度低、破损率高、维修及保险成本高,从而限制了分时租赁系统的可持续发展。

第十章　共享小型汽车运营及使用特征与评价

本章分别介绍巡游出租车、网约车、分时租赁电动汽车的运营特征和乘客使用特征,并进行对比分析,体现异同性。

第一节　巡游出租车、网约车运营及使用特征

出租车运营特征与乘客使用特征有差别。出租车运营特征关注车辆运营,而乘客使用特征关注乘客使用出租车的需求特征,二者之间分析角度不同,但存在相互联系,出租车乘客需求和使用特征直接影响出租车的运营特征,比如运营里程、里程利用率、有效行驶时间、载客量等。

一、出租车主要运营特征指标

1. 需求指标

需求指标表征出租车交通出行的总体需求水平。出行需求分布反映不同路段的出租车交通需求的空间分布差异,可用于掌握城市热点 OD 聚集区域。需求指标包括:

路段上客、下客次数:城市某路段出租车日上客、下客次数。

日均载客总次数:城市所有路段搭乘出租车的总上客次数之和。

单车日均载客次数:在规定的一段时间内,每辆出租车每日载客次数的平均值。

2. 供给指标

供给指标表征一个城市出租车的供给水平。主要指标包括:出租车保有量、出租车司机人数。

3. 里程指标

里程指标表征出租车的道路使用情况。里程空载率越高,出租车在城市路网中引起的无效交通流越大。里程指标包括:

平均运营里程:所有出租车在空驶状态或载客状态下行驶里程总和与当日营运出租车数量的比值。

平均有效行驶里程(载客):出租车在载客状态下行驶里程总和与当日营运出租车数量的比值。

平均无效行驶里程(空驶):出租车在空驶状态下行驶里程总和与当日营运出租车数量的比值。

平均单次载客行驶里程:出租车平均有效行驶里程与载客次数的比值。

里程重载率:出租车载客行驶里程总和与总运营里程的比值。

里程空载率:出租车空驶行驶里程总和与总运营里程的比值。

4. 时间指标

时间指标表征出租车运营时间的长短及驾驶员的工作强度。时间空载率越高，出租车驾驶员承担越多的无效工作时间。时间指标包括：

平均运营时间：所有出租车运营时间总和与营运出租车数量的比值。

平均有效行驶时间（载客）：出租车在载客状态下一天行驶时间总和与当日营运出租车数量比值。

平均无效行驶时间（空驶）：出租车在空驶状态下一天行驶时间总和与当日营运出租车数量比值。

平均单次载客行驶时间：出租车在载客状态下一天行驶时间总和与载客次数的比值。

时间重载率：一天出租车载客行驶时间总和与总运营时间的比值。

时间空载率：一天出租车空驶行驶时间总和与总运营时间的比值。

5. 速度指标

速度指标表征出租车的运营效率。出租车平均运行速度直观反映城市路网的车流运行状态，可用于掌握不同时段出租车的运营效率与服务水平。速度指标包括：

平均载客速度：一天出租车载客总里程与载客总行驶时间的比值。

平均空驶速度：一天出租车空驶总里程与空驶总行驶时间的比值。

二、出租车乘客出行特征指标

1. 出发乘客小时系数

出发乘客小时系数指一天中每个时段出发的乘客数占全天乘客的比例，根据各个时段的出发乘客小时系数可分析乘客使用出租车的时段特征，为科学合理地分配出租车资源提供参考。

基于 GPS 数据分析，上海工作日网约车订单量以及巡游出租车载客车次的时变情况如图 10-1 所示，可以发现二者时变分布有一定差异：网约车工作日小时订单量呈现明显的双峰分布，即 7:00—9:00 和 17:00—19:00 时段的载客车次明显多于其他时间段；而巡游出租车小时载客车次量在凌晨 2:00—5:00 时段较少，在 9:00—24:00 之间则总体分布较均衡，

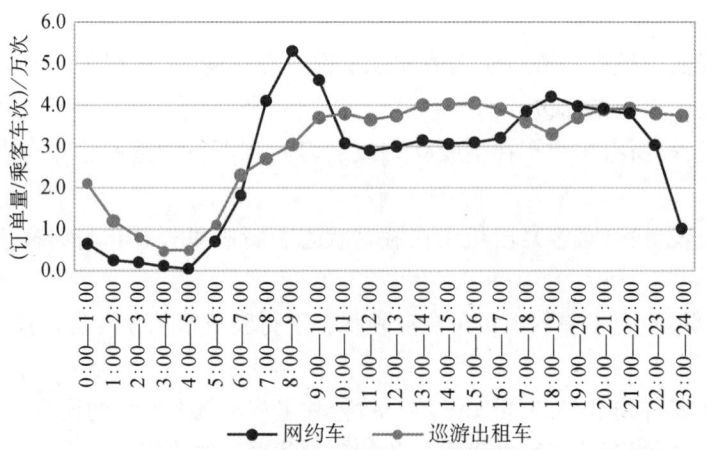

图 10-1 网约车订单量以及巡游出租车载客车次的时变情况

即巡游出租车载客车次无明显的早高峰和晚高峰。工作日从8:00—22:00是全天乘客相对多的时段,在这期间,出发乘客小时系数的变异系数仅为0.099;0:00—6:00之间出行的出租车乘客少,合计只占全天的15%左右。

2. 乘客出发、到达密度

乘客出发密度指每平方公里的出租车上车次数。乘客到达密度指每平方公里的出租车下车次数。

基于出租车GPS数据可以得出城市内出租车乘客出发密度和到达密度分布,采用该指标可以分析城市不同空间区域的出租车使用分布特征。以上海为例,工作日乘客出发密度和到达密度如图10-2和图10-3所示,基本呈现出从城市核心区人民广场、陆家嘴往外递减的分布规律。城市副中心五角场、静安寺、徐家汇及虹桥枢纽、浦东国际机场的乘客出发密度和到达密度均较高。

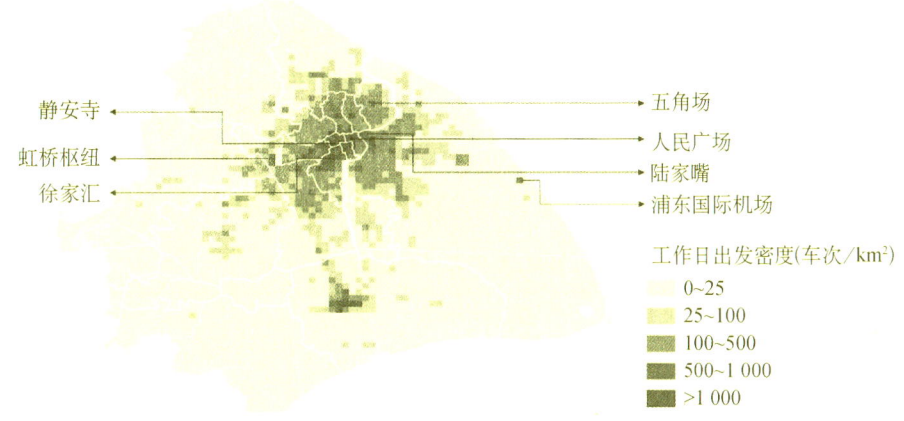

图10-2　上海市出租车出发密度分布

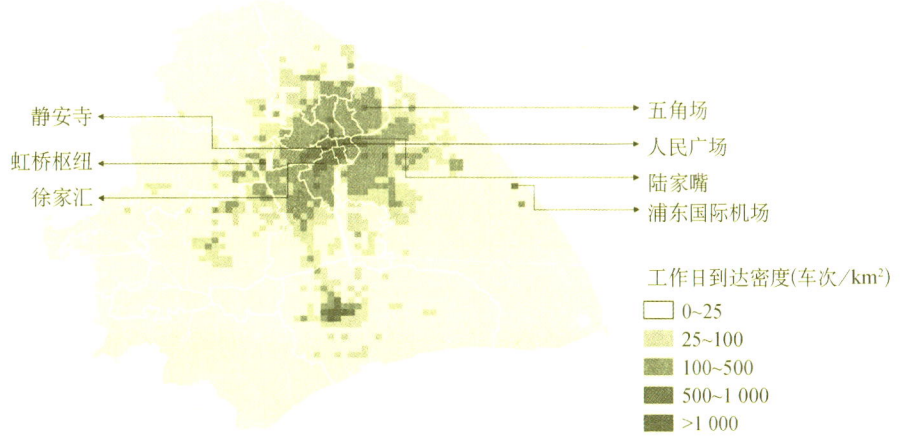

图10-3　上海出租车到达密度分布

3. 乘客搭乘出租车时长分布

乘客搭乘出租车时长分布指乘客搭乘出租车出行时长的频率分布曲线及累计分布曲线,用以分析出租车出行时长分布规律。

4. 乘客行程距离分布

乘客行程距离分布指乘客搭乘出租车的行程距离频率分布曲线及累计分布曲线，用以分析行程距离的分布特征。

5. 乘客平均行程距离

乘客平均行程距离为出租车载客总行驶里程除以载客次数，用以分析不同区域出发乘客的平均行程距离差异以及比较不同时段出发乘客的平均行程距离，得出乘客平均行程距离在时间和空间的分布规律。

三、典型城市巡游出租车、网约车特征指标对比

以上海为例，2017—2020 年巡游出租车、网约车综合运行指标比较如表 10-1 所示。2017—2020 年，上海市巡游出租车运营车辆数由 4.64 万辆下降至 3.73 万辆；网约车日均工作车辆数由 2.9 万辆上升至 6.6 万辆。巡游出租车、网约车平均乘距 2020 年较 2017 年均有上升，但中短距离出行呈现出从巡游出租车转向网约车的趋势。网约车平均乘距 2017 年以来一直略低于巡游出租车，2020 年网约车平均乘距为 8.8 km，略低于巡游出租车的 9.4 km。巡游出租车日均客运量 2017—2020 年一直呈下降趋势，自 2019 年起，网约车客运量、订单量均已超过巡游出租车。网约车 2020 年日均客运量为 112 万乘次/d，接近 2017 年的 2 倍，日均载客里程为 675 万 km/d，已超过巡游出租车日均载客里程 522 万 km/d。

表 10-1　　　　　　　　　巡游出租车、网约车综合运行指标比较

指标名称	巡游出租车				网约车			
	2017 年	2018 年	2019 年	2020 年	2017 年	2018 年	2019 年	2020 年
车辆数/万辆	4.64	4.19	4.00	3.73	2.9	6.3	7.7	6.6
日均载客里程/(万 km·d^{-1})	990	871	834	522	290	372	624	675
日均载客车次/(万次·d^{-1})	116	97	86	56	37	75.2	116	77
日均客运量/(万乘次·d^{-1})	208	175	154	100	54	110	170	112
平均每车每日行驶里程/km	334	329	329	238	91			
平均每车每日载客里程/km	213	208	203	140	63	62	101	102
平均每车每日服务车次/次	25	23	21	15	8	12	13	12
平均乘距/km	8.6	9.0	9.7	9.4	7.7	5.0	8.1	8.8

注：数据来自《2020 上海市综合交通年度报告》。

四、双边市场中信息机制的影响——以巡游出租车、网约车为例

平台信息机制会显著改变交易结果，供给侧、需求侧和平台自身存在利益差别。出租车司机在不同程度获知乘客出行信息时，其服务供给行为在出发时刻和载客位置分布方面均具有明显差异。

(1) 在司机获知乘客出行信息不同的情况下，图 10-4 中 100% 司机获知信息（巡游平台混合）相较于 30% 司机获知信息（仅平台机制），司机在出行早高峰时段响应了更多需求，而在凌晨时段接单量降低。订单行程距离普遍增加，白天 8:00—16:00（除 11:00—12:00）和

18:00—22:00 增幅最大(最大增幅 3~4 km),见图 10-5。

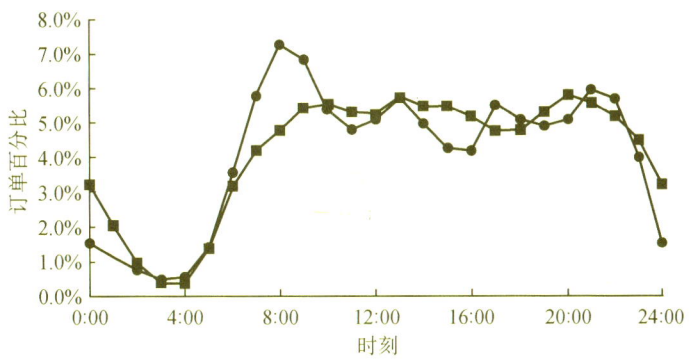

图 10-4 不同信息机制下订单时间分布比例

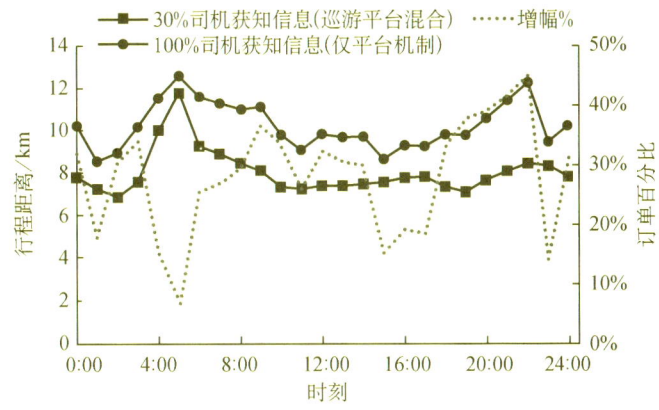

图 10-5 不同信息机制下订单行程距离变化

(2) 在司机获知乘客出行信息不同的情况下,图 10-6 中 100% 司机获知信息(仅平台机制)相较于 30% 司机获知信息(巡游平台混合),在出发时刻方面,司机在上午和晚间完成的长距离订单(>12 km)比例明显提高。

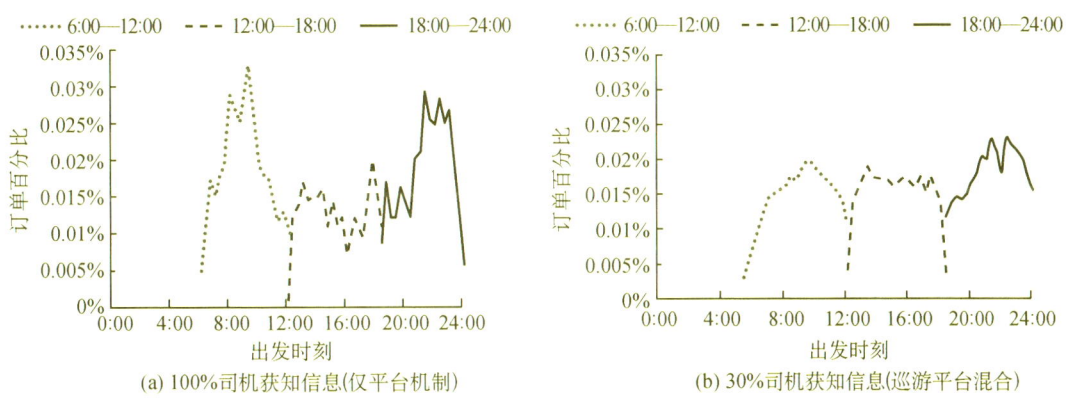

图 10-6 司机获知信息方式差异下订单时间分布比例比较

(3) 服务供给的范围扩散。100% 司机获知信息(仅平台机制)相较于 30% 司机获知信息(巡游平台混合),服务供给在空间上呈范围增大但方向性降低的特点,如表 10-2 所示。

表 10-2　司机获知信息方式差异下服务供给空间范围比较

司机获知信息方式	30%司机获知信息(巡游平台混合)	100%司机获知信息(仅平台机制)
核密度图	(1倍标准差椭圆)	(1倍标准差椭圆)
密度特征 (面积比例)	等级1(0.46%) 等级2(1.50%) 等级3(2.58%) 等级4(6.32%)	等级1(0.08%) 等级2(0.49%) 等级3(1.84%) 等级4(16.48%)

图例：等级1: >0.001　等级2: 0.0005~0.001　等级3: 0.00025~0.0005　等级4: 0.00005~0.00025　等级5: <0.00005

（4）当全部转变为借助平台提供服务，100%司机获知信息后，出租车司机在服务早晚高峰对长、短距离出行需求的响应呈现出空间差异化，如图 10-7 所示。服务早高峰时段，城

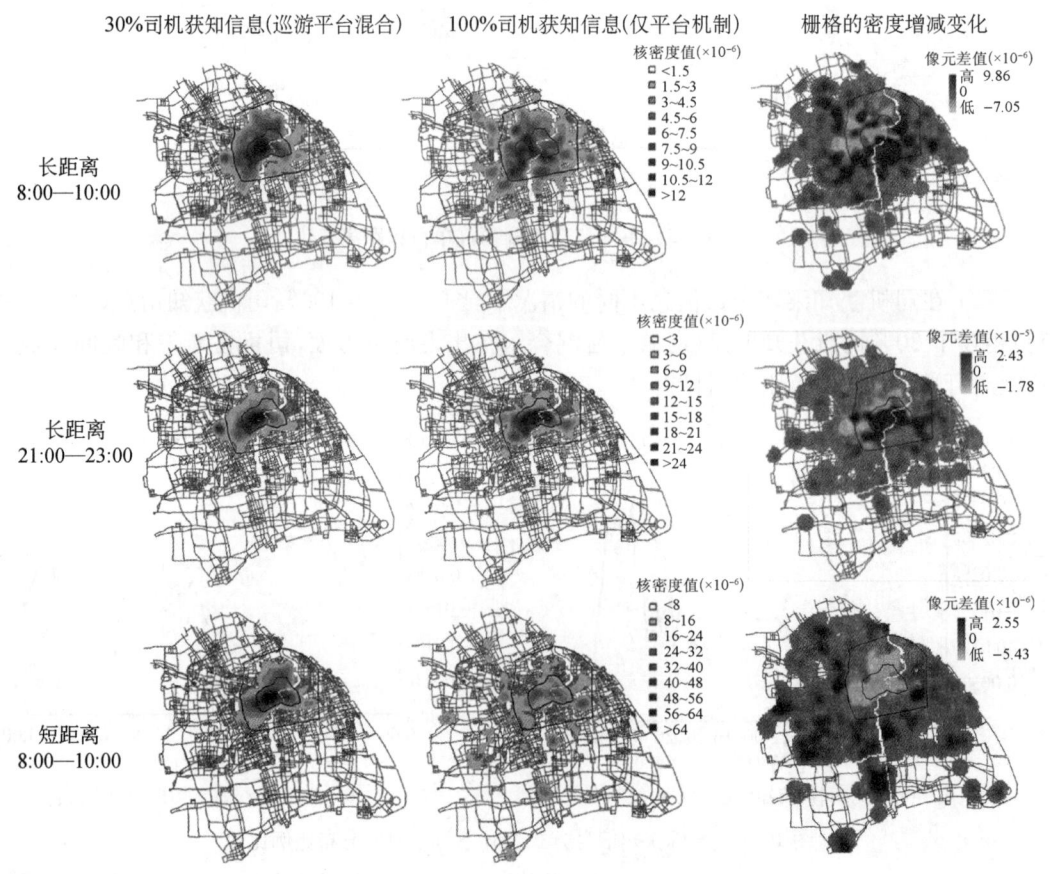

图 10-7　司机获知信息方式差异下出行距离比较

市中心区的长、短距离出行需求响应均有所降低,在城市外围区域和远郊区则明显提高;服务晚高峰时段,变化规律刚好相反,司机对中心区的长距离出行需求响应增强。

五、拼车、顺风车运营特征

1. 司机类型

按照出行次数和起终点是否固定,可将顺风车司机分为四类:出租车型司机、随机型司机、通勤型司机、多功能型司机,见表10-3。

表10-3　　　　　　　　　　顺风车司机分类

司机类型	定义	比例	每周平均接单数/次	平均运距/km	绕行比
出租车型司机	日均出行次数大于2次	0.8%	21.87	22.5	41.5%
随机型司机	月均出行小于2次	36.8%	0.13	58.0	21.2%
通勤型司机	OD比较固定(早晚高峰起终点距离差均小于3 km)	9.2%	1.82	24.2	26.8%
多功能型司机	其他	53.1%	2.81	28.2	32.1%

注:数据来源于2017年北京滴滴出行订单数据。

2. 网约拼车订单时间分布

顺风车和快车拼车的订单时间分布整体较为相似,早晚高峰有比较明显的峰值,如图10-8所示。但网约拼车中大部分订单(约85%)为快车拼车,除了夜间(1:00—6:00禁止快车拼车),快车拼车订单比例通常保持在46%的水平。

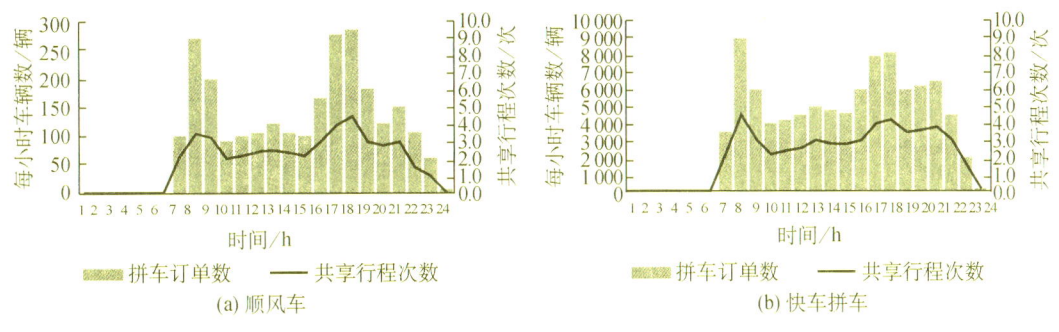

图10-8　网约拼车(顺风车+快车拼车)出行订单时间分布

除了早晚高峰和平峰的差异,工作日和周末也存在一定差异。以北京的工作日和非工作日的顺风车出行为例,工作日各小时的订单数量分布具有明显的早晚高峰现象,其中早高峰(6:00—9:00)订单数量的全天占比达到21%,具有明显的通勤服务特征。非工作日的日均订单数量略低于工作日,白天(6:00—18:00)各小时订单数量分布比较均衡,没有明显的高峰期,如图10-9所示。

3. 出行时长与出行距离

由于顺风车服务通常需要提前预约,且司乘双方均有自主选择权,而快车拼车是在出行

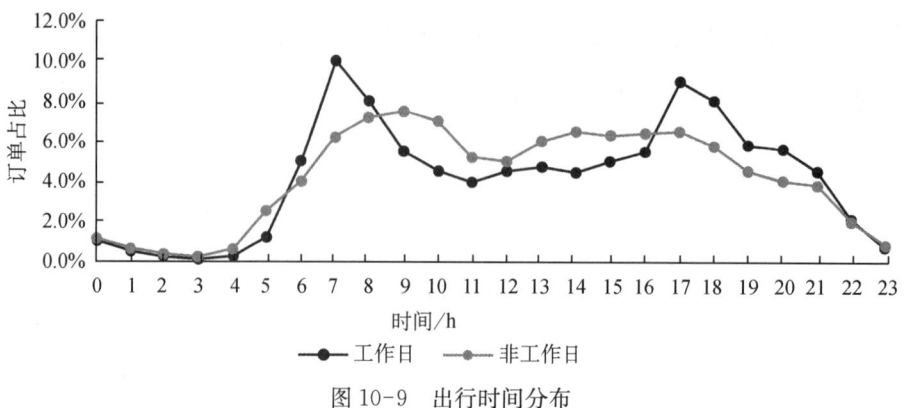

图 10-9 出行时间分布

途中不断进行随机匹配,顺风车绕行所浪费的出行时间和距离远小于快车拼车。这与两种模式的本质属性差异及派单机制差异有关。

以杭州的顺风车出行时间和距离分布为例,顺风车平均出行时间为 19.21 min,低于快车拼车的 21.2 min,出行时间大多集中于 10~20 min 区段,快车拼车出行时间分布更为扁平。顺风车平均出行距离为 6.62 km,低于快车拼车的 7.42 km,出行距离多集中于 3~5 km 区段,顺风车短距离出行较多,快车拼车超过 10 km 的订单比例高于顺风车,如图 10-10 所示。

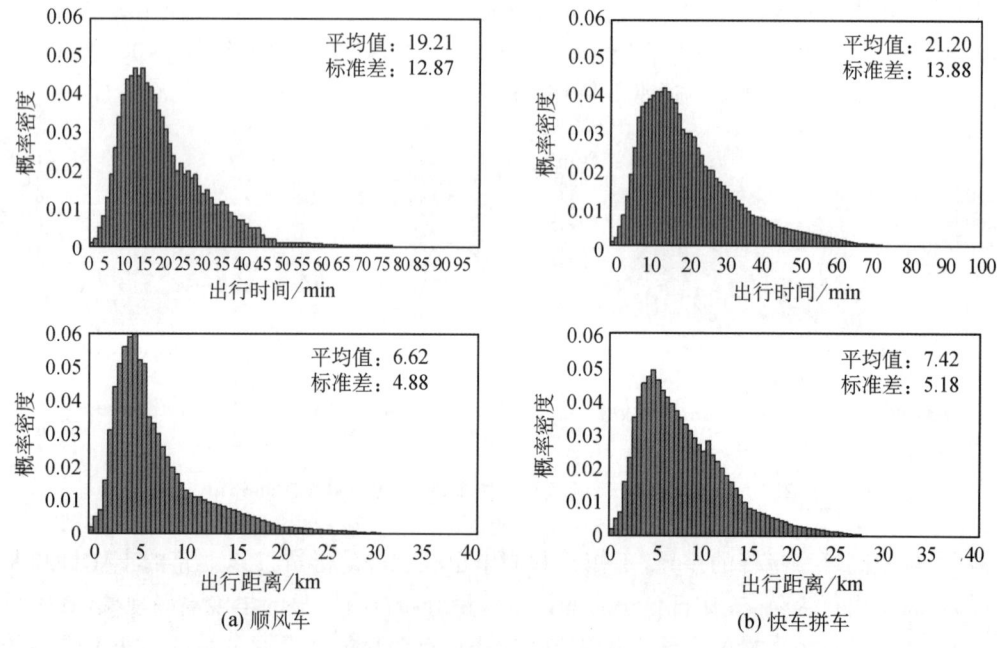

图 10-10 顺风车与快车拼车出行时间和出行距离分布

随着城市尺度的增大,顺风车出行距离也会相应增加。北京的顺风车市内平均出行距离约 10 km,大多集中在 5~20 km,也存在更多的中长距离出行。

六、出租车、网约车运营及使用特征数据在交通规划和运营管理中的应用

1. 基于出租车、网约车乘客出行特征理解不同城市功能分区

通过出租车、网约车的 GPS 数据和上、下客数据,测度客流量及其空间联系,识别城市活动中心,结合用地分析城市活动中心职能,进一步理解城市不同功能分区差异性。

【案例 10-1】 城市中心体系辨识及空间区域联系强度

利用上海 15 000 余辆出租车 GPS 数据,通过分析乘客出发密度和到达密度,按照出发、到达密度分级可以辨识出城市主中心(中央活动区)、城市副中心、地区中心,如图 10-2 和图 10-3 所示。利用深圳 5 000 辆出租车 GPS 数据,通过分析出租车 OD 数据发现罗湖、福田、南山 3 个重要的经济发展区联系最紧密。

【案例 10-2】 城市不同功能分区出租车乘客出行特征呈现一定差异

以上海的枢纽区、商业区、居住区、大学区四类功能区为例,这四类功能区的出租车时长累计分布曲线有一定差异,如图 10-11 所示,其中枢纽区的出租车出行时长明显高于商业区和大学区,居住区的出租车出行时长略高于商业区和大学区,但短于枢纽区。

从城市不同功能片区前往上海四个对外枢纽的出租车出行比例差异如表 10-4 所示,其中商业区前往四个对外枢纽的出行量占商业区出发量的比例为 5.2%,明显高于大学区和居住区,居住区该比例最低。

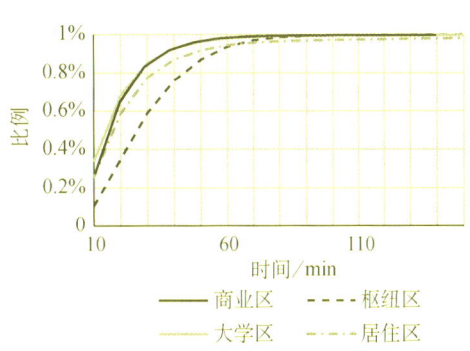

图 10-11 四类功能区出租车出行时长分布曲线

表 10-4 从不同功能片区前往上海四个对外枢纽的出租车出行比例差异

功能片区	浦东机场	上海西站	上海站	上海南站	四个枢纽出行量占总出行量比例
居住区	0.9%	0.1%	0.5%	0.1%	1.6%
大学区	1.9%	0.1%	1.3%	0.1%	3.5%
商业区	2.9%	0.1%	2.0%	0.2%	5.2%

出租车需求具有明显区域差异性,因此,上海自 2005 年起对出租车发展提出了按城市中心和非中心区域划分的方式制定发展规划和管理策略。例如,2005—2015 年期间,上海城市中心区以电话叫车为主,继续控制市区出租车数量,适度发展郊区区域性出租车;顶灯出租车总量控制在 5 万辆,其中区域型出租车约 9 000 辆。到 2010 年,中心区出租车候客站和扬招点总数达到 1 800 个。主干道和交通拥堵的中心区、重点区域推行以电调和电召叫车、站点上车为主的方式。随着 2014 年之后网约车的快速发展,以上出租车规划和管理策略发生了调整(可参考表 9-1)。

2. 基于出租车运营特征数据的夜班公共汽(电)车线路优化调整

通过对广州出租车 GPS 数据挖掘分析,梳理夜间(22:00 至次日 2:00)居民出行集聚区

域、客流热点、OD期望线及客流走廊,在此基础上结合现状公交线路,规划夜班公共汽(电)车线路。具体步骤如下:

(1) 对夜间出租车出行客流热点和聚集区域进行归集,共有153个出租车客流聚集点,其中客流生成量较大(超过400人次/h)的出行点共计13个。

(2) 以13个较强的客流生成点为基点,形成联系强的OD(超过100人次/h)共计66对,见图10-12,客流出行路径主要分布在环市西路、三元里大道、广园路、花城大道、中山大道、新港路等路段。

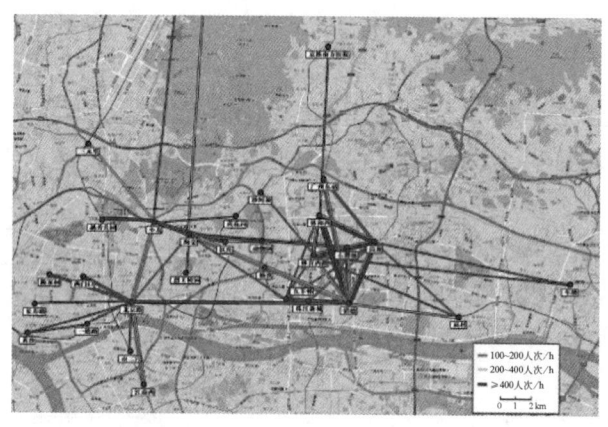

图10-12 夜间出租车的上下客OD期望线

(3) 依托夜间客流走廊,结合出租车客流出行强度较高的OD以及现状夜班公共汽(电)车线路,共计新增6条夜班公共汽(电)车线路,见图10-13。

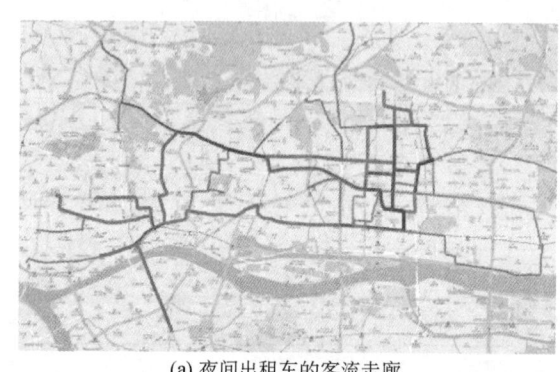
(a) 夜间出租车的客流走廊

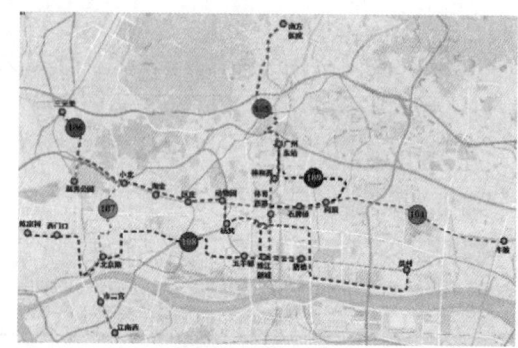
(b) 规划夜班公共汽(电)车线路

图10-13 夜间出租车的客流走廊和规划夜班公共汽(电)车线路

3. 大型对外客运枢纽巴士+出租车交通服务设计

为打造安全春运、有序春运、温馨春运,保障广州南站节后返程高峰期间交通组织有序,为居民夜间出行提供多种交通方式选择,及时疏运夜间到达旅客,2017年春运期间,广州市交通部门采取如约巴士+出租车接驳新模式。主要思路为:利用出租车GPS数据分析春运期间地铁停运后,从广州南站(区位上处于郊区位置)出发前往中心区的客流通道和目的地分布,在此基础上开行如约巴士线路。从位置上看,出租车乘客的目的地主要集聚在学院、天朗明居、天河软件园等附近大型居住区。从路径上看，主要有 3 条路径：①体育东路—林和东路—天寿路—广园快速路；②体育东路—天河路—中山大道；③体育东路—天河路—环市东路—机场路—广州大道北。2017 年 1 月 31 日（正月初四）—2 月 13 日（正月十七）夜间（地铁停运后），开行广州南站至天河体育中心东门、广州火车站、广州火车东站 3 条直达如约巴士，并在体育中心东门如约巴士下客点设置出租车候客点，让乘客下车即能换乘出租车，进一步解决乘客夜间出行需求。经统计，3 条线路开行期间运输旅客共计 4 004 人次，日均 286 人次，最高峰在 2017 年 2 月 2 日（正月初六），当晚运输旅客共计 548 人次。

2018 年 2 月 20 日至 3 月 5 日夜间共 14 天（正月初五至正月十八），为返程旅客提供高铁（机场）+如约巴士（地铁）+出租车的快速出行服务，主要包括三个方面：

（1）广州南站如约巴士+出租车夜间运输服务，即开行广州南站至广州东站、南岗、大沙地、东平横岗村、广云路、中山八路、广州火车站、花都客运站、南海车站等 9 条如约巴士线路，并在体育中心东门、骏景花园、中山八路、广州火车站等地设置出租车接驳点。

（2）广州南站地铁 2 号线+出租车夜间运输服务，即每天夜间 22:30 起，在地铁昌岗站、公园前站、广州火车站设置 3 个出租车接驳点。

（3）白云国际机场机场巴士+出租车夜间运输服务，即每天夜间 23:00 至航班结束，开通白云国际机场至体育中心东门、昌岗站、广州火车站等 3 条夜间直达巴士线路，并在体育中心东门、昌岗站、广州火车站设置出租车接驳点。

第二节　分时租赁电动汽车运营及使用特征

一、分时租赁电动汽车运营指标

分时租赁电动车辆总数：每天提供分时租赁服务的车辆总数。

分时租赁电动车辆利用率：每天至少产生一次订单的车辆数与分时租赁电动车辆总数的比值。例如，上海的分时租赁电动车辆利用率 2017 年最高为 80%。

分时租赁电动车辆泊位数：每天每个站点专用分时租赁电动车辆停车泊位之和。

订单总量：单位时间内所有分时租赁电动车辆的订单总数，单位是小时、日、周、月等。

每日/月车均订单量：每日/月所有订单量与分时租赁电动车辆总数的比值。例如，上海的分时租赁电动车辆每日车均订单量 2018 年约为 4.4 次/（车·d）。车型不同，车均订单量也有较大差别。

每日车均使用时间：每辆车每日平均被租赁占用的时长，是每日所有订单时长之和与提供分时租赁服务的车辆总数的比值。例如，上海的分时租赁电动车辆每日车均使用时间 2018 年约为 300 min。

站点密度：某区域单位面积站点数量。

日均站点取车（还车）订单量：各站点日均取车（还车）订单数。订单量的高低反映站点被用户使用的强度。

车位周转率：某站点的车位利用效率，是单位时间内到达及离开某站点的车辆数之和与该站点停车泊位数的比值。例如，上海的分时租赁电动车辆车位周转率为 1.24 车次/（车位·d）。

站点每车位日均订单量:某站点日订单总量与车位数的比值。

上海 EVCARD 租赁站点 2018 年部分运营指标统计结果如表 10-5 所示。

表 10-5　　　　　　　　EVCARD 租赁站点运营指标汇总表

评价指标	中位数	平均数	95th 分位数
日均取车订单量/(单·d^{-1})	1.75	5.69	24.09
日均还车订单量/(单·d^{-1})	1.82	5.69	24.11
日均取车订单时长/(min·d^{-1})	75.71	246.84	1 039.45
日均还车订单时长/(min·d^{-1})	75.61	246.72	1 080.64
车位周转率/[次·(车位·d^{-1})]	0.45	1.24	4.54
需求满足度	0.507	0.489	0.706

二、分时租赁电动汽车使用特征指标

分时租赁电动汽车使用特征指标分为时间特征指标、空间特征指标、速度特征指标三类。

1. 时间特征指标

取车时间:用户在分时租赁电动汽车 App 上预订车辆后的实际取车时间。

出行时长:有效订单的还车时间与取车时间的差值。

时间费率:按照不同车型收取每分钟使用费。例如,上海 EVCARD 公司规定奇瑞与荣威两款车型的使用费率为 0.6 元/min,之诺车型的使用费率为 1.1 元/min,由于使用时按时付费,因此用户也需要为取车与还车过程所造成的时间损失付费。

站点取还时变性:不同用地性质的站点取还车时间分布特性。

2. 空间特征指标

起终点分布:用户出发地、到达地网点订单量占全区域订单量的比例。

出行距离:订单起终点的轨迹距离。

取车距离:用户从出发地到分时租赁取车点的距离。

还车距离:用户从分时租赁还车点到目的地的距离。

里程费率:有效订单中,车辆移动过程中单位出行距离所花费的费用。

3. 速度特征指标

行车速度:完整行程的路径长度与出行时长(不含停驻时长)的比值。

行程速度:完整行程的路径长度与总出行时长(含停驻时长)的比值。

三、分时租赁的用户群体

使用分时租赁的用户分为两类,即有车用户和无车用户。这两类用户的核心需求基本类似,都是通勤和多点出行。无车有驾照用户的使用频次和黏性会更高一些,同时这类用户的练车需求可以被分时租赁满足。对于有车用户来说,非限号时用户的黏性和使用频次会有所降低。除此之外,天气、场合等因素也会刺激用户使用分时租赁。当然,用户的出行需求也可以通过其他平台满足。综合来看，用户会选择分时租赁的主要原因如下：①价格更便宜；②工作单位或者家周边有分时租赁网点或车辆，取用方便；③喜欢开车或自驾，需要更加标准化的服务。

通过对比目前分时租赁平台与其他平台的车辆使用频率和订单量可以发现，分时租赁的用户基数还是相对较小，数量级与其他平台无法相比。然而由于需求未被满足，市场的增长空间仍具潜力。

1. 用户群体和使用场景分类

分时租赁的用户群体可以分为个人用户和企业用户两类。我国目前大部分的分时租赁业务是以微公交、Car2go、EVCARD（环球车享）为代表的B2C业务。对于个人用户而言，分时租赁的场景较多，需要重点关注的用户群体有以下几类。

（1）社区居民。10~100 km的短途出行是目前分时租赁最主要的使用场景，主要使用时间在周末。分时租赁能满足无车家庭短途出行私密性、灵活性的需求，受到广大用户青睐。

（2）白领上班族。此类用户的主要需求是从住所到工作地点之间的短途固定线路通勤。该类用户使用时间相对固定集中，主要为早晚高峰，多以年轻白领为主。

（3）高校学生。时尚的年轻人往往会将分时租赁作为一种新潮体验去尝试，但是对价格较为敏感。现在很多高校大学城所在地离市区较远，公共交通匮乏，大学生购物、郊游等出行需求较多，分时租赁有较大发展潜力。

（4）游客。这部分用户主要为外地旅游人群，需求是前往城市的景点。出行特点是地点集中、线路简单。网点可以分布在机场、酒店和景点。酒店方有较强意愿为消费者提供增值服务，例如首汽GoFun已经和如家酒店集团合作，针对此用户群体提供服务。

（5）业务需求用户。该类用户以商务出行为目的，人员以销售、中介、中小企业业务员、摄影记者等为主，他们需要在一天内各地周转用车，而且有时随身行李较多。分时租赁的便捷、使用灵活、存放行李方便等特点是他们选择该服务的主要原因。

分时租赁的企业用户主要有以下两类：

（1）园区/科技企业。很多高新企业园区内部面积较大，通常设有通勤车，但是车队维护管理成本较高。如果采用分时租赁，就不需要招聘专门的司机，能在一定程度上降低成本，同时增加园区内员工开车办事的灵活性。

（2）政府机构。政府机构人员公车出行可以考虑分时租赁的模式，降低公车使用成本，同时采用新能源车辆能够起到节能减排的推广示范效果。

总体来看，分时租赁用户的出行场景可以分为休闲和商务两大类：

（1）休闲场景可以分为大学校园、核心商圈、交通枢纽、机场/酒店/景点，主要面向社区居民、高校学生、游客和白领上班族等。

（2）商务场景包括交通枢纽、核心商圈、政府机构和企业园区等，主要面向政府企业用户、白领上班族和业务需求用户等。

分时租赁的常见用户和使用场景如图10-14所示。当分时租赁可以满足特定的使用场景时，用户才会有使用需求。随着分时租赁网点数的增加、覆盖范围的扩大、新能源汽车续航能力的提升，分时租赁将会满足更多用户的出行需求。中青年对新鲜事物的接受度高，有驾驶证无车族也有一定的刚性需求，在未来一段时间内可能是主要的用户，应针对其生活方式和出行需求提供更多相符合的使用场景。

图 10-14　分时租赁的常见用户和使用场景

2. 我国分时租赁市场消费者的特点

1）地域分布

我国分时租赁市场有着分布极其分散、地域性强的特点。综合考虑交通情况、消费习惯等因素,分时租赁在一线和二线城市的市场发展潜力巨大。

超一线城市和一线城市具备良好的市场环境,人群对新鲜事物的接受度普遍较高,市场的成熟度也允许一些新模式的探索,人群的出行需求也相对多样,因此,部分汽车分时租赁的服务商优先在一线城市、省会、旅游城市进行试点,如上海、重庆、北京、四川、广东、浙江、江苏、河北、河南等。分时租赁活跃用户比例在不同级别城市也有差异,例如一线城市分时租赁活跃用户比例约为 60%,二线城市约为 35%,三线城市接近 10%。

2）消费水平

通过分析分时租赁用户消费水平可以发现,中等和中高等消费者是目前主要的用户群体,占比 60% 左右,中低、低消费水平出行者占比不超过 20%。

3）性别与年龄分布

分时租赁电动汽车的男性用户超过 60%,可以推测男性比女性更愿意使用分时租赁电动汽车。分时租赁电动汽车的用户群体以中青年为主,25～44 岁的用户占比超过 70%。

4）家庭车辆保有量与驾驶经验

分时租赁电动汽车用户中,家庭拥有 1 辆及以上小汽车的比例超过 70%,实际驾驶经验 1 年及以上者超过 70%。

四、典型城市分时租赁电动汽车与巡游出租车特征指标对比

分时租赁电动汽车与巡游出租车在出行时间分布、出行时长、出行空间分布、出行距离等方面具有一定差异,以上海为例进行对比分析。

1. 出行时间分布

工作日期间,出租车与分时租赁汽车出行时间分布有很大的差异,如图 10-15 所示。分时租赁汽车有明显的早晚高峰,分时租赁取车高峰为 7:00,12:00,17:00,还车高峰为 8:00,13:00,18:00,与早晚通勤出行、午休的时间相符,但是,与居民通勤出行时间分布相比,其峰值并不显著,居民 45% 的出行集中在早晚高峰的 3 h 内(7:00,16:00,17:00),而分时租赁只占 18%,且居民出行早高峰强于晚高峰,分时租赁汽车出行晚高峰强于早高峰,表

明分时租赁汽车出行主要目的并非通勤,这符合非通勤出行对于交通方式选择最为关注便捷性与费用的特征;出租车出行时间分布相对均衡,无明显出行高峰,上、下客只有三个小波峰,上客高峰时间为 10:00,13:00,20:00,下客高峰时间为 11:00,15:00,21:00。

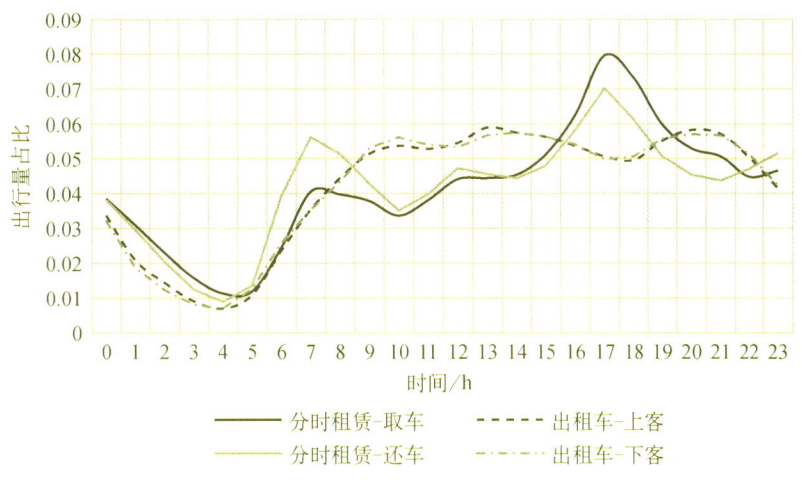

图 10-15　工作日出租车与分时租赁汽车出行时间分布对比

周末期间,出租车与分时租赁汽车出行时间分布差异较小,如图 10-16 所示。二者都在 5:00—9:00 出行量逐渐上升,21:00—4:00 逐渐减少,在 4:00—5:00 达到最低值。分时租赁汽车高峰略为明显,分别是 9:00 的取车高峰与 10:00 的还车高峰;出租车 11:00—22:00 出行分布更为均衡,在不同的时间段有一定的波动变化,13:00,17:00,21:00 上客量相对较高。

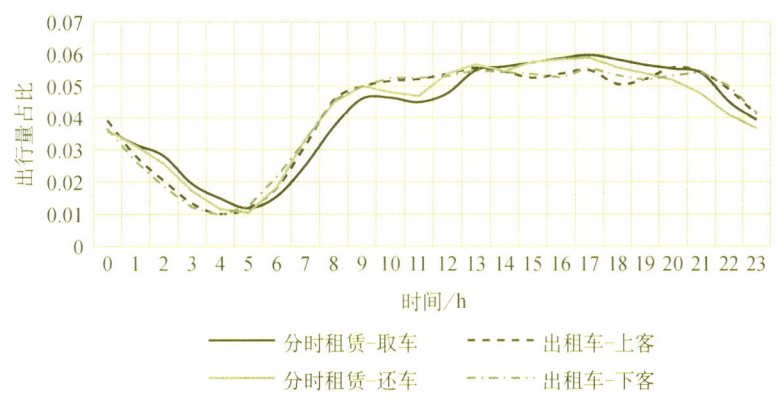

图 10-16　周末出租车与分时租赁汽车出行时间分布对比

2. 出行时长

出租车与分时租赁汽车出行时长特征差异较大,以上海为例,如图 10-17、图 10-18 所示。在中心城区域,出租车出行以中短距离为主,大部分出行时长在 40 min 以内,80% 的出行时间在 30 min 以内;分时租赁汽车主要满足较长出行距离的需求,80% 的出行时间在 65 min 以内,这与上海分时租赁汽车的费用较出租车低有关,分时租赁汽车在长距离出行上更加经济。

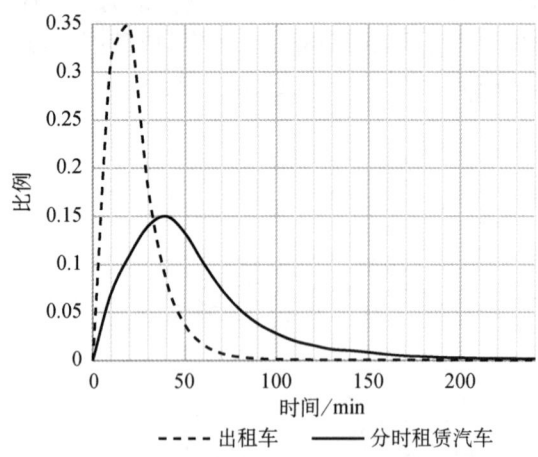

图 10-17　出租车与分时租赁汽车出行时长频率分布曲线

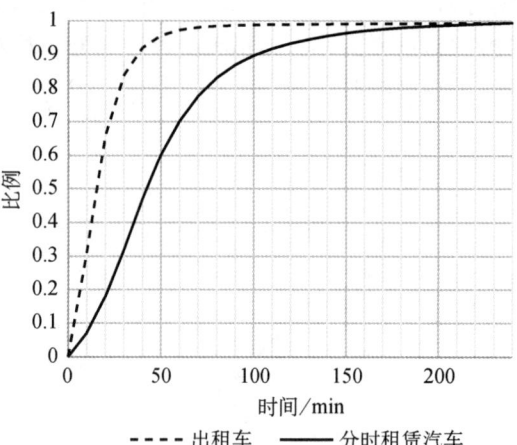

图 10-18　出租车与分时租赁汽车出行时长累计频率分布曲线

3. 出行空间分布

分别统计分时租赁汽车与巡游出租车在上海中心城内部出行、进出中心城出行的占比，如图 10-19 所示。起讫点都在中心城内（即外环内）的出行，出租车占 82.2%，分时租赁汽车占 40.3%。可以看出，出租车主要在中心城内（即外环内）出行，联系出行热点区域，而分时租赁汽车进出中心城出行占比较高，出行起讫点至少一端在中心城外（即外环外）的出行占 60%，主要为进出中心城出行。

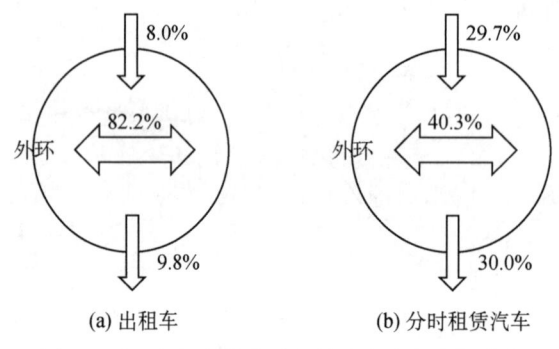

图 10-19　出租车和分时租赁汽车出行空间分布

在中心城与郊区（外环线以外）的跨区出行中，分时租赁汽车 60% 的出行为跨区出行，而出租车只有 18% 的出行占比。研究表明，上海分时租赁汽车的费用较出租车平均低 50% 以上，因此，分时租赁汽车在长距离出行上更加经济；出租车更活跃于人口密度大、人流量大的中心城区（即外环内），出租车从中心城前往郊区（即外环外），虽然一个订单的收益大，但是回程有较大概率空驶，而分时租赁汽车无空驶，更适合在郊区客流稀疏的区域使用。

4. 出行距离

分时租赁汽车和网约车订单的里程分布情况如图 10-20 所示，分时租赁汽车订单里程分布比较均匀，0～10 km 占 23%，10～60 km 占 43.3%，60 km 以上占 33.7%，可见 10 km 以上出行是分时租赁汽车的主要服务市场。

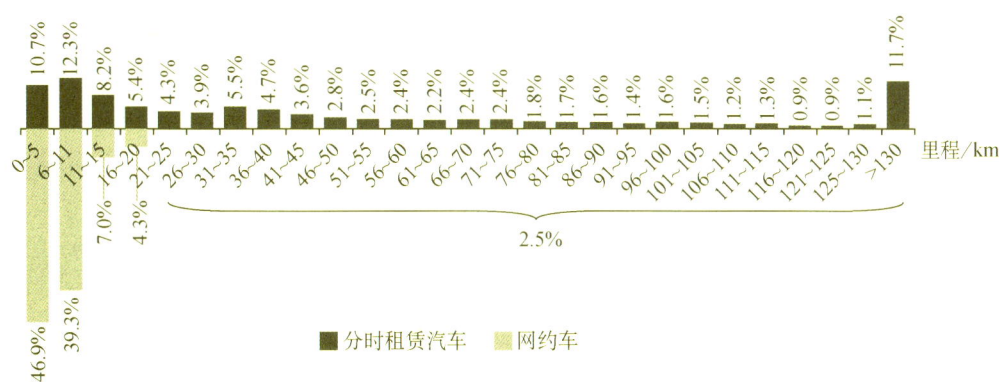

图 10-20　分时租赁汽车和网约车订单的里程分布情况

将不同交通方式的主要服务出行距离进行划分,共享单车主要服务 0~5 km 的出行需求,网约车和巡游出租车主要服务 0~20 km 的用车需求,且大多是在 10 km 以内的中短途出行。传统日租的小客车主要服务 100 km 以上长距离的用车需求,可见 10~100 km 出行需求有一个缺口,分时租赁汽车可以较好地服务这一缺口的出行问题。

第三节　出租车、分时租赁电动汽车运营评价

一、出租车运营评价

1. 评价指标选取原则

评价是通过一些归类的指标按照一定规则与方法,对评价对象某一方面或多方面的综合状况作出优劣评定。对于所评价的系统,必须建立能够对照和衡量各个方案的同一尺度,即评价指标体系。系统评价的复杂性主要体现在评价指标体系的建立。选取不同的指标对评价的结果影响很大,指标选取有很多影响因素且有很大的主观性,不同人可能对同一问题选取不同指标,进而得出不同结论。为了评价结论尽可能客观、全面和科学,评价指标的选取必须遵循一定原则。

(1) 系统原则。建立的评价指标体系应能综合反映出租车的整体运营服务水平,并要尽可能地反映其多个侧面。单个指标只能反映目标的某一方面,但是对于某一个系统的综合评价来说,需要多个不同类型指标,并且需要对这些指标进行系统的分类。评价指标要包括系统目标所涉及的主要方面,同时能够从指标中抓住主要因素,既能反映直接效果,又能反映间接效果,以保证综合评价的客观性和可靠性。

(2) 可操作性原则。指标含义明确,数据资料可以通过一定的途径和方法获得,综合评价指标体系的设计应尽量与现行的统计指标、会计指标、业务核算指标统一,以便于数据资料的收集、加工、处理。同时,指标体系应简单、明了,便于企业和管理部门操作使用。

(3) 绝对量指标与相对量指标结合使用原则。绝对量指标反映总量即规模水平,相对量指标可以反映在某些方面的强度。

(4) 可比性原则。综合评价指标应具有动态可比性和横向可比性。通过对综合评价值进行动态比较,可了解企业或出租车在同行中所处的位置,有助于出租车公司和司机提高运

营效率,改善服务水平。

(5) 特殊性原则。要考虑出租车司机的特点,可能每日工作时间越长,收入越高,但司机疲劳驾驶,会导致事故发生,因此不能以收入作为运营水平评价的唯一标准,要考虑效率(空驶率小、行驶速度快)因素。

(6) 独立性原则。指标应尽量避免包容关系,指标间要尽量相互独立、互不重复,对隐含的相关关系,应以适当方法消除,以避免评价结果因指标间的相关关系而产生倾向性。

2. 运营评价指标体系

出租车运营水平评价涉及面广、内容多,评价指标选取考虑的因素也多,用简单的线性结构难以描述各指标的内在联系。根据评价指标选取原则,综合评价指标体系包含车辆运营水平、企业运营水平、运营服务质量以及社会效益,如表 10-6 所示。

表 10-6　　　　　　　　出租车运营综合评价指标体系

一级指标	二级指标	三级指标	指标性质说明
车辆运营水平	总体服务类	里程利用率	定量
		高峰载客率	定量
		运营车辆数	定量
		速度	定量
		运距密度	定量
	次均类	次均运距	定量
		次均空驶里程	定量
		次均运营间隔时间	定量
		次均营业收入	定量
	日均类	日均营业时间	定量
		日均行驶里程	定量
		日均载客次数	定量
		日均载客里程	定量
		日均营业收入	定量
	月均类	月均营业时间	定量
		月均行驶里程	定量
		月均载客次数	定量
		月均载客里程	定量
		月均营业收入	定量
	效益产值类	公里产值	定量
		小时产值	定量

续 表

一级指标	二级指标	三级指标	指标性质说明
企业运营水平	主营业务收入		定量
	主营业务成本		定量
	主营业务税金及附加		定量
	管理费用		定量
	财务费用		定量
	营业利润		定量
	所得税		定量
	净利润		定量
运营服务质量	从司机角度	乘客表扬率	定量
		乘客投诉率	定量
		违纪率	定量
		整洁合格率	定量
	从乘客角度	可靠性	定性
		舒适	定性
		安全	定性
		方便	定性
社会效益	交通事故率		定量
	道路资源浪费率		定量
	道路占有率		定量
	出租车分担率		定量

二、分时租赁电动汽车运营评价

1. 分时租赁电动汽车运营数据采集现状

分时租赁电动汽车的运营环节涉及非常丰富的数据交换,结合汽车智能化和网联化的发展趋势,越来越多的运行数据都可以采集和监控。针对分时租赁服务的预订、计费和车队管理等环节的信息管理需求,相关软硬件供应商提供了全信息化和全自动化的技术解决方案,设计了分时租赁后台管理系统和车辆数据采集终端等,能够实现每个订单的出行时间、里程、营收、实时位置等信息的自动采集,此外,用户在手机 App 端的注册信息也包含了一定的用户数据。通过分析这些数据,运营商可以更好地了解客户和不同的细分市场,进而对当前的运营状况作出基本分析和评价。

2. 运营评价指标体系

从建设成本、车辆运营水平、企业运营水平、管理水平、服务水平、社会效益六个方面建立运营评价指标体系,如表 10-7 所示。

表 10-7　　　　　　　　　　分时租赁电动汽车运营评价表

一级指标	二级指标	三级指标	指标性质说明
建设成本	车辆规模		定量
	网点规模		定量
	停车位数		定量
	充电桩数		定量
车辆运营水平	总服务类	高峰载客率	定量
		运营车辆数	定量
		速度	定量
		运距密度	定量
	次均类	次均运距	定量
		次均运营间隔时间	定量
		次均营业收入	定量
	日均类	日均营业时间	定量
		日均行驶里程	定量
		日均载客次数	定量
		日均载客里程	定量
		日均营业收入	定量
	月均类	月均营业时间	定量
		月均行驶里程	定量
		月均载客次数	定量
		月均载客里程	定量
		月均营业收入	定量
	效益产值类	公里产值	定量
		小时产值	定量
企业运营水平	主营业务收入		定量
	主营业务成本		定量
	用户数量		定量
	活跃用户数量		定量
	用户留存率		定量
	主营业务税金及附加		定量
	管理费用		定量
	财务费用		定量
	营业利润		定量

续 表

一级指标	二级指标	三级指标	指标性质说明
企业运营水平	所得税		定量
	净利润		定量
管理水平	交通安全事故率		定量
	违规经营发生率		定量
	车辆维修比例		定量
	车辆运行状态		定性
	用户资质审核能力		定性
	信息安全保护能力		定性
服务水平	用户投诉率		定量
	出行满意度		定性
	出行舒适度		定性
	出行安全性		定性
	出行方便性		定性
	App 操作方便性		定性
	支付操作方便性		定性
社会效益	减少私家车保有量		定量
	减少温室气体排放量		定量
	道路资源浪费率		定量
	缓解停车压力		定量
	优化出行结构		定量
	道路拥堵改善程度		定量

第十一章　共享小型汽车智能运营平台设计及关键技术

本章介绍网约车和汽车分时租赁智能运营平台设计及关键技术,其中关键技术包括网约车车辆调度技术、分时租赁车辆调度技术、拼车路径优化技术等。

第一节　网约车智能运营平台设计及关键技术

一、网约车运营系统平台设计

随着移动互联网、全球定位系统和普适计算的出现,网约车平台在减少车辆巡航时间和乘客等待时间方面比传统出租车系统有了显著的改进,而共享经济又衍生出由多名乘客协商共同乘坐同一辆车并分担费用的拼车出行模式。网约车、拼车运营系统平台的设计,将大量数据进行整合,通过需求预测、车辆调度、线路规划等技术,对提供多元化产品和服务满足用户需求、减少系统出行费用、缓解交通拥堵、提高出行效率等具有重要意义。搭建运营系统平台架构主要包括四部分:平台设计内容、平台功能架构、平台业务架构、智能运营系统数据架构。

1. 平台设计内容

1) 自助用车

用户通过手机或网页端平台,根据自己上车的时间、地点以及其他需求,使用手机 App 或网页预约用车、即时用车、当日约车、多日预约使用网约车或拼车。

2) 自动派单

网约车、拼车自动派单平台,对乘客订单信息进行处理,根据乘车位置和需求获取周围车辆信息,结合大数据平台实现高效智能、灵活可配的个性化出行匹配和自动派单。司机选择任一请求中的订单进行接收,司机确认接收订单后,服务器向数据库发送更新订单请求,并更新订单信息。

3) 行程结算

网约车、拼车结算支付平台,为网约车、拼车用户提供快速可靠的费用结算和其他增值服务计算。支持多种支付方式,通过统一平台实现充电费用和其他增值服务费用的移动支付。

4) 车辆大数据中心

通过采集网约车、拼车的车辆行驶过程的状态数据、用户收藏数据、司机评级、车辆类型、司机业绩、用户个性化需求等数据,建立网约车、拼车运营大数据中心,为司机提供高效派单和全程导航服务,为用户提供个性化服务,为网约车、拼车企业提供大数据出行匹配线路规划分析服务。

2. 平台功能架构

1) 乘客端功能架构

乘客端用户通过移动端 App 或网页端实现注册登录、车辆使用、与司机交流、订单查询、个人中心和安全中心，如图 11-1 所示。

2) 司机端功能架构

司机通过移动端 App 或网页端注册登录，审核通过后可查看乘客申请的订单、抢单接单、订单查询、与乘客交流，如图 11-2 所示。

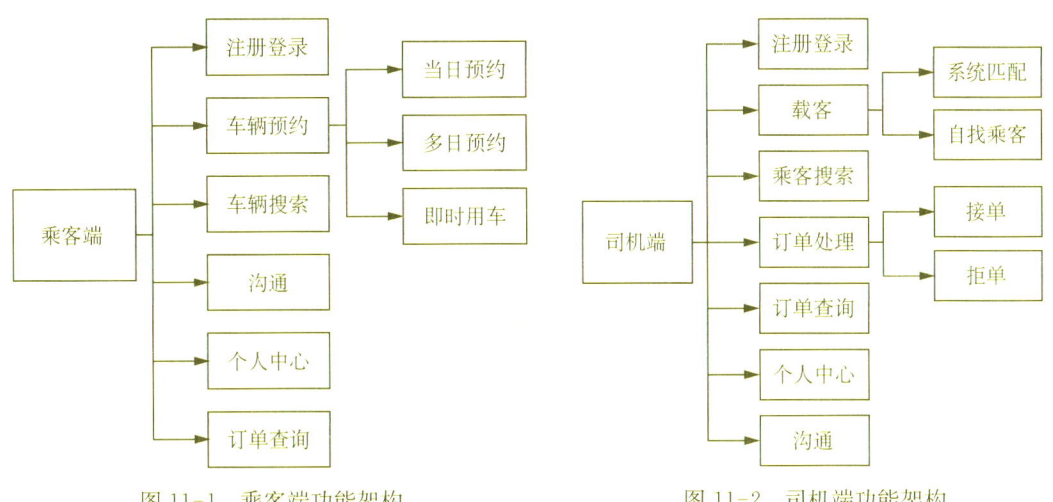

图 11-1 乘客端功能架构　　　　图 11-2 司机端功能架构

3) 管理端功能架构

管理端在服务器中可以进行车辆、司机、乘客信息的录入、修改、删除，以及对订单进行查询、分配等操作，如图 11-3 所示。平台在接收到用户注册的信息后，会将注册信息写入服务器中。

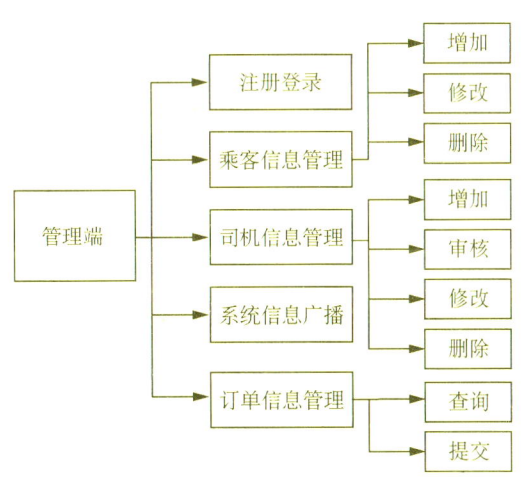

图 11-3 管理端功能架构

3. 平台业务架构

网约车、拼车运营系统平台按业务架构可分为三层架构,分别是访问层、业务应用层和支撑层,如图11-4所示。

(1) 访问层主要包括 PC 端、移动端和微信端,是网约车和拼车的信息采集层,接收用户的出行需求、位置信息、基本信息、车辆状态信息等。

(2) 业务应用层主要包括乘客端、司机端和管理端三个部分。其中,乘客端主要包括用车需求管理、账户资金管理、评价管理等;司机端主要包括订单管理、资金管理、信息管理等;管理端主要包括用户管理、司机管理、车辆管理、运营管理、交易管理等。

(3) 支撑层主要包括业务逻辑、数据服务和内容资源服务三个核心服务,支撑网约车和拼车各种业务开展。第三方的地图服务系统、支付系统、出租汽车和监管平台对网约车、拼车平台业务提供技术支持和监管。

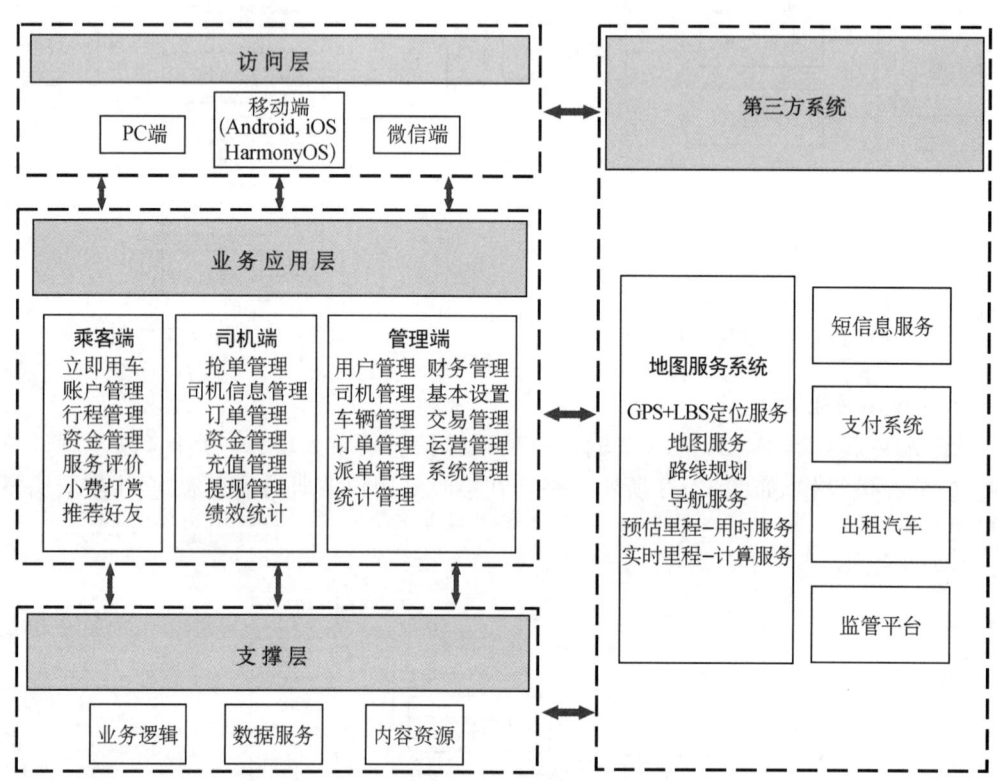

图 11-4 网约车、拼车平台业务架构

4. 智能运营系统数据架构

数据架构描述了组织的逻辑和物理数据资产以及相关数据管理资源的结构,服务器和数据库是网约车、拼车智能调度系统的核心。该系统对乘客和司机客户端传输的信息进行处理,然后建模、匹配和路径规划,最终再把结果发送给客户端。为了处理海量数据和满足实时性要求,系统主要采用云计算分布式系统(图11-5),各个子系统先处理自己区域范围内的任务,得到结果后将决策信息再上传到中央处理,中央控制中心对得到的决策信息再做进一步汇总和分析,主要执行高层的控制与决策工作,并根据整体情况进行协调和优化。

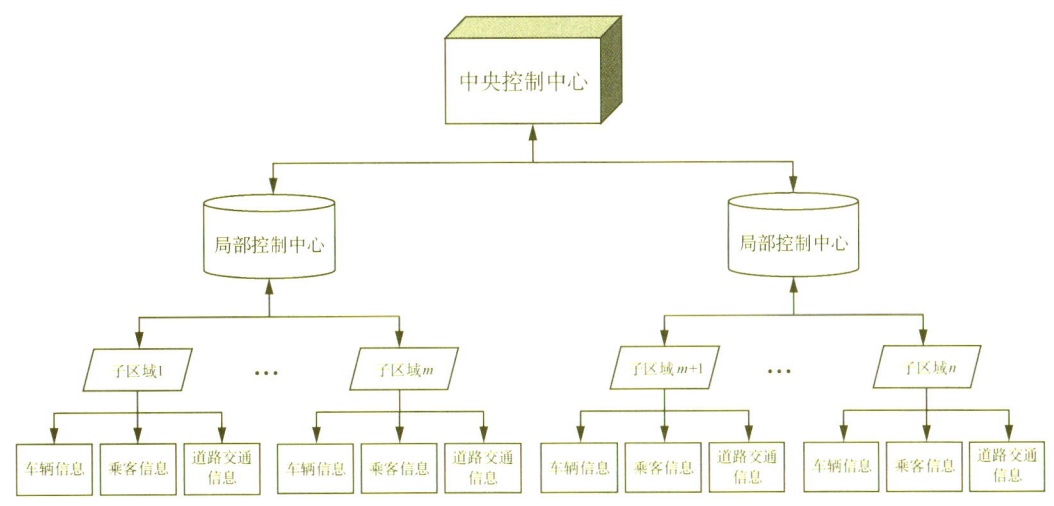

图 11-5 分布式系统结构

二、网约车智能运营关键技术

1. 网约车车辆调度技术

网约车平台能否持续发展关键在于司机、乘客、平台三者之间的利益平衡,网约车平台的核心调度算法非常重要。网约车车辆调度是为了减少空闲运营车辆与候车乘客之间的不平衡,通过对网约车系统整体运营特征的分析,车辆调度主要从平台或乘客的角度优化任务分配,对应于寻找一个合适的司机来满足乘客请求的过程。在大城市一些时间段或特殊的场合,网约车平台在短时间内会收到大量订单,这些订单的乘车地点在一定程度上高度重合,会导致短期内区域乘车需求暴涨,订单大量积压。而其他区域的司机可能处于空载状态,成本不断增加。部分乘客的订单需要过长的时间来响应,系统运营效益较低,用户需求无法得到快速满足,制约了整体运营效益和资源利用。

结合网约车短时间时空上的供需不平衡,跨区域订单推送机制下的运营调度能够有效平衡区域间运力供需关系,因此,平台需要通过跨区域调度技术,建立激励机制平衡区域间运力供需关系,对运力紧张区域的订单进行跨区域匹配,减少部分区域的乘客等待和司机空载时间,最终提高乘客和司机的满意度,提高系统的运行效率和整体收益。网约车跨区域调度受到较多因素的影响,主要包括以下两个方面。

1) 运力再平衡收益因素

在网约车平台分配中,由于就近匹配原则的限制,订单只会向以乘车地点为中心的一定范围内的司机进行推送。现有的跨区域订单调度问题主要对应于寻找一个合适的司机来满足乘客请求的过程,很少考虑运力再平衡任务带来的预期收益。网约车在高峰期结束回归平稳状态时,任意一个区域内的网约车数量需要保持动态稳定状态。不包括运力再平衡收益的跨区域调度不满足司机预期收益,降低了司机跨区域接单的积极性,增加了网约车跨区域调度难度。

2）预测性调配因素

对于特殊的乘客需求变化无法进行预测性调配。由于网约车平台提供的乘客需求热力图是根据现有的乘客需求而编制，当城市内出现突发的大规模居民出行现象，网约车平台对此无法作出及时的反应，使得网约车跨区域调度存在滞后性。

考虑运力再平衡收益的网约车需求预测调配，主要是通过日期类型、小时数、相同星期、平均气温、历史订单需求、出行时间率、相邻区域的历史订单需求等多元数据，利用长短期记忆神经网络预测区域短时间出行需求，判断未来短时间内的网约车出行热点区域。利用这种预测能力，可以获得运力再平衡任务的预期收益，只有当支付给司机的费用不超过再平衡任务的预期收入时，平台才会将任务分配给司机。基于预测订单构建真实的、预算可行的激励机制。司机利用反向拍卖建模对运力再平衡任务竞价，而平台决定任务分配和支付给司机的报酬。将需求预测和激励机制设计建立联系，该机制满足激励相容、预算可行、个体理性等属性，利用平台存储和处理数据的能力，对运力紧张区域的订单进行跨区域匹配，实现运力再平衡的跨区域调度，如图 11-6 所示。

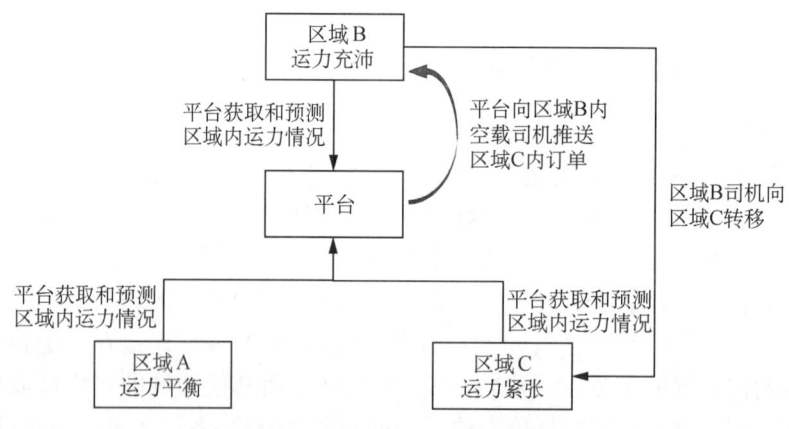

图 11-6　跨区域运力再平衡示意图

2. 拼车路径优化技术

随着共享理念和拼车出行平台的兴起，拼车服务是在驾驶员自身出行线路上搭乘线路及时间匹配度高的乘客，一方面从个体角度能降低车辆出行成本，减少乘客花费，另一方面从系统角度能有效提高出行效率、减少系统出行费用、缓解交通拥堵。拼车需求在高峰时段每秒就可能产生数百个拼车订单，而平台需要在秒级时间作出响应，数据具有极强的动态性。将路网上位置实时变化的网约车和无法预知的用车请求完成动态匹配，并对用车请求在较短时间内作出响应，意味着合乘调度系统需要具有较高的实时性。

常见的拼车平台组织框架如图 11-7 所示，平台基于实时交通数据、路网数据、历史数据、社交平台，综合考虑安全保障、需求匹配、定价策略、车辆筛选、信用保障、路径规划，对车主、乘客上传的行程信息、约束条件等作出应答响应，并进行座位信息、路径信息的服务匹配。拼车组织过程中需考虑个人因素、空间因素、时间因素、费用因素。其中，个人因素包括年龄、收入、家庭属性、交通工具拥有情况等社会经济属性及主观偏好属性，如信任度、时间及费用敏感性、社交偏好等；空间因素包括行程信息、建成环境；时间因素包括车外步行时间、绕行时间等时间成本；费用因素包括乘客需支付费用、司机总收入、运营成本等。

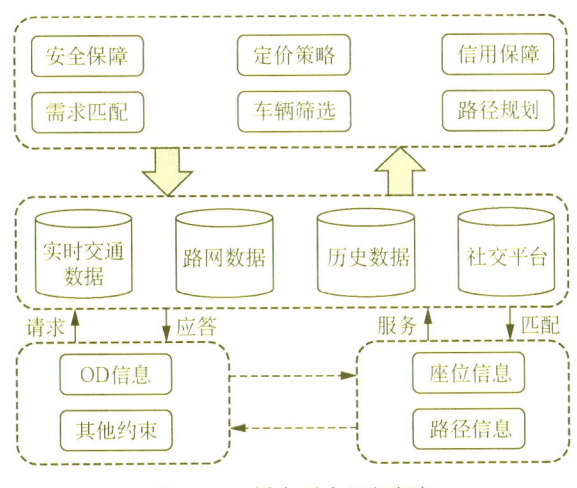

图 11-7 拼车平台组织框架

拼车具有数据量大、目标多样、应用范围广等新特点,使得求解大规模拼车路径优化问题的难度大大增加。网约拼车出行服务的大规模拼车算法成为网约车调度的重要发展方向。利用海量历史交通数据挖掘乘客拼车出行的行为规律构建的拼车运营系统,可对大规模乘客与车辆的高效匹配和路径进行合理规划,能够快速响应车辆及乘客需求,优化拼车出行,提升整个系统的运营效益。

大规模的动态拼车匹配和路径规划主要受到以下因素的影响。

1) 不确定性因素

乘客发出订单请求后,可能会分配到已经有其他乘客的车辆中,也可能分配到没有其他乘客的车辆中。匹配成功后,出行过程中可能会有新的乘客加入,因此,乘客到达目的地的预估时间可能会实时变动,具有较高的不确定性。拼车路径规划和计费规则也会随着新乘客的加入而变化,这种不确定性增加了动态拼车匹配和路径优化的难度。

2) 大规模场景实时性因素

在通勤高峰时期,大城市拼车出行需求巨大。在动态拼车场景中涉及大量移动对象司机,需要从大规模出行中寻找最佳的司机和最优行驶路径,而拼车过程中乘客等待时间非常短暂,不会长时间等待拼车结果。部分等待拼车用户甚至拼不到车,拼车系统匹配成功率较低;部分拼车路径优化较差,参与拼车的用户出行目的地方向存在差异,导致司机绕路时间过长。在大规模拼车出行场景中,难以兼顾动态最优匹配、路径规划和动态拼车效率。

拼车路径优化主要包括基于司机角度的线路规划、基于乘客角度的线路规划和基于平台角度的线路规划。基于司机角度主要是希望司机以更短的距离或更短的时间服务被指派的订单,从司机角度进行拼车线路优化时一般采用最小化司机行驶总距离或最小化司机最大完工时间的优化目标。最小化行驶距离的拼车线路优化一般基于插队操作设计算法,首先给定司机的当前行驶线路和 1 个新发布的订单,而插队操作旨在将这个新订单的起点和终点分别插入到原有线路中,从而获得新的线路并使司机的行驶距离尽可能短,如图 11-8 所示。

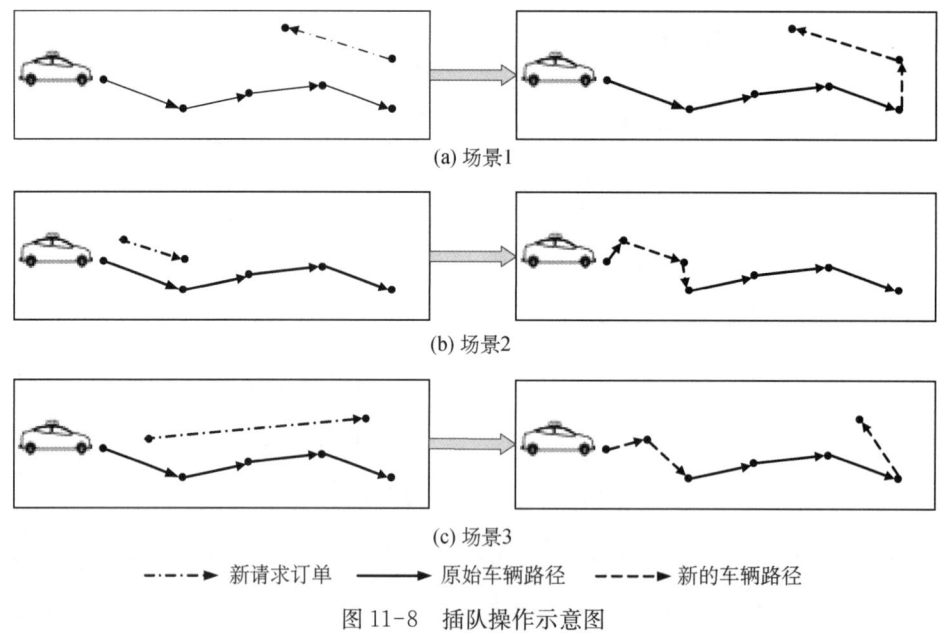

图 11-8 插队操作示意图

基于乘客角度的路径优化一般采用最小化等待时间和最大化社会效用为优化目标,在大规模拼车路径优化中一般是基于动态规划的插队算法,主要通过动态规划将查询最优插队位置的操作转化为查询特点区间最小值的操作,从而实现高效的插队路径优化。

基于平台角度的路径优化一般采用最大化平台订单完成数和最大化平台总收入为优化目标。由于实际情况中受到时空约束等限制,实际用户请求的拼车订单无法保证全部完成,存在平台拒单或要求用户等待分配的情况,因此,基于平台角度的路径优化就是在满足约束条件的情况下,最大化平台总收入。利用欧氏距离预插队的剪枝策略可以节约大量最短路径查询次数,远远优于基于二分图匹配的经典算法,提升了求解速度,使得大规模拼车路径优化具有更强的可操作性。

基于司机、乘客和平台角度的各种插队路径优化算法,能够在大规模不确定性订单产生后实时高效地进行拼车路径优化,使得大规模动态拼车路径优化具有可行性。拼车匹配和路径规划求解主要分为精确算法、元启发式算法和启发式算法。精确算法包括分支定界法、列生成法、动态规划法等,可以得到最优解,但不适用于大规模车辆的实时动态调度;元启发式算法包括紧急搜索算法、遗传算法、蚁群算法等,具有较好的优化性能;启发式算法包括节约法、扫描法、插入法等,无法保证最优解,但在可接受时间内可以求得满意解。

第二节 汽车分时租赁智能运营平台设计及关键技术

一、分时租赁运营系统平台设计

分时租赁需要依托信息化、智能化手段,建立统一的数据库和智能租赁终端,实现新能源汽车基于"互联网+"理念的运营管理和租赁服务。分时租赁运营系统平台的设计,对于新能源汽车分时租赁的运营服务网络的规模化建设具有重要的意义。分时租赁车联网系统的设计遵循"业务驱动"的原则,以需求调研为基础。系统的业务设计、流程设计都应以客户为中心、效益为核心、以运行为保障的思路进行设计。分时租赁运营系统平台架构主要包括以下四个部分。

1. 平台设计内容

(1) 自助租车。用户通过手机 App 或网页租车平台进行预约租车、即时租车、自助取车、自助还车等。

(2) 结算支付。租车结算支付平台为新能源汽车分时租赁用户提供在线结算服务,实现快速、准确的费用结算和其他增值服务结算。支持多种支付方式,通过统一平台实现充电费用和其他增值服务费用的移动支付。

(3) 车联网。通过开放式智能车载终端将新能源汽车与构建的云服务平台相互连接,并基于开放式移动 App 应用,提高新能源汽车智能化水平,实现智能找车、自助取/还车、车辆监控和增值服务。

(4) 车辆大数据中心。通过采集新能源汽车行驶过程中车辆状态数据、动力电池效能数据,以及用户租车习惯、租赁点车辆数量、车辆类型、租车服务与交易数据等,建立新能源汽车分时租赁运行云数据中心,为新能源汽车租赁服务提供商、新能源汽车租户、新能源汽车厂家等相关各方提供大数据分析增值服务。自动分时租赁系统运营体系如图 11-9 所示。

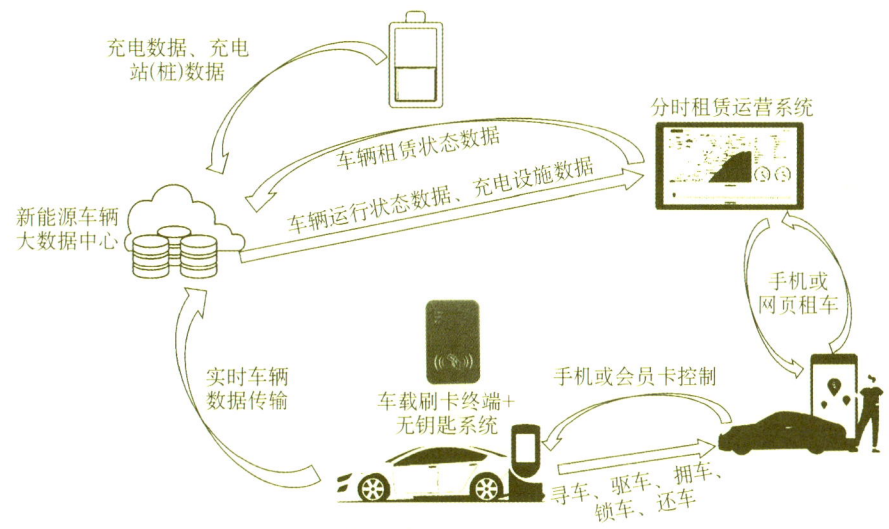

图 11-9　自助分时租赁系统运营体系

2. 平台主要功能

(1) 车辆运行监控技术,提供车辆实时数据信息,集成了通信、信息、电子控制、网络、GPS 和 GIS 等技术,实现新能源汽车运行状态数据、位置数据等实时采集与监控。

(2) 数据平台技术,提供信息交互与管理功能,通过大数据技术实现海量车辆状态和历史数据存储与管理,对用户信息、租赁信息、车辆信息等数据库协同实现车辆租赁信息更新与管理。

(3) 智能终端技术,提供"互联网+"车辆租赁工具,该平台可集成车-桩-网协同控制技术、远程双向实时控制指令传输技术、互联网界面人性化设计技术,实现多智能终端兼容、车桩状态互联、车辆远程租赁和智能控制。

(4) 车辆控制技术,提供车辆智能控制终端硬件,集成了低功耗智能状态控制技术,多线程、多体制协同通信技术以及高安全性、高可靠性智能识别技术,完全具备车辆门锁状态监控、智能终端控制启动与充电、固件远程升级等功能,实现车联网精细化管理。

3. 平台业务架构

分时租赁平台按功能可分为会员系统、车载终端、平台 App、客服系统以及后台管理系统等模块。按技术架构可分为三层架构,从顶层至底层分别是设备层、支撑层和业务层。其中,设备层包括手机、充电桩和车载终端,是基本信息的采集层,分别接收用户手机的操作信息、充电桩和车载终端的状态信息;支撑层主要为工作流、消息管理、参数管理、调度管理、安全认证和地图引擎等核心组件服务,支撑不同业务种类的开展;业务层包括内部管理和外部应用两个部分,内部管理主要包括分时租赁管理系统及车联网平台,外部应用主要是提供给客户的服务入口,包括手机租车(App)和网页租车(网站)两个部分。系统架构如图 11-10 所示。

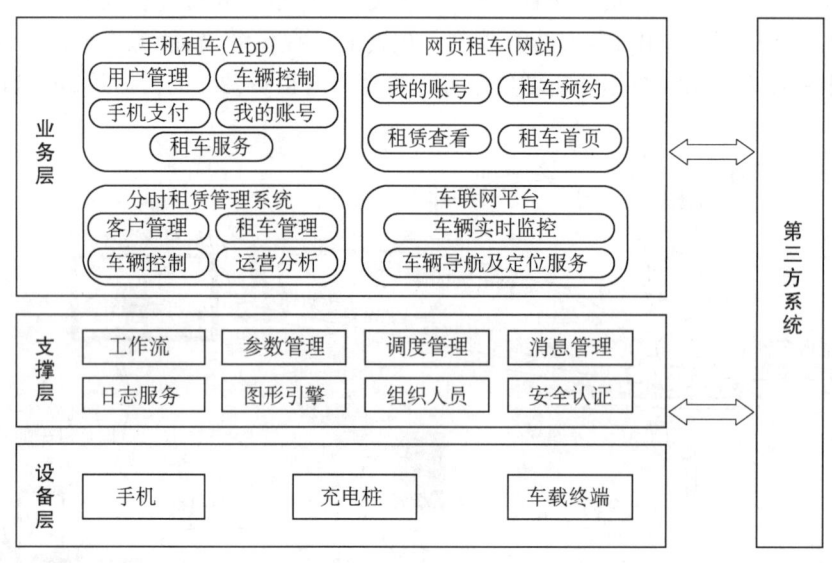

图 11-10 分时租赁平台业务架构

4. 平台数据框架设计

数据架构是从系统数据需求的角度准确定义数据分类、数据来源及数据部署,以实现系统数据的标准化、一致性、准确性和可靠性,充分发现和挖掘数据价值。新能源汽车分时租赁运营系统及车联网系统采用集中部署模式,系统数据都部署在云服务器上。

采集得到的数据主要来自手机、网站、充电桩和运营管理四个方面,这些数据可以分为三大类:业务数据、分析数据和监控数据。其中,业务数据指从业务处理过程中产生的数据,随业务的增长而增加,包括用户数据、订单数据、计量数据、计费数据等;分析数据指根据业务管理分析需要定期进行汇总的数据,其数据量随时间增长,数据在线存储时间要求较高,包括所有满足业务分析需要的数据,包括按日、月、年汇总的数据;监控数据指业务监控需要实时或者定时采集上报的未加工的原始数据,包括车辆监控数据、车辆电池监控数据和充电监控数据。

二、分时租赁智能运营关键技术

对汽车分时租赁系统整体运营特征的评价可以得出系统整体的运营效益水平。从短期来看,异地取还的汽车分时租赁站点发生一次取车,会使站点车辆数减少1,发生一次还车,会使站点车辆数增加1。但由于取车和还车的发生一般并非规律地交替进行,可能一段时间更多的是取车,另一段时间更多的是还车,这会导致站点出现取还车不平衡,使得站点的车辆数变多或变少,从而造成站点的供给和波动的用户需求出现不匹配。这降低了用户需求的满足度,制约了运营效益和社会资源利用效率的提高。

结合系统整体运营评价和短期供需不平衡性的分析,异地取还的汽车分时租赁系统存在精细化运营调度的必要,通过对车辆的调度将车辆从供大于需的站点调至供不应求的站点,从而提高各站点的供需平衡度,满足更多的用户需求,并提高车辆利用效率和系统运营效益。

相比其他系统,异地取还的汽车分时租赁的调度受许多因素的影响,主要包括以下两个方面。

1) 不确定性因素影响

取车需求(时间、站点、数量)、还车需求(时间、站点、数量)和行程时间等的不确定性提高了调度策略制订的难度。

2) 系统规模影响

随着用户规模的扩大,用户取车需求或还车需求增加,可能导致站点车辆经常面临来不及补充或调走的情况,造成服务水平下降。此外,随着系统供给(站点和车辆)规模扩大,调度距离增加,人员安排更复杂,从而可能导致调度平均成本上升。大规模的分时租赁系统往往在求解系统全局最优调度策略时,很难兼顾调度的经济性和实际可操作性。

采用预测性调度的方法设计汽车分时租赁的调度策略时,主要思路是先选取一段周期,利用历史数据预测调度需求量,然后利用整数规划求解,规划目标一般为调度次数最少或者服务水平最高,从而得到最优调度方案。

由于系统规模较大,全局优化的求解效率低,在一定调度成本的限制下,得到的调度方法难以满足实际调度需求。可以将大规模系统的全局调度问题拆解成分区调度问题,从而简化调度方案求解难度,提高分区内车辆调度的经济性和可操作性。分区调度的基本思路是一个分区内多个站点在供给与需求上可能构成互补关系,即对于异地取还的分时租赁系统来说,当某站点在某些时段无法为用户提供有效服务(缺车站点)时,同时段内邻近站点(富车站点)有额外剩余的车辆供给能够被调至缺车站点,从而使得缺车站点与富车站点在供给与需求上构成互补关系。将缺车站点和富车站点归为同一分区(站点群)中,站点间能在供需状态上形成互补,这使得系统分区调度具有可行性。

第十二章 共享小型汽车成本与定价

本章介绍出租车、专车、快车、拼车、分时租赁电动汽车的成本构成、成本的影响因素、定价原则、定价方法及定价组成。

第一节 出租车成本与定价

一、出租车成本

1. 成本组成

城市客运出租车不同于常规公交,它在客运服务中采取的方式一般都是单车作业。驾驶员只有通过减少空驶里程,防止各项物料的浪费,才能增加单车收入。所以,出租车的单车成本是影响出租车价格变动最主要的因素之一。

出租车单车成本包括:从业人员的基本工资、福利、奖金(津贴)等工资性支出;出租车公司在运营生产中的车辆折旧费、对出租车的管理费用以及营业税金;出租车在实际运营中的燃料费、维修费、养路费、保险费等。

城市客运出租车运营活动的特殊性导致了其成本构成的复杂性。按支出与运量的关系,可将其划分为两大类:一类是与运量无关的固定支出,另一类是与运量有关的变动成本,即固定成本和变动成本。固定成本不随运营里程数变化,在一定的时期和运量范围内相对保持稳定,包括管理费用、保险费用、固定资产折旧费、福利费等。城市客运出租车运输成本分类如表12-1所示。

表 12-1 城市客运出租车运输成本分类

固定成本	变动成本
固定资产折旧费、管理费、司机基本工资、工伤保险、事业保险、退休保险、福利费等	燃料费、修理费、养路费、轮胎磨损费等

2. 成本影响因素

运输成本的变化直接影响到运输产品价值量的变化,即出租车成本的变化直接影响其价格的变化。影响城市客运出租车运输成本的因素主要有外部价格因素和内部管理因素。前者是指购车的生产资料价格(折旧费、维修费等)与燃料、能源价格的变动,购车价格影响体现在车辆折旧费上,燃料、能源价格是营运变动成本中相对较大的一项。后者是指企业自身的经营管理水平对劳动生产率的影响,导致单车成本的变动。城市客运出租车运输成本影响因素如表12-2所示。

表 12-2　　　　　　　　　城市客运出租车运输成本影响因素

外部影响因素	内部影响因素
购车价格、燃料/能源价格、维修器件价格、国家政策	管理因素、劳动生产率

二、出租车定价原则及定价组成

1. 定价考虑因素

(1) 需求在短期内基本稳定(多数属低频度需求,价格弹性较小),出租车供给影响生产效率和服务水平(如供给增加,单车运行效率降低,等候时间下降,服务水平上升),价格与服务水平呈正相关,即社会期望服务水平(主要是等候时间)是价格设置的重要依据。

(2) 出租车驾驶员收入在劳动力市场应有足够的吸引力,否则难以吸引从业者或保障服务质量。

(3) 当供给既定时,出租车每日生产率基本稳定,即收入基本稳定,定价需保障经营者财务上可持续,否则将没有足够的经营者愿意提供服务(除非有政府补贴)。

(4) 出租车价格与其他交通方式(包括公共交通、私人交通)形成合理的比价关系,并与城市交通发展战略相适应。

(5) 价格结构需能反映不同需求所需的变动成本及时间机会成本,达到服务在时空上的均等化。

2. 定价原则

(1) 政府定价为主,市场调节为辅。出租车行业是政府管制行业,其市场定位是政府在发展城市交通的总体政策下,按照适度发展原则确定的,因此,出租车运价必须以政府定价为主,在政府定价的前提下,给予企业一定的定价自主权,允许企业根据市场情况,结合自身品牌建设的需要,在合理幅度内适当调整运价,以增加行业内部的竞争力。但是,企业调价必须经过政府备案审查,并在一定的时间内不得变动,保持运价稳定性。另外,对比出租车公司和个体出租车一个月的运营成本,出租车公司的运营成本比个体出租车运营户高出50%以上,政府通常根据出租车公司提供的运营成本调整全市的出租车价格。

(2) 反映供求关系的变化。要使运价能够反映供求关系的变化,单纯的行政定价不可能灵敏地反映供求关系的变化,必须给企业相应的定价权限。企业有了定价自主权,就可以根据供求关系变化,对运价进行自动调整。

(3) 优质优价原则。对不同车种车型、不同使用时间、不同驶经地点、舒适条件、车辆新旧等因素进行综合考虑,制订出合理的运价体系。

(4) 与国民经济发展相适应原则。要考虑居民收入增长水平,还要与同等城市水平相比较,既不过高,也不能过低。城市出租车的配备、定价都会受此影响。

(5) 公平负担的原则。经营者和消费者共同承担成本的增加部分。近年来油价上涨频繁,久居高位,运输成本增加,全部由出租车司机来承担运输成本的增加已不符合市场经济的发展,因此,增收燃油附加费和建立油价-出租车运价的联动机制非常重要。

(6) 考虑出租车与其他交通工具的比价协调关系。政府鼓励公交优先,就要确保出租车与其他交通工具之间有一个合理的比价关系。若运价过高,乘客将会选择其他交通工具,造成无人乘车,交通资源浪费;若运价太低,将吸引大量乘客选择出租车,对轨道交通、公交车等其他公共交通工具需求形成冲击。

3. 定价组成

我国大中型城市实行按里程计费的固定费率制,主要包括起步价、起步公里数、超起步公里单价、候时费、返空费、夜间附加费等,具体情况如表12-3所示。

表12-3 全国部分城市客运出租车运价一览表

城市	起步价 /(元·km^{-1})	里程价 /(元·km^{-1})	等候费 /(元·min^{-1})	返空费 /(+%或元)	夜间附加费 /(+%或元)	燃油附加费/元
北京(2020年)	13/3	2.3	0.46(平峰) 0.92(高峰)	50%(15 km以上)	基本单价+20%	1
上海(2022年)	14/3(普通车) 16/3(途安等纯电动车)	2.7	1.012 5	50%(15 km以上)	整体+30%	
天津(2021年)	11/3	2.2	0.833	30%(10~15 km) 50%(15~30 km) 70%(30 km以上)	整体+30%	
重庆(2020年)	10/3	2	0.2(5 min以内) 0.4(5 min以上)	50%(25 km以上)	起步价+1 里程价+0.3	
广州(2020年)	12/3	2.6	0.733	20%(15~25 km) 50%(25 km以上)	整体+30%	
珠海(2018年)	12/2.5(一类车) 10/2.5(二类车)	3(一类车) 2.6(二类车)	0.6	30%(12 km以上)	整体+30%	
成都(2020年)	8/2	1.9	0.38	50%(10~60 km)	起步价+1 里程价+0.3	
哈尔滨(2017年)	8/3	1.9	0.38	50%(12 km以上)	里程价+0.38	1
郑州(2019年)	6/2	1.5	0.3	50%(12 km以上)	起步价+2	
大连(2019年)	10/3	2	0.3(平峰) 0.5(高峰)	50%(20 km以上)	整体+30%	
济南(2019年)	12/3(新能源车) 9/3(普通车)	2.2(新能源车) 1.5(普通车)	0.4(前5 min) 0.5(5 min后)	50%(6~20 km) 100%(20~35 km) 150%(35~100 km) 175%(100 km以上)	整体+15%	
青岛(2019年)	10/3	2	0.667	50%(10~35 km), 100%(35 km以上)		
南京(2020年)	11/3	2.4	0.48(平峰) 0.72(高峰)	50%(20 km以上)	整体+20%	

续 表

城市	起步价 /(元·km⁻¹)	里程价 /(元·km⁻¹)	等候费 /(元·min⁻¹)	返空费 /(+%或元)	夜间附加费 /(+%或元)	燃油附加费/元
苏州 (2019年)	10/3	1.8	0.36	50%(5 km以上)	里程价+20%	
杭州 (2020年)	13/3	2.5	0.625(平峰) 0.938(高峰)	50%(10 km以上)	里程价+30%	
温州 (2020年)	11/3.5	2.5	0.5	50%(8 km以上)	整体+20%	
厦门 (2019年)	10/3	2	0.4	50%(8 km以上)	整体+20%	

(1) 起步价。乘坐一次出租车的最低消费即起步价，是基本运价的最低限，一般表示为×元/×km。起步价有一定的里程限制，只有在此限制里程内才只收取起步价。

(2) 里程价。超过起步价规定里程数之外的距离单价，一般表示为×元/km。里程价高低与城市发展水平有密切联系。

(3) 候时费。补偿出租车司机因等待乘客、慢速行驶或乘客临时停车而浪费的时间费用。一般情况下，候车费明显低于出租车服务机会成本，国内大多数城市运价中含候车费，一般按照等候时间收费，表示为×元/min。

(4) 返空费。主要针对远距离的运输，国内绝大多数城市的返空费附加比例为里程价的30%以上，起算里程一般超过10 km。

(5) 夜间附加费。对出租车驾驶员夜间劳动进行补偿的一种津贴性收费，一般在白天运价基础上增加15%~30%，只对里程价加价。

(6) 燃油附加费。由各地级市以上价格主管部门根据燃料市场价格变动情况，实行油价联动，需结合当地实际决定是否征收此类费用，一般为每运次1元。

【案例12-1】 南京出租车动态价格体系

相对于网约车灵活变动的价格，大部分城市的出租车仍是固定的政府定价。在网约车竞争背景下，切实提高出租车司机收入是行业稳定发展、保障高品质服务的前提。出租车运价体系从单一价格向体系化发展是未来趋势，依靠实时信息执行时间-空间结合的动态费用体系，以提升司机营收、改善企业经营状况是进一步提高服务质量的配套措施。2020年，交通运输部鼓励有条件的城市，积极探索实行巡游出租车政府指导价，即实际的价格可以根据指导价浮动。目前福州、南京、清远等地，已将巡游出租车运价改为按政府指导价管理，允许当地出租车基准运价在一定范围内浮动。

根据车型、时段、行程等要素差异，可在基准运价基础上上下浮动20%。根据服务车型品质差异，起步基准价及车公里基准价对应不同定价级别。根据交通高峰及非高峰时段，实行双计费（计程、计时），即除起步基准价和车公里基准价外，对车速低于12 km/h（含）的运营状态收取低速行驶费，早晚高峰分别设定为7:00—9:00和16:00—19:00。交通高峰时段低速行驶费为平峰时段对应收费的1.5倍。同时23:00—次日5:00增收夜间服务费。里程超 20 km 时收取返空费。具体计价体系如表 12-4 所示。

表 12-4　　南京市域巡游出租车运价表

车型运价	普通车	中档车、纯电动车	高档车
起步基准价/起步里程	11 元/3 km	11 元/2.5 km	11 元/2 km
车公里基准价	2.4 元/km	2.9 元/km	2.9 元/km
浮动幅度	在基准运价基础上上下浮动 20%		
非交通高峰时段双计费	交通高峰时段以外的全天其他时段 当车速低于 12 km/h（含）时，按实际执行车公里价/5 min 计时收取低速行驶费		
交通高峰时段双计费	交通高峰时段(7:00—9:00，16:00—19:00) 当车速低于 12 km/h（含）时，按实际执行车公里价 1.5 倍/5 min 计时收取低速行驶费		
夜间服务费	23:00—次日 5:00，按实际执行车公里价的 20% 收费		
返空费	里程超 20 km，按实际执行车公里价的 50% 收费		
合乘费	按合乘里程费用的 70% 计，由合乘人员分别支付		
其他	乘客乘坐巡游出租车发生的过路、过桥、过隧、过渡费由乘客支付		

数据来源：江苏省南京市发展改革委价格和收费管理处，《南京市民价格手册(2020 版)》。

三、定价方法及其适用性

常用的城市客运出租车定价模型主要有平均成本定价模型、边际成本定价模型、均衡价格定价模型和拉姆塞定价模型。

1. 平均成本定价模型

单位运输成本加一定比例利润构成，并且随着运输量的变化而变化，用公式可表示为

$$J = \frac{F}{Q} + C_v + r \tag{12-1}$$

式中，J 为运输产品票价，元/人；F 为运输产品单位固定总成本，元；Q 为客运量，人；C_v 为单位可变成本，元/人；r 为单位客运量的利润，元。

客运量与成本的关系如图 12-1 所示，由于总固定成本在一定运量范围内基本上是不变的，当客运量增大时，单位固定成本就会相对变小，即平均成本变小，票价也就变低。

平均定价模型对运输产品的成本分析比较全面，充分考虑到了运输产品的利润，实施起来比较方便，但这种定价方法具有一定的局限性：第一，忽略了运输市场供求关系对票价的影响，当运输市场的需求发生变化时，以这种方法的定价就可能不能适应市场的变

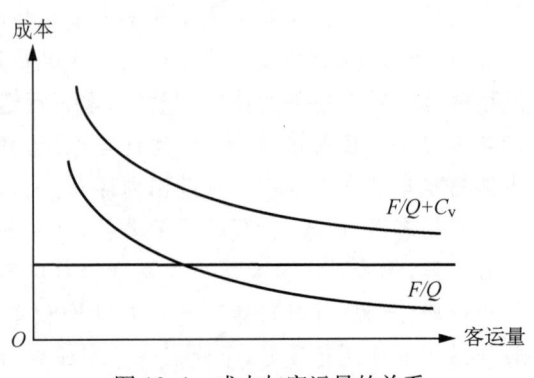

图 12-1　成本与客运量的关系

化,无法使运价向运输价值靠拢;第二,忽略了客运量的动态变化。城市客运出租车行业的竞争激烈、客流量波动比较大、供需关系很难达到稳定状态,采用此模型定价需审慎评估。

2. 边际成本定价模型

边际成本定价的实质是通过增减单位运量来引起总成本的变化,进而获取最优的单位经济收益,公式表示如下:

$$MC = \frac{dC(q)}{dq} \tag{12-2}$$

式中,MC 为边际成本,元;C 为运输总成本,元;q 为运输周转量,人·km。

假设 R 为运输的收益,π 为利润,π、R、C 都是 q 的函数,则有

$$\pi(q) = RC(q) \tag{12-3}$$

当 π 对 q 的一阶导数为零时,利润 π 取得最大值,于是:

$$\frac{d\pi(q)}{dq} = \frac{dR(q)}{dq} - \frac{dC(q)}{dq} = 0$$

票价可表示为

$$J = \frac{dC(q)}{dq} \tag{12-4}$$

边际成本定价是根据单位客运量变化引起的成本变化量来制定票价的。对于运输力大、客流量小的运输业,使用边际成本定价一方面可以刺激市场需求,另一方面也可提高运输产品的利用率,节约社会资源,增加运输业收益。通常边际成本定的票价比较低,不适合出租车的定价。因为出租车是公共交通的有益补充,过低的价格会影响城市常规公交与轨道交通的发展,从而抑制整个城市大交通的发展。

3. 均衡价格定价模型

均衡运输价格是能够使运输产品的供与求达到动态平衡的价格。当市场供给增加(减少)时,运输产品的票价就会相对下降(上升);当市场需求增加(减少)时,运输产品的票价就相对上升(下降)。均衡价格定价模型的核心是利用供求关系影响价格,找到运输市场的供求动态平衡点,平衡点处的票价即均衡价格点。

需求与供给曲线如图 12-2 所示,D 为需求曲线,S 为供给曲线,当运量为 Q_1 时,供给与需求达到平衡,得出均衡运输价格 P_1。运输产品的价格过高或过低都会破坏现有的供求关系,反过来,供求关系也会制约价格,使其上涨或下降,最终又回到 A 点,即均衡价格点。

均衡定价模型的主体是市场,企业根据市场的供求关系来制定价格。如果只通过供求关系来制定价格,会导致制定出来的票价波动过大,不能充分满足企业和乘客的利益。因此,均衡定价模型应审慎用于城市客运出租车的定价。

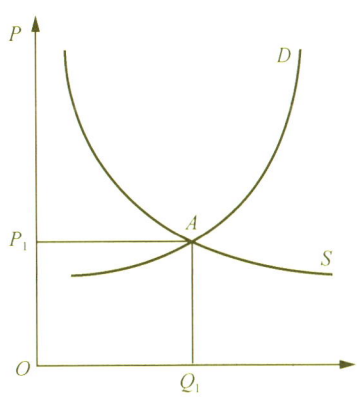

图 12-2 需求与供给曲线

4. 拉姆塞定价模型

边际成本定出的价格一般比较低,容易导致公共运输产业亏损,平均成本定出的价格相对要高一些,但容易导致社会福利损失,拉姆塞定价模型就是在二者的基础上进行改进。基于让企业盈利的目的,制定高于边际成本的价格,但是具体比边际成本高多少是拉姆塞定价的核心内容。

假设市场的运输能力为 q_i,市场的对应票价为 P_i,令 n 个不同市场的需求逆函数为 $P_i = P_I(q_i)$,则第 i 个市场上的剩余运输量 S_i 为

$$S_i = \int_0^{q_i} P_i(q_i) \mathrm{d}q_i - P_I(q_i) \cdot q_i \tag{12-5}$$

则原问题可化为下面最优问题的求解:

$$\max W = \sum_{i=1}^{n} S_i \tag{12-6}$$

$$\text{s.t.} \sum_{i=1}^{n} P_I(q_i) \cdot q_i = \sum_{i=1}^{n} C_i(q_i) \tag{12-7}$$

引入拉格朗日常数 λ,则上述目标函数变为

$$\pi = \int_0^{q_i} P_i(q_i) \mathrm{d}q_i - P_I(q_i) \cdot q_i - \lambda \left[\sum_{i=1}^{n} P_i(q_i) - C_i(q_i) \right] \tag{12-8}$$

根据式(12-8)的一阶条件得到:

$$\left(\frac{P_i - MC_i}{P_i} \right) \cdot \varepsilon_i = \frac{1+\lambda}{\lambda} \tag{12-9}$$

式中,MC_i 为运输市场 i 的边际成本;ε_i 为交通需求弹性系数,$\varepsilon_i = \frac{\partial q_i}{\partial P_i} \cdot \frac{P_i}{q_i}$。

令 $R = \frac{1+\lambda}{\lambda}$ 为拉姆塞指数,MR_i 表示运输市场 i 的边际效益,则

$$P_i = \frac{MC_i}{1 - R/\varepsilon_i} = \frac{\varepsilon_i \cdot MR_i}{\varepsilon_i - 1} \tag{12-10}$$

拉姆塞定价模型最大的优点就是经济有效,它的缺点在于混淆了服务与价格的严格对应关系,本质上是一种价格歧视,很难公平对待每个乘客。所以,对于城市客运出租车的定价,要充分考虑出租车出行的需求弹性以及影响出租车定价的其他重要因素,再审慎使用该模型。

5. 多目标定价模型

定价目标是指运输企业或政府部门通过制定运价所要达到的目的。运输企业及国家运价管理机构在制定或调整运价之前,必须先确定定价目标。在运价制定中,选择正确的切合实际的定价目标十分重要,它既是运价制定的前提和首要内容,又与运价制定的原理、方法的选择关系极大。

从乘客角度分析,出租车价格越高,乘客支付的出行费用就越高,对出租车价格的满意

度也就越低,所以,乘客追求的是出租车出行的广义成本费用最低。

从司机角度分析,在载客率一定的前提下,出租车价格越高,司机收入也将越高,故个人收入最大化是司机追求的目标。

从政府角度分析,出租车作为公共交通的一种客运方式,首要的意义是更好地为城市居民服务,使居民的收益最大,故其目标应该是社会总成本最小化。

从企业角度分析,出租车价格越高,运营收入也将越高,故运营利润最大化是出租车企业追求的目标。

根据不同的定价目标,可以制定出不同的价格,当同时需要达到两种及以上定价目标,兼顾不同利益主体时,就需要使用多目标定价模型,对模型进行求解,从而确定出最优定价。

面向城市居民出行需求多元化,推动出租车运价的多样化。除了规定现有的基本运价(如起步价、单位里程加价和等候加价等)外,可根据城市交通状况、城市空间布局及天气等具体情况,在一定的上、下限范围内设定灵活的价格方案,提出诸如高峰时段附加费、午夜附加费、核心商业区附加费、单人乘坐附加费等,更真实地反映出租车市场的供需状况。既保证出租车司机的利益,又能调节出租车出行需求,以缓解城市交通压力。

第二节 网约车成本与定价

一、网约车与巡游出租车成本对比

从网约车公司角度分析,运营成本包括线上运营成本和线下运营成本。线上运营成本是固定成本,包括平台开发成本和平台运营维护成本,而线下运营成本则是根据实际运营情况的变动成本,包括线下推广成本、与出租车司机合作成本等。以滴滴平台为例,滴滴自营的快车和专车可以分为平台费用和司机所得两部分。平台费用为司机通过滴滴平台获得营收的百分比(抽成),余下司机所得包括车辆的燃油费、保险费、维修费、车辆租赁费或者折旧费等。相比传统出租车公司所收取的管理费用(又称为份子钱),滴滴平台管理费用与实际营收挂钩,而不是固定费用。

传统出租车公司所收取的管理费用取决于出租车公司与司机的合约关系,常见的有两种方式:①以某特大城市为例,司机租用公司的出租车,2021年每日缴纳租赁费及管理费400多元(即份子钱),公司给司机缴纳50%的四金,出租车司机自己缴纳50%的四金,出租车的保养、维修、保险费用等由公司负责;②司机购买公司的出租车,每日缴纳250元的托管费(即份子钱),司机自己缴纳100%的四金。

网约车和巡游出租车成本的主要差异在于:①巡游出租车必须每月向公司上交一定的份子钱,而网约车只有在接单后将每单收益的一定比例上交给平台,二者的形式和额度有差异。②燃油费或能源费与本月所行驶里程数相关,其中包含了空驶里程数,巡游出租车的空驶率通常超过40%,甚至可能达到50%。网约车则以停靠为主,空驶里程主要是乘客等车时间内所行驶里程数,乘客的平均等待时间约为5 min,以平均每单营运时间为30 min为例,空驶率仅为14%,二者相差悬殊;③网约车的车型等级较高,故里程数一定时燃油费(或能源费)和维修费用较高,另外每月还增加了流量费和电话费,但比起高额的份子钱和高额的空驶油耗,网约车的成本依旧低于巡游出租车,占据价格主导权。

网约车公司与出租车公司的成本最大差别在于前者不给平台运营的出租车、专车、快车司机缴纳五金,但出租车公司要给出租车司机缴纳五金。所以网约车平台公司的运营成本远低于出租车公司的运营成本,如表 12-5 所示。由此造成网约车公司和出租车公司面对一个市场主体而采用两种市场模式运行,会出现不公平市场竞争的现实情况。

表 12-5　　　　　　　　　网约车与巡游出租车成本对比表

指标	网约车	巡游出租车
月营业收益	平均每天的接单量×平均每单的价格×每月天数	平均每天的接单量×平均每单的价格×每月天数
月利润	月营业收益－上交平台费用－月均燃油费－月均维修费－每年保险费/12－月均电话费－月均流量费－月均折旧费	月营业收益－份子钱－月均燃油费－月均维修费－每年保险费/12－月均折旧费
日行驶里程	有效行驶里程＋顾客平均等待时间×行驶速度	平均营业时间×行驶速度
日均燃油费或能源费	(有效行驶里程＋日行驶里程空驶率)×每公里耗油量油价或能源费	(有效行驶里程＋日行驶里程空驶率)×每公里耗油量油价或能源费

二、网约车定价方式与巡游出租车、地铁、公交的差异

网约车的定价一般采用市场调节价,根据需求的变化调整价格,以政府指导价作为辅助。网约车市场化定价,由其作为准公共物品所具有的一定程度的排他性和竞争性的因素决定,也是当前环境下的必然选择。

一是基于动态调节机制下的高溢价。网约车作为互联网＋出租车行业的新产品,充分利用移动互联网信息平台建立起动态调价机制,提高了出行效率,在一定程度上缓解了"打车难"的问题,发挥了价格杠杆的市场调节作用。溢价诚然有其合理性,但并不意味着可以坐地起价,以高出普通费用 3 倍甚至更高的价格获取利益。这样不仅会破坏市场秩序,损害乘客权益,也会让这一原本有利于公共交通的新事物背上趁火打劫的嫌疑。

二是市场开拓初期互联网平台的高补贴。作为新兴事物,网约车平台在发展之初投入了巨额的资本,给予接单司机以奖励,也给予乘客一定的返利和优惠,以此方式迅速抢占了用户市场。但从长远发展角度来看,平台的巨额补贴只能是暂时的,在成功打开市场后,网约车平台公司急需早日盈利,收回前期投入的成本,同时,《网约车管理暂时办法》中也明确要求网约车经营者不得以排挤竞争对手为目的,以低价提供服务。所以,网约车恢复正常价格顺理成章。

三是网约车明显的涨价趋势。在滴滴合并快的、Uber 之后,滴滴在网约车领域的垄断地位已经趋于明显,价格上涨成为趋势。而且,各地对网约车司机、运营车辆等作了严格要求,对户籍、牌照、购置价格、运营性质甚至轴距、排量都有具体限制,这将导致一大批网约车退出市场,而公众的需求已经在不知不觉中被培养和挖掘,因此,市场供求失衡进而引起网约车价格上涨。

城市内网约车、巡游出租车、公交、地铁的管理机构、票价定价机构、支付方式、运营信息

共享程度对比如表12-6所示。

表12-6　　　　　　　　　　城市各种客运方式对比

现状特征	公交(BRT)	地铁(有轨电车)	轮渡	出租车	共享单车	顺风车	分时租赁	网约车
国家管理机构	交通运输部							
地方管理机构	省、市交通运输厅(委、局)							
运输服务企业	公交公司	地铁公司	轮渡公司	出租公司	自行车公司	互联网运营平台	分时租赁公司	网约车公司
票价定价机构	地方物价局				互联网公司按照市场定价			
是否有政府补贴	有	有	有	无	无	无	无	无
购(订)票方式	预存、随走随购(付)	预存、随走随购(付)	随走随购(付)	随走随付	随走随付	随走随付	随走随付	随走随付
票务结算方式	乘车后							
支付方式	现金/IC卡/银行卡/NFC/基于账户的二维码移动支付				基于账户的二维码移动支付			
是否需要身份认证	不需要(老人、学生、特殊优惠人群除外)			不需要	需要			
身份认证方式	如果需要,通过实名认证IC卡方式			不需要	基于实名注册App账户(IC卡账户)			
运营信息共享程度	线路、时刻表、站点、价格和AVL数据			不共享	不对外共享			
安全检查	不需要	需要	不需要	不需要	不需要	不需要	不需要	不需要

三、专车、快车、拼车运营成本与定价

1. 网约专车与网约快车

网约专车与网约快车同属于网约车平台,从网约车公司角度看,二者运营成本构成相同,包括线上运营成本和线下运营成本。线上运营成本是固定成本,包括平台开发成本和平台运营维护成本,线下成本同样包括线下推广成本、与出租车司机合作成本等。部分专车平台因采取"自有车辆+自有驾驶员"模式,车辆自持成本及出租车司机雇用成本或合作成本远高于网约快车。专车定位于高端服务,对车辆的要求和驾驶员的要求均相应提高,对应高成本及高定位,其定价与快车及传统巡游出租车存在明显差距。

快车作为网约车平台的主要子业态,其费用与一般巡游出租车接近,未能形成差异化发展格局,短距离出行范围内(4 km以下)网约车与一般巡游出租车费用差别不大。以滴滴专车为例,其起步价及里程费均高于快车和出租车。当行程超过20 km时,单位里程价格接近巡游出租车的2倍,如图12-3所示。

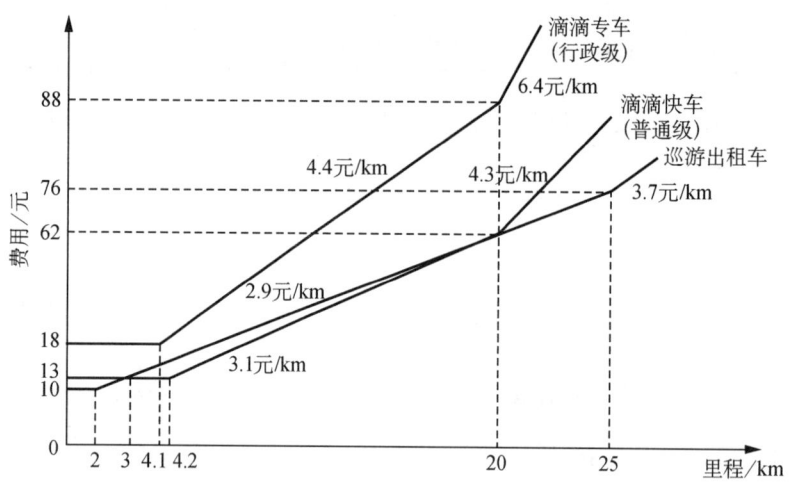

图 12-3　网约车与巡游出租车费用比较

2. 拼车成本与定价

网约车平台存在两种类型的拼车。

一类实则为拼单行为,由快车司机提供出行服务,起终点相近的乘客进行拼车,对于网约车公司而言,此类拼车出行成本构成与网约车相近,但从乘客角度增加了绕行时间等潜在成本,在定价中通过折扣的方式对乘客进行此类附加成本的补贴,例如滴滴平台对快车拼单可提供七折左右的优惠。

另一类拼车,常称为顺风车,是行程相近的两方非营运性质的出行群体的拼车,通常是私家车车主与乘客的行程分享。从网约车公司运营成本角度而言,与网约快车及专车模式相近,由于顺风车为C2C模式,平台线下成本较低。但从用户角度而言,顺风车车主增加了隐性成本:一是时间成本,如提前了解线路、提前出发、寻找合适的停车地点、与乘客的电话沟通时间及等候乘客的时间等;二是因接送而产生的绕行油耗成本、车辆额外损耗及车内清洁成本;三是其他风险成本,如乘客取消订单、违章停车罚款等,同时因为拼车对象为陌生人,偏远地区出行或夜间出行还会存在安全风险。因此,一方面,顺风车定价应对顺风车车主的隐性成本给予足够补贴,使得车主有足够动力参与互助性出行;另一方面,因大部分城市在承认顺风车合法性的同时,并不对注册的顺风车车主及车辆作营运资质要求,因而顺风车定价不应脱离"互助"原则,应低于快车,通过价格压制规避"黑车"钻空子。以滴滴顺风车为例,不同城市的车主制定了不同的收费标准,起步价为5~10元,里程的分摊费基本为每公里1元。过路费通常由车主支付,具体双方可提前协商,同时乘客可根据平台提供的里程参考标准自愿支付感谢费。合乘双方可以合理分摊合乘里程消耗的油、气、电费用和道路通行费用。

为区分顺风车与其他盈利性交通服务业态,2016年至今,北京、深圳、广州、珠海、上海、天津、青岛、重庆、东莞、长春、杭州等城市均已出台当地的私人小客车拼车合乘指导意见,并对定价进行了规范指导。各城市发布的指导意见或规定中拼车价格标准梳理结果如表12-7所示。

表 12-7　　各城市发布的指导意见或规定中拼车价格标准梳理

城市	指导意见	拼车价格标准	
		直接成本	隐性成本
北京	《北京市私人小客车合乘出行指导意见》(2016年)	以燃油、气、电为动力的小客车油费,参照车辆标定能源消耗量、合乘里程和实时能源价格进行计算,最后按照合乘人数分摊费用	不得收取其他非直接成本费用
深圳	《关于规范私人小客车合乘的若干规定》(2016年)	分摊总费用仅限燃料成本及通行费等直接费用,按合乘里程计算,且单次里程分摊费用不得超过巡游出租车里程续租价的50%(不含起步价、燃油附加费、候时费、长途返空费、夜间附加费)。不得按合乘时间计费	合乘平台可在合乘者分摊的总费用中提取一定比例的信息服务费
广州	《关于查处道路客运非法营运行为涉及私人小客车合乘认定问题的意见》(2016年)		不得收取其他非直接成本费用
珠海	《珠海市交通运输局关于私人小客车合乘出行的指导意见(暂行)》(2020年)	明确合乘出行应予分摊的成本仅限通行成本和燃料成本。明确驾驶员和信息服务平台收取的每公里费用总额,不得超过珠海市二类巡游出租车基准运价(2.6元/km)的50%。每次合乘应不多于2批次乘客,且每批乘客收费折扣系数不得高于0.6,即合乘情况下每批乘客支付的公里费用为不高于$0.6 \times 2.6 \times 50\%$元	不得收取其他非直接成本费用
上海	《关于规范本市私人小客车合乘出行的实施意见》(2016年)	分摊出行成本仅限于当次合乘出行车辆所消耗的燃料等成本和所发生的高速公路、桥隧通行费。燃料等成本应按照合乘车辆工信部登记车型的综合工况百公里油耗、燃油等实时价格以平均公里成本计费。不得按时间计费。合乘服务分摊费用由合乘服务提供者和合乘人合理分摊	不得收取其他非直接成本费用
天津	《天津市私人小客车合乘指导意见》(2017年)		
青岛	《关于查处非法营运时对私人小客车合乘认定的意见(征求意见稿)》(2021年)		
重庆	《重庆规范私人小客车合乘出行的指导意见(征求意见稿)》(2016年)		合乘平台可在合乘者分摊的费用中提取一定比例的信息服务费
东莞	《东莞市交通运输局私人小客车合乘出行若干规定》(2019年)		
长春	《长春市私人小客车合乘出行指导意见》(2020年)		

续 表

城市	指导意见	拼车价格标准	
		直接成本	隐性成本
杭州	《杭州市网络预约出租汽车和私人小客车合乘管理实施细则(试行)》(2021年)	私人小客车合乘包括免费互助和分摊部分出行成本等方式,杭州市鼓励免费互助的私人小客车合乘。凡根据乘客意愿提供车辆和驾驶员,或驾驶员和信息服务平台收取的每公里费用总额超过巡游出租车每公里里程运价的50%上限的,均属于网约车经营活动,相关平台企业、车辆、驾驶员应当取得相应的网约车经营许可或从业资格	未作规定

3. 专车、快车、拼车定价组成差异化

专车、快车、拼车定价组成具有差异化。乘客支付费用可分为基本费用和弹性费用两部分。专车、快车、拼车的基本费用和弹性费用均有所不同。基本费用由起步费、时长费和里程费三部分组成,各项费率因车型而异。其中,起步费不含运营里程,相当于设置了最低消费值;时长费和里程费率因车型而异。弹性费用是由低速费、长途费、夜间费、动态加价费及其他费用组成。

1) 专车

以上海市滴滴专车和快车为例,2022年相较2017年滴滴专车舒适型和商务型车型在里程费的基础上添加了时长费、跨城费和超时等待费,并取消了低速费和夜间费,由起步费、里程费、时长费、远途费、超时等待费、跨城费、动态加价费一共7项费用组成,如表12-8和表12-9所示。2022年滴滴专车行政级车型添加了跨城费和超时等待费,仅取消夜间费,由起步费、里程费、低速费、远途费、超时等待费、跨城费、动态加价费一共7项费用组成。具体费用方面,三类车型的细化费用都微调上涨,里程费和时长费的时间段划分更加细致,夜间和凌晨高收费时段、早晚高峰时段时间加长。滴滴专车舒适型和行政级的预约用车最低消费未发生变化,商务型的最低消费由70元变成了80元。

表12-8　　　　　2017年滴滴专车乘客支付费用构成

费用项目	起步费/最低消费/元	里程费/(元·km^{-1})	低速费/(元·min^{-1})	远途费/(元·km^{-1})	夜间费/(元·km^{-1})	动态加价费	预约用车最低消费/元
舒适型	17	3.7(7:00—10:00) 3.5(20:00—23:00) 4.2(23:00—5:00) 3.3(其余时间)	1.4(7:00—10:00) 1.3(17:00—20:00) 0.5(其余时间)	1.3(超过10 km)	—	√	70
行政级	25/48	5	2	2.5(超过15 km)	2.3(23:00—5:00)	√	108

续表

费用项目	起步费/最低消费/元	里程费/(元·km⁻¹)	低速费/(元·min⁻¹)	远途费/(元·km⁻¹)	夜间费/(元·km⁻¹)	动态加价费	预约用车最低消费/元
商务型	19	6.8(23:00—5:00) 4.5(其余时间)	1.5	2.3(超过10 km)	—	√	70

表 12-9　　2022年滴滴专车乘客支付费用构成

费用项目	起步费/最低消费/元	里程费/(元·km⁻¹)	时长费/(元·min⁻¹)	低速费/(元·min⁻¹)	远途费/(元·km⁻¹)	超时等待费/(元·min⁻¹)	跨城费/(元·km⁻¹)	动态加价费	预约用车最低消费/元
舒适型	18	3(普通时段) 4.3(22:00—7:00) 3.1(7:00—13:00,17:00—20:00)	0.5(普通时段) 0.6(22:00—5:00) 1.05(7:00—10:00) 1(17:00—20:00)	—	1(20~35 km) 1.1(超过35 km)	1	0.5	√	70
商务型	20	3.7(普通时段) 5.55(22:00—5:00) 4.1(7:00—10:00,17:00—20:00)	0.8(普通时段) 0.85(22:00—5:00) 1.05(7:00—10:00,17:00—20:00)	—	1	1	0.5	√	80
行政级	35	6.5(普通时段) 9.5(23:00—6:00)	—	2.5	3(超过10 km)	1	1	√	108

2) 快车

在滴滴快车费用方面,2022年和2017年的快车费用构成不变,但最低消费、里程费、时长费均有不同程度的上涨,里程费和时长费的时间段划分更加细致,夜间和凌晨高收费时段、早晚高峰时段时间加长,如表12-10所示。

表 12-10　　2017年、2022年滴滴快车乘客支付费用构成

费用项目	年份	最低消费/元	里程费/(元·km⁻¹)	时长费/(元·min⁻¹)	远途费/(元·km⁻¹)	动态加价费	预约用车最低消费/元
普通型	2017	13	3.2(23:00—5:00) 2.3(其余时间)	0.6(7:00—10:00,17:00—20:00) 0.5(其余时间)	0.8	√	25

续 表

费用项目	年份	最低消费/元	里程费/(元·km⁻¹)	时长费/(元·min⁻¹)	远途费/(元·km⁻¹)	动态加价费	预约用车最低消费/元
普通型	2022	14	3.2(22:00—7:00) 2.53(11:00—13:00,17:00—20:00) 2.5(其余时间)	0.58(11:00—20:00) 0.56(其余时间)	0.8(20~35 km) 0.9(超出 35 km)	√	37
优享型	2017	16	3.9(23:00—5:00) 2.9(其余时间)	0.7(7:00—10:00,17:00—20:00) 0.6(23:00—5:00) 0.57(其余时间)	0.88	√	30
优享型	2022	16	3.9(22:00—7:00) 3.05(7:00—13:00,17:00—20:00) 3(其余时间)	0.7	0.88(20~35 km) 0.9(超出 35 km)	√	49

3）顺风车

在滴滴顺风车费用方面，2022 年和 2017 年的顺风车费用构成不变，2022 年的顺风车费用分为拼座和不拼座两类情况进行计费，如表 12-11 所示。最低消费和里程费均有不同程度的上涨，里程费和时长费的时间段划分更加细致，夜间和凌晨高收费时段、早晚高峰时段时间加长。

表 12-11　　　　　　　　2017 年、2022 年滴滴顺风车乘客支付费用构成

年份	是否拼座	起步费/最低费/元	时长费/(元·min⁻¹)	里程费/(元·km⁻¹)
2017 年	—	12	—	1.6
2022 年	拼座	11.2	—	1.52(3~10 km) 1.14(10~20 km) 0.81(20~30 km) 0.54(30~500 km) 0.4(超过 500 km)
2022 年	不拼座	14	—	1.9(3~20 km) 1.35(超过 20 km)

四、平台定价对网约车乘客、司机的影响

网约车市场的主体分别为乘客与车辆，乘客需求数量与车辆供给能力直接决定了网约

车市场的运行效率。当供给能力不足时,市场反应为乘客等待时间变长,订单成功率下降,乘客开始离开市场;当需求数量不足时,市场表现为空闲车辆比例增加,司机平均收益下降,司机开始离开市场。只有当二者维持均衡状态时,市场才是健康稳定的。乘客的需求数通常会受到市场定价的影响,而平台车辆数则会受工资水平影响。

乘客需求对平台定价是比较敏感的,当定价变高,乘客出行费用增加,出行意愿则会下降;相反,当定价变低时,乘客出行意愿增加,市场出行需求变大。实际情况下,乘客出行意愿随价格变化幅度并非一成不变,例如价格从 1 元变为 2 元与从 5 元变为 6 元的乘客边际效用明显不同,后者对乘客出行意愿的影响相对更小。

对于网约车市场来说,司机注册数量在短期内变化不大,但在线工作数量会受较多因素影响而快速变化,其中影响最大的是工资水平。在网约车市场,乘客的支出为司机与平台所得,司机所得比例代表其工资水平,平台较低的抽成比例会吸引司机上线工作,相反则会导致司机离开市场。假设某城市平均每个网约车司机每天完成订单的原始总收入为 416 元,平均行驶里程约 110 km,考虑油费(或电费)、停车费、汽车维护费后,假设司机当天的最低成本为 110 元(即最低机会成本),如果平台给予司机的工资比例位于成本线 $w=110/416=0.26$ 以下,将不会有司机进入市场。

对于最大化平台收益的定价寻优问题,在该问题中,自变量为乘客出行定价与司机工资水平,目标值为平台收益。价格与工资基本呈现负相关,当价格提高时,乘客相应减少,故所需要的车辆数也相应减少,为保证平台收益最大化,会倾向于降低司机工资,提高平台收益。价格过高使得订单数量过少,平台收益开始下降,当价格继续提高时,得益于较高的毛利率,平台收益会继续创出小高峰,但这样可能会迫使乘客和司机永久离开平台,对平台长期收益是不利的。

单纯追求平台收益最大化,会倾向于提高乘客价格,降低司机工资,这样平台可以从乘客手中获取更多收入,从司机手中获得更多提成,平台成为最终受益者,而乘客与司机的利益未得到保护。乘客出行定价与司机工资水平之间存在一个均衡状态,当定价偏离均衡值,比如出行价格变低或司机工资变少,都会使得工作车辆数不足以应对乘客需求,使乘客等待时间过长。因此,需要结合平台收益、乘客等待时间、成功订单数、司机平均收入设定社会效用目标函数,以社会效用最大化寻找更为合理的定价方案。

第三节 分时租赁电动汽车成本与定价

分时租赁电动汽车是一项重资产、重运营的业务,其财务模式、成本组成、定价方式与网约车有所不同。

一、分时租赁的收入

目前国内分时租赁市场以新能源汽车为主,也有部分企业使用燃油汽车,新能源汽车和燃油汽车分时租赁的财务模式的区别主要在于成本。单从账面的角度来看,大部分新能源汽车分时租赁公司主要依靠补贴以低价获取新能源汽车从而节约成本。无论是新能源汽车还是传统汽车,车辆租赁收入是主要的收入来源。现阶段市面上真正实现盈利的分时租赁公司为数不多,只有少数新能源汽车分时租赁能够产生盈利。

分时租赁前期收入主要分为租金收入和汽车使用三年后的处置收入两部分（仅限于自有车重资产模式，押金在本书中不算作收入）。随着用户规模的扩大和品牌化的发展，后续的广告收入和大数据运营收入会逐渐成为核心收入。

1. 车辆租赁收入

车辆租赁收入可以分解出来几个核心的数据指标：日订单量、每单公里数、每单平均时长、每日订单量理论最高值等。下面简要对比分析燃油车和新能源汽车的车辆租赁收入。

假设新能源汽车和传统汽车收费标准一样，都是按照行驶里程和时长收费，即用户去某地使用传统汽车和新能源汽车分时租赁总价格一样、总时长一样。通过对比每日订单量理论最高值计算二者的区别，新能源汽车的续驶里程数要远低于传统汽车，通常情况下传统汽车的续驶里程是新能源汽车的1～2倍。假设每天运营时间都是12 h，每单跑20 km，时长90 min，每单间隔20 min。根据该假设，新能源汽车每日最高值为5～6单，传统汽车为6～7单，传统汽车分时租赁的租金收入要高于新能源汽车。

2. 二手车销售收入

新能源汽车大部分成本来自电池和电机，3年后汽车的残值会比较低，乐观估计残值为新车值的20%；传统汽车使用3年后的残值会比新能源汽车好很多，保守估计残值为新车值的40%，远高于新能源汽车残值。

3. 广告收入

随着分时租赁市场渗透率的提高，广告流量营收会占据很大比重，但是分时租赁在最初推广期间，广告流量营收不会占据主要份额。

4. 大数据运营收入

随着用户数量的提升和企业的数字化建设，通过大数据分析与挖掘，可以不断发现潜在用户、提高运营效率、产出新的数据产品，从而带来成本的节省和收入的增加。在分时租赁推广初期，大数据运营收入并不会占据很大的比重，但是企业的数字化建设在后期能够大幅度减小运营成本，创造出新的机遇和产品。大数据的力量不容小觑。

二、分时租赁的成本组成

分时租赁电动汽车成本主要包括固定成本、运营成本、使用成本。其中，固定成本包括车辆成本、运营网点建设、车辆保险投入等；运营成本包括技术开发维护费用、车辆调度管理费用、用户端营销费用等；使用成本包括车辆折损、充电成本、车位成本和事故成本等。随着基础充电设施的建设，车辆规模的增加和补贴力度的降低，新能源汽车的非车辆成本将会逐渐降低，车辆成本将会逐渐提高。依靠补贴优惠盈利的分时租赁公司将会面临挑战。

1. 固定成本

车辆成本主要是批量购置车辆和车险产生的成本。目前新能源汽车享受国家、地方和厂家三重补贴，理论上同类车型价格会远低于传统汽车的固定成本。根据相关机构调研发现，车辆成本占总成本的近七成（图12-4）。是否有整车企业背景成为影响车辆成本的重要因素。经过多年的发展和布局，具有车企背景的共享汽车平台成为行业头部企业，如EVCARD为上汽旗下分时租赁汽车公司，摩范出行则隶属于北汽，盼达则由力帆汽车控股，这样可以在一定程度上降低购车成本。通常做法是汽车企业母公司直接将生产出的车辆划拨给分时租赁汽车公司，或者以注资方式给分时租赁汽车公司，然后分时租赁汽车公司用注资购买母公司生产的汽车。

在运营网点建设方面,运营网点中的充电桩和停车位的租用费用占较高成本,由于涉及城市规划和公共空间的占用,需要与政府协商。平台在政府端的协调能力对网点建设成本有较大的影响。

车位成本主要是指车辆在停车状态下产生的停车费用。对于不同的运营模式,分时租赁公司需要承担的停车费不同,需要相应采取不同的策略降低这部分费用。在网点取还车模式下,根据网点与公司的协议情况,用户在网点的停车费用一般由公司承担;如果用户愿

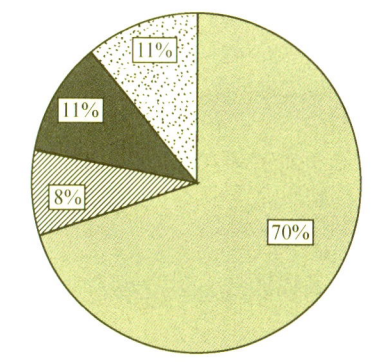

注:事故成本在此统计中忽略不计。

图 12-4 分时租赁成本构成占比

意承担上一个用户的停车费用,则自由取还车模式的停车成本理论上可以做到比网点取还车更低,因为公司无须再支付停车费用。对于同地取还车和异地取还车模式来说,停车成本主要是租停车位的固定停车成本,理论上有多少辆车就需要多少个停车位,或者略多一些,以防止单网点停车位不足。

对于半自由流动模式而言,除了固定停车成本外,还有变动停车成本。由于用户并未将车还回网点,而是停在别处需要收费的停车位置,需要公司与用户共同承担这部分停车费用。

对于自由流动模式的分时租赁企业来讲,也分为固定停车成本和变动停车成本。固定停车位理论上可以少于车辆数,因为通过晚间超低价鼓励用户不还车并把车开回家,第二天可以继续使用,这段时间的停车费均由用户承担。假设每天有 10% 的车被用户夜间开走并不还车,那么理论上就可以减少 10% 的停车位。变动停车成本有两种承担方式:在用户未还车前产生的所有停车费用由用户自己承担;用户在还车后产生的停车费用由下一个接力用户承担或由公司补贴。

2. 运营成本

在用户端营销方面,成本受用户自传播效应影响,用户自传播效应越强,成本越低。由于当前分时租赁规模效应不足且用户对平台的信任没有完全建立,分时租赁电动汽车还受到公共交通、网约车在内的其他交通方式的竞争,用户自传播效应较差,流量增长主要靠平台强运营,营销成本普遍较高。

车辆调度管理成本主要受平台技术能力影响。企业通过积累业务和数据并集成 AI、大数据技术,从而优化经营和调控算法,对车辆、管理人员等进行动态调整,有利于提高运营效率,降低运营成本。

3. 使用成本

充电成本受车辆锂电池循环次数及电费的影响。2019 年资料显示,一个锂电池的循环寿命约为 1 000 次,电费约为 1 元/(kW·h)。锂电池的价格为整车价格的 40%,同时经历过一次电池循环寿命,整车的整体保值下降明显,贬值较多。

事故成本包括用户在使用过程中可能会发生的违章或交通事故成本。对于违章,一般由用户承担相应的罚款,公司可以通过代收服务费的方式帮助用户处理;对于交通事故,公司购

买的车险能够覆盖绝大多数的事故成本。因此,事故成本在总成本中的占比暂可忽略不计。

三、成本计算方法及定价组成

1. 成本计算方法

总成本是固定成本、运营成本、使用成本的总和。

$$C=\frac{C_\mathrm{f}+C_\mathrm{o}+C_\mathrm{u}}{L} \tag{12-11}$$

式中,C 为运营单位里程成本,元/km;C_f 为车辆全生命固定成本,元;C_o 为全生命周期运营成本,元;C_u 为全生命周期使用成本,元;L 为全生命周期运营里程,km。

2. 定价组成

区别于传统的租车方式只支持按天或按月计费,汽车分时租赁一般采用计时计费或混合计费方式。分时租赁企业采用的计时计费方式包括时长计费和分时段计费。企业一般按照用户从取车到还车的用时进行收费,并以分钟为单位核算出行费用,费率一般从 0.3~1.3 元/min 不等。也有一些企业以 0.5 h 为最小计时单位。还有一些企业采用分时段计费的模式,对白天和夜间时段出行的用户收取不同费用。混合计费方式同时按照使用时长和出行里程进行收费。里程计费一般以 1 km 为基本单位,费率从 0.25~2 元/km 不等,时间费率从 0.3~1.3 元/min 不等。我国现有的汽车分时租赁企业的收费方式均考虑时长因素,大多数采用混合计费模式。大多数企业除以上基础计费方式外,还提供特殊计费方式的辅助计费服务,如包夜计费(夜租)、按日计费(整日租)等。不同运营商分时租赁汽车定价如表 12-12 所示。

表 12-12　　　　　　　　不同运营商分时租赁汽车定价表

运营商	计费方式	分时租赁费用	备注
EVCARD	起步费+时间费用 有封顶价及小时套餐	0.6~1.1 元/min	2022 年
GoFun	基础服务费+时间费用 +里程费用 有小时套餐	0.66 元/min+0.75 元/km	2022 年
摩范出行 (原华夏出行)	基础服务费+起步费+ 时间费用+里程费用有 封顶价及小时套餐	0.16 元/min+0.8 元/km	2022 年
盼达用车	基础服务费+时间费用	12.9 元/30 min	2021 年停止运营
长安出行	基础服务费+时间费用 +里程费用	0.6~0.7 元/km+0.3 元/min	2020 年停止运营
大道用车	基础服务费+时间费用 +里程费用	1.2 元/km+0.2 元/min	2019 年停止运营
立刻出行	基础服务费+时间费用 +里程费用	1.5 元/km+0.15 元/min	2019 年停止运营

续 表

运营商	计费方式	分时租赁费用	备注
有车出行	基础服务费+时间费用+里程费用	1.0元/km+0.2～0.4元/min+基础服务费5元,10元	2019年停止运营

当分时租赁汽车的充电桩、停车位租赁成本、运营成本和使用成本与每日的订单收入难以平衡时,分时租赁汽车投入规模及网点数量就会出现萎缩。

第十三章 出租车、网约车、分时租赁电动汽车管理

本章介绍出租车行业定位、行业规制、出租车经营权管理制度、运营模式,网约车及其平台管理,分时租赁汽车管理。

第一节 出租车管理

一、出租车行业定位及相关利益主体

1. 出租车行业定位

出租车同时具有不经济性和不可或缺性两种属性。不经济性是指相对于大容量公共交通,出租车是一种低效率、对环境和道路交通压力大、便捷但不经济的交通形式;不可或缺性是指对于特殊人群(如残障人士、孕妇、老人和公交覆盖不足的偏远地区等)或特殊需求(如生病、事务时间紧急的出行、不熟悉地点的出行、深夜出行等),出租车不可或缺。

由于出租车运营过程中占用有限且宝贵的城市道路交通资源,且其利用城市道路交通资源的效率远远低于其他大运量公共交通方式,因此在中国交通运输部 2015 年 1 月施行的《出租汽车经营服务管理规定》(交通运输部令 2014 年第 16 号)中明确提出:"出租汽车是城市交通的组成部分,应当与城市社会经济发展相适应,与公共交通等客运服务方式协调发展,满足人民群众个性化出行需要。"日本交通主管部门对出租车提出了新的市场定位——引导出租车行业成为"综合生活移动产业",满足高龄者、障碍者出行,为特别旅客提供快捷出行,为国内外旅行者观光服务,为社区提供便利服务以及为夜间出行者提供安全保障等。

在整个城市客运交通出行结构中,出租车承担的出行比例通常不超过 10%。因此,在公共交通优先发展概念下,不鼓励过度发展出租车,尤其是在大城市和特大城市,更不能放任其增长。

2. 相关利益主体

目前,我国城市客运出租车行业可以分为 4 类相关利益主体:出租车驾驶员、乘客、出租车公司、政府,如图 13-1 所示。

1) 政府主体地位分析

由于出租车市场提供的服务具有公共服务的性质,具有一定的社会公益性,因此,政府有对市场及市场主体管理和监督的职责。它既是主管出租车发展、管制出租车营运行为的社会管理部门,也是发放和拍卖出租车营运牌照及经营权的既得利益集团,具有双重地位和身份。我国于 2008 年组建交通运输部,把管理城市客运的职能划归交通运输部门,实现了城市客运出租车管理主体的统一。

政府应对出租车的发展作出科学的决策,按照市场需求对出租车的总量进行控制,并建

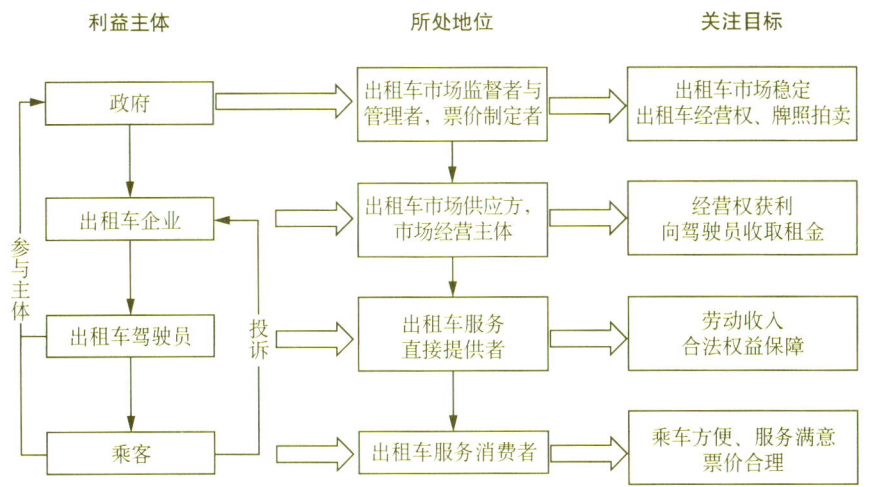

图 13-1 城市客运出租车系统相关利益主体

立科学有效的出租车经营权准入、退出机制。同时政府应当为出租车市场的发展创造有利的条件,并严格监管和约束出租车公司乱收费等行为,鼓励出租车公司积极运用先进的信息化和智能化交通设施,降低出租车空驶率和提高驾驶员人身安全保障。

2) 出租车企业地位分析

出租车企业是出租车市场的供应方和市场经营的主体,在从政府手中获得经营权后,雇用驾驶员或将出租车辆租赁出去赚取利润。当缺乏严格的行业规范和机制约束时,部分出租车公司会在市场上转卖或高额炒卖"经营权",获取巨额利润;依靠出租车经营牌照获取高额"份子钱",侵害司机的运营收入权益。

3) 出租车驾驶员地位分析

驾驶员处于整个出租车市场的底层,直接为乘客提供从起点到目的地的服务,且每天工作时间较长,一般在 10~12 h。在利益的驱使下,出租车驾驶员为了获得满意的报酬,多数存在严重的疲劳驾驶现象,但相应的医疗权益等并未得到合理保障。另外,微薄的收入与高强度的劳动,容易使驾驶员产生不满情绪,为乘客服务的意识淡薄,导致乘客投诉,驾驶员上访、罢运等事件发生。

4) 乘客地位分析

乘客是出租车市场中的需求者,其关注的是乘车的容易程度、价格以及服务质量,同时也是出租车运价上涨的直接受影响者。广大乘客可以直接向出租车企业反馈服务的满意程度,并需要积极参与到关乎切身利益的出租车票价制定中。

二、出租车行业规制

1. 出租车行业管制理据

出租车是经营者的财产,有明确的私有产权,包括使用权、收益权及转让权。出租车作为运营资产,其使用即为了收益,转让与否及转让定价也主要基于收益能力。因此,收益权是出租车私有产权的核心部分。出租车行业特殊的结构决定其收益权主要受价格制定、出租车驾驶员与企业收益分配比例的影响。

出租车服务本质上是提供一种空间和时间服务,出租车消费即消费时间和空间。运输并非只提供位移,节省时间是乘客选择出租车服务的重要考量,利用出租车驾驶员熟悉道路交通、驾驶技能娴熟、无需停车换乘等优势实现快速空间转移。在传统的出租车行业中,一般通过在主干路、交通枢纽、商场、酒店等人群密集点巡游或排队轮候实现供需撮合,完成交易。这种服务模式存在诸多弊端:

第一,出租车免费利用街道作为经营场所,而大城市道路资源有限,城市空间价格并不会直接影响出租车价格。如交易任由供求双方谈判,则必然占用公共道路资源,造成交通拥堵,交易外部性十分显著。

第二,巡游和候车市场的交易特性限制了消费者根据服务和价格自由选择出租车的权利,难以单纯依靠市场竞争实现"优胜劣汰",甚至会由格雷欣法则(Greshanm's Law,即劣币驱逐良币)主导。主要原因有以下几点:

(1)出租车服务交易是随机达成的,消费前乘客难以了解出租车的安全状况、服务质量,信息不对称程度很高,尤其是对外地乘客,所有车辆的交易机会基本均等,很难自然形成优胜劣汰的市场机制。

(2)非重复博弈,再次搭乘同一辆出租车的概率很小,上一次消费所获得的相关信息无法对下一次消费产生影响。

(3)同一时间、同一地点很难有多辆出租车同时出现供选择。当乘客拦停一辆出租汽车时,供求双方形成局部点垄断(即在特定的时间点与空间点,交易双方受时空双重约束而形成的垄断),乘客将处于不利位置,即交易容易受垄断挟持。

(4)乘客难以确定下一辆出租车什么时间出现,是否比当前的服务更好、价格更低,比选会造成较高的时间成本。

(5)乘出租车的乘客通常时间价值较高,比选带来的收益无法弥补浪费时间而造成的损失,通常会选择最早遇到的出租车。

(6)站点候车"先来先走"的规制排除了乘客挑选出租车的可能。

出租车服务的自由交易将产生外部性,成本外部化会导致市场失灵,因此,出租车财产权的自由行使与社会公共福祉冲突。由于出租车服务差异小,价格是交易达成与否的关键。管制机构对出租车服务定价,实行价格管制,使交易成本内部化并降低交易成本(例如设置特征化颜色、顶灯标识、计价器等是有利于降低交易成本的措施),通过将外部成本纳入合约来解决外部性。换言之,出租车的财产权必须承担社会义务,其财产权的行使须有助于公共福祉并受价格管制。价格管制是出租车行业管制的核心,其他所有管制均从属于它。

出租车行业管制的原因主要包括公共服务性质、外部性(拥挤和空气污染等)、垄断性、不完全信息等。管制目标包括经济绩效、公共安全、消费者保护、服务的便利性和质量、拥挤和污染管理等。

2. 市场失灵与规制俘获

正是由于出租市场存在的"市场失灵"问题,国内外出租车市场大都采取了不同程度的规制措施。规制的意图:一方面是对这一行业因自身特性而造成的"市场失灵"进行矫正,另一方面是试图保障和监督这一"辅助性的公共交通"的服务质量。对出租车行业的管制主要集中在以下六个方面。

1) 价格监管

由于出租车服务需求缺乏价格弹性，完全自由定价将导致偏高的价格水平。为避免信息不对称导致司机漫天要价，费用监管在一定程度上抵消了因数量控制造成的垄断利润。管制机构通过设置技术质量管制(包括车辆准入、驾驶员准入、服务规范)为乘客提供安全、稳定的服务质量。监管机构进一步设置利润管制(即管制收入在出租车驾驶员与经营者之间的分配方式)以保护驾驶员的利益，激励驾驶员按规范服务。利润管制除保护乘客与驾驶员外，同时也可防止经营者获取超额垄断租金。

出租车行业作为我国重要的公用事业，由政府依照《价格法》的相关规定进行定价或指导定价。出租车价格制定主要与各城市经济发展水平、居民收入水平、消费水平、城市交通状况等因素有关。目前我国对出租车实行的价格管制措施主要有：强制要求出租车运营者使用统一的仪表对运营里程以及等候时间进行计算，以及对出租汽车的起步价、公里租价、等时费、空贴费、夜间行驶补贴费等进行了单价规定。政府在对出租车运价进行定价或指导定价过程中，还要召开出租车运价听证会，保障人民群众的知情权、参与权以及监督权，同时也能使调价方案更加科学合理。此外，一些地方政府也会对出租车公司向司机收取的承租费用进行管制。

2) 数量与准入监管

出租车数量与服务水平(乘客等候时间)反向相关。出租车数量增加，服务水平提高，除原来未满足的需求得以满足外，可以诱增部分需求，但当服务水平达到一定程度后，继续增加出租车数量并不能增加需求，反而会导致效率下降，而成本变化甚微，价格因此上升。为应对市场失灵、保持服务水平与社会可接受价格(包括与其他公共交通的比价关系)的平衡，管制机构重新设置数量管制。必须指出的是，数量管制并非禁止进入，而是管理进入。显然，数量管制从属于价格管制目标。

出租车数量管制的主要目的是减轻出租车的外部负面效应，包括环境污染、燃油消耗和交通拥挤等。出租车数量管制并没有统一的标准。国外学者分析了意大利所有城市的出租车数量与城市人口规模等因素之间的关系，认为不能明确得出出租车数量与城市各属性之间存在相关性。此外，各个国家和地区之间的出租车数量与人口的比值差异较大，如1993年日本东京人口与出租车数量之比为247∶1，韩国首尔为192∶1，中国香港则是403∶1，新加坡是223∶1；2000年东京的这个比例为221∶1，首尔变为163∶1，新加坡和中国香港变化很小，分别为220∶1和385∶1，而中国台北达到了72∶1。

我国出租车市场的准入由政府进行管制，主要采取限制进入量的管制政策，具体管制措施是通过控制出租车经营牌照来实现市场准入管制。现阶段政府对出租车行业的市场准入限制主要有限制经营主体、限制经营模式、控制出租车总量三个方面。

(1) 限制经营主体。主要体现为：①政府通过相关的法律法规对经营主体的资质进行要求；②政府在对出租车运营许可证进行审批时，对不同的申请对象采取不同的政策。例如在北京市，交通管理部门在进行经营许可证审批时，对个体司机、私人投资企业以及国有企业区别对待，对个体经营者进行一定的限制。

(2) 限制运营模式。主要表现为我国很多地方政府强制推行"公司化"经营的运营模式，即出租车公司享有出租车的所有权和经营权，出租车司机通过缴纳承包费和风险抵押金等方式进行承包经营的模式。公司化模式成为出租车市场准入的又一道门槛。

(3) 控制出租车总量。政府制定了城市中出租车的数量总额,当出租车数量达到总额后就停止对出租车经营权的审批,其措施主要有通过特许有偿经营方式定量投放牌照,以及出租车运力达到给定上限后即停止发放牌照。

3) 空间结构管制

对出租车的空间管制主要是指限制不同地域的出租车只能在一定的空间区域内运营而不能跨界运营。通过对出租车运营空间的限定,强化了进入管制的效果,使城市出租车的数量处于可控状态。

4) 运营主体管制

对运营主体管制涉及很多方面,包括对运营主体的行业资格、服务要求等的管制,也包括对不同运营主体(如个体、大规模出租车公司等不同组织)的限制。

5) 质量监管

质量监管通常包括两类,一类是对于车辆类型、维护标准以及使用年限的相关规定,第二类是对驾驶员所应具备的能力与素质的要求。

6) 服务标准监管

市场监管条例通常用于规范出租车驾驶员的服务行为,保障消费者的权益,有利于公众安全,避免信息不对称造成服务质量下滑。

作为我国出租车管理的最高法规,2015年1月起实施的《出租汽车经营服务管理规定》第三章专门对出租车服务管理进行了相关规定。其中,第二十三条规定了出租车运营时应当符合的质量和服务要求:①车身外观整洁完好,车厢内整洁、卫生、无异味;②车门功能正常,车窗玻璃密闭良好,无遮蔽物,升降功能有效;③座椅牢固无塌陷,前排座椅可前后移动,靠背倾度可调,安全带和锁扣齐全、有效;④座套、头枕套、脚垫齐全;⑤计价器、顶灯、运营标志、服务监督卡(牌)、车载信息化设备等完好有效。第二十四条规定:出租车驾驶员应当按照国家出租车服务标准提供服务,主动协助老、幼、病、残、孕等乘客上下车,按照乘客指定的目的地选择合理线路行驶,不得拒载、议价、途中甩客、故意绕道行驶等。

除了国家在《出租汽车经营服务管理规定》中对出租车服务质量提出要求外,各地的地方性法规也对出租车的服务质量进行了相关规定。

3. 解除管制的实践

反对出租车行业规制政策的人士认为,自由市场能够最有效地分配资源,为出租车乘客提供最佳的价格和服务组合。因此,鼓励竞争及创新服务是放宽出租车市场准入的主要目的,支持者认为市场自由准入能够促进服务品质提升及价格降低,并有利于创新服务。这种观点对于解除出租车行业管制具有至关重要的影响,1965—1983年,在鼓励竞争和创新的目的下,美国和加拿大18座城市废弃了出租车准入机制,当出租车规制体制放松后,无一例外导致了美国和加拿大这些城市的出租车数量过剩,供应过剩后每个驾驶员的营收大大降低,有些已无力维持最低的收入要求及更新车辆要求。那些路边扬招打车比例比较大的城市,20世纪80年代中后期很快就恢复了规制体系。有些城市配置了较多的路边扬招站,由于出租车供应过剩,出租车司机等候时间过长,不仅降低了出租车收入,也影响了出租车周转率。出租车过剩的另一压力是价格,司机不断要求涨价、挑客、短途拒载、"绕远"、品质降低等种种出租车陋习越来越严重。波士顿、巴尔的摩、多伦多、蒙特利尔、温哥华、西雅图等14座城市重新实施了出租车数量管制体系,这也给最初18座城市放弃出租车数量管制体系的尝试基本画上了句号,事实和行动再次证实了出租车合理管制的必要性。中国城市出租车市场自改革开放初期(1980年代)政府鼓励自由发展,很快到20世纪80年代末就进入了约束发展时期,在数量上和价格上实行严格的管控。

2000年前后是世界各国深化出租车市场管制改革比较集中的时期,出租车管制改革的趋势主要体现在:无一例外地强化对出租车经营者、司机服务、安全水平的质量管制;坚持一定程度的价格管制,各国主要以价格上限为核心进行价格管制,尤其是一些面积较小的国家(如爱尔兰)实行全国统一定价。

4. 改善监管的建议和方向

政府对出租车行业监管的主要抓手有行业准入(经营权)、定价监管和质量监管,三种监管方式往往紧密配合、相互作用。出租车市场虽然存在监管失灵的弊病,但监管得以确立的交易特征及市场并没有消失或显著改变,监管失灵不该以取消监管的极端方式来解决,可通过建立动态数量和价格管控机制以及引入更严格的服务质量监管机制,使监管失灵的一些诟病能够改善。

(1) 因地制宜把握管制力度。任何城市的道路资源都是非常有限的,城市越大、密度越高,城市道路上能容纳的车辆数量越有限。中小城市可逐步放松出租车市场管制力度,大城市应始终坚持优先发展公共交通作为解决城市交通问题的根本,出租车作为公共交通的补充,适度有限地发展。

(2) 建立出租车总量及价格动态调整机制。在综合考虑市场需求、出租车里程利用率、行业整体盈利水平等因素的基础上建立总量动态调控机制,建立科学的调整程序。在政府定价或政府指导价下由行业协会定价,建立出租车运价调整机制及调整程序。

(3) 规制重心回归到制定行业服务安全监管标准和退出机制上。改变政府只管数量、价格,不管服务的传统思路,强化服务质量和安全监管。通过服务质量招标等手段配置出租车牌照资源,并建立市场退出机制,对于服务质量差的企业和个人,政府可回收其经营权和运营权。参考"专车"运营经验,利用信息技术对出租车行业进行经营管理的升级改造。建立政府和乘客对出租车公司、驾驶员的服务质量考评反馈机制,建立经营权交易机制,鼓励品牌化发展,实现政府管制下的适度竞争。

三、出租车经营权管理制度

出租车服务市场不是一个可以自由进入的市场。政府对这个行业实施行政许可(又称"市场准入")。由于存在"总量控制",故属于行政许可中的"特别许可"。因此,出租车行业被认为是特许经营的行业。

获得特许经营资格的企业或个人因此拥有了一种排他性权利,即出租车经营权。出租车经营权建立在政府行政许可(或者市场准入、数量管制)之上。与对物的所有权和对人的债权不同,经营权的内容不是对物的占有、使用、收益和处分权,也不是对他人的给付行为(如债务人的偿债行为)的请求权,而是一种在一定时间或/和区域范围内,排除他人竞争(即从事相同或相似经营活动)的权利。

经营权与物权、债权、股权一样,都具有一定的经济价值,因此都可能成为投资对象。只不过通常情况下,相比物权、债权和股权,经营权的投资者受到更多的政府管制,即机构或者个人要取得某种经营权,必须符合特定经营权许可法规所要求的资质、条件等。由于存在数量管制,符合资质要求的申请者也未必都会获得经营权。同样,由于政府实施数量管制的期限、标准、松紧尺度等未必在所有时间内都可以准确预测,未必长期稳定不变,所以,投资出租车经营权也是有相当风险的。

1. 经营权异化

1937年,纽约市颁布《哈斯法案》(Haas Act),在出租车行业首开先河,通过设置经营权来管理出租车数量,并通过立法固定出租车数量。然而经营权逐渐异化为一种投资资产:创设之初,许可费用仅5美元,"二战"后经济繁荣,其价值开始被挖掘而快速飙涨,后来最高飙升至近120万美元。

对出租车经营权管制一般通过3种方式实现:①通过拍卖拥有合法经营权证书,包括限价拍卖与不限价拍卖;②通过行政审批发放出租车许可,但需要缴纳许可使用费;③通过行政审批(或服务质量招投标)免费发放许可。除少数明确设置经营权制度的城市,绝大部分都是通过行政审批发放许可。由于管理制度不健全,普遍存在黑市交易,并形成事实上的经营权。

是什么力量驱使经营权价格疯狂上涨? 首先是可交易性,市场据此形成价格。其次,尽管经营权制度并非数量管制的必要条件,然而僵化的数量管制所造成的稀缺预期却是其价格上涨的基本原因。管制机构或因法律限制或因行业压力很少对社会公布其数量管制方法,但客运需求的增加及价格调整都转化为经营权收益增长预期。最后,由于缺乏明确的退出机制(如缺乏持有法人或自然人不再具有经营资质后的处理方式),经营权从经营的资质许可异化为可投资资产。此外,信息不透明也在相当程度上助推经营权炒作现象,例如经营权收益、经营权价格、行业发展规划等基本没有定期公开制度。

经营权本质上是监管机构许可经营者利用公共资源(如道路、车站等)运营的权利,属于公共资产,一旦异化为投资品,事实上蜕变为私人资产,该异化根本上只能归因于未能清晰地界定产权。经营权的回报既包括资产价值的上涨,也包括实际经营者的使用费用,使用费用最终由驾驶员和乘客买单,这部分成本实质上是广受诟病的垄断租金。

2. 我国出租车经营权初始配置

我国出租车行业中的经营权许可大致经历了一个由"松"到"紧"的演变过程。改革开放初期,出租车行业依托国营交通运输企业和旅游公司发展起来。20世纪80年代,行业处于自发发展阶段,规模基本不受限制,经营权经由行政审批无偿获得,经营主体被限制为国营、集体和合资企业。20世纪90年代初,各地鼓励出租车行业发展,普遍放松准入条件,允许非公有资本投资,全行业进入"井喷式"发展阶段。

1993年5月,建设部发布的《城市公共客运交通经营权有偿出让和转让的若干规定》(建城字第386号文)要求,"实行经营权有偿出让之前,单位和个人无偿取得的经营权也应逐步地纳入经营权有偿出让的范围"(第11条)。有偿出让的目的是,"为了适应社会主义市场经济发展的需要,加强对城市公共客运交通市场的宏观调控和行业管理"(第1条)。此后,各种形式的有偿出让(协议、拍卖、招标等)在大多数城市逐步推开。当然,仍然有些城市继续实施经营权的无偿发放。1997年建设部、公安部发布的《城市出租汽车管理办法》规定,"城市的出租汽车经营权可以实行有偿出让和转让"(第5条)。

总体来看,出租车经营权初始配置从价格、期限、条件等角度区分,主要有以下三种做法。

1) 有偿出让和无偿出让

北京是无偿出让或免费发放经营权的代表性城市。理论上，经营者只要符合《北京市出租汽车管理条例》所规定的条件，就可以获得经营权，无须支付出让金。当然，由于实行总量控制，符合条件的经营者也未必会获得经营权。此外，上海等城市也一直实行无偿出让。

自1990年代初起，深圳一直实行经营权"有偿使用、公开拍卖"，温州、郑州等城市也都曾经实行过有偿出让。根据1993年建设部第386号文，有偿出让可以采取协议、拍卖、招标等方式；申请经营者须符合当地城市人民政府制定的资质条件，并提供实施办法所要求的有关证件和资料；申请者获得经营权后，凭经营权有偿出让合同和经营权证书到有关部门办理开业手续。

有偿出让在政府和经营权使用者之间形成了一种合同关系：经营者拥有并使用经营权，而政府主管部门负有相应的义务保护经营权的排他性。1993年建设部第386号文规定，城市建设（公用事业）行政主管部门在实行经营权有偿出让后，必须加强城市公共客运交通的市场管理。与经营权排他性有关的具体内容包括：①认真履行合同中的政府职责，为经营权的获得者提供履约保证；②加强城市公共客运交通基础设施的建设，为经营者创造良好的经营环境，努力提高服务质量；③保护经营权获得者的合法权益，加强城市公共客运交通稽查队伍的建设，坚决取缔无证经营，保护经营者和乘客的合法权益。政府主管部门同时又是监管者，对逾期不运营的经营者，要收回经营权，对严重违反行业管理规定的经营权获得者，可取消其经营权。

既然出租车经营权是一种有经济价值的排他性权利，似乎有偿出让是最合理的选择。如果将出租车经营权理解为一种公共资源，或者认为其涉及公共资源（如公共道路）商业化使用，那么经营者就更应当为取得这种资源的排他性使用权而付费（相当于为公共资源的私有化而付费）。这种理由可以类比国有土地使用权的有偿出让。但是，一旦政府有偿出让出租车经营权，那么经营者为此支付的费用必定最终转嫁给出租车的消费者。例如，较高的出让价格可以反映为较高的出租车运价。出租车的消费者是不是应当为此种消费而向国家缴纳这样一笔类似税的费用？换言之，有偿出让相当于地方政府向出租车消费者额外征收了一笔消费税。这笔消费税的正当性似乎也不难说得通，因为出租车消费者毕竟享受了有别于大容量公共交通的个性化出行服务。

无偿出让看起来相当于政府向消费者"让利"了。无偿取得经营权的企业尽管有偿发包给司机运营，但公司并不能随意规定发包价格。例如在北京，20世纪90年代，出租车公司无偿获得无期限的经营权，然后通过承包的方式有偿发包给司机。发包价格即司机每月上交公司的份子钱。但政府监管在90年代末趋紧，公司不能任意定价，既不能随意规定份子钱的金额，也不能任意规定出租车运价。这两个方面都受到政府的严格管制。政府管制的目的之一就是不让公司从无偿取得的经营权中获取高额利润，但也不能使公司陷入亏损。对公司来说，如果要扩大利润，可能只有降低成本这一个办法。例如，降低公司的管理费用、购车成本、车辆维护成本，减少对司机的支出，等等。但是，这些降低成本的方法可能会违反政府对企业的监管要求。因此，政府既要在规定承包金额范围、运价等方面把握好分寸，恰到好处，还要把各种监管措施落实到位，免得沦为空文。

此外，无偿发放的出租车经营权，监管规章禁止其单独转让，不意味着经营权无价或者实质上不可转让。事实上，经营权可以随公司或其资产的转让而有价转让，这在出租车公司兼并重组案例中已屡见不鲜。例如,2006年4月,银建收购了120多家企业,获得了三四千张出租车经营牌照,为此支付了5.1亿元,而这笔费用在银建的财务报表上显示为"兼并重组费用",被列入"管理及营业费用"。

2004年国务院办公厅81号文要求对已有的有偿出让予以清理整顿。文件要求:"所有城市暂停出台新的经营权有偿出让政策。已经实行出租汽车经营权有偿出让的,可召开听证会,在充分听取有关专家、从业人员和乘客等社会各方面意见的基础上,对经营权出让数量、金额、期限、审批程序、出让金用途以及经营权转让、质押、权属关系等进行全面清理和规范。对经营权出让金额过高的,要切实降低;对非法转让的,要予以纠正。清理整顿要从当地实际出发,与改革、完善出租汽车市场准入、退出制度相结合,既解决突出问题,又避免引发新的矛盾和不稳定因素。要总结经验教训,按照公开透明、公正有序、公平负担的原则,逐步推广采用以服务质量为主要竞标条件的经营权招投标方式,建立科学合理的出租汽车经营权配置机制,防止单纯追求提高经营权收益的行为。"

2017年起,国内不少城市如重庆、郑州、合肥、温州、太原、兰州等正式提出出租车经营权无偿使用。

2) 有期限出让和永久性出让

经营权年限分为有期限和无期限两种。例如,1998年深圳和珠海规定出租车经营期限为50年,杭州为10年,2003年苏州规定出租车经营权期限为5年;而温州在1998年实施的大规模经营权私有化中,经营者购买的是永久(无期限)的经营权,但2017年温州市出台《深化改革推进出租汽车行业健康发展的实施意见(试行)》,提出新增出租汽车经营权实行期限制。

很多城市实施有期限出让,并且出让期限与车辆使用年限相一致,其主要的考虑可能是降低管理成本。因为经营权在5年、8年或者10年之后就自动失效,重新回到政府手中。政府可以通过重新出让来制约和剔除其不满意的经营者。但是,经营权期限的短期化也会导致经营行为的短期化,经营行为短期化反过来也会在其他方面提高监管成本,例如,出租车服务质量不高,行业监管的压力也会增加。"有恒产者有恒心。"没有长期稳定经营的预期,经营者就难以有动力,通过提供优质服务,积累自己的营业声誉。较短的经营权期限也会鼓励经营者过度使用车辆,造成资源浪费。

温州是永久出让的典型城市。市政府实施永久出让的初期(20世纪末、21世纪初),社会反应是比较积极的,出租车服务水平也得到社会认可。"温州模式"甚至成为许多地方学习的目标,北京出租车管理部门甚至考虑要不要学习"温州模式"。原因主要是车主拥有永久经营权之后,能够安定经营。但是,为什么十几年之后,温州自己都要抛弃"温州模式"?因为原先"政府—车主"两级管理模式,正演变成"政府—车主—中介—司机"四级操作流程,这直接导致了出租车行业管理难度加大、服务质量低下等问题。可见,问题实际上出在出让之后的转让环节。也就是说,转让环节的失控导致了利益链条的延伸和复杂化。这是问题的根源,永久出让看来并非症结所在。

总而言之,较长期限或者永久出让本身并不必然与公共资源合理使用相抵触,也不必然导致监管上的困难。出让环节的问题不应该孤立考虑,要结合二级市场即转让环节分析。

3) 竞价出让和质量招标

根据1993年建设部第386号文,经营权出让可以采取协议、拍卖、招标等方式。由于协议方式有可能存在暗箱操作,故拍卖成为多数城市选择的出让方式。拍卖遵循"公开竞价""价高者得"的原则,可能使城市政府获得较高的出让收入。但是,拍卖更多关注的是竞拍者的出价,尽管有基本资质的要求,但对其经营能力和提供服务的质量等缺乏细致的约束。此外,经营权拍卖也可能与二级市场价格产生联动效应:二级市场价格传导至一级市场,造成永久期限经营权拍卖价格过高的问题;反过来,较高的出让价格又促使转让价格升高。

2004年国务院办公厅81号文要求,"各地城市按照公开透明、公正有序、公平负担的原则,逐步推广采用以服务质量为主要竞标条件的经营权招投标方式,建立科学合理的出租汽车经营权配置机制,防止单纯追求提高经营权收益的行为。"

交通运输部令《出租汽车经营服务管理规定》(2014年第16号)重申,"国家鼓励通过服务质量招投标方式配置出租汽车的车辆经营权",并规定了招投标须考虑的主要因素:"设区的市级或者县级道路运输管理机构应当根据投标人提供的运营方案、服务质量状况或者服务质量承诺、车辆设备和安全保障措施等因素,择优配置出租汽车的车辆经营权"。定标之后,运管机构应当向中标人发放车辆经营权证明,并与中标人签订经营协议(第13条)。经营协议须包含16号文规定的必要条款(第14条)。被许可人应当按照"出租汽车经营行政许可决定书"和经营协议,投入符合规定数量、座位数、类型及等级、技术等级等要求的车辆。原许可机关核实符合要求后,为车辆配发《道路运输证》(第15条)。

3. 我国出租车经营权管理制度改革

2016年7月28日发布的《国务院办公厅关于深化改革推进出租汽车行业健康发展的指导意见》(国办发〔2016〕58号,以下简称"《指导意见》")对经营权管理制度改革的表述是:"新增出租汽车经营权一律实行期限制,不得再实行无期限制,具体期限由城市人民政府根据本地实际情况确定。新增出租汽车经营权全部实行无偿使用,并不得变更经营主体。既有的出租汽车经营权,在期限内需要变更经营主体的,依照法律法规规定的条件和程序办理变更手续,不得炒卖和擅自转让。对于现有的出租汽车经营权未明确具体经营期限或已实行经营权有偿使用的,城市人民政府要综合考虑各方面因素,科学制定过渡方案,合理确定经营期限,逐步取消有偿使用费。建立完善以服务质量信誉为导向的经营权配置和管理制度,对经营权期限届满或经营过程中出现重大服务质量问题、重大安全生产责任事故、严重违法经营行为、服务质量信誉考核不合格等情形的,按有关规定收回经营权。"

可见,中央政府要求各地人民政府,对出租车经营权采取最为严格的管理。

(1) 对增量经营权,实行有期限、无偿使用(故不称为"出让");一旦发放,不得变更经营主体(即禁止任何形式的转让);要变更的话,只能先由政府收回。

(2) 对存量经营权,原来规定有期限的,必须合规转让,禁止炒卖和擅自转让;未规定期限的,要逐步过渡为有期限、无偿使用的模式。

(3) 关于经营权管理,强调以服务质量信誉为导向配置和管理经营权,对经营权期限届满或经营过程中出现重大服务质量问题、重大安全生产责任事故、严重违法经营行为、服务质量信誉考核不合格等情形的,按有关规定收回经营权。

国家坚持对经营权进行重要的改革,经营权要实现期限制、无偿化,主要有两个原因:一是要使巡游出租车和网约车在一个公平的市场环境下进行竞争;二是要减轻乘客的负担。因为经营权的有偿使用会把有偿费转嫁到运价里面,在这种情况下,一方面是两个业态公平竞争的需要,另一方面是城市政府更大地让利于百姓。

按照上述要求,地方城市政府将面临双重挑战。一是必须投入比以前多得多的行政力量去管理出租车行业:①政府要制定合理的存量经营权过渡政策,以及可操作的实施方案;②要监督和严管存量经营权的私下非法转让和倒卖;③要持续地严格考查经营权申请人或者使用人的服务水准,作出公正合理的评价,以此作为决定是否发放或者收回经营权的依据。这同样需要制定详细的规则和标准,并且严格执行。二是减少了一定的财政收入。因为收回存量经营权可能需要向原经营者支付补偿费用,而增量经营权由于是无偿发放,不会给政府带来出让金收入。

总之,《指导意见》给地方城市政府的立法、执法和管理能力提出了更高的要求。按照这一思路,政府必定会通过各种政策杠杆,促使经营权向出租车公司释放或者流动。因为只有将经营权集中于组织化的经营者手中,政府才可能压缩监管层次,缩小监管对象数目,控制监管成本。而组织化的经营者,目前除出租车公司外,尚无其他选项(如行业协会、司机合作社等,目前都无法担当组织化角色,或者受到法规抑制,难以发展)。互联网平台可能成为一个适当的组织化角色,尚待进一步观察。

四、出租车运营模式

1. 出租车运营模式定义

出租车行业运营模式是指出租车市场采取何种形式进行运营,即对出租车运营企业和驾驶员之间的权、责、利关系的描述。出租车企业的运营模式也就是其盈利模式,企业通过有效组合自身的人力、物力和财力等资源,使其价值得以持续增长来获得盈利。

2. 我国出租车运营模式分类

我国对出租车管理实行特许经营制度,没有许可权,就不能运营。出租车和运营许可证的归属、经营者差异、司机与公司的关系决定了出租车运营模式分类。按照投资主体、经营权和管理权之间的关系来划分,我国出租车行业运营模式可分以下五种。

1) 公车公营

公车公营是按照现代企业制度建立的出租车营运公司,出租车的车辆产权、经营许可证均归出租车公司所有,由公司统一聘请司机运营,并与之签订正式的劳动合同,司机作为出租车公司的生产工人,享有相应的权利和义务,公司按月发放固定工资及运营提成奖励、缴纳三金。出租车司机和出租车公司之间为劳动雇佣关系,司机要遵守出租车公司的规章制度,完成给定任务或通过服务质量考核后获得劳动报酬。司机与公司的利益目标是一致的,能激励双方为乘客提供更优质的服务,同时出租车公司之间的良性竞争也能促使企业努力提升服务质量。重庆、成都等城市主要采用这种运营方式。

2) 承包运营

承包运营也常被称为租赁运营,是指出租车的车辆产权、经营许可证均归出租车公司所有,公司与被聘用的司机签订承包经营合同,属于聘用关系,司机通过承包租赁方式开展经营,并向出租车公司上缴承包费、经营使用费等费用,即通常所说的"份子钱"。北京等大部分城市多采用这种经营模式。在该模式中,出租车公司出资购买车辆,并拥有特许经营权,在与出租车司机签订合同后将车辆承包给司机运营,出租车司机需先交纳风险抵押金,在运营期间还要按规定时间交纳承包金。通常称这种承包形式为全额风险承包。在这种模式中,出租车司机经营压力较大,服务质量难以保证,同时也间接加重了消费者的负担。某些出租车公司为了转移经营风险,强制司机购买车辆,形成"空心"公司现象,造成产权归属与投资主体不明确,导致责、权、利不统一。

3) 挂靠运营

许多城市出租车行业管理机构要求,出租车不能以单个个体运营的模式出现,个体出租车必须挂靠一个公司。通常有以下两种模式。

(1) 司机拥有出租车的车辆产权和经营许可证,挂靠在出租车公司进行运营。出租车公司只负责提供代缴税费等服务,并提供培训、协助司机进行车辆年检等服务。车主定期向挂靠公司缴纳一定的服务费和管理费(通常一个月交几百元),其他经营费用及事项一律由车主自己负责。这种管理方式下司机对公司没有依赖关系,司机与公司的矛盾不突出,司机是市场风险的全部和直接承担者。如果政府频繁改变政策环境,将会直接与司机发生矛盾,非常容易引发驾驶员与政府的矛盾,造成社会的不稳定。

(2) 司机拥有出租车的车辆产权,出租车公司拥有经营许可证,公司对司机主要承担管理、服务的具体职责,各种税费均由司机个人承担,包括养老金等三金。由于出租车行业中经营许可权是车辆所有权派生出来的权利,在实际运营中,出租车公司凭借所掌握的运营许可证以及对车辆的登记权利,常将本该归属于司机的车辆所有权据为己有。这就造成挂靠经营实际上是一种产权模糊的经营模式,在车辆产权上存在"谁出资、谁拥有"与"谁登记、谁所有"的矛盾,容易引发涉及出租车经营权方面的法律纠纷。

4) 个体经营

个体经营是指车辆的产权和经营权均归车主个人所有,车辆运营以个体为单位,同时按规定上交各种费用,如温州1998年后98.8%的出租车均为个体经营模式。在这种运营模式下,出租车的运营权、产权、经营权相对统一,车主自主经营,自负盈亏,适合出租车灵活、独立、机动性强的服务特点。该模式取消了出租车公司这一中间层,降低了经营成本,减轻了消费者负担。但随着各地政府不断推进公司化运营,限制向个人发放经营权,目前采用这种模式的城市越来越少。

5) 移动互联网约租车经营模式

移动互联网约租车经营模式是指打车软件第三方平台通过移动互联网技术,对出租车或专车进行运营。其中,在移动互联网约出租车的经营中,打车软件公司只在传统的四种经营模式中起到辅助的作用,并不改变原有经营模式中行业的权责关系及利益分配机制。打车软件公司仅为司机和乘客提供手机App,将供需通过移动互联网更好地匹配起来。打车软件提供的专车运营模式主要分为以下两种。

(1) 私家车+私家车车主。由于私家车并无道路运输营运资格,严格来讲属于"黑车"范畴,于是专车平台通过与其他公司的合作,使专车及其对应的私家车车主分别挂靠在租赁公司与劳务公司下,再通过移动互联网平台进行运营,使其合法化,其运营价格高于普通出租车。此经营模式与传统出租车经营中的挂靠模式十分相似,不同的是,在此模式下,车主不需要定期向挂靠公司缴纳一定的服务费和管理费,而是按运营收入向专车平台公司缴纳提成,Uber、一号专车、易到用车多采用该模式。

(2) 平台自有车辆+平台驾驶员。此模式与传统出租车经营中的公车公营模式相似。车辆产权归打车软件公司所有,由打车软件公司统一聘请司机经营,并与之签订正式的劳动合同,其运营价格高于普通出租车。司机作为打车软件公司的生产工人,享有相应的权利和义务,公司按月发放固定工资及运营提成奖励。神州专车采用此种组合方式。

综上所述,我国出租车运营模式按投资主体、经营权和管理权的分类如表13-1所示。

表 13-1　　　　　　　　　　　　我国出租车经营模式分类

运营模式	投资主体	经营权	管理权	特　点
公车公营	公司	公司	公司	员工式管理,司机按照公司的各项考核指标完成任务定额、领取劳动报酬,服务质量较高
承包运营	公司	公司	公司	车主通过承包租赁方式开展经营,并向出租车公司上缴"份子钱",司机经营压力大,服务质量难以保证
挂靠运营	个人	个人	公司	出租车公司为微利的服务公司,没有实际管理权,缺乏有效的行业管理手段,司机自负盈亏,服务质量低
个体运营	个人	个人	个人	车主以个体为单位开展运营,监管乏力,服务质量低
私家车专车运营	个人	个人	公司	车辆及其对应的车主分别挂靠在租赁公司与劳务公司下,再通过移动互联网平台运营。车主按运营收入向专车平台公司缴纳提成,服务质量高,运营成本高于出租车
网约平台自有专车运营	公司	公司	公司	车辆产权归打车软件公司所有,由打车软件公司统一聘请司机,通过移动互联网平台经营,公司按月发放固定工资及运营提成奖励。服务质量高,运营成本高于出租车

从大类来看,公车公营和承包经营模式实质上是公司化经营模式,挂靠经营和个体经营模式实质上是个体化经营模式。目前,许多大中城市同时具有 5 类经营模式,小城市经营模式相对较为单一。

对我国出租车运营模式适应性进行评价时,应能够反映出租车运营模式特点、预测运营模式的发展、反映政府管控导向及控制能力、评价运营模式对政府管控的适应性等功能。以公车公营运营模式为例进行该模式适应性评价(表13-2),公车公营的基本特征是出租车产权与经营权完全归企业所有,这样企业对出租车的调控能力较强,便于行业有序发展和社会稳定。这就要求企业有较高的管理水平,以便能加强车辆运营及安全等方面的管理,有应对运营风险的能力。在运营成本方面,公司由于规模效应,在运营成本上可以通过降耗挖潜取得一定效益,但前提要有资金雄厚的财团加入,并且市场经济成本回收环境良好。在运营效益动机及质量控制方面,公车公营模式有规范的企业用工制度,司机权益可以得到保护,整体素质也会随之提高。

表 13-2　　　　　　　　　　　　公车公营模式评价分析

评价指标	评价	评价综述
管理水平要求	较高	企业管理得以加强,出租车驾驶员的负担可以减轻,素质得以提高,有助于保障行业稳定与健康发展,这种模式的社会形象较好,被舆论广泛推崇
产权关系	清晰	
单车运营成本	大幅度降低	
运营效益动机	能够激发实际的主动性和积极性	
政府政策促进	相关政策及促进措施较多	
运营服务质量控制	公司	

3. 北京和上海的巡游出租车管理体制改革回顾

1) 北京

北京巡游出租车管理体制可以分为四个阶段。

(1) 1991年以前的初创阶段:最早的出租车公司成立于1951年。1984年前,只有3家出租车公司经营数千辆出租车。1985年起进入了大办出租车公司的高潮。到1986年,全市经营出租车单位发展到266家,拥有出租车1.4万辆。

(2) 1992—1995年的出租车行业规模化发展阶段。1992年邓小平南方谈话精神促进了社会主义市场经济迅速发展。在鼓励民营资本进入出租车行业以解决"乘车难"问题的政策引导下,1993年实现规模上的巨大突破,截至1995年12月,全市经营出租车单位发展到1 400多家,拥有出租车6.5万辆。1998年实施《北京市出租车管理条例》,进入了法治化、规范化管理的新阶段。出租车客运量在城市公共交通运量中承担比例由1991年的约2%上升至约16%,1996年之后基本维持在15%,2005年降至13%。

(3) 2000—2005年的出租车行业集聚整合阶段。截至2000年底,全市经营出租车单位有998家,拥有出租车6.7万辆。出租车公司规模相差悬殊,主要车型档次偏低,行业散乱无序,部分从业人员素质较低,与首都形象不符。于是行业主管部门运用管制手段对出租车企业进行整顿,重点打击非法营运,清理各种乱收费现象,推行出租车行业的规范化服务。北京市政府于2000年9月下发25号文件,提出了出租车行业整体规划思路,对出租车行业的总企业数量进一步严格控制,政府行为成为此次出租车公司兼并重组的首要推动力量。至2001年底,北京出租车行业形成了以数家品牌出租车企业为主导的寡头垄断市场结构,其中7家公司拥有约4.1万个出租车运营许可证。

(4) 2005—2012年出租车行业平衡联盟阶段。在经历了规模化发展和集聚整合之后,出租车行业2005年起处于一种基本稳定的行业结构状态。2005年末,北京出租车总量达到6.66万辆,其中,企业经营6.54万辆,共277家企业承包经营,个体经营者1 157户。运营司机9万余人,其中,个体为1 157人,4.2万人单班承包,4.7万人双班承包。随着2008年北京奥运会的到来,政府管制重点从数量与准入管制向质量管理转变。在政府管制政策中,数量管制不放松,进一步强化"根据服务质量削减或增加运营许可证"的制度,服务质量存在严重问题的公司或个体运营者面临被逐出出租车市场的可能。值得注意的是,提高出租车行业服务质量水平的手段和措施在运用中都存在一定的规模效益,所以公司之间、个体运营者之间的联盟成为一种有效的选择。这种联盟是多种形式的,如公司之间的战略联盟、个体运营者之间的互助联盟、基于行业协会的联盟等。即北京进入了通过各种紧密或松散关系联盟的阶段,推动整个出租车行业质量的提高。

2) 上海

上海巡游出租车管理体制可以分为五个阶段。

(1) 1908—1949年民族企业管理阶段。1908年,地处公共租界的美商环球供应公司百货商场开设汽车出租部,由此揭开上海出租车发展史。1919—1949年由民族资本主导,在1950年代形成统一经营、电话约车业务模式。

(2) 1950—1980年国营企业管理阶段。主要有两家国营出租车公司提供出租车服务,分别是上海市出租汽车公司(强生前身)和友谊公司(锦江公司前身),为外宾、婚庆、文娱活动提供接送服务。

(3) 1981—1987年以个体化为主的快速增长阶段。1985年上海市政府颁布《上海市出租车客运管理规定》,提出适度发展个体和集体经营,拥有一辆车和一张驾照就具备申请资质,极大地促进了出租车规模发展。但也由于缺乏相应的管理手段,导致出租车数量扩张、车况堪忧、服务恶化,"乱收费、服务差、要车难"等问题严重,引发行业大整顿。

(4) 1988—2010年额度总量控制的公司化发展阶段。根据市场发展进度和道路通行能力情况,开始对出租车额度进行总量控制,进行规模整合、服务整顿,提出"扬手即停,上客问路;电话订车,约时不误;电脑计费,公道合理;车辆整洁,礼貌待客"32字服务举措,力图提高出租车服务质量,出租车被打造为展现城市形象的窗口性行业,赢得了社会各界的口碑。至1995年,上海市基本形成公司化经营格局,拥有各类出租车企业596家,个体经营者1 067户,出租车总量达36 991辆,行业初步达到了供求平衡,运力规模基本稳定。2000年开始实行市区两级管理,郊区出租车不可在市区内载客。至2010年逐步达到出租车行业发展顶峰。

(5) 2010年之后网约车冲击阶段。随着2010年以来的智能手机普及和移动互联信息服务发展,各类出行信息服务和新的运力供给快速发展,传统出租车业态自身面临经营困难的问题。在较长时间内企业内部实行承包经营制,企业购车,交与驾驶员承包经营。企业在收取承包金后,主要承担税费、车辆折旧与保险、从业人员社会保障与福利、管理费、财务费用等。驾驶员营业收入在缴纳定额承包指标后,主要承担车辆清洗、维修、燃料费以及该由个人承担的有关费用,余下的全部归己,多劳多得。由于承包指标受到行业管理部门调控,在建立"油价运价联动机制"后,燃料费用超过运价对应油价部分实行临时补贴,驾驶员收入有一定的保障,故承包经营一直延续至今,成为出租车行业的主要经营模式。近年来,随着运营成本的上升以及面临网约车的竞争,从公司的角度,企业由于主营收入(承包指标)不升反降,经营成本逐年递升,致使出租车企业利润大幅下降,经营维艰。从驾驶员的角度,面对网约车的竞争,大量驾驶员转向网约车,稳定巡游出租车司机规模成为急需解决的问题。传统出租车行业进入新一轮的改革发展期。

上海出租车管理体制经历了公司化—个体化—公司化的发展变迁,服务方式也经历了电招主导—巡游主导—多方式融合的变迁。在新发展趋势下,行业体制、服务方式、监管手段等升级改革是行业持续发展的必然要求。

3) 小结

新中国成立以来,出租车行业经历了行政审批阶段、快速发展阶段、公司化经营阶段和总量控制稳定发展阶段。巡游出租车在多年发展过程中积累了矛盾,加之网约车竞争,使得巡游出租车企业经营困难。巡游出租车行业进入了围绕经营权、运价及经营模式进行深化改革的阶段。一是逐步实现经营权有期限和无偿使用,制订科学的过渡方案。二是建立完善巡游出租车运价动态调整机制,及时调整巡游出租车运价水平和结构。三是构建企业和驾驶员运营风险共担、利益合理分配的经营模式。鼓励新老业态通过兼并、入股等方式融合发展。四是优化巡游出租车预约调度新模式,通过网络预约、电话预约和站点叫车,逐步引导形成新的巡游出租车预约使用习惯。

第二节 网约车管理

一、网约车服务的治理挑战

移动互联网将可提供服务的车辆位置、司机与需求者直接联系起来,并利用评分系统将交易双方的信息相对透明化,解决传统巡游出租车信息不透明、激励与约束机制不足的问题。对提升出租车服务水平而言,其价值显而易见。然而,网约车企业在融资估值高及走向资本市场预期的双重利益驱动下,依赖营运汽车、私家车拥有者提供运输服务,不仅冲击了传统出租车行业,也模糊了拥有与使用、营运与共享的界限。在网约车、出租车共存环境下,出租车经营权的其他功能弱化(如准物权、财产权)。网约车由于多样化的营销手段及技术、服务模式的优势,包括优惠券、补贴、减免等方式加剧了新旧业态的恶性竞争,国内已发生多起出租车司机集体罢工罢运的事件,严重影响社会秩序。移动互联网信息技术的应用加大了乘客个人信息泄露的风险,线上约车的服务形式要求平台和司机可以即时获取乘客所在位置信息及个人联系方式,线上结算要求个人支付方式与平台绑定,部分平台甚至引导乘客完善更多个人信息,对乘客人身及财产安全造成威胁。

网约车管理通常关注两类问题:①网约车是出租车还是一种新类型?②网约车是不是需要数量和价格管制?国外不同城市采取了不同管理方法。

1. 网约车是出租车还是一种新类型?

一种观点认为,网约车通过约车平台动态地调整资费、增减补贴和定向派单,在需求高的时段,司机投入服务;在需求低的时段,司机回归私车身份。因此,网约车既不是普通私车,也不是普通营运车,不应该也没有必要在传统的二分法——"营运"与"非营运"之间作非此即彼的选择。

然而,网约车提供的仍然是运输服务,跟传统出租车相比,只是乘车形式、交易方式有变化,但是绝对改变不了出租车服务的本质。而预约式出租车早已存在,只不过一般是通过无线电或电话进行。网约车是互联网信息技术与出租车这种客运服务模式相结合的产物,但其依然具有出租车服务的典型特征——有偿的个性化应需客运服务,按行程(里程或时间)计价收费。因此,网约车是出租车行业的一种新型业态。同时,网约车提供的专车可提供与传统巡游出租车差别化出行服务。

【案例 13-1】 多伦多

多伦多市政府认为,网约车 Uber 本质上属于出租车公司,因此必须遵守多伦多市出租车经营的法规,所以在 Uber 公司和旗下司机未获得出租车经营许可之前,不得在多伦多经营。根据《安省公路交通法》(*Ontario Highway Traffic Act*)的规定,除了驾驶公共汽车的司机外,其他未获得职业牌照或政府批准的驾车司机不得提供收费的载客服务,否则将被处以 300~20 000 加元不等的罚金。同时,市政府向法庭申请针对 Uber 的禁令。

【案例 13-2】 赫尔辛基

由于芬兰从事类似约租车的营业驾驶行为的司机必须要有出租车执照,赫尔辛基政府规定网络约租车服务车辆司机必须配有出租车执照,否则将被认定违法。2015 年芬兰赫尔辛基警方表示,如果有人看到归属 Uber 服务的车辆,在当地路上行驶,可拨打 112 紧急专线报警。警局收到消息后,会请司机到警局接受调查,了解 Uber 的司机是否有出租车执照,判断营运是否违法。

2. 网约车是不是需要数量和价格管制?

一种观点认为,在移动互联网技术的帮助下,出租车数量和价格管制依据的前提条件都已不复存在,既有的出租车管制模式已不合时宜,应实现全面市场化。

然而,大城市道路资源稀缺性的约束条件并未改变,出租车包括网约车作为一种不集约的交通方式,数量和价格管制仍有必要。国外城市政府对以 Uber 为例的网络约租车监管往往是从制定准入机制(对网约车平台、网约车司机和网约车资质严格规范)、管制运营数量(限制网约车运营的数量)及约束服务范围(通过限定服务时间、降低接单效率或限定服务区域的方式约束网约车的运营)三方面展开。同时各地政府通过立法的手段对网络约租车软件进行规范管制,多以将网络约租车与传统出租车进行差异化发展的方式作为缓解传统出租车行业矛盾的手段。

【案例 13-3】 伦敦

1998 年,伦敦地区通过《约租车法案》管理约租车,主要采取区分管理、间接数量管控、政府与平台合作监管的策略。从法律上看,伦敦的出租车实际只有两类:巡游出租车和约租车。针对网约车这种新事物,伦敦并没有设立新的规范体系,而是将网约车纳入《约租车法案》的管辖范围之内,对其一体适用已有的规则。《约租车法案》通过立法的形式,对平台公司、车辆和司机都设置了准入门槛,只有符合条件后方颁发执照,准予运营。伦敦交通局(Transport for London,TfL)是法案的执行和监督机构,下属的公共运输办公室(Public Carriage Office,PCO)专门负责处理平台公司、车辆和司机的执照申请,以及后续运营状况的检查。

(1) 车辆监管

伦敦交通局并不禁止私家车从事网约车营运,只要符合伦敦交通局设定的以下准入门槛,私家车一样可以顺利申请到"网约车执照"(Private Hire Vehicle Licence),即必须服务于私人租车出行(Carrying Passengers for Hire),且以盈利为目的,以此区别于公共服务车辆(如急救车)和单一用途的礼宾车(如只为了婚礼或葬礼而使用);车辆座位少于 9 座(包括司机);车辆按照《道路交通法案》(*Road Traffic Act*,1988)的要求购买保险;机动车行驶证中车辆类型为 V5C 类;车辆的大小、类型、设计须符合法律规定,以及具有安全舒适合适的车况,所以必须通过指定检测中心进行的车检,检测内容涵盖引擎、车灯和座椅等 15 个方面;符合年检要求;车辆不得有大的改装;车辆不得使用任何可能会导致误认为其是出租车(London Cab)的设计和外观;安装专门的牌照(Plate)以作识别;执照有效期为 12 个月,而且从执照授予之日起,网约车免收交通拥堵费。

(2) 平台监管

在伦敦,任何公司若想从事网约车的运营,即通过一个数字化平台接受和分配来自乘客的网约车预定请求,都可以向伦敦交通局申请约租车经营者执照(London PHV Operator's Licence)。约租车经营者执照分为两类:一类是小执照(Small Operator's Licence),最多只能为 2 辆约租车提供服务;另一类是标准执照(Standard Operator's Licence),伦敦交通局对于持有此类执照的经营者,没有接入车辆数量的限制。授予执照的条件如下:性质上必须是一个预订平台,任务仅在于处理预订网约车的订单申请和接单;严禁以街边扬招的方式开展营运,违者甚至构成犯罪;申请人的公司名称和宣传广告中,不得使用出租车等令人误解的用语;在伦敦至少有一个运营中心,可以是一个办公室、一个工作单位甚至家庭所在地;拥有建筑使用许可证(Planning Permission);有固定电话号码;商誉良好,公司无破产等负面信息,公司管理层也无不称职之处。如果顺利申请到平台执照,有效期一般为5年。

(3) 司机监管

网约车司机需要事先获得伦敦交通局颁发的网约车司机执照(London PHV Driver's Licence),申请的条件包括:申请时必须年满21岁,但没有年龄上限的要求;必须持有英国驾驶执照及车辆牌照办事处(Driver and Vehicle Licensing Agency,DVLA)、北爱尔兰或欧洲经济区(European Economic Area,EEA)的有效驾照,且具有三年以上驾龄;申请人必须有权在英国合法生活和工作;必须具有良好的品行,为此申请司机需要通过一个"强化版"的犯罪记录审查;身体健康,达到DVLA2级分类的医学标准,这意味着申请人必须通过专业的医学检查,而且检查医生可以查询到申请人过往所有病史;通过由专业机构主持的地理能力评估,包括看地图和规划线路的能力;无道路违法记录和其他犯罪记录,包括不能有任何主要的暴力犯罪(如谋杀、拐卖儿童等)、不能有严重的性犯罪记录(不论年龄大小)、10年以内不能有超过一项的犯罪记录以及不在任何个人安保机构的禁止名单之列(Individual Safeguarding Agency's Barred List)。此外,司机在营运时,伦敦交通局也有一些要求,主要集中在佩戴徽章和帮助残疾人方面。比如必须在显眼位置佩戴专门的网约车司机徽章,必须允许导航犬等上车,有足够的空间和设施可以安放残疾人轮椅等。

(4) 保险监管

平台与司机都有保险义务。伦敦交通局对于网约车的保险要求主要有两个:一个是平台公司需要购买公共责任险(Public Liability Insurance),承保范围为公共责任风险,这是为了应对一些公共突发事件,承保金额为500万英镑;另外一个是有偿租车保险(Hire and Reward Insurance),网约车司机在营运之前需要购买此类保险,该保险承保范围较广,不仅包括司机与乘客的安全,还包括车辆的安全,承保金额也是500万英镑。

【案例13-4】 西雅图

(1) 管制发展进程

Uber于2011年进入西雅图。2014年3月议会拟就专车司机数量管制立法,要求每个平台同时上线司机数量不超过150人,最后经过各方博弈,7月通过了一个折中方案,平台及司机需要先获得许可,数量不再管制,每单收取10美分的附加费,承认出租车牌照的财产权属性。合法化后,专车司机数量增加迅猛,一年多的时间Uber就拥有超过5 000名司机。

(2) 管制手段

2015年12月14日,西雅图议会投票表决通过支持专车司机成立工会的118499号法案。10月2日,法案在议会的财经与文化委员会同样获得了全票支持。立法目的是让专车司机可以组织工会,由工会出面代表司机与平台企业谈判有关收入分配和工作条件。西雅图就此成为批准Uber司机建立工会的首个城市。

在此法案中,任何获得了政府专车司机许可且在最近的30天为其签约专车平台完成

150单以上的专车司机都有资格成为工会集体协商的司机代表。要成为获得政府认可的唯一合法司机代表组织,首先需要在华盛顿州注册为非营利组织。在获得政府提供的相应平台司机名单后,120天内须获得半数以上司机的支持,否则就不能作为合法的司机代表组织。被政府认可的唯一司机代表组织与平台谈判达成的有关协议须交由政府审查,确保协议不违反有关法律,不损害公共利益。对于平台可能的不配合,法律也设定了罚则,监管机构可以每日处以罚金1万美元直至违法行为消除。

3. 案例小结

国际上对网约车等新业态的态度主要有三类:第一类是采取分类监管。如英国伦敦和美国纽约,对于Uber等的管理套用预约出租车的管理办法。在其他法律法规还没有出台之前,对新业态采用预约出租车管理办法分类监管。第二类是美国几个州将Uber作为"交通网络公司"予以管理,即承认新业态和传统业态不同,有新的规律,因此给其"交通网络公司"的新概念和新定位,大部分的监管举措还是类比出租车的管理办法,目标是保障乘客权益和运营安全。第三类是采取完全禁止态度,如西班牙、德国等十几个国家,这些国家的共同点是,巡游出租车供给相当充分,体系相对完整,网约车容易导致现有巡游出租车体系崩溃,进一步导致"打车难"和"打车贵",所以政府予以禁止。

英国、美国、加拿大三国的管控重点是三项:①规模限制,数量管控;②外部性评估,对交通系统影响评估;③数据共享。国外网约车监管立法过程及管控重点如图13-2所示。

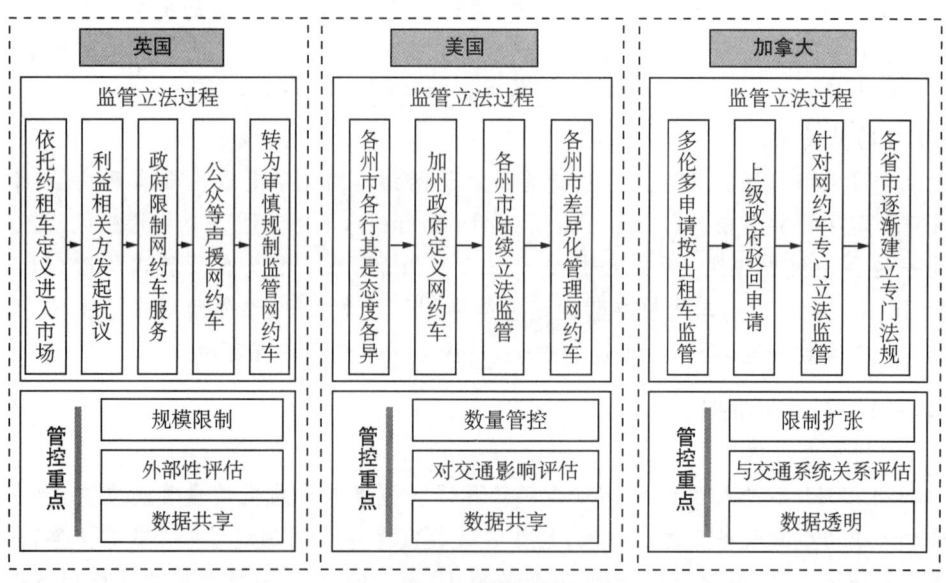

图13-2 国外网约车监管立法过程及管控重点

网约车推动了巡游出租车改革,并不意味着彻底市场化,尤其是在涉及公共服务和产品的领域,改革的方向应是厘清市场与政府的边界,要从城市和城市交通的可持续发展出发,有益于推动公共交通优先发展政策的落实。借助"互联网+"发展机遇,制订统一市场的全行业改革方案,并分步实施。网约车已经涉及金融支付、社会稳定、城市交通政策和出租车全行业改革等重大问题,既要适应公众需求变化的大趋势,又要有战略性的眼光作出全行业改革的顶层设计。

二、网约车合法化及相应规定

2016年7月,七部委联合发布的《网络预约出租汽车经营服务管理暂行办法》(以下简称《暂行办法》)明确规定了车辆的年限、安全方面、技术性层面、行驶公里数、座位数量,还包括对驾驶员的犯罪记录等,也正式肯定了专车(网约车)的合法性。之后各地市陆续出台了相应的管理细则,不同城市根据城市实际,主要参考城市的交通拥堵情况、交通运输能力水平,分别就网约车、网约车驾驶员的从业要求作了进一步的细化,从此,网约车也和巡游出租车一样,纳入政府部门的监管,走上逐渐合法化的道路。

网络预约出行平台的发展是信息化推动交通运输现代化的重要进展,但同时带来了行业规范化、法治化的新挑战。2012年至今,网约车平台从一开始的"野蛮生长",逐步转向合规发展。《暂行办法》直接表明了网约车的合法化,让以"共享"为特征的网约车市场提前迎来拐点。这一行业监管政策的颁布与实施对网约车运营平台、车辆及驾驶员服务规范逐一明确,运输车辆应随车携带预约出租车运输证,驾驶员应携带预约出租车驾驶员证,且不得在街上巡游揽客。在政府"类出租"的管理模式下,网约车受到总量控制。各大平台也由过去的C2C的业务模式向C2C+B2C演进,核心竞争力也由"流量为王"向"流量与合规运力并重"转变。随后地方政府相继出台管理办法,逐步实现网约车运营的合法合规化。

1. 平台营运资质

(1) 共性要求:具备企业法人资格,具备互联网相关技术能力,平台数据库需接入当地监管部门,使用电子支付的应与相关金融机构签订结算服务协议,在服务所在地有相应服务机构及服务能力,有健全的管理制度,同时应向相应主管部门提出申请,获取《网络预约出租汽车经营许可证》。

(2) 各地特性要求:上海市要求非本市注册的企业法人应当在本市设立分支机构;北京市要求网约车平台公司经营许可有效期为4年;深圳市要求《网络预约出租汽车经营许可证》有效期为5年,应当在该行政许可有效期届满30日前向市交通运输主管部门提出申请。

2. 车辆要求

(1) 共性要求:7座及以下乘用车,安装有行车定位系统及应急报警装置,车辆技术性能符合相关安全标准,服务所在地出租车行政主管部门依车辆所有人或者网约车平台公司申请并获取《网络预约出租汽车运输证》。

(2) 各地特性要求:北京市对不同车型排气量加以规定,且要求属于个人所有的车辆,车辆所有人名下应当没有登记的其他巡游出租车和网约车,本人应当已经取得《网络预约出租汽车驾驶员证》,并预先协议接入取得经营许可的网约车平台。上海市要求达到本市规定的可予以注册登记的机动车排放标准。杭州市要求网约车车辆使用年限不超过5年。深圳市2019年新规要求新注册车辆必须为纯电动汽车。珠海市对燃油和电动车辆的排量、车辆轴距也进行了相应的规定,采用燃油(气)乘用车的,车辆轴距不小于2 700 mm,排量不小于1.8L/1.6T;采用纯电动乘用车的,车辆轴距不小于2 650 mm;采用气电混合动力乘用车的,车辆轴距不小于2 700 mm。

3. 驾驶员要求

(1) 共性要求:具有3年以上驾驶经历,最近连续3个记分周期无记满12分记录,无犯罪记录,向相关部门申请并获取《网络预约出租车汽车驾驶员证》。

（2）各地特性要求：北京市和上海市均要求具有本市户籍；其他城市除本市户籍外，持有本地居住证的亦可申请。

4. 经营行为

（1）共性要求：保证提供服务车辆具备合法营运资质，并将车辆相关信息向服务所在地出租车行政主管部门报备；保证提供服务的驾驶员具有合法从业资格，并将驾驶员相关信息向服务所在地出租车行政主管部门报备；网约车平台公司应当对行程相关日志信息及司机、乘客信息等数据进行备份，业务信息保存期限不少于 2 年；符合国家有关规定的计程计价方式，合理定价，建立服务评价体系和乘客投诉处理制度；应当在许可的经营区域内从事经营活动，提供的服务符合相关运营服务标准。

（2）各地特性要求：北京市要求应完成运输管理部门的调度任务，平台应当与驾驶员依法签订劳动合同或者协议，签订协议的平台公司应当为驾驶员购买人身意外伤害保险。深圳市要求网约车经营者应当遵守国家网络和信息安全有关规定，所采集的相关个人信息和生成的相关业务数据，在中国内地存储和使用，保存期限不少于 3 年。珠海市要求平台根据工作时长、服务频次等特点，与驾驶员签订劳动合同或协议，明确双方的权利和义务，维护和保障驾驶员的合法权益。不得以租代售、收取高额风险抵押金等方式向驾驶员转嫁或变相转嫁经营风险。

5. 管理主体

不同地方对管理主体的规定有所不同，以下列举了 4 座城市的情况。

（1）北京市规定市交通委员会负责统筹网约车的管理工作；市交通委运输管理局作为出租车行业管理机构，负责制定网约车行业发展政策，具体组织实施网约车管理工作；运输局所属的城六区管理处以及各郊区交通局负责本辖区内日常管理工作；市交通执法总队负责行政执法工作；其他相关部门配合做好监管工作。

（2）上海市规定市交通行政管理部门是行政主管部门，其所属的上海市城市交通运输管理处负责网约车的具体管理和监督工作，其他相关部门配合做好监管工作。

（3）杭州市和海口市规定市交通运输行政主管部门负责网约车管理工作，市道路运输管理机构负责网约车管理的具体实施工作，其他相关部门配合做好监管工作。

（4）深圳市和珠海市规定市交通运输主管部门负责具体实施网约车管理工作，市公安、通信、网信等部门根据各自职责对相关行为进行监管及执法，其他相关部门配合做好相关监管工作。

以上海为例，巡游出租车与网约出租车管理要素对比如图 13-3 所示。

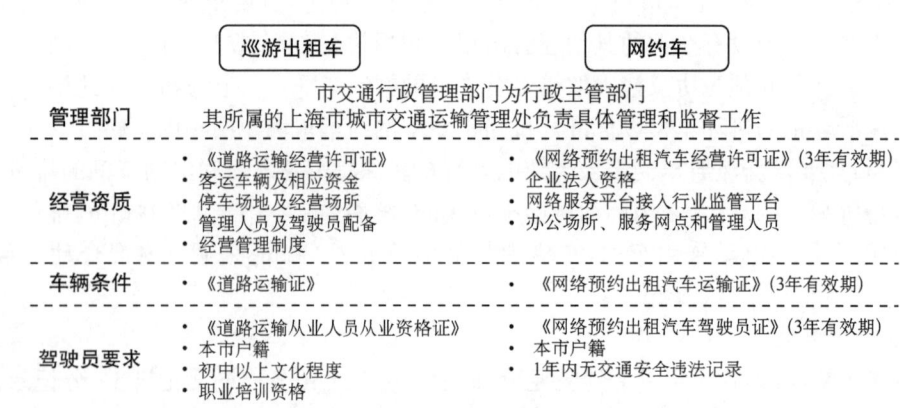

图 13-3　巡游出租车与网约出租车管理要素对比

三、网约车平台监管

2016年,交通运输部出台《网络预约出租汽车经营服务管理暂行办法》是网约车平台向合规发展的重要转折点,网约车平台监管逐步加强,各地方政府以中央监管办法为基本指导,纷纷制定了地方管理办法并逐步完善。

1. 中央政府监管办法

2014年5月,交通运输部发布《关于促进手机软件召车等出租汽车电召服务有序发展的通知》。

2015年1月8日,交通运输部首次直接使用"专车"一词,承认专车的积极意义。3月12日,交通运输部表示,为确保安全,私家车不能直接作为专车进行运营服务。10月10日,交通运输部对外发布《关于深化改革进一步推进出租汽车行业健康发展的指导意见(征求意见稿)》和《网络预约出租汽车经营服务管理暂行办法(征求意见稿)》。

2016年7月起,国家层面出台《关于深化改革推进出租汽车行业健康发展的指导意见》《网络预约出租汽车经营服务管理暂行办法》《交通运输部关于修改〈出租汽车经营服务管理规定〉的决定》等文件,为出租车行业改革和网约车规范管理指明方向,网约车合法地位得以明确。到11月1日《暂行办法》实施时,满足条件的私家车将可按一定程序转化为网约车,进行专车运营。12月28日,交通运输部印发《网络预约出租汽车监管信息交互平台总体技术要求(暂行)》,规定了从事网约车经营业务的企业需按要求将平台数据库接入网约车监管信息交互平台,以营造网约车新业态发展的良好营商环境。

2018年2月,为加强网约车监管信息交互平台的运行管理工作,规范数据传输,提高网约车行业监管效能,营造良好的营商环境,由交通运输部印发《网络预约出租车汽车监管信息交互平台运行管理办法》,并明确提出了数据传输质量测评指标及计算方式。

2019年,交通运输部、中央宣传部等十二部门发布了《关于印发绿色出行行动计划(2019—2022年)的通知》,鼓励汽车租赁行业网络化、规模化发展,依托机场、车站等客运枢纽发展"落地租车"服务,促进分时租赁创新规范发展。

2020年,国务院发布了《关于切实解决老年人运用智能技术困难实施方案的通知》,鼓励有条件的网约车平台公司通过技术手段,增设"一键叫车"功能,鼓励提供电召服务,精准施策,为老年人提供优先派单服务。

2021年,交通运输部印发《关于维护公平竞争市场秩序加快推进网约车合规化的通知》,要求各地交通运输主管部门要督促网约车平台公司依法依规开展经营,加快网约车合规化进程,督促企业落实主体责任,强化企业公平竞争意识,引导形成崇尚、保护和促进公平竞争的市场环境。

2. 地方管理办法

2013年5月,深圳市交通委内部下发关于强制要求司机卸载手机打车应用的通知引发争议。随后,北京市交通委官网发布《北京市出租汽车电召服务管理试行办法》,强制统一在线打车App。

2014年3月至5月,上海、济南、苏州先后下发文件,对司机使用打车软件作出规范,其中苏州明令禁止使用打车软件。

2015年10月8日,上海市交通委宣布,向滴滴、快的专车平台颁发网络约租车平台经营资格许可,这是国内首张专车平台牌照。

2016年10月8日,京沪广深同时发布网约车经营服务管理办法征求意见稿,对网约车的车辆资格和驾驶员资格作出了具体规定。上海市交通委发布了《上海市网络预约出租汽车经营服务管理若干规定(草案)》等三个文件。深圳市人民政府法制办公室、深圳市交通运输委员会发布《深圳市网络预约出租汽车经营服务管理暂行办法(征求意见稿)》。2016年底,北京市和上海市分别印发了《北京市网络预约出租汽车经营服务管理实施细则》和《上海市网络预约出租汽车经营服务管理若干规定》,部分城市亦发布了相应的地方管理办法,主要针对车辆和驾驶员提高了准入门槛。

2017年2月,应上海市交通委要求,滴滴出行取消出租车加价功能;2017年12月,取消司机端乘客出行目的地显示。

2018年,杭州市印发了《杭州市网络预约出租汽车经营服务管理实施细则》,由2016年"试行版"变为"正式版"。2018年5月,黑龙江省交通运输厅印发《关于切实加强网络预约出租汽车管理的紧急通知》,管理部门要继续坚持约谈制度,探索由交通运输部门单独约谈转向多部门联合约谈,由一地单独约谈向多个城市联合约谈转变,提升约谈的威慑力和执行力。针对"屡教不改"的网约车平台公司,严格依法加大加重处罚力度,公开曝光企业违法违规事实、企业承诺及处罚情况,引入社会力量共同监督,确保约谈成果落地,保证行业的健康稳定发展,保障人民群众的满意出行。

2019年,深圳市修订并印发了《深圳市网络预约出租汽车经营服务管理暂行办法》,对营运车辆、驾驶员等作出更细致的要求。

2020年12月,吉林省发布了《关于长春市、吉林市加强网约车管理有关办法工作进行督办的通知》,定于2021年8月31日前,全面实现网约车平台公司、车辆和驾驶员合规化运营,使长春市和吉林市成为全省重点示范城市。

2021年10月,海南省发布《海南省推进网约车合规化专项行动方案》,督促网约车平台公司落实主体责任,按要求申请有关许可,及时清退无合法资质的车辆和驾驶员,不得向无合法资质的车辆和驾驶员派单,确保线上线下车辆和驾驶员一致。

四、网约顺风车管理

顺风车为网约拼车模式中较为特殊的业态,不同于快车拼单,顺风车定位于"共享、互助",为公益性、非营利的出行模式。但由于乘客付费,顺风车车主和乘客是平等互助的合乘关系,还是客运范畴的服务与被服务关系?不同的关系性质决定了顺风车车主及车辆是否需要相关营运资质,对于这一问题的争议一直存在。目前网约车平台对于私家车车主注册为顺风车车主并未进行营运资质的要求,那么顺风车该如何避免成为"黑车"的温床?

快车、专车等网约车的营运性质已在《暂行办法》中得到明确,对于顺风车,《暂行办法》第三十八条规定:"私人小客车合乘,也称为拼车、顺风车,按城市人民政府有关规定执行。"由此可知,在上述行政规章中,顺风车与网约车并非同一概念,且顺风车的管理当由城市人民政府依法进行。各地方政府相继出台了关于私人小汽车合乘的指导意见,从定价、每日派单数对私人小汽车合乘进行管理。

2016年,北京市出台了《北京市私人小客车合乘出行指导意见》,为清洁空气、节约能源、缓解交通拥堵、方便出行,鼓励私人小汽车拼车,同时通过该指导意见规范私人小客车合乘行为。该指导意见对提供顺风车服务的网约车平台提出要求,顺风车功能应与巡游出租车、网约车软件功能分别设置,后台数据分开,且应当为合乘双方提供协议文本。为避免顺风车成为"黑车"营运夹缝,规定每车每日派单不超过2次。

根据《深圳市交通运输委员会 深圳市公安局关于印发〈关于规范私人小客车合乘的若干规定〉的通知》(深交规〔2016〕1号),私人小客车合乘是不以盈利为目的,合乘出行提供者事先发布出行信息,出行线路相同的合乘者选择乘坐合乘出行提供者的小客车,分摊部分出行成本或免费互助的共享出行方式。同时规定合乘平台每天为同一合乘车辆提供的合乘供需信息整合服务不得超过3次。

2018年,杭州市印发的《杭州市网络预约出租汽车经营服务管理实施细则》中,从定价标准较为明确地区分了私家车拼车与网约车经营活动的概念,提出私人小客车合乘作为不以盈利为目的共享出行方式,不属于道路运输经营活动范畴,相关权利义务按照有关法律法规的规定由合乘各方自行承担。凡根据乘客意愿提供车辆和驾驶员,或驾驶员和信息服务平台收取的每公里费用总额超过巡游出租车每公里里程运价的50%上限的,均属于网约车经营活动,相关平台企业、车辆、驾驶员应当取得相应的网约车经营许可或从业资格。

2020年,南京市出台的《南京市网络预约出租汽车管理办法》中提到,私人小客车合乘出行,是不以盈利为目的,在通勤或节假日出行时,由合乘服务提供者事先发布出行计划,出行线路相同的人选择乘坐合乘服务提供者的小客车,并分摊部分出行成本(仅限燃料成本及通行费)或免费互助的出行方式。但同时也规定拼车合乘不属于道路运输经营行为,相关权利、义务及安全责任事故等责任由合乘各方依法、依约自行承担。同时,严厉禁止以合乘为名变相从事非法营运行为,否则将被依法查处。

2021年,广州市公布的《关于查处道路客运非法营运行为涉及私人小客车合乘认定问题的意见》中规定了更为详细的顺风车收费监管。一方面,私人小客车合乘分摊的出行成本仅限于车辆燃料(用电)成本及通行费等直接费用;另一方面,单位里程分摊费用不得超过巡游出租车里程续租价的50%。另外还规定"合乘平台可在合乘者分摊的费用中提取一定比例的信息服务费",这意味着平台可以取得浮动收入,这将激励平台更好地运营产品,吸引更多车主和乘客选择顺风车出行,进而创造更绿色的出行环境。

2021年,合肥市交通运输局公布的《合肥市出租汽车合乘规定(试行)》明确了合乘的概念,即各自付费的乘客自愿合乘同一辆出租汽车前往同方向目的地的出行方式。合乘方式采用同一地点协议合乘,遵循自愿原则,即出租车驾驶员自愿同意合乘运营并征得乘客同意。同一趟次运营,只允许两户合乘。双户合乘路段均按7折计价(含起步基价、车公里租价、等时费等),非合乘路段按原计价标准计费。行驶路径选择上,遵照协商一致、方便就近原则。具体合乘运营流程为:合乘双户上车时,计价器开始进行合乘计价。任一户乘客到达目的地后,计价器显示当前的计费信息并打印发票,之后计价器维持显示另一户计费信息,恢复正常计价标准,不再折扣。另一户乘客到达目的地后,计价器显示计价信息并打印发票,本次运营结束。

第三节 分时租赁电动汽车管理

国家及地方层面发布的分时租赁电动汽车管理指导意见或管理办法通常从车辆要求、

平台营运资质、承租人要求、经营行为和管理主体等方面对分时租赁电动汽车进行规范。

一、国家及地方层面发布的分时租赁电动汽车管理指导意见或管理办法

国家层面和地方层面 2014 年至今已经发布的分时租赁电动汽车管理指导意见或管理办法如下：

国家层面,2014 年国务院办公厅印发《关于加快新能源汽车推广应用的指导意见》；2017 年交通运输部、住房城乡建设部印发《交通运输部、住房城乡建设部关于促进小微型客车租赁健康发展的指导意见》，鼓励开展汽车的共享租赁业务；2020 年交通运输部印发《小微型客车租赁经营服务管理办法》，规范小微型客车租赁经营服务行为。

地方层面,在鼓励行业发展的基础上,各地制定了一系列管理及指导文件。上海市于 2018 年印发了《上海市小微型客车分时租赁管理实施细则》；深圳市于 2017 年印发了《关于规范汽车分时租赁行业管理的若干意见》(征求意见稿)；广州市于 2017 年印发了《关于促进广州市小微型客车分时租赁行业规范健康发展的指导意见》；成都市于 2017 年印发了《成都市关于鼓励和规范新能源汽车分时租赁业发展的指导意见》；宜昌市于 2020 年印发了《宜昌市小微型客车分时租赁经营服务管理办法》。这些地方文件从车辆要求、平台营运资质、承租人要求、经营行为和管理主体等方面对分时租赁汽车进行了规范。

国家及地方层面发布的分时租赁电动车管理指导意见或管理办法均对车辆要求、平台营运资质、承租人要求、经营行为和管理主体提出了具体规定。

二、分时租赁电动汽车管理规定

1. 车辆要求

(1) 共性要求：分时租赁的车辆为营运车辆,且具有完备的机动车登记手续,车辆使用性质登记为租赁类；安装符合规定标准的车载卫星定位和应急报警装置；具有营运车辆相关保险。

(2) 各地特性要求：上海市要求车辆为 9 座及以下小微型纯电动载客汽车并安装人脸识别装置；广州市要求使用 9 座及以下小微型客车；成都市要求车辆外形美观,无广告设置,不影响市容等；宜昌市要求使用在本市办理机动车登记注册的 9 座以下新能源汽车,并安装、使用符合有关标准的卫星定位装置、汽车行驶记录仪、应急报警装置以及人脸识别装置。

2. 平台营运资质

(1) 共性要求：按照当地相关规定,向有关部门办理备案手续,不得违法从事经营活动；有符合规定要求的线上网络服务平台,具备线上线下服务能力；有健全的经营服务管理制度、安全生产监督制度和服务质量保障制度。

(2) 各地特性要求：上海市要求平台营运方有符合规定要求的停车泊位、经营场所和服务网点。宜昌市要求平台营运方有不少于 10 辆经检测合格的车辆；具备线上线下服务能力；有符合规定要求的停车泊位、经营场所和服务网点；具备健全的安全管理制度；聘用符合规定的专业人员和管理人员。

3. 承租人要求

(1) 共性要求：提供真实有效的证件信息且确保为本人驾驶；驾驶租赁车辆时应当严格遵守道路交通安全相关法律法规和租赁合同约定事项；规范停车。

(2) 各地特性要求:上海市、深圳市和宜昌市要求承租人不得利用租赁车辆从事经营性客运活动,宜昌市还规定承租人不得将租赁车辆转交他人驾驶;广州市、成都市规定承租人不得盗开盗用,否则该行为应由公安机关依法追究其法律责任。

4. 经营行为

(1) 共性要求:需要与承租人签订租赁合同,明确双方的权利和义务;保证提供服务车辆具备合法营运资质,技术状况良好,安全性能可靠;保证线上提供服务的车辆与线下实际提供服务的车辆一致;保护承租人隐私不得擅自泄露;将运营信息接入政府监管平台,实现数据实时共享;公开收费标准。

(2) 各地特性要求:上海市和广州市要求非本市注册登记的分时租赁车辆,不得从事起讫地均在本市行政区域内的分时租赁业务。

5. 管理主体

不同地方对管理主体的规定有所不同,以下列举了5座城市的情况。

(1) 上海市规定市交通行政管理部门是本市分时租赁的行业主管部门,其所属的上海市城市交通运输管理处负责具体实施,上海市交通委员会执法总队负责监督检查和行政处罚工作。

(2) 深圳市规定市交通运输主管部门为行政主管部门,负责制定分时租赁行业规划和政策等工作;市公安交通部门负责执法管理工作;市市场监管部门负责反不正当竞争监管、价格监督检查以及分时租赁经营者登记审查;市金融办、市银监局、中国人民银行深圳支行等负责金融安全工作。

(3) 广州市规定交通主管部门是本市分时租赁的行业主管部门,负责办理相关备案手续、服务质量信誉考核等工作。

(4) 成都市规定市交委负责新能源汽车分时租赁业的行业监管,并牵头建立相应的工作机制;市公安局负责道路交通安全和治安管理工作;区(市)县政府负责属地范围内新能源汽车分时租赁营运企业的日常管理。

(5) 宜昌市规定交通运输部门负责分时租赁经营备案管理和经营行为的监督检查,维护分时租赁市场秩序;公安部门、市场监督管理部门、城管部门依法进行市场监管。

习题

[13-1] 选择某一城市,整理该城市出租车发展历程、面临的挑战、存在的问题以及出租车经营权管理制度演变过程。

[13-2] 选择某一城市,整理该城市网约车、分时租赁电动汽车发展历程,面临的挑战,存在的问题,政府采取的分阶段管理政策重点解决的问题。

[13-3] 收集某城市的巡游出租车、网约车订单数据、GPS数据,对比分析巡游出租车、网约车的运营特征和用户使用特征。

[13-4] 收集某城市的分时租赁电动汽车、网约车订单数据,对比分析分时租赁电动汽车、网约车的运营特征和用户使用特征。

[13-5] 查阅文献,综述分时租赁电动汽车调度方法、调度模型的研究进展。

[13-6] 收集某城市的分时租赁电动汽车订单数据,划出一定范围的片区,建立分时租赁电

动汽车调度模型,并分析调度效果。
[13-7] 查阅文献,综述网约车调度方法、调度模型研究进展。
[13-8] 查阅文献,综述小汽车合乘路径规划方法研究进展。
[13-9] 结合某城市的网约车订单数据,划出一定范围的片区,建立网约车调度模型,并分析调度效果。
[13-10] 选择某一城市,进行常规公交、出租车、专车、快车、拼车的定价组成对比,分析定价合理性。

第三篇
非机动车交通运行与管理

  非机动车交通是我国城市居民出行的重要方式之一,是中短距离出行以及与公共交通接驳换乘的理想方式。我国《道路交通安全法》规定,非机动车是指以人力或者畜力为驱动,在道路上行驶的交通工具,以及虽有动力装置驱动但设计最高时速、空车质量、外形尺寸符合有关国家标准的残疾人机动轮椅车等交通工具。非机动车种类繁多,本篇内容包括传统自行车、电动自行车以及互联网租赁自行车的运行特征与管理。

第十四章 多种类型非机动车发展历程

本章介绍传统自行车、互联网租赁自行车、电动自行车、互联网租赁电动自行车的概念及其发展历程。

第一节 非机动车交通发展历程

一、非机动车的类别

根据目前我国非机动车的使用情况,城市非机动车主要包括以下 4 类:传统自行车、互联网租赁自行车、电动自行车、互联网租赁电动自行车。

1. 传统自行车

自行车可以分为普通自行车和特殊自行车两类。特殊自行车是根据特殊需要而生产的自行车,包括公路自行车、山地自行车、小轮车、双座车、母子车等。目前我国生产的自行车大多是普通自行车,日常使用或道路观测中常见的自行车均为普通自行车。为与新型的互联网租赁自行车进行区别,本章将普通自行车称为传统自行车。

2. 互联网租赁自行车

互联网租赁自行车是由运营企业投放的分时租赁营运自行车,用户缴纳押金后可使用手机 App 进行借还车操作,用车结束后可在线支付费用。与传统自行车不同,互联网租赁自行车车身配备 GPS 定位装置与智能车锁等设备。同时为了降低运维管理成本,延长车辆使用寿命,一些互联网租赁自行车使用实心轮胎,并且采用轴传动方式,避免出现链条脱落的问题。图 14-1 所示为传统自行车与两种常见的互联网租赁自行车,可以看出传统自行车与互联网租赁自行车在外观和车辆配件上均有所差异。

(a) 传统自行车　　(b) 哈啰单车　　(c) 美团单车

图 14-1　传统自行车与互联网租赁自行车

3. 电动自行车

不同国家及地区对电动自行车的定义及相关标准规范有所不同。最新修订的《电动自行车安全技术规范》(GB 17761—2018)中对电动自行车的定义为:电动自行车(Electric

Bike),以车载蓄电池作为辅助能源,具有脚踏骑行能力,能实现电助动或/和电驱动两种功能的两轮自行车,见图 14-2(a)。旧国标曾对电动自行车的速度、整车质量等参数作出了限定,但随着出行距离的增加,人们对行驶速度的追求越来越高,限制参数被厂家和消费者所忽视,大量轻摩化的电动车进入非机动车道路行驶,见图 14-2(b),(c)所示的电动轻便摩托车与电动摩托车。

(a) 电动自行车　　　　(b) 电动轻便摩托车　　　　(c) 电动摩托车

图 14-2　各类电动自行车

4. 互联网租赁电动自行车

互联网租赁电动自行车(以下简称互联网租赁电动车)是由运营企业投放的分时租赁营运电动自行车,其服务模式与互联网租赁电动汽车相同,基于手机 App 进行车辆的借还,根据使用时间计费,支持在线支付。互联网租赁电动车具有脚踏骑行功能,一般有两种骑行模式:电动模式与助力模式。不同运营企业设计投放的互联网租赁电动车,其电池容量、最大功率、续航里程均有所差异。与电动自行车相比,互联网租赁电动车没有设置后座,因此仅支持用户独自骑行,不能够搭载乘客。图 14-3 显示了道路上的几种互联网租赁电动车,从外观上看互联网租赁电动车比电动自行车更加轻便。

图 14-3　互联网租赁电动自行车

表 14-1 对比了四类非机动车的车辆特性。可以看出,电动自行车的长度与宽度都要大于其他三类非机动车。电动自行车的整车质量从 40~75 kg 不等,与之相比,互联网租赁电动车更加轻便。此外,传统自行车与互联网租赁自行车由人力驱动,电动自行车与互联网租赁电动车则由电力驱动,并且电机功率也存在明显差异,从而导致四类非机动车辆的运行速度存在着较大的差别。

互联网租赁自行车与互联网租赁电动车的出现和发展使得非机动车类型进一步丰富。不同类型非机动车的混合运行组成了混合非机动车交通流,不同非机动车辆物理特征及动力性能的异质性将对非机动车交通流特征产生影响,也对非机动车设施设计、交通管理与政策制定提出了新的要求。

表 14-1　　　　　　　　　　　不同类型非机动车辆特征对比

对比内容	传统自行车	互联网租赁自行车	电动自行车	互联网租赁电动车
长度/cm	150～180	150～180	170～190	150～180
宽度/cm	50～60	50～60	50～70	50～60
质量/kg	15	15～25	40～75	25～30
驱动方式	链条传动	轴传动/链条传动	蓄电池驱动	蓄电池驱动
电机功率/W	—	—	500～1 000	250
轮胎	普通轮胎	实心防爆轮胎	普通轮胎	实心防爆轮胎

二、发展历程

随着社会经济快速发展以及城市化、机动化的持续推进,我国城市非机动车交通经历了从传统自行车到燃油/燃气助动车,再到电动自行车、互联网租赁自行车的发展过程。

1897 年起,我国自行车保有量激增,成为世界公认的"自行车王国"。1995 年自行车保有量高达 6.7 亿辆,达到历史最高峰。随着城市化发展导致的城市规模扩张、出行距离增加,以及居民生活水平的提高,越来越多的人转向了机动化的出行方式,自行车保有量增长放缓,使用量逐年降低。截至 2014 年底,我国自行车保有量为 2.9 亿辆,相比 1995 年下降了约 56%。由于互联网租赁自行车的发展,自行车保有量有所上升,2019 年我国自行车社会保有量已近 4 亿辆。

在个体小汽车和摩托车尚未普及、公交服务水平不高的背景下,燃油/燃气助动车在 1994—1996 年间飞速发展。燃油/燃气助动车在环境、安全等方面存在严重问题,因此,政府部门采取了多项措施,使得燃油/燃气助动车的使用得到了有效控制。例如,上海市提出了总量控制、逐步替代、平稳过渡等原则对燃油/燃气助动车的使用进行干预,到 2006 年和 2013 年时,上海市所有存量燃油电动自行车和燃气电动自行车分别到达报废年限。

电动自行车因其经济、准时、方便、省力等优点而被越来越多的人所接受,并且得益于电池技术的发展以及对燃油电动自行车的淘汰政策,电动自行车的拥有量和使用量实现跳跃式增长。以上海市为例,2005 年上海市电动自行车注册量达到 135.8 万辆,2011 年增长到 270 万辆,2015 年底上海市电动自行车注册量达到 518.7 万辆,此外还有 306 万辆临时牌照电动自行车,相比 2005 年增长了 3.8 倍。除了电动自行车拥有量持续增长外,电动自行车的使用量也与日俱增。在 2004—2021 年的 17 年间,上海市自行车交通方式分担率从 25.2% 减至 6.3%,而电动自行车方式分担率则从 5.4% 增加到 18.6%,自 2009 年起,电动自行车的交通方式分担率达到 16.3%,已经超过自行车(14.2%),如图 14-4 所示。

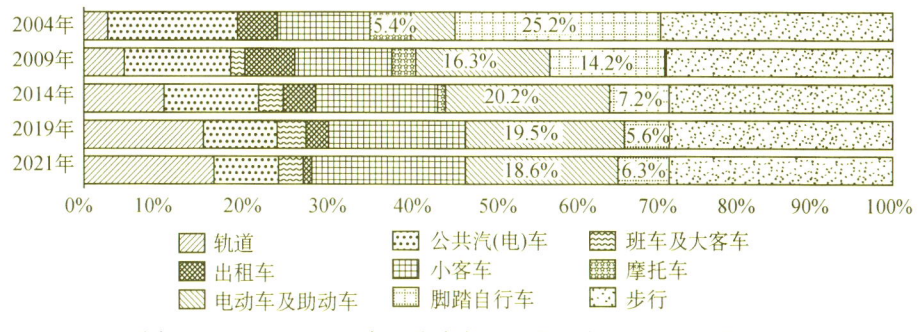

图 14-4 2004—2021 年上海市年日均全方式出行方式结构变化

第二节 城市公共自行车发展历程

一、国外发展状况

"公共自行车"(Public Bicycle)的概念起源于欧洲。1965 年的荷兰阿姆斯特丹内城遭受着严重的交通问题,引起了很多环保组织的忧虑,其中名为普罗沃斯(Provos)的环保组织推出了第一代公共自行车,作为解决城市交通问题的措施。该公共自行车计划名为 White Bikes,提供的公共自行车均为白色涂装,不配锁,并将其停置在市中心区域以供使用者随时使用。由于缺乏保障和车辆被破坏、偷盗等原因,该计划以失败告终。第一代公共自行车系统具有自行车颜色统一、醒目,且不具备锁具,停放站点不固定和任何出行者均可免费使用的特点。

第二代公共自行车系统出现于丹麦的哥本哈根。1995 年哥本哈根推出了一项名为"城市自行车(Bycyklen)"的大规模公共自行车共享计划,为解决第一代公共自行车系统车辆损坏和被盗严重等问题,进行了多处创新。在硬件方面,采用经过特别设计的公共自行车和停车桩;在管理方面,使用者需要投入 20 丹麦克朗方能打开车锁,这些钱作为押金在使用者归还自行车后予以返还。第二代公共自行车系统又被称为"投币式或押金式的公共自行车"。第二代公共自行车的特点主要包括:专门设计、颜色醒目的公共自行车车辆;指定的自行车存放地点和配套的停车桩、锁具;使用者需要交一定量的押金方可打开自行车,且在归还自行车后返还押金。相较于第一代公共自行车系统,第二代公共自行车系统具有更高的可靠性,车辆配锁和固定的车辆存放地点为公共自行车站点布局打下了基础。因此,该系统在推出后扩展到欧洲的挪威、芬兰等国家。但该系统也存在缺陷,由于非营利组织运作、非实名使用以及无用时限制,导致多数自行车处于不可用状态,丢车现象也再次出现。这催生了可追踪使用记录的下一代公共自行车系统。

1996 年,朴次茅斯大学的学生利用磁卡租借公共自行车,这被广泛认为是第三代公共自行车系统的开端。随着技术发展和理念推进,专用站点、信用卡支付和车辆追踪等技术逐步融入公共自行车系统当中。法国雷恩市基于这些系统要素发展了世界上首例第三代城市公共自行车系统,并大获成功。第三代系统主要由自行车、租赁点和公众查询的一体化终端构成。使用者拥有一张智能卡,在借还时用其进行解锁和还车。使用者信息的备份和押金的收取都极大地减少了公共自行车在租赁过程中损坏和被偷现象的发生。第三代公共自行车系统最显著的特点为传感器技术、通信技术、数据处理技术、网络技术、自动控制技术、信息发布技术等高新技术的广泛使用,这些技术的运用为使用者提供更高水平的服务,增强了系统的吸引力,促使出行者转向可持续的绿色交通方式出行,因而在世界范围内受到广泛的关注。

国外典型城市的公共自行车系统发展情况如下。

1. **里昂 Vélo'v**

2005 年 5 月 19 日,里昂推出了公共自行车 Vélo'v。该公共自行车系统允许用户在任一租赁点取车,在不同的租赁点还车。根据不同的预付费方式,用户可以享受 30 min~1 h 的免费使用时间,超出部分费用也很低廉。系统因其简单、新颖、便捷的特点被里昂市民广泛接受,车辆平均每天被租借 10 000 次。2005 年 10 月 4 日全国罢工日当天被租借 16 626 次,达到当时最高租借记录,平均每辆车被借 14 次。2006 年 2 月,共 173 个租赁点 1 575 辆自行车投入使用,租赁点分布于里昂 1~9 区和维勒尔巴纳区(Villeurbanne),平均每个租赁点 9.1 辆自行车,共有 36 130 人预存费用。截至 2013 年底,Vélo'v 系统已有 343 个租赁点, 4 000 辆自行车。

2. **巴黎 Vélib**

2007 年 7 月 15 日起,巴黎自助式自行车服务系统正式启动,名为 Vélib,自行车俨然成为巴黎除地铁、公交、私家车之外的第三大公共交通方式。该系统启用了 1 万辆银灰色自行车和 750 个租车服务点,第一天租借量达到 50 000 余次。截至 2013 年底,公共自行车网点已达到 1 451 个,公共自行车 20 600 辆。巴黎的公共自行车系统实现了智能化的全自动服务,能够全天候运营,而且以几乎免费的性质租借给市民自由使用。长期用户的年度使用费为 29 欧元,短期用户为每天 1 欧元或每星期 5 欧元,用户可以在使用期限内无限次租借。为了鼓励人们缩短每次占用自行车的时间,以提高自行车的租借效率,每次租借 30 min 以内不加收任何费用,第二个 30 min 租金 1 欧元,第三个 30 min 租金 2 欧元,第四个 30 min 租金 4 欧元。

3. **巴塞罗那 Bicing**

2007 年 3 月起,巴塞罗那启动了公共自行车服务,名为 Bicing。Bicing 自实施以来,深受巴塞罗那市民欢迎,截至 2013 年底,已注册会员超过 17.8 万人,最高注册记录超过 3 000 人/d。工作日使用次数超过 4.5 万次/d,非工作日使用次数为 3.2 万次/d。

巴塞罗那的公共自行车系统采用存车架的形式,只有一个刷卡感应区,刷卡之后,系统会在众多的空闲自行车中选择一辆供使用,用户根据屏幕上的数码显示,获取已经开锁的自行车。这种系统配置在早期刷卡部件成本较高时,节省了系统造价,但是用户在使用过程中存在不便。

4. **纽约 Citibike**

经过长时间的准备,纽约市巨大的城市公共自行车系统于 2013 年 5 月 27 日美国的国殇节这天正式开始投入服务,2016 年纽约市民以及来自美国其他地区和全世界的游客在纽约都可以方便地利用设置在市商业旅游中心曼哈顿的 332 个无人看管停车点的 6 000 辆自行车去上班、上学、购物、锻炼、旅游。公共自行车为纽约市增添了一项绿色、健康的交通方式。纽约市还希望将公共自行车系统扩展到 10 000 辆公共自行车、600 个站点的规模。

5. 哥本哈根

1995 年哥本哈根推出第二代公共自行车系统,2013 年宣布其公共自行车系统转型为第三代,1 260 辆铝制现代自行车被投入使用,并设有 110 个自行车租车点。使用者只要在租车点的读卡器上刷卡,完成身份认定,系统就会解锁选定的车辆。使用完毕可以在系统的任一租车点归还,归还后系统自动计费。可以租用的公共自行车大约每小时 25 克朗,首次使用的前 10 min 免费。

二、国内发展状况

杭州市于 2008 年率先在国内提供了有桩公共自行车服务,该项目是中国大陆第一个真正意义上的公共自行车项目,采用的是基于信息技术的第三代公共自行车系统。随后,太原、武汉、上海、苏州等城市也积极推行城市公共自行车系统。截至 2015 年底,全国共有超过 200 个城市实施公共自行车项目,投放公共自行车数量达到 40 万辆以上,但有桩公共自行车的使用率并不高。北京市公共自行车出行意愿调查结果表明,经常租用公共自行车的被访者只占总体的 1.4%。国内典型城市的公共自行车系统发展情况如下。

1. 杭州

杭州市于 2008 年率先在国内提供了有桩公共自行车服务,杭州市公交集团与杭州市公交广告公司共同出资 500 万元,组建国有独资的杭州公共自行车交通服务发展有限公司。2008 年 5 月 1 日,杭州市首批共 2 500 辆公共自行车投放到 61 个服务点。2008 年 10 月 1 日,杭州公共自行车系统增加至 141 个服务点,6 524 辆车。截至 2015 年底,投入使用的服务点有 3 504 个,自行车 8.4 万辆,日租借人数约 23 万人次。公共自行车自投入运营以来,数次延长服务时间,2011 年 4 月其服务时间调整为 6:00—22:00。主要通过使用公交 IC 卡或现场办理的临时卡进行收费。

2. 武汉

武汉公共自行车系统由鑫飞达集团承办,形成了以政府主导扶持、企业投资运营的创新机制。武汉公共自行车于 2009 年 4 月启用首个免费公共自行车站点。至 2010 年 5 月初,武汉中心城区站点已发展至 800 个,免费自行车已达到 2 万辆,约有 50 万市民持有免费自行车租借卡,日租车量突破 18 万次。2015 年底服务点增至 806 个,车辆达到 9 万辆。采用人工式和自助式两种租还车形式,持卡人可在全市中心城区范围内(青山区除外)借还公共自行车。公共自行车的使用为限时制,单次租车时间不能超 2 h,还车间隔 5 min 后可继续免费使用 2 h。凡超过 2 h 还车的使用者,超时不足 1 h 按 1 h 计费。在一年内有三次不良记录,或单次租车时间超过 24 h 以上不还者,将被取消使用资格。租车达 72 h 及以上者视为侵占公物,鑫飞达公司将报请司法机关追究其法律责任。2017 年 11 月 17 日,武汉环投公共自行车服务有限公司发布了一则《关于武汉公共自行车停止营运的公告》,自 2017 年 11 月 25 日零时起,武汉公共自行车停止营运。

3. 上海

上海市在闵行区、宝山区、浦东新区、松江区和长宁区等多个市辖区设置有公共自行车,但公共自行车不能跨区使用。其中闵行区的公共自行车设置时间最早,2009 年 7 月起,闵行区启动免费租用的公共自行车服务,截至 2016 年底,共设置公共自行车网点 684 个,锁柱 22 401 个,闸机 8 处,共投放自行车 2 万辆。上海公共自行车采用的是押金+使用费模式,用户账户内预存 200～300 元车辆押金,同时预存 100～150 元作为超时备扣金,并根据农行规定收取借记卡工本费 15 元/卡和年费 10 元/卡。用户每次使用公共自行车不得超过 1 h,若 1 h 内归还可不限次免费使用,超过 1 h 未还车,按每超 1 h 收取 1 元计算,每天(按日期计算)最高不超过 5 元。

4. 北京

2012 年 6 月,北京市公共自行车服务系统正式启动试运营,东城区、朝阳区为首批试点区域,首批试点的 2 000 辆公共自行车分别在建国门、朝阳门、天坛、三里屯等 63 个租赁服务站点投入使用。之后,业务范围由最初的东城、朝阳两区,扩展到东城、朝阳、西城、丰台、石景山、海淀、顺义、房山、密云、延庆十个区。截至 2016 年 10 月,已建设 1 700 个公共自行车服务站点,投放公共自行车设备达到 5.5 万余套,注册用户 38 万,日均租还车 20 万次,总租还量达 8 600 万次,实现了跨区通存通取、无缝对接的目标。北京市公共自行车实行办卡制度。本市户籍或持常住有效证件,缴纳 200 元诚信保证金,临时来京人员租车需缴纳 400 元的押金。租用公共自行车按小时计费,使用 1 h 内免费,2 h 以内收费 1 元,3 h 以内收费 2 元,超过 3 h 按每小时 3 元收费。

第三节　互联网租赁自行车发展历程

2016 年开始,以互联网融合公共自行车系统的互联网租赁自行车(简称共享单车)作为一种新的交通方式进入中国,并在各个城市展开规模化的扩张。互联网租赁自行车属第四代公共自行车系统,发展的势头十分迅猛。第四代公共自行车系统的主要特点是 GPS 智能锁装置以及无停放站系统,实现了扫码借车,随借随停的功能。中国最初代表性的系统有摩拜单车、ofo 单车等,国外运营这类新型系统的有戴姆勒集团的 Car2go、通用的 Maven,以及福特汽车宣布与公共单车运营商 Motivate 合作,在旧金山湾区推出互联网租赁自行车 Ford GoBike。此外,阿维斯出租汽车公司的子公司 Zipcar 宣布与单车共享公司 Zagster 合作,在 15 所大学里启动单车共享服务,项目被命名为 Zipbike,于 2017 年 1 月正式启动。

截至 2017 年 9 月,上海市互联网租赁自行车投放量达到 171 万辆,北京市投放量达到 235 万辆。互联网租赁自行车具有无桩停放、App 寻车和移动支付等便捷特点,弥补了传统公共自行车办卡手续繁琐、不能跨区归还、借还车困难等缺点,在解决"最后一公里"的问题上更贴近痛点,因此深受用户喜爱。2017—2021 年,中国共享单车用户一直处于增长趋势,由 2017 年的 2.2 亿用户增至 3.0 亿用户(图 14-5)。

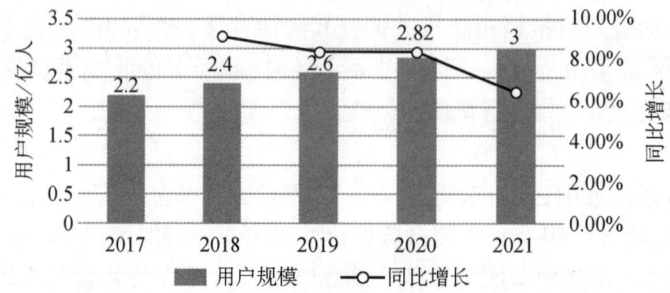

图 14-5　2017—2021 年中国互联网租赁自行车用户规模[1]

数据来源:智研咨询(www.chyxx.com)

从用户规模、市场扩展、竞争状况、盈利模式及相关政策进展等方面梳理中国互联网租赁自行车的发展过程,包括诞生阶段、发展阶段、爆发式增长阶段、转型发展阶段和健康发展阶段。

1. 诞生阶段(2015年1月—2016年10月)

2015年6月,ofo单车作为全球第一个无桩互联网租赁自行车出行平台,首次推出"无桩单车共享"的服务模式。互联网租赁自行车开始成为城市公共自行车的新形态。2016年4月,摩拜单车在上海正式推出互联网租赁自行车出行服务。在互联网租赁自行车诞生初期,ofo单车和摩拜单车是最主要的运营企业,其他互联网租赁自行车运营企业处于初创阶段,尚未开始提供服务。在这一阶段,互联网租赁自行车仅在校园或者北京、上海等大城市中心区域投放,采用支付押金、按次骑行收费的盈利模式,通过在部分周末推出免费骑行的优惠措施,逐渐吸引了一些用户。

2. 发展阶段(2016年11月—2017年3月)

2016年11月开始,多家企业开始提供互联网租赁自行车服务,市场上的互联网租赁自行车品牌多达30余家,服务范围从北上广深等一线城市向全国二线、三线城市蔓延。据统计,2016年累计投放互联网租赁自行车200万辆,覆盖城市33个。运营企业为了在用户竞争中扩大优势,纷纷加大优惠力度,提出周末免费骑行、充值优惠等吸引用户的措施。此外,互联网租赁自行车企业也开始对盈利模式进行探索,除了押金、骑行收费外,还通过投放广告等方式拓展盈利渠道。这一阶段部分用户使用互联网租赁自行车的出行习惯逐渐养成,活跃用户规模不断提高。互联网租赁自行车的优势初步显现,2017年3月《政府工作报告》中提到"支持和引导分享经济发展,提高社会资源利用效率,便利人民群众生活"。

3. 爆发式增长阶段(2017年4月—2018年1月)

2017年互联网租赁自行车行业进一步爆发,供需两端持续扩张。由于互联网租赁自行车在一、二线城市的供需趋于饱和,一些运营企业为了避免竞争,选择在衡阳、株洲、保定等三、四线城市进行扩张。2017年累计投放单车2 300万辆,覆盖国内200多个城市,2017年用户增至2.21亿人,骑行总距离达到299.47亿km。此外,摩拜单车先后进入新加坡、英国、意大利等19个国家,ofo单车也根据其海外战略逐步开始海外运营。为了增强竞争力,各运营企业的补贴力度加大,推出了红包车、免费骑、充值返现、低价月卡等多种形式的优惠。运营企业基本形成了由用户押金收入、预存收入、骑行收入和广告收入组成的盈利结构。互联网租赁自行车过度扩张带来的市政管理问题在这一阶段十分突出,并且处于第三梯队的部分单车企业如小鸣单车、悟空单车等由于资金短缺或融资失败宣告破产,退出市场。为应对这些问题,交通运输部和深圳、北京、上海等城市先后出台了关于规范互联网租赁自行车发展的指导意见,对互联网租赁自行车的投放、运营维护、资金管理等问题作出了限制与规范。

4. 转型发展阶段(2018年2月—2019年1月)

2018年以来,互联网租赁自行车行业去泡沫化特征明显,小蓝单车、1号单车等多家互联网租赁自行车相继宣布倒闭,摩拜单车与美团达成收购协议。ofo单车于2018年11月中止或暂停了在印度、以色列、中东等国家和地区的业务,并遭遇了严重的退还押金困难的问题,超过1 000万用户排队申请退还押金。此外,新进入市场和已存在的互联网租赁自行车平台纷纷改变押金策略,提出免押金信用骑行。互联网租赁自行车的盈利模式由此前依托押金、用户预存收入为主逐渐转变为依靠骑行费用、广告费用和品牌合作获取利润。哈啰单车等平台凭借着良好的用户体验、较强的运维能力和全生命周期的车辆管理为互联网租赁自行车市场注入了新的活力。互联网租赁自行车在经历同质企业竞争淘汰、优质企业转型升级之后开始进入稳步发展阶段。这一阶段，互联网租赁自行车行业将从以量取胜的粗放式竞争逐渐进入以用户体验为导向的服务型竞争。政府部门为促进互联网租赁自行车的健康发展，主动制定了更加详细、适应城市发展的管理方案与规章制度，如《深圳市互联网租赁自行车管理方案》中对互联网租赁自行车投放规模、停放管理、运营企业准入与退出机制、考核奖惩机制、运营服务规范等方面作了详细规定。

5. 健康发展阶段（2019 年 1 月至今）

2019 年后，行业无序竞争所带来的负面影响逐渐消退，存量用户体验回升提升了用户用车次数及频率，同时新增用户的进入也不再是基于各类促销以及尝鲜，而是更多出于理性消费需求的考虑。互联网租赁自行车行业发展已趋于理性，增速相对平稳。互联网租赁自行车企业也逐渐调整运营模式，企业不再采用价格补贴方式，而是更加注重用户体验，通过改善服务质量来吸引用户。

2020 年受到全国新冠疫情影响，私家车出行和单车骑行出行成为市民的主要选择，互联网租赁自行车行业再次遇到了发展的机会，各互联网租赁自行车运营企业均采取了相应的营销策略，鼓励复工复产采取骑行方式，或推出抗疫人员免费骑行活动等。这些互联网租赁自行车企业为国家抗击疫情和复工复产贡献了企业的力量，也促进了互联网租赁自行车行业的理性发展。随着政府管控手段的严格与市民素质的提高，互联网租赁自行车行业发展逐渐规范。

截至 2021 年，互联网租赁自行车运营商竞争发展为由最初的摩拜、ofo 小黄车两强争霸转变为目前的以"哈啰""青桔""美团单车"为核心的三足鼎立局面，投放城市超过 30 个，行业融资规模超过数百亿元，在健康稳定的竞争格局里，未来行业市场规模仍将稳步提升。

我国互联网租赁自行车发展历程如表 14-2 所示。

表 14-2 我国互联网租赁自行车发展历程

时间	2015.1—2016.10	2016.11—2017.03	2017.04—2018.01	2018.01—2019.01	2019.01 至今
发展阶段	诞生阶段	发展阶段	爆发式增长阶段	转型发展阶段	健康发展阶段
市场扩展	主要投放于校园以及北上广深等大城市中心区域	扩展一线城市覆盖范围，向二、三线城市蔓延	国内投放地域进一步下沉到三、四线城市；拓展海外市场	收缩部分海外市场，减缓扩展速度与规模，深耕现有市场	投放城市超过 30 个，行业融资规模超过数百亿元，未来行业市场规模仍将稳步提升
竞争状况	摩拜和 ofo 为主，少量其他品牌初创	摩拜和 ofo 为主，大批其他品牌出现	摩拜和 ofo 为主，单车运营企业繁多，个别企业出局	大量运营企业相继宣告倒闭，摩拜被收购，ofo 面临危机	"哈啰""青桔""美团单车"为核心的三足鼎立局面，形成健康稳定竞争局面

续 表

盈利模式	押金＋按次骑行收费	押金＋按次收费广告收入	押金＋按次收费/月卡等预存收入 广告收入、商家合作	按次收费 广告收入、商家/品牌合作	按次收费/月卡等预存收入（适当提价） 广告收入、商家/品牌合作
运营补贴	补贴较少，部分周末免费骑行	周末免费骑行，充值优惠等	补贴力度加大，红包车、免费骑、充值返现、低价月卡等	现金补贴减少，变为骑行积分兑换商品、免押金等补贴形式	主要为骑行积分兑换商品、免押金等补贴形式
用户行为	用户吸引并尝试	用户使用单车出行的习惯逐渐养成	用户不文明用车行为，单车事故增多	鼓励并引导用户安全、规范骑行	继续鼓励并引导用户安全、规范骑行，服务短距离出行和公共交通接驳换乘
政策进展	—	以调研、座谈、征求意见为主	为解决单车带来的城市秩序乱象，各市指导意见、管理措施相继出台	主动制定规章制度与管理规范，促进行业健康发展，保障消费者权益	促进管理标准的规范化，保障互联网租赁自行车长远健康发展

综上所述，互联网租赁自行车仍然会继续保持发展，但发展重心将会从"量"转变为"质"，从市场扩张转变为"品质提升"，相关政策的不断出台将会持续提升企业运营的规范性。在我国大城市，互联网租赁自行车将继续发挥其短距离出行和接驳公共交通的优势，成为城市绿色交通出行的重要组成部分。

第十五章　多种类型非机动车交通运行特征分析

本章介绍传统自行车、电动自行车、互联网租赁自行车、互联网租赁电动自行车的使用特征及运行特征，为不同类型非机动车系统的规划、设计、管理提供支撑。

第一节　非机动车交通的基本特征

自行车和电动自行车作为常用的两轮非机动车交通工具，具有便捷、经济、实用、节能、环保等特点，在城市居民出行中占有重要地位。自行车与电动自行车的基本特性既有相似性又存在不同。

(1) 蛇形轨迹。与机动车相比，非机动车并不受机动车道那样固定的车道线的限制，并且非机动车车辆体积小，在骑行过程中可以灵活变道转向，随意行驶。因此，在骑行过程中，车辆轨迹呈"蛇形"，在超车、让车或避让障碍物等情况下其摆动可能更大。

(2) 多变性。与机动车相比，自行车与电动自行车更加灵活，可较容易地改变行驶的方向和加减速，因此其速度和方向具有多变性。其多变性与周围的道路交通运行状况有关，在行驶过程中表现为当交通流量或者密度较大时，多变性明显。

(3) 集群性。非机动车交通流很少像机动车那样保持队列行驶，其通常是以稳定的速度和间距聚合成一骑行团体共同行进。在有信号灯控制的道路上，非机动车流在交叉口处被"截流"，积聚成"集团"，然后又全部"放流"，使得路段上的非机动车流像潮汐一样，"集团式"地向前行进。

(4) 离散性。与集群性相反，有些骑行者不愿受其他车辆的约束，或不愿尾随其后，往往选择车辆少、空档大的路段单独骑行，与其他车辆保持一定的距离，表现为离散性。

(5) 行为性。自行车与电动自行车由骑行者操作控制，骑行者穿插空挡、加减速、换道、超车等骑行行为将对非机动车交通流产生影响。

除了上述相同的特性，自行车在运行速度、骑行稳定性、加减速性能、制动性能等方面与电动自行车有明显不同的表现。传统自行车由人力驱动车辆行驶，受到机械性能和骑行者体力的双重影响，个体间的速度差异较大，平均行驶速度通常在 10~15 km/h。而电动自行车则依靠铅蓄电池或锂蓄电池等动力驱动车辆行驶，行驶速度比自行车的行驶速度快 8 km/h 左右。新修订的《电动自行车安全技术规范》(GB 17761—2018) 中规定"电驱动行驶时，最高设计车速不超过 25 km/h"。

在非机动车设施中行驶的骑行者行为系统包括骑行者自身、他人、骑行空间环境以及三者之间的互动关系，即骑行者在行驶过程中的交通特性受到自身、他人以及骑行空间环境的共同影响。

1. 骑行者自身的影响

骑行者自身是可以自由控制移动的行为个体,而骑行者在个体移动中的交通行为与是否携带包裹、对环境的熟悉程度以及个人偏好等方面相关。

携带包裹:骑行者携带包裹的大小、重量和便携性将直接影响到骑行者的体力消耗、灵活性及车辆在行驶过程中的空间占用。因此,携带包裹会对骑行者的交通行为产生影响,一般地,所携带的包裹越笨重、体积越大,车辆的行驶速度也越低。

熟悉与熟练程度:非机动车使用者对所在交通环境越熟悉、对所使用的交通设施与交通工具越熟练,就越可能避免或减少在骑行途径中设施选择及使用的犹豫或等待时间,其行驶速度和通过速率也会越高。

个人经验或者偏好:不同骑行者的交通行为参数也有差异,有的人习惯快速骑行,有人习惯保持一定速度骑行;有人习惯与他人保持较大距离,也有人习惯利用车辆间的空隙左右穿梭行走。

2. 他人骑行行为的影响

由于非机动车使用者在骑行过程中会受到其他骑行者的影响,为避免相互碰撞,需要降低或者提高速度,或者偏移原有行驶轨迹。非机动车骑行过程中他人的行走流线、速度、方向都会对骑行者产生不同程度的影响。

3. 骑行环境的影响

每个人在不同的空间环境下可能有不同的行为表现,骑行环境主要包括非机动车道的流线设计、尺寸、地形、障碍物等。

流线设计:非机动车道的设计除了满足容量的需求外,流线设计需要简单、明了,避免一些交织行为。

尺寸:当空间尺寸所能承载的容量小于实际非机动车流量时,就会发生非机动车堵塞,使得骑行者无法自如地使用非机动车道。一般来说,密度越大,骑行者受到其他车辆的干扰就越多。

地形:非机动车上坡与下坡具有不同的速度分布,上坡的平均速度较小。

障碍物:骑行过程中出现障碍物会不利于非机动车的行驶,例如道路或者交叉口中的柱子、告示牌或者垃圾桶,都会使得骑行者减速或者改变行驶轨迹。

第二节 多种类型非机动车使用特征

本节从车辆尺寸、骑行者性别特征、骑行者年龄特征、车辆载物状态特征、互联网租赁自行车用户社会经济属性五个方面进行传统自行车、电动自行车、互联网租赁自行车、互联网租赁电动车的使用特征对比分析,得出异同点。

一、车辆尺寸

在混合非机动车交通流中,不同类型的车辆,其尺寸大小不同,会对混合车流的流量、速度、通行能力等产生影响。传统自行车、电动自行车、互联网租赁自行车、互联网租赁电动车的车辆尺寸如表15-1所示,可见传统自行车、互联网租赁自行车、互联网租赁电动车、电动自行车的车身宽度依次增加,说明电动自行车在运行过程中所占用的侧向空间会更多。从车身长度来看,互联网租赁自行车的长度要小于传统自行车,互联网租赁电动车的长度与传统自行车接近。从测量数据标准差来看,互联网租赁自行车与互联网租赁电动车的车身宽度和长度的标准差较小,说明不同运营商投放的车辆差异较小,尺寸较为相似。电动自行车的尺寸标准差最大,这是由于厂商生产的电动自行车产品不同,没有相应的规范标准,造成电动自行车的样式繁多,外形尺寸差异较大。

表 15-1　　　　　　　　　　　不同类型车辆的外形尺寸统计

车辆类型	样本量	车辆宽度/cm		车辆长度/cm	
		均值	标准差	均值	标准差
传统自行车	50	58.9	4.4	169	13.1
互联网租赁自行车	50	60.5	2.1	159	4.0
互联网租赁电动车	50	62.3	2.4	168	5.3
电动自行车	200	66.4	5.2	177	15.4

注:数据来源于上海市两个典型非机动车停放点的非机动车车辆尺寸调查。

外卖与快递助(电)动车的置物箱特征如表 15-2 所示,可以看出,48%的外卖与快递助(电)动车辆在脚踏板与后座置物架上均放置了置物箱,置物箱的长度平均为 56.2 cm,接近电动自行车的车身宽度。运送快递的车辆所安装的置物箱尺寸较大,最大置物箱尺寸达到了 80 cm×50 cm×50 cm。这类车辆在非机动车道上运行时将会占用更大的行驶空间,对其他骑行者的安全性与舒适性产生威胁。

表 15-2　　　　　　　　　　外卖与快递助动车的置物箱特征统计

置物箱位置	比例	置物箱尺寸	均值/cm	标准差/cm	最大值/cm
前置	17%	长度	56.2	11.18	80
后置	34%	宽度	41.8	5.99	50
前后均放置	48%	高度	38.0	5.57	50

注:数据来源于上海市两个典型非机动车停放点的非机动车车辆尺寸调查。

二、骑行者性别特征

对上海市 9 个典型路段非机动车使用者的性别特征进行统计,结果表明,男性非机动车使用者的比例高达 76.11%,明显高于女性骑行者。图 15-1 显示了不同非机动车类型的男性骑行者所占的比例,可以看出,骑电动自行车的男性比例较高,平均比例高达 80.9%;骑互联网租赁电动车的男性平均比例为 73.4%;传统自行车的男性使用者比例平均为 66.7%。互联网租赁自行车的使用者男女比例较平衡,男性使用者平均占 54.1%。由于男性对速度和出行距离的要求相对较高,因此在选择非机动车交通工具时倾向于具有辅助动力、具有较大速度的电动自行车。在四种类型的非机动车中,互联网租赁自行车的女性使用者比例最高。由于非机动车无遮蔽的特点和日常着装的原因,女性使用非机动车的比例总体低于男性。

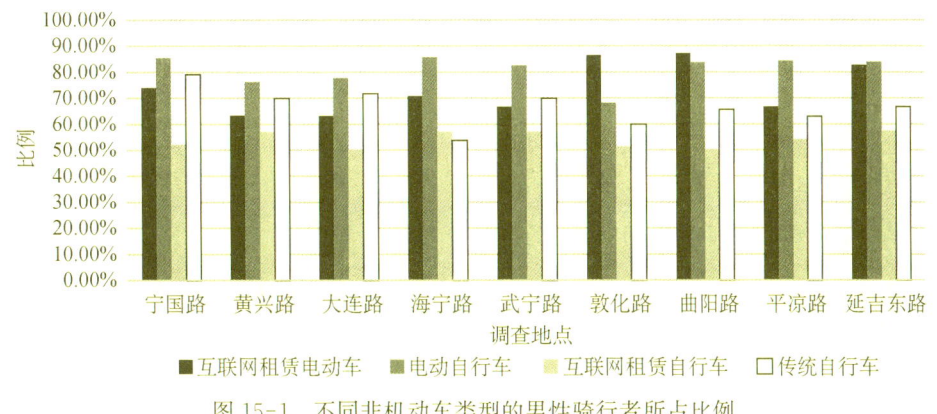

图 15-1　不同非机动车类型的男性骑行者所占比例

三、骑行者年龄特征

不同年龄段的骑行者所占比例如图 15-2 所示，非机动车使用者的主体为中年人（35～50 岁），中年骑行者平均占比达 69.1%，青年与老年骑行者的平均占比分别为 19.2% 与 11.7%。

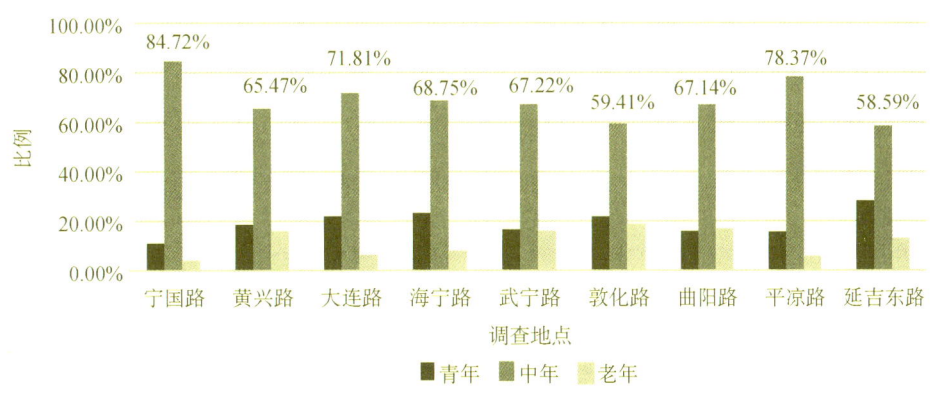

图 15-2　不同年龄段骑行者所占比例

四种车型不同年龄段骑行者所占的比例如图 15-3 所示。互联网租赁电动车与互联网租赁自行车的骑行者中，青年人比例最高，平均比例分别达到了 51% 与 55.1%，老年人的使用比例是最低的。这是由于互联网租赁电动车与互联网租赁自行车的使用需要利用智能手机进行操作，对于不熟悉互联网与智能手机的老年人来说有一定的使用难度。但对于青年人来说，使用互联网租赁电动车与互联网租赁自行车则更加便捷、灵活，因此会有较多青年人选择这两种非机动车交通工具。而电动自行车的使用者中，中年骑行者占比最高，平均比例为 77.1%。大多数中年人是上班族，他们对于出行的经济性、准时性、灵活性以及出行距离的要求更高，因此倾向于选择电动自行车出行。老年人的出行需求与中青年相比较小，因此出行的机动化水平较低，大多数老年人仍倾向于选择传统自行车作为非机动车交通工具，传统自行车骑行者中老年人的平均比例达到 33%。

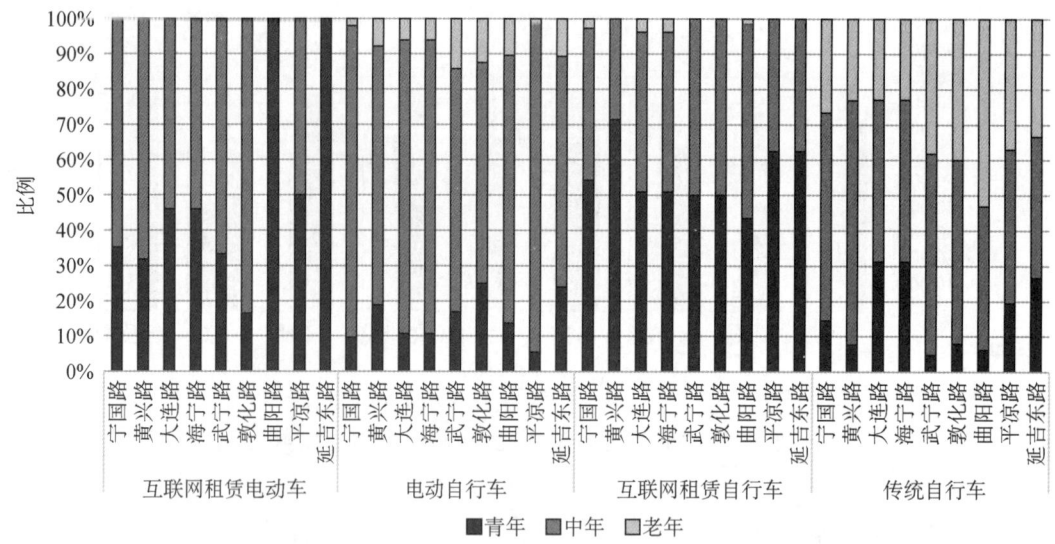

图 15-3　不同车型不同年龄段骑行者所占比例

四、互联网租赁自行车用户社会经济属性

各类互联网租赁自行车的投放基本集中在人口密度较高的中心城区,互联网租赁自行车用户职业分布、私家车拥有情况、私人非机动车拥有情况等属性随城市、空间区域而发生变化。以上海长宁、虹口、徐汇、静安、黄浦和杨浦六区在住宅区、商业中心、高校企事业单位和轨道交通站点的调查为例,说明互联网租赁自行车用户社会经济属性。

1. 职业分布

如图 15-4 所示,互联网租赁自行车的主要使用人群是单位员工和在校学生,分别占 61% 和 28%。互联网租赁自行车企业最初以大学校园为主要市场进行投放,因此,大学生是互联网租赁自行车的最早一批用户,自 2015 年以来学生群体的规模逐渐扩大。而单位员工工作日上下班,从住所至公交地铁站点、从公司至公交地铁站点的短程出行可以利用互联网租赁自行车作为代步工具。随着互联网租赁自行车走出校园在全社会推广,通勤的上班族用户数量渐渐超越了在校学生,成为其最大的用户群体。

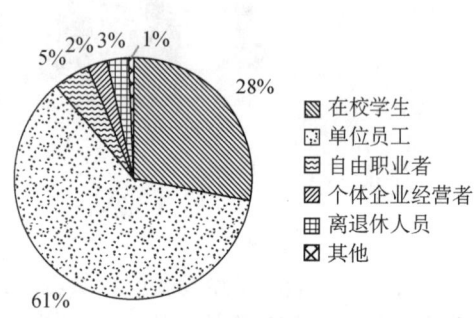

图 15-4　共享单车使用者职业分布

2. 私家车拥有情况

互联网租赁自行车使用者中,拥有私家车的占 33%。目前大部分的使用者是没有私家车的群体,其可能会倾向于选择互联网租赁自行车作为原来交通方式的替代或公共交通的补充。

3. 私人非机动车拥有情况

私人非机动车包括私人自行车和电动自行车。调查发现,只有 39% 的互联网租赁自行车使用者同时拥有私人非机动车,说明由于骑行特征的相似性,私人自行车和电动自行车与互联网租赁自行车存在着替代竞争的关系。

五、车辆载物状态特征

非机动车辆在搭载人或物的状况下行驶时,车辆所占用的动态空间会增加,车辆自身的速度也会受到影响,这会对非机动车的运行效率与安全产生不利影响。尽管我国《道路交通安全法》中严格规定非机动车禁止搭载乘客与超限载物,但在实际调查中这一比例仍维持在较高水平。各个调查路段电动自行车不同载物状态的占比情况如图15-5所示。从图中可以看出,电动自行车载人与载物的比例较低,载人的平均比例为5%,普通载物的平均比例为4.7%。然而,商用载物车辆的平均比例高达13.5%,宁国路、大连路与平凉路的商用载物车辆的比例达到了18%以上。海宁路、曹杨路、敦化路与曲阳路的商用载物车辆平均比例为9.7%,这主要是由于这四条路段观测时间为早高峰时段,早上快递与外卖业务量较少。杭州市11个调查路段的载人或载物总比例平均为11%,如图15-6所示。

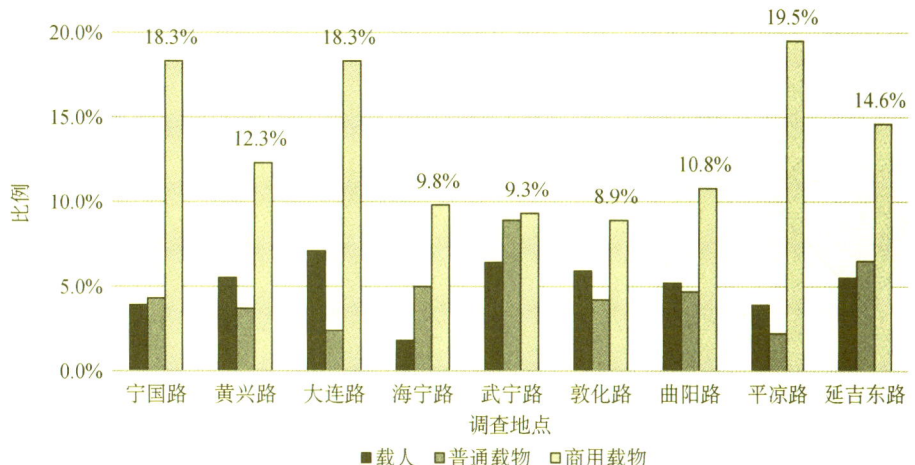

图 15-5 电动自行车载物状态分布

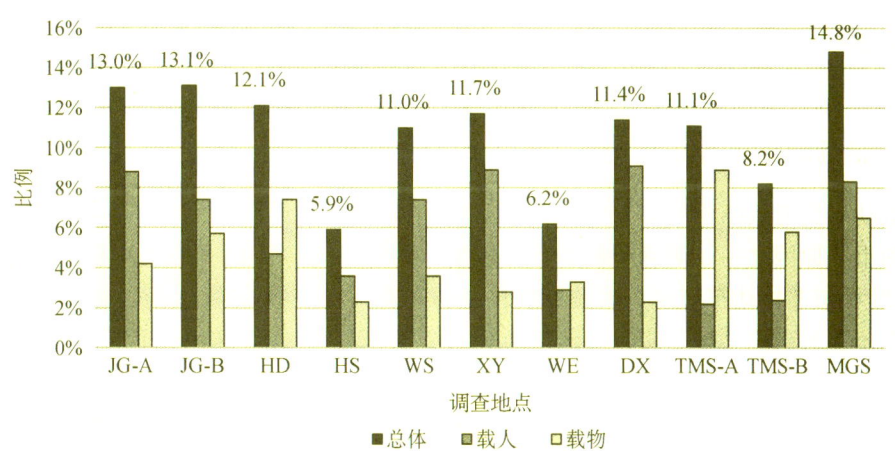

图 15-6 杭州市非机动车辆载物状态分布

随着互联网与电子商务的迅猛发展,快递业务与餐饮外送服务量激增,电动自行车由于功率大、速度快、体积小巧等优点备受快递与外卖行业青睐,导致电动自行车商用载物的比例逐渐增大。车辆超限载物现象的增多将会威胁其他非机动车的运行安全。

六、互联网租赁自行车使用频率

租赁自行车主要分为两种形态,有桩的公共自行车(简称公共自行车)以及无桩的互联网租赁自行车。根据问卷调查发现,互联网租赁自行车使用者每周使用 3~5 次的占比最高,为 38%,76% 的人每周至少使用 3 次,38% 的被访者每周使用次数超过 6 次,如图 15-7 所示,可见互联网租赁自行车使用率总体较高。

对南京市主城区(有桩)公共自行车的使用情况进行问卷调查,以公共自行车出行用户为调查对象,在出行频率方面的调查结果如图 15-8 所示。每周骑行公共自行车次数主要集中在 4~7 次,即平均每天 1 次,占 36.13%;每周骑行 2~3 次、8~10 次、10 次以上分别占总体的 24.61%,17.28%,19.37%。

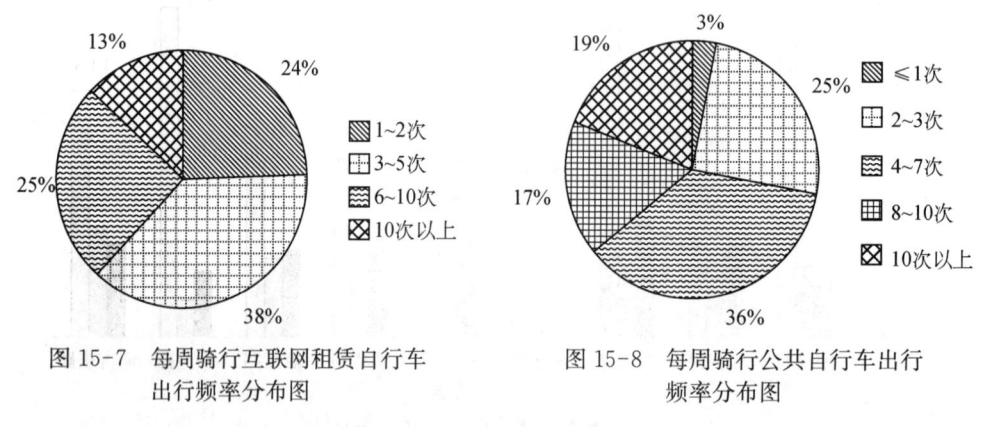

图 15-7　每周骑行互联网租赁自行车出行频率分布图

图 15-8　每周骑行公共自行车出行频率分布图

第三节　非机动车交通运行特征

非机动车交通运行特征包括自有自行车(或传统自行车)、互联网租赁自行车、互联网租赁电动车、电动自行车的出行结构特征、出行距离、出行时耗、出行目的、运行速度等。

一、非机动车出行结构特征

非机动车交通流结构的多元化和不同类型车辆的性能差异是导致非机动车车流交通特性变化的重要原因之一。明确非机动车交通流的结构组成有利于非机动车道资源的合理配置,是追踪城市非机动车交通方式随时间转变的关键途径,也是非机动车交通规划和建设的基础依据。上海市典型路段非机动车流结构如图 15-9 所示,电动自行车仍是非机动车流的主体部分,9 个路段的电动自行车平均占比高达 73.2%,其中武宁路与海宁路的电动自行车比例超过了 80%。互联网租赁电动车由于投放区域有限,投放规模较小,在调查路段上观测到的使用比例较小。互联网租赁自行车的平均使用比例达到了 15.3%,除了曲阳路,其余 8 个路段的互联网租赁自行车比例均超过了传统自行车,可以看出,互联网租赁自行车成为自行车流的主要组成部分。

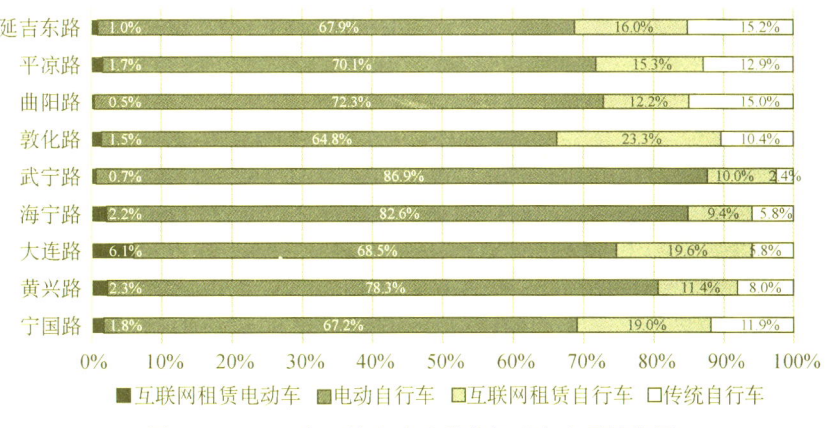

图 15-9　2018 年上海各个路段非机动车交通结构图

典型路段 2018 年与 2014 年电动自行车比例对比如图 15-10 所示，2018 年绝大部分路段的电动自行车比例均低于 2014 年，平均下降了 9.6%。其中大连路的电动自行车比例下降幅度最大（23.1%）。结合图 15-7 中自行车车流的组成，可以看出互联网租赁自行车的流行与发展，极大地提升了自行车的出行比例。

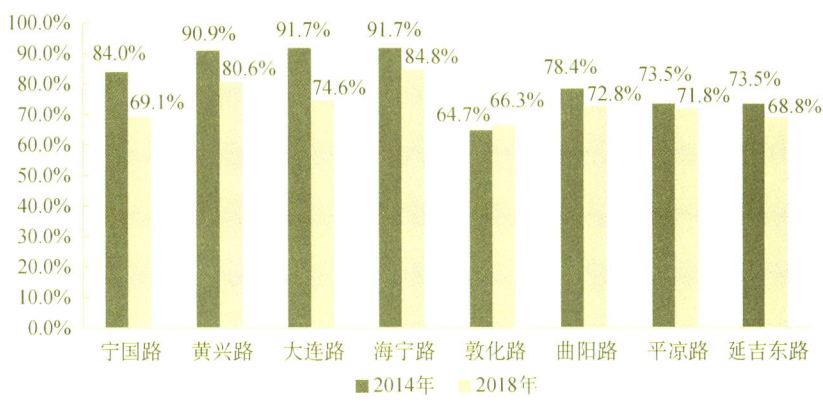

图 15-10　2014 年与 2018 年电动自行车比例变化

二、出行距离

自行车交通出行主要为短距离出行，平均出行距离为 4.87 km。1 km 内出行，步行为出行主体，自行车出行仅占 1%；1～5 km 出行，自行车比例提高到 18%；5～10 km 出行，机动化交通出行成为出行主体，自行车出行比例下降到 10.37%；10 km 以上出行，自行车所占比重甚微。受骑行条件不便影响，短距离出行中小汽车所占比例超过了 30%。

通过问卷调查得到互联网租赁自行车的单次出行距离大多数在 3 km 以内，占 75%，3～5 km 占 21%，超过 5 km 的仅占 4%。说明互联网租赁自行车主要用于中短途出行，作为公共交通的补充方式有着明显的优势。

电动自行车骑行者平均出行距离约为 5.8 km，主要集中在 2～5 km，其比重占 37.7%，

10 km 以内出行比例为 83.5%。极短距离与较长距离的骑行人数较少，可见电动自行车较适用于中短距离出行。

三、出行时耗

统计不同城市传统自行车出行时耗可以发现，不同规模的城市自行车出行时耗差别不大，出行时耗在 10 min 以内的约占 20%，出行时耗在 10~20 min 的分布最多，超过 40%，出行时耗在 21~30 min 的约占 20%，出行时耗在 30 min 以上的占比较小。

互联网租赁自行车使用者的单次出行时长大部分在 20 min 以内，超过 30 min 的仅为 1%。其中，在 5~10 min 这个时间段的占比最多，为 62%，其次是 10~20 min，为 21%，20 min 以上仅占 4%。这与互联网租赁自行车主要出行距离在 5 km 以内这个结论相一致。

传统自行车和互联网租赁自行车的出行时耗分布差别不大，因为自行车是一种靠体力出行的交通方式，所以当出行时耗过长时，居民可能会选择其他机动化的交通方式出行。

上海市电动自行车使用者调查得出的出行时耗分布如图 15-11 所示，出行者使用电动自行车出行的时耗最长可达 120 min，最小为 10 min，但 51% 的出行者出行时耗在 20~30 min 内。通过分析出行时耗累计曲线可以更清晰地看出电动自行车出行者时耗分布情况，有 72% 的出行者出行时耗在 40 min 以内。

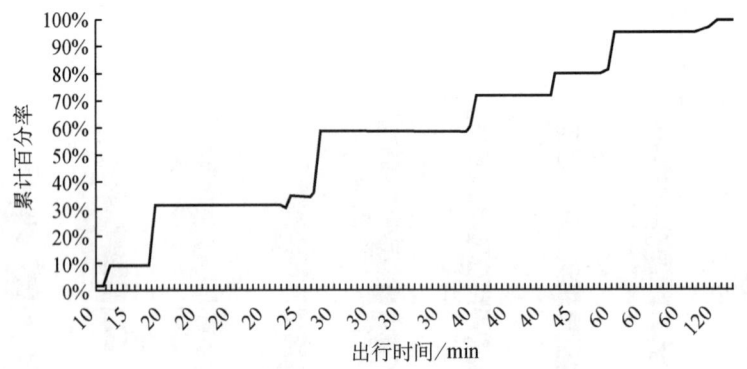

图 15-11 上海市电动自行车出行时耗累计曲线

四、出行目的

居民出行调查数据显示，使用传统自行车的主要出行目的是通勤交通，其中，上下班为 76.8%，上下学为 9.1%，其他出行目的如娱乐购物为 9%，探亲访友和健身锻炼等占比较小。由于传统自行车的私人拥有性，在轨道接驳交通中发挥作用不及互联网租赁自行车。

使用互联网租赁自行车的出行目的较为分散，娱乐购物占 33%，通勤出行（包括上下学和上下班）占 41%，健身锻炼占 16%，探亲访友占 8%。说明互联网租赁自行车可使用场景丰富，适用于中短距离出行的多个场景，并且以日常休闲健身为主的出行随着时间推移不断增多。因为互联网租赁自行车的便捷性，其发展有望改变人们的传统观念，即自行车正逐步由当初单纯的代步交通工具转变为融合休闲、健身功能于一体的日常重要的锻炼器材。

出行者通勤仍是电动自行车使用者的第一目的。高峰时期，上海 83% 的电动自行车出行者为通勤出行；在非高峰时期，有 41% 的电动自行车出行为通勤出行。在调查中还发现，很多个体商户进货、家政服务者上门服务、快递人员等选择电动自行车作为交通工具,甚至有些地区的民警出勤也选择电动自行车作为交通工具,还配备了专门的警车标志,即上述与工作相关的出行占比超过30%。

五、运行速度

速度分布是交通流的重要特征之一。2008年和2021年非机动车运行速度变化如表15-3所示,在具有物理分隔的非机动车道上,混合非机动车流的平均速度、15%位速度、85%位速度、标准偏差,2021年相较于2008年均有增大。非机动车流的85%位速度远大于《道路交通安全法》中规定的速度15 km/h,说明非机动车存在较为严重和普遍的超速问题。

表15-3　　　　　　非机动车运行速度变化对比(上海市)　　　　　　(单位:km/h)

年份	平均速度	最大速度	最小速度	15%位速度	85%位速度	标准偏差
2008年	18.20	49.00	7.99	11.33	23.52	6.43
2021年	22.96	44.90	6.10	13.12	29.48	6.88

典型道路混合非机动车交通流与不同类型非机动车的速度分布直方图如图15-12所示,传统自行车、互联网租赁自行车与电动自行车的速度分布呈钟形,具有不同的峰值。因此,由传统自行车、互联网租赁自行车与电动自行车组成的混合非机动车交通流运行速度分布特征较为复杂,呈现出两个较为明显的峰值。

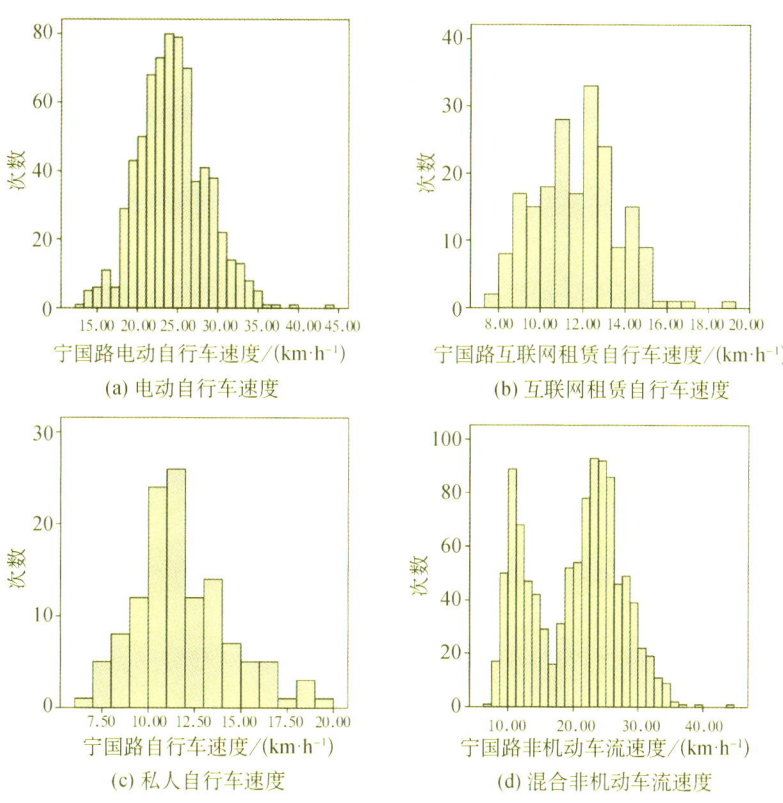

图15-12　混合非机动车流与不同类型非机动车的速度分布直方图

对不同类型的非机动车辆的车速数据进行统计分析,结果如表15-4所示。动力性能不同造成不同类型的非机动车平均速度存在较大差异。电动自行车车速最高,平均车速为25.58 km/h,85%位车速均超过了25 km/h,存在严重的超速问题;互联网租赁电动车的平均速度为19.53 km/h,85%位车速均在25 km/h以下;互联网租赁自行车的平均速度与传统自行车接近,分别为13.08 km/h与13.47 km/h。此外,电动自行车的速度波动较大,平均车速标准偏差为6.29 km/h,接近互联网租赁电动车平均车速标准偏差的2倍(3.4 km/h)。传统自行车的平均车速标准偏差为3.30 km/h,略大于互联网租赁自行车平均车速的标准偏差(2.45 km/h)。由于互联网租赁电动车的共享特性,不能像自有的电动自行车一样及时充电维护,可能导致车辆电池动力供给低于电动自行车,因此,互联网租赁电动车的最大速度与85%位速度都比自有电动自行车的小。

2021年电动自行车的速度高于2008年,介于2008年的电动摩托与燃气摩托之间,平均速度(25.58 km/h)更接近燃气摩托(26.35 km/h),85%位速度与标准偏差也与燃气摩托接近。尽管电动摩托与燃气摩托在严格的管控政策下逐渐消失,但可以发现目前的电动自行车轻摩化现象依旧十分严重,由此引发的超速问题仍对非机动车交通流产生较大的安全影响。2021年的传统自行车、互联网租赁自行车和2008年的自行车速度表现接近,主要是因为自行车主要靠人力驱动,平均速度不会发生较大的变化。

表15-4 不同类型非机动车速度对比 (单位:km/h)

对比内容	2021年				2008年			
车辆类型	传统自行车	互联网租赁自行车	互联网租赁电动车	电动自行车	传统自行车	电动自行车	电动摩托	燃气摩托
平均速度	13.47	13.08	19.53	25.58	13.68	19.58	20.16	26.35
最大速度	23.11	22.41	26.04	44.16	23.54	32.00	31.57	49.00
最小速度	7.72	7.01	10.14	11.82	7.99	10.33	12.28	15.98
15%位速度	10.05	10.30	15.41	19.08	11.06	15.29	16.22	20.67
85%位速度	16.68	16.34	21.3	30.89	16.50	23.66	24.95	31.94
标准偏差	3.30	2.45	3.40	6.29	2.70	4.32	4.03	6.01

第十六章　互联网租赁自行车运维、成本与收入

第一节　互联网租赁自行车运营概念

互联网租赁自行车的运营是指对平台提供的互联网租赁自行车产品和相应的骑行服务进行各项营销和管理工作。定位互联网租赁自行车适用场景和用户，明确推销产品服务等业务目标，制订效率最优的实施计划，并通过多种渠道和方式进行产品和服务的营销、评价和改进。

一、运营对象和范围

互联网租赁自行车运营的核心是用户，在制订运营目标和计划之前，应通过产品分析、竞品分析和行业分析，明确各类产品和服务对应的用户群体。基于互联网租赁自行车使用群体特征，能够更好地明确运营对象和范围。

在互联网租赁自行车的用户群体特征方面，年龄、性别和收入是最常讨论的三个社会经济与人口属性。大多数学者认为，年轻人群更偏好互联网租赁自行车，低收入人群相对来说互联网租赁自行车使用较少，而性别没有明显倾向。这些属性在一定程度上反映了不同人群对互联网租赁自行车这一新兴交通方式的看法与接受程度。总体来说，更为年轻的、有必须通勤出行需求的人群更倾向于使用互联网租赁自行车，因为互联网租赁自行车作为城市公共交通系统的重要组成部分，能够有效满足人们短距离出行需求。而对于其他非必要出行的人群来说，互联网租赁自行车是一种低碳出行的生活方式而不是必需交通工具，因此，受教育程度较高、收入中高的人群会选择骑行互联网租赁自行车。

针对各类用户，互联网租赁自行车一般将运营对象分为潜在用户、新用户、稳定用户、降频用户和流失用户五类。潜在用户是还未使用该公司互联网租赁自行车但是有使用可能性的人群，这与人群特征有关，企业识别这类人群并促使其转化为新客户显得尤为重要。新用户是刚使用该公司互联网租赁自行车不久的用户群体，可能还未形成使用互联网租赁自行车出行的习惯。稳定用户则是长期使用该公司互联网租赁自行车出行的用户群体。降频用户是减少该公司互联网租赁自行车使用频率的用户群体。流失用户是不再使用该公司互联网租赁自行车的用户群体。互联网租赁自行车企业应及时识别各类用户，并制订不同的运营目标和策略。

互联网租赁自行车的运营范围一般以城市内各类人群集中的社区、学校、景区、商场等为中心进行投放，并考虑各类用户群体的覆盖程度和地理覆盖范围。

二、运营目标

互联网租赁自行车企业最重要的运营目标是尽可能完成更多的订单，创造收益。但企

业会根据投入的互联网租赁自行车产品、不同用户群体提出更多样化的运营目标。针对公司已经投入市场的互联网租赁自行车，运营目标是使得产品多次循环使用、延长使用寿命、减少损坏和降低报废率。针对用户，基本目标是保证互联网租赁自行车服务的可靠性和安全性，并提升用户体验。

对于不同的用户群体，运营目标和策略往往有所不同。对于潜在用户，企业的运营目标和策略是准确识别、快速实现用户"从0到1"的转变。对于新用户，企业的运营目标和策略是培养用户习惯，提高二次使用率和用户留存率。对于稳定用户，运营目标和策略是根据不同用户特征和需求制订多样化、个性化的产品服务，实施精准营销，提高用户黏性。对于降频用户，企业的运营目标和策略是及时识别并挽留，提高用户黏性。对于流失用户，企业的运营目标和策略是及时识别并采取措施挽留，尽量避免客户流失。

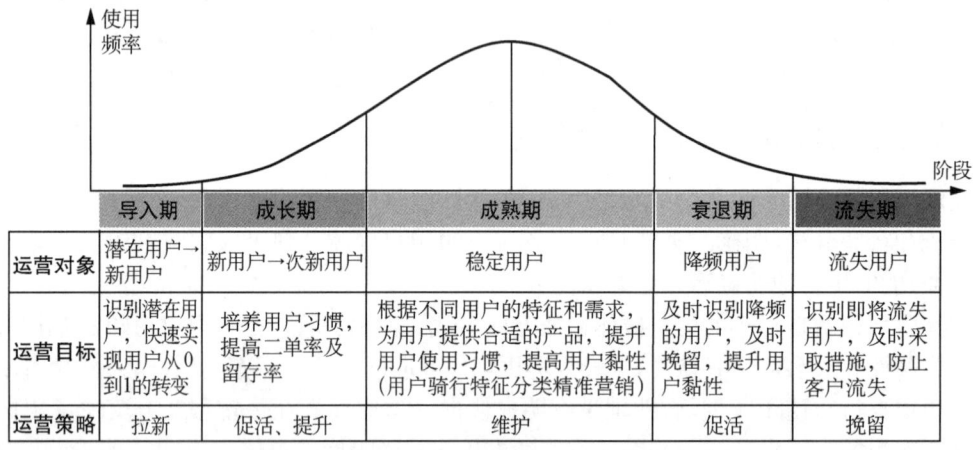

图 16-1　针对不同用户群体的运营目标和策略

三、运营策略

互联网租赁自行车的运营策略一般包括用户运营、产品运营、渠道运营、内容运营和品牌运营。

用户运营是指以用户为中心，遵循用户的需求设置运营活动与规则，制订运营战略与运营目标，严格控制实施过程与结果，以达到预期所设置的运营目标与任务。核心目标是拉新、留存、促活、转化。实施过程中通常针对不同用户进行分级，如设置会员特权和福利（生日福利、新会员福利），采用积分体系兑换不同产品服务等，促使更多用户成为会员和稳定用户，提高用户黏性。

产品运营则是针对不同用户提供多样化的产品服务，如推出地推、签到、抽奖、领红包等活动，或推出月卡、季度卡、年卡等多种消费服务。

渠道运营、内容运营和品牌运营类似，大多是通过多种线上App、社交群、广告、邮件等第三方渠道对公司产品服务进行宣传和推广，用文字、图片或视频等形式将企业信息友好地呈现在用户面前，并激发用户参与、分享、传播的完整运营过程，从而吸引更多的用户，并逐渐打造公司产品服务的口碑和品牌。

第二节　互联网租赁自行车运维体系

运维与运营侧重点有所不同,运维本质上是对企业产品和服务的生命周期各个阶段的运营与维护,在成本、稳定性、效率上达成一致可接受的状态。互联网租赁自行车的运维包括互联网租赁自行车的投放、维护、巡查、故障车回收等工作,保证服务系统中每一辆互联网租赁自行车的产品质量。具体的运维体系一般包括人员、对象、管理系统、区域四个方面,共同支撑互联网租赁自行车的运维、调度。

1. 运维人员

运维对象即公司所有投放在市场的互联网租赁自行车车辆。

运维人员一般包括后台支持人员和现场运维人员。后台支持人员通过大数据实时反馈和分析,管理各片区的互联网租赁自行车的使用状态和投放位置,如果出现故障车或不合理摆放单车,会及时通知相应片区的现场运维人员前去处理。现场运维人员一般负责相应片区的车辆投放与回收的现场工作,以及区域内车辆的摆放、维护和巡查,确保区域内无损坏车辆、沉默车辆以及处理淤积占道或乱堆乱放等日常运营维护工作。

2. 运维管理系统

运维管理系统是实时监测与管理所有市场中投放的互联网租赁自行车的综合系统,能够实时反馈数据并进行分析与展现的综合运维管理平台。管理系统是后台支持人员进行快速及时运维的有力助手,确保已投放车辆的运行状态。

3. 运维区域

运维区域包括运营区、禁停区、站点、仓库。运营区是用户可骑行的最大范围,如图 16-2(a)所示。禁停区是用户禁止停车的区域,如图 16-2(b)所示。站点则是互联网租赁自行车集中投放和停车区域。站点一般包括共享自行车和共享电动车的站点,有蓝牙道钉、电子围栏、固定桩三种形式,如图 16-2(c)所示。现实中的普通停车区域可以设置蓝牙道钉,通过蓝牙技术实现互联网租赁自行车在停车区域内的识别;也可设置电子围栏,通过地理地址衍生生成虚拟围栏管理系统;固定桩则是现实中的共享电动车的充电桩,可以实现充电

(a) 运营区示意　　　　　　　　　(b) 禁停区示意

(c) 站点

图 16-2 运维区域

和停车功能。通常运营区、禁停区和站点会显示在用户的使用界面上，便于用户快速取还车、规范骑行和停车。仓库用于集中存放互联网租赁自行车。

运营区、禁停区、站点和仓库组成了运维人员实时监管和调度指挥的区域，对于运维人员来说还有一个"运营网格"的概念，运营网格是运维管理的最小单元，如图 16-3 所示。每个运维人员负责不同的运营网格，进行责任绑定，具体工作内容包括：负责相应运营网格中的车辆摆放、故障车回收等工作，比如将车辆从仓库运出，投放到不同站点，将禁停区的违规停放单车搬运并正确停放，及时调度运营区内的各类车辆等。

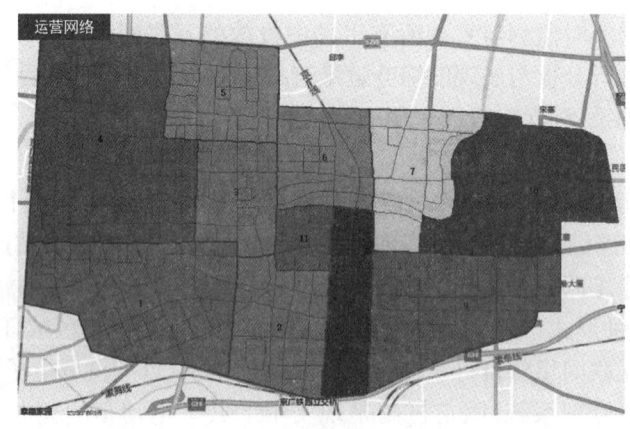

图 16-3 运营网格

4. 运维调度

互联网租赁自行车企业基于运维管理系统和运维人员，对各类共享车辆进行运维调度，具体工作一般包括车辆调度以及车辆的拉电和换电。互联网租赁自行车企业的运维调度目标与手段如图 16-4 所示，调度车辆需要综合考虑运营网格内各车辆的停放地理位置和人群出行规律，尽量将单车及时调度摆放在更多人群使用的区域，提高互联网租赁自行车的使用效率，减少订单损失。调度方式包括现场运维人员根据经验调度、后台支持人员通过算法模型进行智能调度以及采取奖励方式鼓励用户调度。其中调度派单和调度效益预估是关键问题。

互联网租赁自行车的电子锁和声控系统需要耗电，租赁电动自行车的电池需要充电，因此需要现场运维人员及时拉电和换电。拉电是运维人员将电量不足的车辆统一拉到指定位置（多为仓库）进行集中充电；换电是运维人员现场检查各车辆，将电量不足的电池进行更换。拉电和换电都需要对车辆电量的及时识别和路径规划,确保运维人员能够尽快找到电量不足的车辆,同时尽量减少拉电和换电时间的用户订单损失。拉电和换电一般包括运维人员经验执行和智能派单两种方式,拉电需要重点关注拉电交接位置选择、路径规划和排班;换电需要重点关注换电条件设定、换电路径规划、排班和派单。

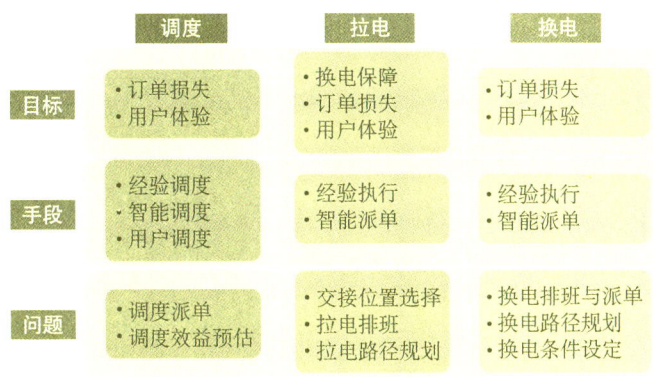

图 16-4 互联网租赁自行车企业的运维调度目标与手段

第三节 成本与收入

互联网租赁自行车的成本包括车辆购置成本、电池购置和更换成本、人员运营费用、仓库维护费用、运维费用、软件费用和一些其他费用。

互联网租赁自行车的收入主要是单次使用的费用,单价包括基础定价(起步费和时长费)、付费卡券(月卡、年卡等)、随机立减和其他一些费用。单价与互联网租赁自行车使用次数的乘积就是总营收。从需求侧来说,用户实际流量、用户转化率、车辆使用频次都与收入有关;从供给侧来说,已投放车辆数、可用车辆、车辆周转率也与收入有关,这些因素都会影响总收入。企业人员的运营和运维的重要目标就是提高共享单车使用次数,使得总收入尽可能高。运营收入与共享单车单价之间的关系如图 16-5 所示。

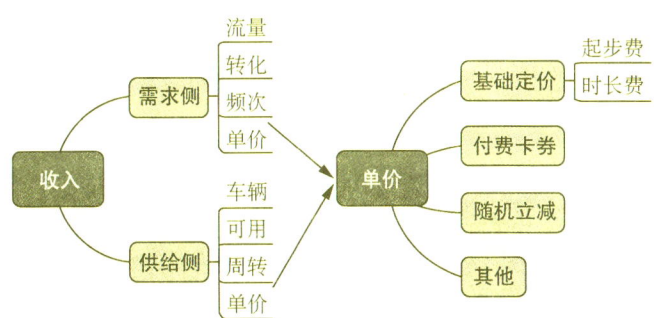

图 16-5 互联网租赁自行车运营收入与共享单车单价之间的关系

随着互联网租赁自行车市场去泡沫化,新进入市场和已存在的互联网租赁自行车平台纷纷改变押金策略,提出免押金信用骑行。互联网租赁自行车的盈利模式由初期的依托押金、用户预存收入为主逐渐转变为依靠骑行费用、广告费用和品牌合作获取利润。互联网租赁自行车收费规则因此发生相应变化,互联网租赁自行车单次使用费用均出现上涨,并且针对不同地区采取不同的计费规则。互联网租赁自行车涨价是行业不断发展的一种趋势,从跑马圈地到精耕细作的转变。以摩拜单车和哈啰单车为例,可以看到,2017 年、2019 年、2021 年以来互联网租赁自行车使用费用的不断增长趋势,见表 16-1。

表 16-1　　　　　　　　　　互联网租赁自行车使用费用

时间	摩拜单车(以北京地区为例)	哈啰单车
2017 年	1 元/30 min,0.5 元/30 min(轻骑版) 押金:299 元 月卡 2 元/季卡 5 元	1 元/30 min 押金:199 元
2018 年	1 元/30 min,0.5 元/30 min(轻骑版本) 免押金 取消月卡优惠,恢复 20 元,每天超出 2 h 额外收费	1 元/30 min 信用免押金
2019 年 4 月	起步价:1 元/15 min 时长费:超过 15 min 为 0.5 元/15 min	北京:1 元/15 min 上海:1.5 元/30 min
2019 年 10 月	起步价:1.5 元(30 min 内) 时长费:超出 30 min 为 1.5 元/30 min	上海: 起步价:1.5 元/30 min 时长费:1 元/15 min
2020 年	起步价:1.5 元(15 min 内) 时长费:超出 15 min 为 0.5 元/15 min	北京: 起步价:1.5 元/15 min 时长费:0.5 元/15 min 上海: 起步价:1.5 元/30 min 时长费:1 元/15 min
2021 年	已退出市场,被美团收购	上海: 起步价:1.5 元/15 min 时长费:1 元/15 min
2022 年	—	上海: 起步价:1.5 元/15 min 时长费:1 元/15 min

第十七章　多种类型非机动车交通管理

我国非机动车交通当前最主要的特征是各类使用群体复杂、速度差异较大的非机动车辆在城市道路上混合行驶。严重的混行现象会导致交通冲突增加、非机动车交通违法现象增多以及交通效率和服务水平下降，除了骑行者自身交通安全意识薄弱，城市非机动车道路资源不足、交通设施不完善也是导致事故频发和冲突严重的重要原因之一。例如，深圳市交通管理部门公布的数据显示，2017年6月，深圳交警共查处涉自行车交通违法15 385宗；在2021年10月特别行动中，仅仅十天，深圳交警就查处涉自行车交通违法2 389宗。因此，非机动车交通管理要以提高安全性为首要出发点，对不同类型非机动车的分类细致管理，不断改善非机动车交通设施，从而提高非机动车运行的安全和效率。

第一节　电动自行车管理

长期以来，我国城市电动自行车普遍存在关键车辆参数（总质量、最高设计时速等）超过国家标准的问题，电动自行车超标问题严重。同时，电动自行车注册率极低，"无牌车"泛滥，上海市2012年的相关调查资料显示，仅有不足20%的电动自行车按规定悬挂号牌，2018年针对电动自行车上牌进行全市大整治，大幅提高电动自行车注册率。大量的超标电动自行车和无牌车给非机动车交通带来了安全隐患，特别是对于当前普遍存在的混合非机动车流，超标超速行驶的电动自行车频繁超越传统自行车和互联网租赁自行车，车辆之间冲突频繁、事故频发。因此，对于电动自行车的管理关键首先是有效控制并逐步取消"超标车"；其次是通过制订有效的号牌管理政策，将全部合规电动自行车纳入城市车辆管理体系，使电动自行车真正回归到"慢行交通"的范畴。

一、电动自行车管理政策梳理

我国各城市的电动自行车管理政策主要集中在销售管理、登记管理、通行管理三个方面。部分政策在许多城市管理政策中均有所涉及，具有普遍性；部分政策属于个别城市根据自身实际情况制定，具有特殊性。

1. 共性政策

（1）制定电动自行车产品目录。对符合国家标准要求的电动自行车实行产品目录管理制度。不符合国家标准要求而未纳入产品目录的电动自行车不得销售和登记上牌。该举措使得消费者可以对照目录购买电动自行车，从产销源头避免不符合标准的电动自行车进入城市交通系统。

（2）电动自行车商家提供销售承诺。洛阳、喀什等城市要求电动自行车销售者在销售场所醒目位置公示现行有效的产品目录，并通过店堂告示、销售凭证中载明等方式，向消费者承诺其销售车辆已纳入产品目录,符合当地登记上牌条件。该举措可以有效遏制部分商家为追求利益最大化,违规宣传和销售不符合国家和所在城市标准要求的电动自行车,为消费者进行售后维权和追责提供保障。

(3) 电动自行车实名登记注册。中山、洛阳、惠州等城市要求电动自行车应当经当地公安机关交通管理部门登记,取得非机动车号牌和行车执照。该举措可以严格管理电动自行车,降低电动自行车被盗风险,同时也为电动自行车保有量等数据统计工作提供了便利。此外也为电动自行车违章行为的处罚提供了依据。

(4) 超标车治理。上海、惠州、湛江、石河子等许多城市将超标车治理作为电动自行车管理的重要环节,为超标车发放临时牌照,同时要求其持驾驶证上路行驶,并且规定过渡期,超过过渡期的超标车将不再允许上路。一方面,对存量超标车通过发行规定年限的临时牌照予以控制,并且为更换超标车的使用者提供政府补贴优惠政策;另一方面,加强源头控制,杜绝超标车继续流入市场,严查非法改装,严格生产标准,保证不留有改装的空间。该举措有利于逐步淘汰超标车,同时也充分考虑到了电动自行车使用者对政策的接受能力。

2. 个性政策

(1) 电动自行车编码上户。山东聊城市对登记的电动自行车,依据车主身份证信息编制车辆唯一识别码,并将登记信息录入电动自行车信息管理平台进行管理服务。15位的编码钢印与电动自行车电机、车架出厂编号构成了电动自行车的身份凭证。该举措作为牌照管理的补充,使得执法人员发现可疑车辆,可以快速查找车主,同时也有利于车辆被盗后的追踪与退赃。

(2) 将超标电动自行车纳入机动车管理范畴。广东湛江市要求超标电动自行车车主必须持有临时行驶证、机动车驾驶证和强制保险凭证,按规定悬挂临时通行号牌,方能上路。若发生交通事故,会按照机动车的相关规定进行事故责任认定和损害赔偿调解。该举措可以降低超标电动自行车上路的风险,减少交通事故的发生。

(3) 定点执勤与流动巡逻相结合。湖北黄石市采取定点执勤与流动巡逻的办法,加大路面巡逻管控和查处力度。该举措采取人性化执法措施,礼貌纠违,对驾驶人进行宣传劝导,使其了解电动自行车违法行为的危害性,从而提高交通安全意识。

(4) 电动自行车废旧电池处理。广东中山市等城市要求电动自行车所有人将电动自行车的废旧电池送交电动自行车生产者、销售者处理,采取以旧换新等方式回收电动自行车的废旧电池,建立回收台账,送交具有危险废物处置资质的单位集中处置。该举措避免了电动自行车电池可能造成的二次污染,降低了其对城市环境产生的负面影响。广东湛江市明确规定废铅蓄电池收集、贮存、利用和处置必须取得危险废物经营资质,并设专章详细规定了消防安全和废铅蓄电池的环保处理等问题。

(5) 违规驾驶行为处罚。广东湛江、河南洛阳、广西柳州等越来越多的城市,在新规中明确规定了违规驾驶行为和违规充电行为,例如不遵守交通信号灯、未佩戴安全头盔、不按规定泊车、违反安全用电要求为电动车充电、电动车进入电梯等行为将受到相应的处罚。进一步加强和规范电动自行车管理,有效减少交通安全违法行为,坚决遏制和预防电动自行车交通事故和火灾事故的发生,保障了人民群众生命财产安全。

二、超大城市电动自行车管理

上海早在 2001 年就依据《道路交通安全法》《产品质量法》《道路交通安全法实施条例》等法律、法规制定并实施了《上海市非机动车管理办法》,2013 年 10 月 20 日上海市人民政府令第 9 号公布了修订后的《上海市非机动车管理办法》(以下简称《办法》),并于 2014 年 3 月 1 日开始实行,主要管理政策如下。

1. 销售管理

(1) 本市对符合国家和本市标准要求的电动自行车、残疾人机动轮椅车实行产品目录管理制度。因不符合国家和本市标准要求而未纳入产品目录的电动自行车、残疾人机动轮椅车,不得在本市销售和登记上牌。

(2) 电动自行车、残疾人机动轮椅车的销售者,应当在销售场所醒目位置公示现行有效的产品目录,并通过店堂告示、销售凭证中载明等方式,向消费者承诺其销售车辆已纳入产品目录,符合本市登记上牌条件。

(3) 禁止单位和个人从事下列行为:①拼装非机动车;②在非机动车上加装动力装置、座位、高分贝音响或者擅自加装车篷;③改变非机动车排气装置的尺寸或者擅自更换动力装置;④拆除或者改动非机动车的消音、限速、尾气处理装置;⑤其他更改非机动车定型技术参数,影响非机动车通行安全的拼装、加装、改装行为。禁止销售拼装、加装、改装的非机动车。

(4) 已经纳入产品目录的电动自行车、残疾人机动轮椅车的技术参数发生变更的,负责目录编制的部门应当重新进行核定。生产者擅自更改定型技术参数的,其相应产品从产品目录中删除。

(5) 对违法生产、销售非机动车的行为,单位或者个人可以向质量技术监督部门、工商行政管理部门举报、投诉。质量技术监督部门、工商行政管理部门接到举报、投诉后,应当依法及时查处。对调查属实的违法行为,质量技术监督部门、工商行政管理部门应当及时将查处情况通报市经济信息化委、市残疾人联合会等相关部门和单位。

(6) 公安机关、质量技术监督部门、工商行政管理部门建立协调配合的执法机制。

(7) 电动自行车所有人应当将电动自行车的废旧电池送交电动自行车生产者、销售者处理,或者送交具有危险废物处置资质的单位集中处置。电动自行车生产者、销售者应当采取以旧换新等方式回收电动自行车的废旧电池,建立回收台账,送交具有危险废物处置资质的单位集中处置。鼓励电动自行车生产者、销售者采取以旧换新等方式回收废旧电动自行车。

2. 登记管理

(1) 电动自行车所有人应当自购车之日起 15 日内,到公安机关交通管理部门申请登记上牌,现场交验车辆并提交下列材料:①身份证、户口簿或者单位营业执照等合法有效的非机动车所有人身份证明;②购车凭证或者其他非机动车合法来历证明;③非机动车整车出厂合格证明;④公安机关交通管理部门要求提交的其他材料。

(2) 已经登记上牌的非机动车有下列情形之一的,非机动车所有人应当向公安机关交通管理部门交验车辆,申请办理变更登记:①更换车身、车架的;②因质量原因更换整车的;③残疾人机动轮椅车更换符合安全技术要求的动力装置的;④残疾人机动轮椅车所有人的常住户口所在地发生变动的。

(3) 已经登记上牌的非机动车所有权发生转移的,非机动车的受让人应当向公安机关交通管理部门交验车辆,申请办理转移登记。

(4) 已经登记上牌的非机动车被盗、遗失、灭失或者因质量原因退车的,非机动车所有人应当向公安机关交通管理部门申请办理注销登记。

(5) 非机动车牌证损坏、灭失的,非机动车所有人应当向公安机关交通管理部门交验车辆,申请换领或者补领非机动车牌证。

(6) 外省市号牌非机动车需要在本市通行的,非机动车所有人应当按照本办法规定向公安机关交通管理部门申请登记,取得本市非机动车牌证。

(7) 公安机关交通管理部门应当将非机动车登记的条件、程序、需提交的材料和申请表示范文本等向社会公布,并采取增设登记办理点、简化办理程序等方式,为市民办理非机动车登记提供便利。

(8) 公安机关交通管理部门应当结合非机动车登记管理,对非机动车驾驶员进行道路交通安全法律、法规、规章的宣传教育,增强其道路交通安全意识。

3. 通行管理

(1) 驾驶已经登记上牌的非机动车上道路行驶的,应当随车携带行车执照,并按照规定安装非机动车号牌,保持号牌清晰、完整,不得故意遮挡、污损。

(2) 禁止伪造、变造或者使用伪造、变造的非机动车牌证。禁止使用其他车辆的非机动车牌证。

(3) 驾驶非机动车上道路行驶,应当遵守道路交通安全法律、法规关于道路通行的规定和下列规定:①在非机动车道内行驶,在没有划设非机动车道的道路上,自行车、电动自行车在车行道右侧边缘线向左 1.5 m 的范围内行驶,残疾人手摇轮椅车、残疾人机动轮椅车、人力三轮车在车行道右侧边缘线向左 2.2 m 的范围内行驶;②除法定可以借道行驶的情况外,不得驶入机动车道;③不得驶入高速公路、高架道路、越江隧道和越江桥梁等禁止非机动车通行的区域;④行经人行横道时,减速行驶,遇有人正在通过人行横道的,停车让行,行经没有交通信号的道路时,遇行人横过道路的,应当避让;⑤转弯前减速慢行,伸手示意,有转向灯的开启转向灯,超越前车时不得妨碍被超越的车辆行驶;⑥不得实施其他影响安全行驶的行为。禁止驾驶拼装、加装、改装的非机动车上道路行驶。

(4) 电动自行车载物,高度从地面起不得超过 1.5 m,宽度左右各不得超出车把 0.15 m,长度前端不得超出车轮,后端不得超出车身 0.3 m。

(5) 在道路上停放非机动车,应当使用非机动车道路停放点。各区、县人民政府应当根据非机动车道路停放点设置规范,编制本区、县非机动车道路停放点的设置规划,指定专门管理部门落实非机动车道路停放点的设置工作,并组建专门管理队伍,加强非机动车道路停放点的日常管理。

《办法》实施后,在一定程度上改善了上海市电动自行车市场无序竞争的现象,同时由于加强了牌照管理并对报废超标车提供补贴,市民电动自行车牌照登记较为积极。

三、大、中、小城市电动自行车管理

大城市、中等城市电动自行车管理因城市而异,有些城市加强通行管理,有些城市加强登记管理,选取 5 个大、中、小城市,摘录相应电动自行车管理条例。

1. 湛江市

湛江是粤西和北部湾经济圈的经济中心,属于广东省的大城市。2019年12月31日,湛江市新通过的《湛江市电动自行车管理条例》(以下简称《条例》),明确规定了湛江市行政区域内电动自行车的销售、登记、通行、消防安全、废铅蓄电池回收以及相关管理活动的各项管理和实施规定。

"登记""通行"两章主要为了解决电动自行车道路交通安全问题。在规范上牌登记的同时,对于违反《条例》的行为作出严格规定。"登记"条例中提出建立电动自行车实名登记制度。所有电动自行车,无论是符合国家标准的合标车,还是不符合国家标准的超标车,都要登记上牌才能上道路行驶。《条例》也明确规定了违规驾驶行为和违规充电行为,不遵守交通信号灯、未佩戴安全头盔、不按规定泊车、违反安全用电要求为电动车充电等行为将受到相应的处罚,最高面临5万元罚款。

另外,《条例》对电动车废铅蓄电池的回收作了详细规定。废铅蓄电池属于危险废物,处理不当将造成严重危害。《条例》专章作了规定,明确规定废铅蓄电池收集、贮存、利用和处置必须取得危险废物经营资质。比较国内电动自行车地方性法规立法,湛江市设专章详细规定消防安全和废铅蓄电池的环保处理等问题,是区别于国内同类立法的重要特色。

2. 柳州市

柳州位于广西壮族自治区中北部,是以工业为主、综合发展的区域性中心城市和交通枢纽,按照城市规模属于大城市。为了加强电动自行车管理,柳州市出台了相应的管理政策,其中登记管理如下:

从2013年7月1日起已登记两轮电动自行车的个人,再次申请两轮电动自行车登记备案时,原则上应当将原登记名下的两轮电动自行车转移或注销后,方可再次申请新的两轮电动自行车登记备案业务;已办理登记备案的两轮电动自行车因各种原因不能使用或不在市区使用的,应当到登记备案点办理注销业务。

2022年2月开始实施的《广西壮族自治区电动自行车机动轮椅车管理办法》有如下亮点:

(1) 对已经注册登记取得临时号牌的电动自行车,实行号牌过渡期管理。过渡期为3年,自本办法施行之日起计算;过渡期满后,不得上道路行驶,公安机关交通管理部门应当依法注销其号牌、行驶证。临时号牌电动自行车是指既不符合旧国标又不符合新国标的电动自行车。

(2) 规定由市场监督管理部门公布生产企业名单和产品目录,为消费者购买车辆提供查询和参考。

(3) 增加变更登记、不予办理变更登记、注销登记的规定。

(4) 增加车辆停放场所、充电设施设置、建设的要求。

(5) 增加佩戴安全头盔和禁止电动自行车进电梯的规定。

(6) 增加禁止非法拼装、改装、加装行为的规定。

(7) 以盈利为目的非法拼装、加装、改装电动自行车、机动轮椅车,或者销售非法拼装、加装、改装的电动自行车、机动轮椅车的,由市场监管部门处二千元以上二万元以下罚款。

该管理办法修订实施后,柳州各级公安机关交通管理部门突出管控重点,切实加强对电动自行车的管理。

3. 中山市

中山市位于广东省,按照城市规模属于中等城市。中山市于2005年1月5日宣布符合国家标准的电动自行车允许上路行驶,电动自行车数量每年以10%的幅度增长。电动自行车的普及给市民出行带来方便的同时,也给道路交通带来了混乱和安全隐患,给交通管理工作带来新的压力。2019年6月20日,中山市颁布《中山市人民政府关于加强电动自行车管理的通告》,中山市电动自行车的整治主要集中在超标车、违规车治理方面。

1) 登记管理

(1) 新标准实施之日起,本市范围内不得生产、销售不符合新标准、未获得认证的电动自行车,不得非法改装、拼装、篡改电动自行车,违者依照有关法律法规处罚,情节严重构成犯罪的,依法追究刑事责任。

(2) 对在用的既不符合新标准也不符合旧标准的违标电动自行车设置1年过渡期(2019年6月21日至2020年6月20日),过渡期结束后,违标车辆仍上路行驶的,依据《道路交通安全法》等有关法律法规进行查处。

(3) 2019年6月21日起,对符合新标准且获得认证的电动自行车予以登记上牌,纳入非机动车范畴管理。登记时大力推行"带牌销售"方式,便于群众办理,鼓励电动自行车所有人购买保险产品。

(4) 新标准实施之前购买的符合旧国家标准《电动自行车通用技术条件》且进入《广东省电动自行车生产企业及产品目录》的电动自行车,须于2019年12月31日前凭有效证明材料办理临时登记,领取有效期3年(2019年4月15日至2022年4月15日)的临时号牌,逾期未办理临时登记的,不得上路行驶。登记管理中也明确规定了电动自行车需要登记上牌才能上路行驶。

2) 驾驶行为处罚

电动自行车驾驶人应当遵守交通规则,公安机关道路交通管理部门将依法查处各类电动自行车违法行为。

4. 聊城市

聊城市地处山东省西部,临河南、河北,位于华东、华中、华北三大区域交界处,按照城市规模属于小城市,是中国重要的交通枢纽、能源基地、内陆口岸和辐射冀鲁豫交界地区的中心城市。为了加强电动自行车管理,聊城市出台了《全市公安机关规范电动自行车管理专项整治行动工作方案》(以下简称《方案》),明确了分步实施电动自行车打码"上户"的措施,对电动自行车实名登记规定了严格的流程。工作人员对电动自行车所有人身份证件、购车发票(来历证明)、车辆合格证、车架号进行核查核对无误后,才予以登记;对登记的电动自行车,依据车主身份证信息编制车辆唯一识别码,然后将系统生成的编码用专用刻制机在车辆不易于损毁的区域上至少打码2处(其中前叉和电瓶为必打区域),并将登记信息录入电动自行车信息管理平台进行管理服务。

2021年,《聊城市人民代表大会常务委员会关于修改〈聊城市道路交通安全条例〉的决定》于12月3日公布施行。聊城成为全省首个以地方立法的形式对电动自行车应当佩戴头盔作出明确规定的地级市。《聊城市道路交通安全条例》第四十三条第六项规定:"电动自行车驾驶人以及乘坐人应当佩戴并正确使用安全头盔。"第七十八条第一款规定:"违反本条例第四十三条第一项至第六项规定的,处警告或者二十元罚款,拒绝接受罚款处罚的,可以扣押其车辆。"

自行车、电动自行车等非机动车文明行车、文明停车也有了明确规定。《聊城市道路交通安全条例》第四十三条第七项规定:"经过泥泞、积水路段时,应当低速慢行,防止污溅他人。"第八项规定:"按照规定停放,不得妨碍其他车辆和行人通行。"

5. 三亚市

三亚位于海南岛的最南端,南临南海,是海南省南部的中心城市和交通通信枢纽,按照城市规模属于小城市。为了对电动自行车生产、销售、使用、报废等各环节进行监管,三亚市出台了一系列电动自行车管理政策。

1) 登记管理

(1) 伪造、变造或使用伪造变造电动自行车号牌、登记证的,由市公安机关依照《治安管理处罚法》处理;构成犯罪的,依法追究刑事责任。

(2) 转借、挪用、涂改或者使用伪造、变造的电动自行车号牌、登记证的,一律暂扣车辆。

2) 通行管理

(1) 电动自行车应当在非机动车道内行驶。在没有划设非机动车道的道路上,应当在道路右侧非机动车行驶范围引导线内行驶。非机动车道、引导线内路面被占用的,可以借用相邻的机动车道靠右行驶,并应当在驶过被占用路段后迅速驶回非机动车道、引导线内。

(2) 在设有人行横道或者行人过街设施的路段,驾驶电动自行车应当从人行横道或者行人过街设施范围内下车推行横过机动车道。遇行人或非机动车通过人行横道时,电动自行车驾驶人应当服从交通信号灯的指示或者交通警察的指挥,在人行横道路口外停车让行。

3) 超标电动车过渡期管理

《海南省电动自行车管理条例》于2022年1月1日起正式施行,其明确规定:"实施前已经购买的不符合强制性国家标准《电动自行车安全技术规范》(GB 17761—2018),且未被批准纳入工信部《道路机动车辆生产企业及产品公告》管理的电动两轮车(俗称'超标电动自行车'),应当悬挂过渡期临时号牌,按照电动自行车进行管理,过渡期最长不超过五年,过渡期限届满后不得上道路行驶。具体办法由市、县、自治县人民政府规定。"

总的来说,国内各城市推行电动自行车管理的相关政策后,均取得了一定的成效。主要体现在:①交通违法明显减少,事故率下降;②硬件设施升级,电动自行车路权得以保障;③超标车得到有效控制,电动自行车市场日益规范化。但是,个别政策由于制定之前没有充分考虑到城市的自身特点,认真做好调研工作,实施效果不佳。可见,只有充分把握城市特点,了解其电动自行车发展现状,才能因地制宜,制定出合理高效的管理法规、政策。

第二节 互联网租赁自行车管理

互联网租赁自行车以移动互联网为依托,凭借网络支付、GPS等技术,在城市公共区域提供灵活的自行车共享服务。作为一种新兴的交通方式,互联网租赁自行车在短时间内实现了规模化扩张,促使自行车这种绿色交通方式回归城市,几乎完全取代了传统的"有桩式公共自行车"。但与此同时,大规模的车辆投放导致有限城市空间资源过度消耗,给城市交通秩序带来了一系列问题。要实现互联网租赁自行车的可持续发展、制定科学的发展政策,需要总结互联网自行车的发展过程、用户使用行为特征、梳理存在的问题,明确其在城市综合交通系统中的合理定位,为实现互联网租赁自行车精准管理提供依据。

一、互联网租赁自行车系统存在的问题

1. 用户满意度

开展各类住宅区、商业中心、高校和企事业单位周边地区的互联网租赁自行车用户调查,可以获取用户满意度并找出互联网租赁自行车系统存在的问题。

用户按出行目的可分为通勤者和非通勤者两类。两类用户都认为互联网租赁自行车在骑行环境和法律法规完善性方面应该重点改善;通勤者认为在人员服务、停放条件、骑行安全性方面可以适当改进,对可获得性、收费标准、使用便捷性、保洁和维修状况、信息发布方面较为满意;非通勤者认为在人员服务、骑行安全性和政府干预方面也应该重点改善,认为停放条件需要适当改进,对可获得性、收费标准、使用便捷性、保洁和维修状况、信息发布方面较为满意。

综合互联网租赁自行车使用者满意度反馈结果,目前以下六个方面存在比较大的问题。

(1) 骑行环境:加强自行车道的连通度,增加自行车道遮阳比例。

(2) 骑行安全性:禁止超标电动自行车上路行驶。同时,机非隔离建议多采用硬质隔离,加强对不文明骑行行为的处罚力度。

(3) 法律法规完善性:进一步完善互联网租赁自行车管理条例的编制。

(4) 人员服务:需要增加服务人员配置,加强服务人员业务培训。

(5) 政府干预:应当加强政府对互联网租赁自行车运营企业在投放量、车辆调度、故障车清理、服务人员配备等方面的约束力度。

(6) 停放条件:需要配备相应的停车区域。

2. 互联网租赁自行车停放情况

互联网租赁自行车以人行道路面停放为主,停放形式分为垂直式和斜放式,其中,垂直式占82%,斜放式占18%。互联网租赁自行车停放点存在区域分布不均、总量供应不足的情况,特别是轨道站点、客流量集中的公交站点周边的停车位缺口较大。

1) 轨道交通站点非机动车停放情况

轨道站点周边是非机动车停放的密集区域,在互联网租赁自行车总量不断增加的情况下,以公共交通接驳为目的的停放需求日益增长。现阶段近76%的轨道交通站点提供的非机动车停放空间并不能满足停放需求。52%的站点停放的非机动车数量超过500辆。8%的站点存在非机动车违规停放侵占盲道的情况,如图17-1所示。由于互联网租赁自行车企业大量投放单车,目前35%的轨道交通站点互联网租赁自行车停放数量超过其他非机动车辆,部分站点因为互联网租赁自行车周转率低而产生淤车现象。

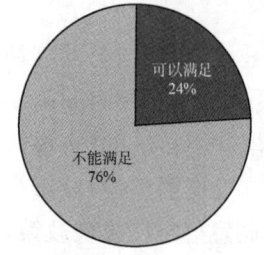
(a) 现状停放点能否满足需求

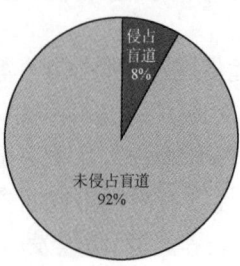
(b) 停放是否侵占盲道

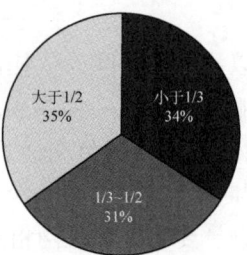
(c) 共享单车在停放非机动车中所占比例

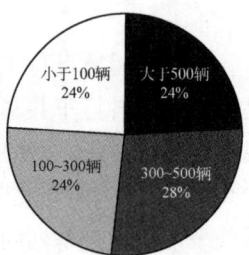
(d) 非机动车停放数量分布

图 17-1 轨道站点非机动车停放情况(上海杨浦区)

2) 公交站点非机动车停放情况

调查发现,现阶段62%的公交站点周边没有开辟非机动车路面停放点。在已经施划非机动车停放点的公交站点中,有60%的站点提供的空间不能满足实际的停放需求。此外,14%的站点存在非机动车停放侵占盲道的现状,同时31%的站点路面停放点标线不清晰,如图17-2所示。

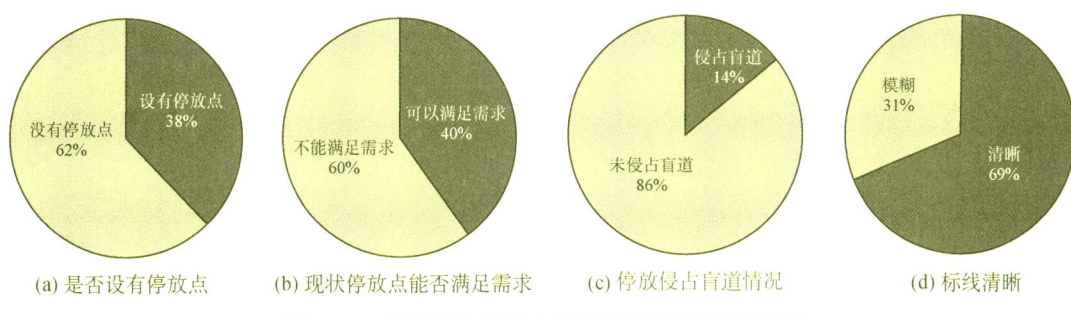

图17-2　公交站点非机动车停放情况(上海杨浦区)

3) 公交站点周边企事业单位的停放情况

企事业单位包括私企、科研院所和教育部门、医院、公安、酒店和银行等,其中现状停放空间不能满足需求占53%。相比于公交站点,35%的企事业单位出入口的互联网租赁自行车停放侵占盲道。同时,91%的企事业单位出入口存在停放点划线模糊的情况,如图17-3所示。

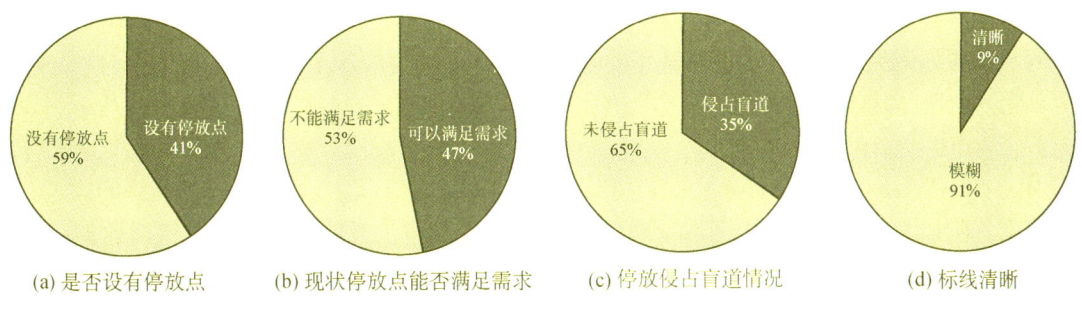

图17-3　公交站点周边企事业单位互联网租赁自行车停放情况(上海杨浦区)

综上,目前互联网租赁自行车停放设施供给规模不足,交通枢纽覆盖率以及停放安全性均有待提高。具体表现在三个方面:第一,停放设施区域分配不均,配套设施不足;第二,轨道站点及公交站点停放设施供需矛盾严重;第三,非机动车特别是互联网租赁自行车无序停放,侵占盲道,挤占人行空间,存在安全隐患。

3. 互联网租赁自行车问题致因分析

基于调查结果分析互联网租赁自行车系统存在问题的致因如下。

(1) 互联网租赁自行车总量缺乏有效控制。行业处于风口期时,由于缺乏企业准入管理,大量企业涌入争夺市场,互联网租赁自行车投放总量呈现井喷式增加。此外,互联网租赁自行车行业竞争激烈,各企业缺乏对用户群体特性的细致分析,只是盲目投放单车圈占市场,使得单车数量超过城市容纳量。

(2) 停车缺乏有效管理。自行车停放侵占盲道、挤占人行空间的现象严重,企事业单位出入口的自行车停放侵占盲道的现象较为普遍。停车乱是互联网租赁自行车发展过程中最突出的问题。而从非机动车停放设施调查结果来看,停放设施供给规模不足,轨道站点及公交站点停放设施供需矛盾严重,是导致停车乱的一个主要原因。另外,由于缺乏约束及违规成本低,个别使用者为了自身便捷忽视公共利益,随意停放,经常占用盲道、人行道等,影响社会秩序和安全。

(3) 车辆维护需加强。从互联网租赁自行车使用者满意度调查来看,人员服务、车辆维护问题也有待改善。问题产生的原因是:一方面,互联网租赁自行车运营企业配备的维护人员不足,难以及时对车辆进行维护,导致车辆报废率高,也没有及时解决报废车辆的回收问题;另一方面,互联网租赁自行车的车况不佳,除摩拜单车建立了自己的生产基地外,其他运营商均属于委托自行车生产企业进行生产,质量方面难以控制,技术层面也难以达到要求。

(4) 骑行环境舒适性和安全性不足。根据互联网租赁自行车使用满意度调查,用户在骑行环境和骑行安全性方面满意度较低。主要原因有:部分道路路面质量不高、路面不平整,影响用户骑行的舒适性;自行车道没有形成完整、连续、便捷的网络,骑行空间不连续,与其他交通方式存在冲突,影响骑行的顺畅性和安全性。

(5) 用户信息安全问题。用户使用互联网租赁自行车时采用扫码的方式,不法分子有可能利用这种便利支付方式实施犯罪行为。有的犯罪分子会将病毒链接在二维码上进行诈骗,甚至会泄露用户自己的个人信息,导致个人财产损失。

二、互联网租赁自行车管理环境

各地方政府对于互联网租赁自行车的管理具有趋同性。自2016年末互联网租赁自行车的数量开始爆发式增长以来,各地方政府的相关管理政策经历了以下三个阶段。

第一阶段是观望鼓励阶段。在互联网租赁自行车数量未饱和前,由于互联网租赁自行车的扩张给市民出行带来便捷,政府相关政策对其发展持鼓励态度。尽管在互联网租赁自行车不断发展过程中,一些问题也随之而来,但是政府仅提出了指导意见,没有进行严格的规范。

第二阶段是收拢阶段。在互联网租赁自行车数量到达饱和乃至超饱和时,运营商之间的竞争愈发激烈,为了争夺市场占有率,许多运营方面的问题开始凸显。因此,政府开始逐渐收紧互联网租赁自行车管理,并且针对暴露出来的一系列问题提出整改要求,对于互联网租赁自行车的总数和运营商进行限制。但这一阶段政策中的限制条例大多限于宏观层面。

第三阶段是干预阶段。对于互联网租赁自行车发展过程中暴露出的停车、押金等问题所带来的一系列负面影响,国家层面开始直接下达建议。例如,在互联网租赁自行车停运风波所暴露出互联网租赁自行车具有的金融特性,以及企业并不能保障用户的权益等问题,政府建议互联网租赁自行车行业去押金化,使得运营商不能通过蓄积押金进行操作,降低了运营商停运后带来的风险。

互联网租赁自行车行业仍在发展,目前对其管理以及规制仍在不断完善。从互联网租赁自行车存在问题、法规效力级别、法规发布部门、法规实施年份四个角度出发,对法律法规的检索结果进行归纳总结如下。

(1) 有关互联网租赁自行车的法规主要聚焦于互联网租赁自行车的停放问题,涉及该问题的法条频次达到 77 次,占比达 36%。例如,地方规范性文件《厦门市人民政府办公厅转发市市政园林局关于厦门市城市容貌标准的通知》中明确,"机动车、自行车应按指定地点有序停放,服从管理人员管理,车辆应摆放整齐。应逐步划定互联网租赁自行车固定停放点,组织专人清理违规停放车辆"。除此之外,互联网租赁自行车质量管理、投放问题(包括投放数量)以及对骑行行为的约束等问题也受到了广泛关注。具体统计结果如表 17-1 和图 17-4 所示。

表 17-1　　　　　　　　针对问题的法条频次统计表

存在问题	非机动车	共享单车	汇总	比例
停放问题	29	48	77	36%
质量管理问题	4	17	21	10%
文明安全骑行问题	10	10	20	9%
投放问题	0	20	20	9%
用户资金问题	0	16	16	8%
企业规范问题	0	14	14	7%
用户信息安全问题	0	11	11	5%
鼓励共享单车发展	0	11	11	5%
通行条件改善问题	9	0	9	4%
其他问题	11	3	14	7%
合计	63	150	213	100%

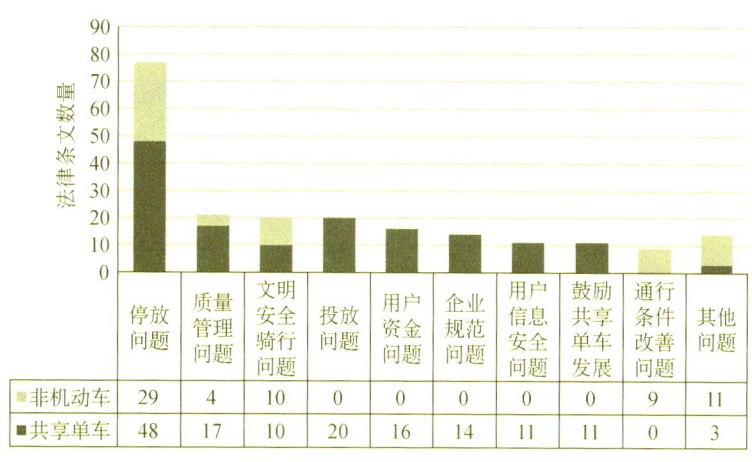

图 17-4　针对问题的法条频次统计图

(2) 从法规的效力级别角度看,法律、行政法规、地方性法规、地方政府规章、地方规范性文件以及地方工作文件都在互联网租赁自行车方面有所涉及。不同效力等级的法条频数如表 17-2 所示,地方性法规和地方规范性文件的比例较高,其中,地方性法规占 30%,地方规范性文件占比达到 33%,二者之和超过半数。

表 17-2　　　　　　　　针对法律效力等级的法条频次统计表

法律效力等级	数量	比例
法律	5	5%
行政法规	1	1%
地方性法规	31	30%
地方政府规章	16	16%
地方规范性文件	34	33%
地方工作文件	15	15%
汇总	102	100%

（3）从法规出台和实施年份来看，2017年有关互联网租赁自行车的法律条文数量出现了井喷式上升，从2015年的1部增长至26部，这与互联网租赁自行车的发展状况和历程相符合，如图17-5所示。自2017年以来，互联网租赁自行车法规出台数量稳中有升，连续三年以超过3部的速度增长，这凸显了绿色交通发展背景下，国家鼓励和支持发展互联网租赁自行车的政策导向。

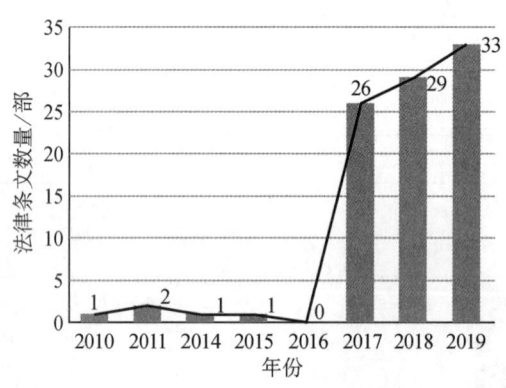

图 17-5　针对年份的法条数量统计图

三、互联网租赁自行车的管理政策

互联网租赁自行车本质上是企业投放车辆、用户租用的经营行为。由于经营需要公共资源、良好的社会环境和涉及用户安全，所以政府要积极发挥引导、规范和监管的作用。提高互联网租赁自行车的使用规范性、运营可持续性是互联网租赁自行车现阶段发展的目标。结合互联网租赁自行车发展过程中出现的问题，按照"严进、强管、定量、合规"的管理思路，从使用规范、运营维护等方面提出针对性管理政策，以解决互联网租赁自行车"量与停"的问题；通过自行车骑行环境的持续改进，提高用户对自行车出行的满意度，构建骑行友好环境，从而创建互联网租赁自行车的可持续发展模式。

国内超大城市、大、中、小城市关于互联网租赁自行车的管理政策既具有共性，又兼顾城市自身实际情况，具有特殊性或个性。

共性管理政策主要集中在互联网租赁自行车的科学控制总量与规模、提出车辆标准、管理车辆的停放、经营者对资金的管理、强化用户信息保护工作、明确企业管理主体责任、落实企业准入和退出机制、规范使用者责任与权利、建立个人信用评分体系等。对于互联网租赁自行车发展较早的城市,例如北京、上海、广州、深圳、成都等,地方政府对互联网租赁自行车的管理还呈现出明显的阶段性,具体如下:

第一阶段以鼓励、规范互联网租赁自行车发展为主,政府主要对互联网租赁自行车的发展提出了指导意见,没有作出严格的规范。指导意见主要集中在总量调控、车辆停放、押金管理、企业运行等方面。各城市的指导意见主要基于交通运输部出台的《关于鼓励和规范互联网租赁自行车发展的指导意见》。

第二阶段以政策收拢为主,由于互联网租赁自行车带来的负面影响十分严重,各城市开始对互联网租赁自行车的投放数量进行限制,并且对互联网租赁自行车企业的企业准入和退出机制进行要求。

第三阶段是政策监管引导精细化发展阶段。互联网租赁自行车行业已走过了初期的野蛮生长阶段,进入比拼精细化运营的"效率新赛道"。许多城市开始从政府监管层面引导企业精细化转型。

对于发展较晚的中小城市来说,出台的管理政策没有明显阶段性,主要根据《关于鼓励和规范互联网租赁自行车发展的指导意见》,再结合本地情况进行制定。

各城市除了共性化管理政策,个性政策主要有:北京开始实施互联网租赁自行车考核方案,建立互联网租赁自行车监管与服务平台;上海市出台《上海市互联网租赁自行车经营服务考核办法》,对在上海市提供互联网租赁自行车经营服务的运营企业进行考核;深圳市城管局以"负面清单"的形式对非机动车行驶区域进行管理;禁止投放新车一年半后,广州重启互联网租赁自行车投放指标,拟通过公开招标方式确定3家互联网租赁自行车运营商,广州也成为继厦门之后公开以招标形式调整城市互联网租赁自行车投放的又一城市;深圳市交通运输局发布了《深圳市互联网租赁自行车行业信用管理实施办法》,主要明确了互联网自行车行业信用信息采集范围、信用信息公示与修复方式、信用信息管理与应用等内容,分别明确了互联网租赁自行车企业、用户及相关市民失信行为的惩戒机制;成都市《废旧互联网租赁自行车巡查清运回收管理办法》的出台,成为首个单车巡查清运回收管理办法的城市;漳州要求互联网租赁自行车运营企业向市交通运管部门、市城管执法局登记备案,接入市城管指挥中心监管平台,运营企业通过下载数字城管处置通 App,接收数字城管信息采集员巡查上报的有关互联网租赁自行车的问题,及时作出处置并向城管指挥中心反馈。

典型城市在互联网租赁自行车使用规范和运营维护方面主要管理对策梳理如下。

1. 严格市场规范

企业只有在合理健全的市场规则下才能得到更好的发展,通过"严进"来解决互联网租赁自行车"量"的问题。

在市场准入方面,严格按照程序,充分评估市场的承载能力,提高市场准入门槛。规定互联网租赁自行车的运营需要配备和投放规模相匹配的停放秩序管理团队,只有手续齐全的企业才能运营。例如,上海规定企业准入标准:注册资金3 000万元以上,初次投入的自行车数量不少于1万台,并且通过市场监管减少不合理促销活动,避免恶性竞争,规避押金风险,提高运营可持续性。

投放车辆应当符合有关技术标准规定。鼓励有关社会组织、产业技术联盟制定团体标准；支持各地结合发展规模、城市管理、地形条件、用户骑行习惯等差异化需求，制定运营、维护等地方标准；鼓励企业制定更高水平的产品质量、运营管理、售后服务等企业标准，推进企业产品和服务标准自我声明公开；适时制定基础通用类国家标准；运用生产许可、认证认可、监督抽查等手段，建立标准实施分类监督机制，促进标准落地。

2. 规范用户使用行为

通过规范用户行为来解决互联网租赁自行车"停"的问题。政府、运营企业可通过沟通、宣传等方式引导、规范用户行为，增强其文明意识、遵守社会公德；发动用户，对身边的不文明用车行为进行沟通劝阻，对严重毁损行为进行监督举报，并给予一定的鼓励，让更多人参与其中，共同维护互联网租赁自行车以及城市的文明形象。另外，实行实名制，将用车行为与个人信用挂钩，建立个人互联网租赁自行车的租用信用体系，提出必要的处罚办法。

企业可通过先进的定位技术和管理技术对用户乱停车现象进行监控。例如，通过GPS定位功能设置可停放区域，若在不符合停放要求区域则无法实现上锁功能，加强用户在规定停放区域停车的引导。

3. 落实企业运维责任，增加运维人员投入

根据用户的满意度调查结果，互联网租赁自行车运营企业要加强线上线下服务能力建设，增加运维人员投入，充分利用互联网信息技术加强对所属车辆的经营管理，创新经营服务方式，不断提升用户体验，提高服务水平。上海、深圳、天津规定，互联网租赁自行车运营企业应按照不低于车辆总数5‰的比例配备维护人员、维修人员和调运人员。应与专业的自行车生产企业建立合作，完善单车产业链，保障单车质量。加强信息报送与共享，及时将运营信息报送当地主管部门并实现相关部门信息共享。

4. 先进的停放管理设施

各城市要制定适合本地特点的自行车停放区设置技术导则，规范自行车停车点位设置。公共交通站点、交通枢纽、企事业单位周边等场所，停车设施供应不足、不文明停车现象严重，应该进行自行车停车扩容，规范自行车停放。例如，采用自行车立体停车位（图17-6），既节省用地，又发挥空间作用，车辆停放集中也便于车辆的管理。

图17-6 自行车立体停车位

通过先进的停放管理设施来解决互联网租赁自行车"停"的问题。采用先进的停放管理设施、电子围栏停车区（图17-7）等，未在规定区域停放则持续计费，有效规范用户停车

行为。不同企业建立的电子围栏停车区应该支持相互共享,充分利用资源,避免造成浪费。

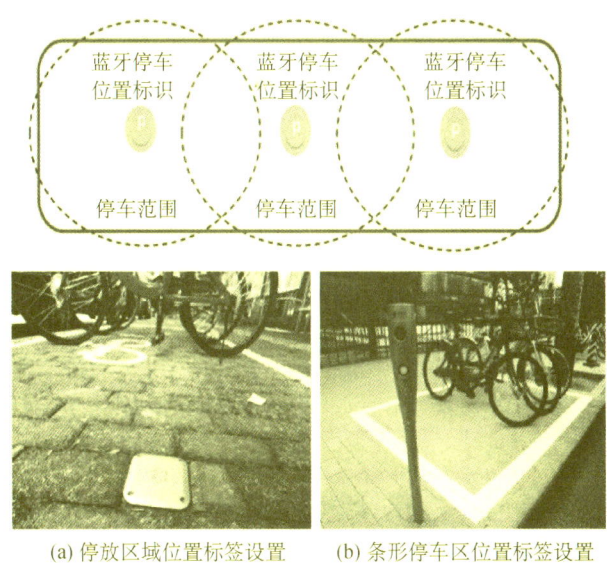

图 17-7 停车点电子围栏

5. 自行车调度优化

对于城市互联网租赁自行车总量过剩和超出停车设施容量问题,需要根据单车数量与区域人口的比例,细致分析用户群体的特性,科学精准投放单车。

对互联网租赁自行车进行大数据挖掘,合理规划停车区域,实现信息的流通和车辆快速调配。通过车辆智能锁实时记录的 GPS 定位数据,可以分析用户骑行轨迹、车辆分布规律以及不同区域的需求热点,如图 17-8、图 17-9 所示。通过神经网络等模型,预测车辆需求热点的变化情况,为企业进行车辆调度提供依据。通过精准投放、优化调度以解决互联网租赁自行车"量"的问题。

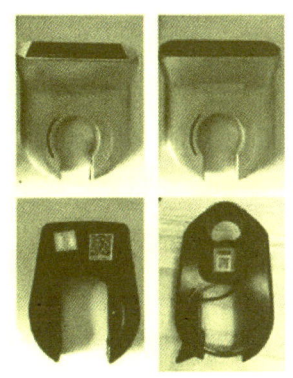

图 17-8 智能车锁

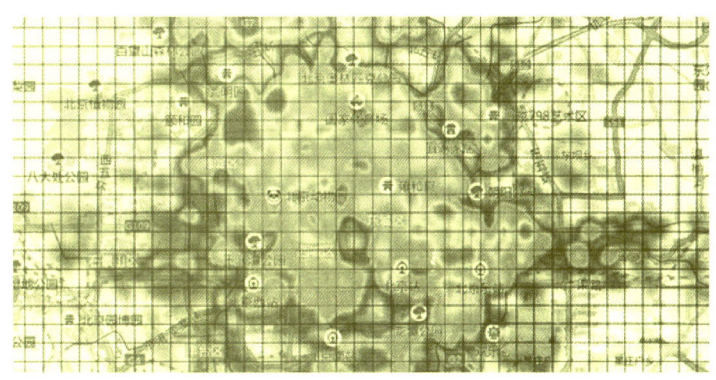

图 17-9 互联网租赁自行车需求分布情况

【案例 17-1】 北京市互联网租赁自行车分阶段管理政策

互联网租赁自行车在北京的发展大致分为起步、快速、减量三个阶段。起步发展阶段在 2016 年 8 月到 2017 年 2 月,这期间摩拜开始进入北京,ofo 也从校园出行走向城市公共出行。从 2017 年 2 月到 9 月是快速发展阶段,这个时期小蓝单车、酷骑、永安行等企业相继进入北京并大量投放,统计显示,2017 年 9 月,进入北京运营的企业有 16 家,投放车辆数峰值达到 235 万辆。2018 年 9 月开始,因为单车大量的淤积,出现了一些负面影响,互联网租赁自行车企业数量减少。

2016 年 8 月到 2017 年 4 月,北京的共享自行车数量爆发式增长,ofo 和摩拜等企业先后投放车辆近 70 万辆,注册用户近 1 100 万,出现了快速扩张、抢占市场、无序投放的现象。2017 年北京市交通委发布《北京市鼓励规范发展共享自行车的指导意见(试行)》,明确了企业、政府、使用者的责任,将对互联网租赁自行车总量进行控制,互联网租赁自行车企业收取用户的押金,也要设立统一的押金账户加强管理。其措施主要有几点:①明确电动车不属于互联网租赁自行车;②企业要及时回收废弃车辆,对乱停乱放问题严重、线下运营服务不力、经提醒仍不采取有效措施的运营企业,应公开通报相关问题,限制其投放;③鼓励企业免押金,企业需在京开资金专用账户,退出时需要进行公示,并返还押金;④根据全市非机动车停放管理规划及停放秩序状况,进行总量调控,对车辆投放实行动态平衡;⑤投放车辆应符合国家、行业标准,安装车载卫星定位装置,不得设置商业广告;⑥企业应明确提示安全使用信息,禁止向未满 12 周岁的儿童提供服务,为承租人购买人身意外伤害险。

2017 年 9 月 7 日,北京市交通委下发通知落实对互联网租赁自行车实施总量调控政策,暂停互联网租赁自行车在北京市新增投放。对正常运营的互联网租赁自行车企业建立车辆投放报告制度,及时约谈违规投放企业并责令回收车辆,组织清理违停、违规投放和退市企业车辆。

2018 年 8 月 2 日,北京市召开共享自行车管理座谈会称,北京市互联网租赁自行车的月活跃度水平不足 50%,近一半车辆处在闲置状态,并明确北京将继续实行互联网租赁自行车增量限制和减量调控政策,交通主管部门决定将 191 万辆确定为互联网租赁自行车数量上限,一是不允许任何企业以任何形式、任何理由新增投放,并督促企业收回长期不活跃和破损车辆;二是将组织对企业运营服务质量进行考核,实行企业车辆投放数量与考核结果挂钩,基于考核结果调配各企业运营车辆数量,并且加快推进共享自行车监管与服务平台建设,对车辆运行状况实时监控,综合利用共享自行车停放、运行等大数据,分析共享自行车用户需求,调减重点区域过剩车辆,以平台建设提升管理水平。

为了进一步纳入法治管理的轨道,北京市人大于 2018 年 9 月 28 日审议通过了《北京市非机动车管理条例》,该条例对共享自行车明确了几项重要规定:一是明确实施总量调控,引导规范企业开展互联网自行车的租赁服务,实施总量调控;二是明确企业义务,明确企业履行经营数据的接入、车辆质量、承租人管理、维护车辆停放秩序、押金管理等八方面义务,并由交通行政主管部门实施监管和进行处罚;三是明确交通行政管理部门的职责,制定行业发展政策、规范和标准,建立监管平台,对互联网租赁自行车实施制度管理。

2018 年底,北京开始实施互联网租赁自行车考核方案。考核维度包括实时调度、智能派单、响应速度等体现运营能力的数据。2018 年 9 月,北京市互联网租赁自行车监管与服务平台上线,交通部门将重点针对互联网租赁自行车运营动态信息不按要求接入、违规投放车辆、破损车辆清理不及时等突出问题,建立企业违法违规行为信用记录;建立市、区、街乡镇对企业"月考核、季评级"的日常考核制度,定期将考核结果向社会公示;建立考核结果与企业车辆配额相挂钩的管理与退出机制,促进企业提高运营服务水平。截至2019年6月底,北京市互联网租赁自行车各运营企业车辆动态信息接入监管平台比例由高到低排名依次为摩拜单车、便利蜂单车、小蓝单车、哈啰单车、ofo单车。

依据《北京市互联网租赁自行车服务质量信用考核办法》,市、区互联网租赁自行车管理部门和乡镇人民政府、街道办事处及第三方机构,围绕车辆报备率、重点区域停放管理、用户满意度、行政处罚等十五项指标,对企业在中心城区的运营情况按季度进行考评。企业在其他区的运营情况由辖区管理部门结合实际参考制定考核办法并执行。

2021年下半年,根据市级巡察和各区、各街道移交的线索,市交通委、通州区交通局依据《北京市非机动车管理条例》,针对运营数据接入不完整、未按要求投放车辆等违规行为,及时约谈运营企业,并对约谈后逾期未整改到位的企业依法实施行政处罚。

2022年,《北京市互联网租赁自行车服务质量信用考核办法》(京交停车发〔2021〕6号)附件《北京市互联网租赁自行车服务质量信用考核标准及评分细则》对部分指标考核内容、计分方式进行了修订完善,新修订版本自2022年5月1日起实行。

【案例17-2】 上海市互联网租赁自行车分阶段管理政策

互联网租赁自行车自2016年4月开始在上海投放推广,呈快速发展之势。但随着互联网租赁自行车投放量的快速增长,也暴露出了无序投放、乱停乱放、车辆损坏及违法骑行等问题,影响了城市运营秩序和形象。

2016年10月20日,上海市宝山区正式发布《宝山区支持引导摩拜单车更好为居民出行服务的六条具体措施》,提出将加大建设公共自行车停车点,在全区各镇、街道公共区域设置摩拜单车地面停车标线。同时,在轨道交通一、三、七号线区属的30个现有单车停放点对摩拜单车免费开放。

2016年11月12日,针对轨道交通站点周边互联网租赁自行车无序停放,市公安局轨道公交总队:①约谈互联网租赁自行车公司做好对单车使用者的宣传;②指导互联网租赁自行车公司完成专用车位的划设;③实施重点监控管理互联网租赁自行车投放较为集中的站点。

2017年3月24日,针对互联网租赁自行车的质量问题、违规投放和押金问题,上海市交通委员会出台了《共享自行车服务规范》《共享自行车技术条件第1部分:自行车》,规范对以下几方面提出了要求。①使用年限:一般连续使用三年强制报废;报废车辆不允许进行拼装、修理后再投入市场;不允许社会车辆进入共享自行车服务。②服务软件要求:软件系统应具有区域内通租通还、计时计费功能;具有结算功能;对共享自行车具有远程监控、显示统计等功能;宜具有兼容其他共享服务系统,提供其他共享服务系统服务信息查询、浏览等功能;软件系统应具备定位互联网租赁自行车位置功能,在电子地图上显示互联网租赁自行车,方便用户查找和用于防盗追踪。③"预付金的收取和退回"等条款,要求共享自行车运营单位向用户公示预付金的收取数额及退回金额的计算方法和流程,并规定"预付金退回的时效应不超过7天"。④身高范围要求:共享自行车服务对用户的身高要求在1.45~1.95 m范围内。⑤年龄段要求:共享自行车服务对年龄段要求应在12~70岁范围内。70岁以上年龄使用共享自行车的,须每年向服务企业提供健康证明。⑥完好率:投入运营的共享自行车的完好率应不低于95%。⑦共享自行车运营单位应按照投入车辆总数以不低于5‰的比例配备车辆维护人员、维修人员和调运人员。⑧投诉后的仲裁：共享自行车运营单位对用户的投诉处理同样一个问题五次以上未解决的，共享自行车运营单位可向当地消费者保护委员会提出仲裁，或直接向法院提起诉讼。⑨赔偿标准：共享自行车运营单位对用户在接受共享自行车服务过程中造成的人身伤害赔偿标准不低于15万元。⑩支付赔偿时限：共享自行车运营单位对人身伤害赔偿在事实清楚的情况下，应7天内将赔偿款支付给当事者。

2017年8月3日，交通运输部等10部委联合出台《关于鼓励和规范互联网租赁自行车发展的指导意见》，明确要求互联网租赁自行车企业"为用户购买人身意外伤害险"。围绕这一意见，上海自行车行业协会互联网租赁自行车分会表示，上海共享自行车保险服务平台正式建立，由多家保险公司组成共保体，为上海街头的每一辆互联网租赁自行车提供保险服务。

2017年8月18日，上海市交通委向各共享自行车企业下达了告知书《上海暂停新增投放互联网租赁自行车（即互联网租赁自行车）告知书》，明确告知，即日起在上海暂停新增投放车辆，一旦发现，将作为严重失信行为纳入企业征信档案。上海市交通委要求各企业立即组织实施，如组织实施不及时或不到位的，市交通委将向社会通报，并限制相关企业在本市投放车辆。

上海互联网租赁自行车的行业自律组织、上海市自行车行业协会互联网租赁自行车分会于2017年9月宣告成立，上海共享自行车用户信用体系和共享自行车保险服务平台启动建设，通过长效机制规范互联网租赁自行车行业。

2017年11月，上海市出台了《上海市鼓励和规范互联网租赁自行车发展的指导意见（试行）》（以下简称《指导意见》）。《指导意见》分为"总体要求、设施配建、引导发展、强化管理、完善保障"5个方面共24条，对涉及政府企业与用户的各方责任、保证用户资金和信息安全、慢行交通路权保障、违法处罚及退出机制等方面予以明确和规范。《指导意见》主要针对互联网租赁自行车无序投放、乱停乱放、车辆损坏、违法骑行等问题，提出了以下政策：①明确和增设企业经营；②对总量控制有所要求；③增加对现场停放的管理要求；④对违规处罚进一步明确；⑤明确规定企业退出机制；⑥保证用户资金和信息安全；⑦保障慢行交通路权；⑧完善违法处罚及退出机制。

互联网租赁自行车的快速发展，在方便市民群众出行的同时，也带来了一些问题，如乱投放、乱停放现象突出；经营者线下运维管理不到位；缺乏统一的经营规范，用户的利益得不到有力保障。这些问题亟待立法予以规范解决。2018年上海市交通委发布《上海市互联网租赁自行车管理办法（草案）》，主要对政府各部门的职责进行划分，明确了有序投放的相关制度（车辆注册、区域调控、投放程序、动态调节机制），明确了车辆的安全等要求，明确企业应当承担的主体责任（运营维护、日常调度、协议和禁止管理、资金管理、保险和理赔和分立合并和退出管理），明确用户骑行停放等相关具体要求，明确政府加强监管的责任以及建立社会共治的协商机制。

2019年9月，上海市出台《上海市互联网租赁自行车经营服务考核办法》，对在上海市提供互联网租赁自行车经营服务的运营企业进行考核。考核指标主要包括：车辆停放秩序、企业协同程度、车容车况、企业服务质量、企业诚信程度、车辆使用情况、技术与管理创新、严重失信行为等，共计25项指标、1 000分分值，分为常规指标（共19项，主要考核企业日常管理水平、车辆硬件水平和整体服务水平)、加分指标(共 4 项,以现场管理效果和市场选择为导向)、扣分指标(共 2 项,对运营未注册车辆及违规投放车辆等重大失信行为加大处罚扣分力度)三类指标。考核方式主要包括:现场观察、用户满意度调查、管理部门集中打分和日常考察、信息平台数据统计和评估等。

  2021 年 7 月,上海市出台《上海市互联网租赁自行车服务质量评价及动态调整实施办法》,细化规定了在本市初次投放或者新增投放车辆以及回收车辆的备案管理要求,上海市道路运输管理部门和公安交通管理部门依托行业信息平台对全市互联网租赁自行车备案、投放运营或者回收车辆实施全过程监督和管理。

习题

[17-1] 选择一个城市或者地区,调研该地非机动车交通的发展历史、相关政策和管理措施以及基础设施的建设情况。

[17-2] 选择一条道路进行调研,分析评价该道路的非机动车交通基础设施并给出改善方案。

[17-3] 统计调研道路的私有、共享非机动车交通结构及其运营特性。

[17-4] 计算调研道路的私有、共享非机动车流量、高峰小时系数、速度特征指标。

[17-5] 选择某一个城市,从一体化交通概念入手,分析非机动车交通,特别是互联网租赁自行车在交通系统中承担了什么角色?

[17-6] 查阅文献,综述互联网租赁自行车调度方法、调度模型的研究进展。

[17-7] 收集某一城市的互联网租赁自行车订单数据,结合该城市互联网租赁自行车运营区,划出一定范围的片区,建立互联网租赁自行车调度模型,并分析调度效果。

[17-8] 选择某一个城市,从城市发展、交通政策、城市道路规划、公交线网规划、非机动车停车设施规划和城市绿地系统规划等方面,思考互联网租赁自行车系统规划如何与其他交通系统规划协同?

[17-9] 郊区及城镇体系建设和日常生活出行对电动自行车仍有较大需求,城市物流配送需求持续增长,电动自行车仍是末端配送的主要方式,电动自行车的管理应该有哪些对策?

[17-10] 结合人工智能、大数据、5G、物联网等新技术,思考如何更好地赋能非机动车交通的管理。

参 考 文 献

[1] 中华人民共和国交通运输部.2021年交通运输行业发展统计公报[R/OL].(2022-05-25). https://xxgk.mot.gov.cn/2020/jigou/zhghs/202205/t20220524_3656659.html.

[2] 宋瑞,何世伟.城市公共交通运营、规划与经济[M].北京:中国铁道出版社,2012.

[3] 关伟,等.公共交通规划与运营——理论、建模及应用[M].北京:清华大学出版社,2010.

[4] 裘瑜,吴霖生.城市公共交通运营管理实务[M].2版.上海:上海交通大学出版社,2008.

[5] 李俊辉,郑锂.城市公共交通运营管理[M].成都:西南交通大学出版社,2016.

[6] 吴娇蓉,刘梦瑶.复工期杭州市实施公共交通时段性免费政策的舆情及效果分析[J].综合运输,2020,42(12):1-9.

[7] 吴娇蓉,谢金宏,王宇沁.公交线路运行不稳定性画像方法及应用研究[J].华南理工大学学报(自然科学版),2022,50(2):15-22.

[8] 刘安娜.机器学习在常规公交运营组织中的应用研究[D].上海:同济大学,2022.

[9] 谢金宏.面向典型场景的柔性公交调度方法研究[D].上海:同济大学,2021.

[10] 荣朝和,孙光,帅晓姗,等.出租车业的竞争、契约与组织[M].北京:经济科学出版社,2012.

[11] 王震坡,邓钧君,孙逢春,等.汽车分时租赁共享经济与交通出行解决方案[M].北京:机械工业出版,2018.

[12] 何国军,等.电动汽车与分时租赁[M].重庆:重庆大学出版社,2017.

[13] 美国交通部联邦高速公路管理局.共享出行原则与实践[M].路熙,陈徐梅,杨新征,译.北京:人民交通出版社,2018.

[14] 顾大松,苏奎.网约车:移动互联网时代的治理挑战[M].南京:东南大学出版社,2019.

[15] Zheng H, Chen X, Chen X M. How does on-demand ridesplitting influence vehicle use and purchase willingness? A case study in Hangzhou, China [C]//IEEE Intelligent Transportation Systems Magazine,2019,11(3):143-157.

[16] 叶巧玲.互联网服务合同入典探赜——以互联网专车服务为例[J].法制博览,2019,9:43-44.

[17] 刘晓冰.都市圈尺度下顺风车出行特征刻画与运营优化方法[D].北京:北京交通大学,2021.

[18] 陈晓阳.网约车上报监管平台系统架构演变研究[J].交通工程,2022,22(2):49-53.

[19] 洪安定.基于优化司乘匹配的区域网约车平台设计与实现[D].长沙:湖南师范大学,2021.

[20] 王景鹏,李欣蔚,黄海军,等.多元化产品和服务的网约车平台运营机制研究[J].系统工程理论与实践,2022,42(7):1-13.
[21] 傅惟钧.网约车服务平台的设计与实现[D].北京:北京交通大学,2019.
[22] 迪蒙科技.浅谈网约车的系统架构和业务模式[N/OL].(2017-04-28).https://www.sohu.com/a/136998889_384984.
[23] 陈茜.网络预约出租车智能调度系统的研究与设计[D].北京:北京化工大学,2019.
[24] 陈立军,张屹,陈孝如,等.网约车任务分配系统优化[J].计算机系统应用,2022,31(6):19-28.
[25] 夏宇,朱俊武,姜艺,等.运力紧张情形下的网约车跨区域订单分配机制[J].计算机应用,2022,42(6):1776-1781.
[26] 马富功,周伟丽,马超.基于时空网络的网约车调度方案优化[J].综合运输,2021,43(7):11-17.
[27] 马富功.基于时空网络的网约车调度优化[D].兰州:兰州交通大学,2020.
[28] 李雪峰.混合需求条件下城市网约车需求预测及派单方法研究[D].南京:东南大学,2021.
[29] 王维.基于深度神经网络的网约车出行需求短时预测[D].北京:北京交通大学,2020.
[30] 孔瑶瑶.基于网约车订单数据的热点区域出行需求预测[D].北京:北京交通大学,2021.
[31] 吴娇蓉,王宇沁,林子旸,等.综合体分时租赁小汽车对出行方式转移行为影响[J].同济大学学报(自然科学版),2020,48(1):60-67.
[32] 徐毅,童咏昕,李未.大规模拼车算法研究进展[J].计算机研究与发展,2020,57(1):32-52.
[33] 徐彤坤.基于大数据的出租车需求预测和拼车算法研究[D].大连:大连理工大学,2019.
[34] 陈玲娟,寇思佳,柳祖鹏.网约拼车出行的乘客车辆匹配及路径优化[J].计算机与现代化,2021(7):6-11.
[35] 刘振.网约车动态拼车路径规划研究[D].武汉:江汉大学,2021.
[36] 张斌.基于需求驱动的出租车动态合乘问题研究[D].北京:北京交通大学,2018.
[37] 徐锦婷.面向大规模拼车出行的最优路径规划算法研究[D].杭州:浙江工业大学,2018.
[38] 别紫妮.拼车路径匹配及异常轨迹预警研究[D].武汉:中南财经政法大学,2020.
[39] Tong Y X, Zeng Y X, Zhou Z M, et al. A unified approach to route planning for shared mobility [C]//Proceedings of the VLDB Endowment, 2018, 11 (11): 1633-1646.
[40] Xu Y, Tong Y, Shi Y, et al. An efficient insertion operator in dynamic ridesharing services[C]//2019 IEEE 35th International Conference on Data Engineering (ICDE): 1022-1033.
[41] 李康.国内外城市公共自行车建设比较研究[J].现代城市,2012,7(3):34-37.
[42] 尹志芳,吴洪洋,郝萌.我国城市自行车交通发展现状与对策建议[J].工程研究-跨学科

视野中的工程,2017,9(3):316-323.
[43] 上海市城乡建设和交通委员会.上海市第四次综合交通调查总报告[R].上海:2010.
[44] 上海市城乡建设和交通发展研究院.上海市第五次综合交通调查成果报告[R].上海:2015.
[45] 鲍娜.城市公共自行车租赁点选址决策及调度模型研究[D].成都:长安大学,2012.
[46] 交通运输部科学研究院.北京市市民自行车出行意愿调查报告[R].北京:2014:16-18.
[47] 中国信息通信研究院政策与经济研究所.中国共享单车行业发展报告[R].2018.
[48] 艾媒咨询.2018中国共享单车发展现状专题研究[R].2019.
[49] 北京清华同衡规划设计研究院,摩拜单车.2017年互联网租赁自行车与城市发展白皮书[R].2017.
[50] 闫星臣.混合非机动车交通运行特性及自行车道优化设计方法[D].南京:东南大学,2017.
[51] 杨阳.城区公共自行车出行需求影响因素研究[D].南京:东南大学,2018.
[52] 张宁.南京市电动自行车出行特性分析研究[C]//中国城市规划学会、东莞市人民政府.持续发展理性规划——2017中国城市规划年会论文集(06城市交通规划),2017.
[53] 沈建武,吴瑞麟.城市道路与交通[M].2版.武汉:武汉大学出版社,2006.
[54] 罗凡.电动自行车交通安全相关问题及管理研究[D].成都:西南交通大学,2008.
[55] 刘颖.城市电动车问题分析与对策研究[D].上海:同济大学,2008.
[56] 邵丹.上海电动自行车发展政策(上)[J].交通与运输,2017,33(2):18-19.
[57] 张政,毛保华,刘明君,等.北京老年人出行行为特征分析[J].交通运输系统工程与信息,2007(6):15-24.
[58] Wang D, Zhou D, Jin S, et al. Characteristics of mixed bicycle traffic flow on the conventional bicycle path[R]. Transportation Research Board Annual Meeting, Washington D. C. , 2015.
[59] 陈燕申,陈思凯.丹麦哥本哈根市自行车交通统计年报评述[J].城市交通,2016,14(5):50-55.
[60] 约翰·普切尔,拉尔夫·比勒,孙苑鑫.难以抵挡的骑行诱惑:荷兰、丹麦和德国的自行车交通推广经验研究[J].国际城市规划,2012,27(5):26-42.
[61] 郭春琳.城市道路自行车出行者满意度研究[D].西安:长安大学,2014.
[62] 李伟,黄斌.北京市自行车交通行驶环境问题及改善对策[J].城市交通,2011,9(5):18-27.
[63] 智研咨.2022—2028年中国互联网租赁自行车产业发展动态及未来趋势预测报告[R].2022.
[64] 陈超,张智灿.我国互联网租赁自行车发展历程及战略研究——基于产业发展周期及资源配置的视角[J].环渤海经济瞭望,2020(7):6-9.
[65] Fuller D, Gauvin L, Kestens Y, et al. Use of a new public bicycle share program in Montreal, Canada[J]. American Journal of Preventive Medicine, 2011, 41(1): 80-83.
[66] Julie B M, Brian H Y L, Ahmed M E. Better understanding of factors influencing likelihood of using shared bicycle systems and frequency of use[J]. Transportation

Research Record,2018,2314(1):66-71.

[67] 湛江文明网.《湛江市电动自行车管理条例》解读[EB/OL].(2020-06-01).http://gdzj.wenming.cn/dongtai/addShiji/202006/t20200601_6497282.shtml.

[68] 洛阳市人民政府.洛阳市人民政府关于规范电动自行车管理的通告[EB/OL].(2021-11-15).http://www.ly.gov.cn/html/1/2/10/29/13/78/471/10951906.html.

[69] 广西壮族自治区人民政府.广西壮族自治区电动自行车机动轮椅车管理办法[EB/OL].(2021-10-15).http://www.gxzf.gov.cn/zfwj/zzqrmzfl_34846/t10486669.shtml.

[70] 聊城新闻网.聊城立法保障电动自行车骑乘安全 系全省首个对此作出明确规定的地级市[N/OL].(2022-01-05).http://www.lcxw.cn/minsheng/jt/20220105/10704.html.

[71] 三亚市人民政府关于印发《三亚市超标电动自行车过渡期管理办法》的通知[EB/OL].(2022-05-24).http://www.sanya.gov.cn/sanyasite/gfxwjxx/202205/6d9ae0428b2349bb892ea5fae6e1b238.shtml.